遊學江湖六十載：

另類儒林外史

心影 憶趣 反思

郭益耀

缅怀感恩

先严 郭公川濆　　先慈 陈母婵娟

祝福

翼红（长女）　翼锋（大儿）　翼明（幼儿）
（丹圆）　（剑圆）　（皓圆）

暨

众孙儿

贻凯　贻仁　贻德　贻安　贻天

目录

⬆缅怀恩师张丕介教授：高风亮节，傲骨嶙峋，也是性情中人也。

⬇郭益耀教授于1958年春入读香港新亚书院经济学系，追随恩师张丕介教授，1961年夏天赴德国留学，先后在佛莱堡大学、马尔堡大学，以及西柏林的自由大学就读和研究。（Photo by KarlNapf at the German language Wikipedia / License: CC-BY-SA-3.0）

⬆马尔堡古城见证了欧洲三十年（1618–1648年）宗教战争，创就了世界第一所基督教大学。作为新旧教的转移地带，当年的刀光血影已经化为今日八方思想碰撞的火花，以及色彩飞扬的另类学说。（Photo by Nikanos / License: CC-SA-1.0）

⬇柏林的自由大学，顾名思义，显然是针对当年东柏林的非自由政权而创建的。（Photo by Peter Kuley / License: CC-BY-SA-3.0）

马尔堡古城中心的“老大学”，蓝河水悠然。（Photo by Jill, Ian and Modestine, Source: http://modestine2011.blogspot.com）

图1

图2

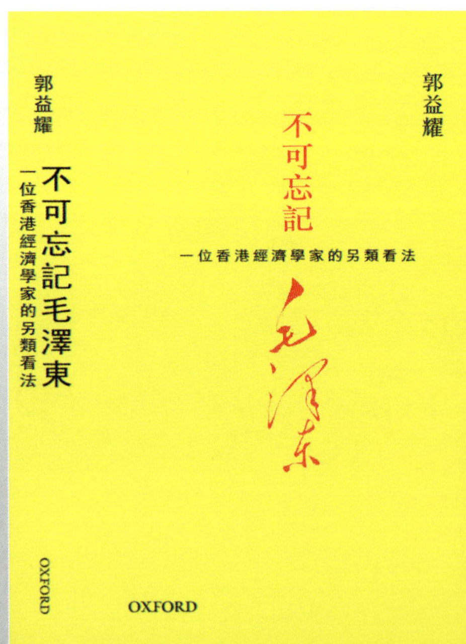

先师亨思尔教授（上图1）是德国“秩序自由主义”学派创始人倭伊铿教授（上图2为倭伊铿百年冥诞德国纪念邮票）的嫡系；郭教授也因此可算是“系出名门”，但《不可忘记毛泽东》一书（上图右）恰似“离经叛道”，或曰非“食古不化”之作也。

砂拉越土生土长，获颁博士学位第一人。德国同窗倩女，簇拥庆贺祝福。

德国同学们的嘉年华会

看来歌德笔下的梅菲斯特只对浮士德博士垂青，对手舞足蹈、扮鬼狂欢的准博士学子，不肖一顾。图中的胡须才俊便是后来高居德国政府经济顾问委员会主席要位的曼忽烈·纽曼教授。他殚精竭虑，追求真理，终于让梅菲斯特成功地将他尚属英年，还不及76岁的灵魂给换走了，呜呼哀哉（嘉年华会的其他欢乐照片请见本书第219页）。

郭教授两度造访世界红都，领略了莫斯科的春风（1966年经济体制改革伊始）与秋雨（1995年休克疗法山崩地裂，沉忧凄断），对比神州大地腾云驾雾，震撼人心，天渊之别，难以罄书也（见第18章）。（Photo by Sergey Korovkin 84 / License: CC-BY-SA-3.0）

普京彪汉，浴火重生，略输文采，励精图治，愿与美国霸权争一日长短。（Source: Frankfurter Allgemeine Woche No. 51, 16th December 2016）

列宁（陵寝）应无恙，只是朱颜改。（Source: https://www.destentor.nl）

“日不没落”的大英帝国，何来夕阳无限好。
（Photo by David Iliff / License: CC-BY-SA-3.0）

伦敦温莎城堡的维多利亚女皇塑像，见证日落西山，百年沧桑。（Photo by Chris Brown / License: CC-BY-2.0）

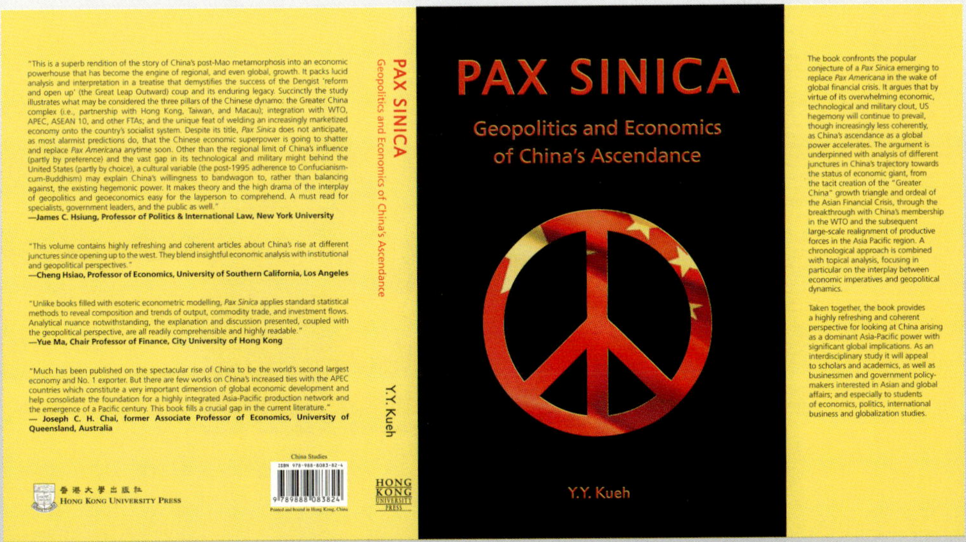

郭教授所指的“华夏体系”（*Pax Sinica*）势将取代“日不没落”帝国之后，美国霸权之下的升平盛世乎?

应邀主持马来西亚前首相马哈迪医生在香港会展中心的讲座《中美地缘政治关系中的东盟》。时适就近的“占中”（占领中环）运动如火如荼，台下听众中某知名人士熟知马氏擅于处理类似街头闹剧，问他如何应对。有人担心人潮涌上前来，警察无法开路让马氏赶往机场飞返吉隆坡，岂知马氏从容不迫地说，“风吹雨打，幕天席地，迟早熬不下去，还是要回家吃饭睡觉的，任由他们去吧。”

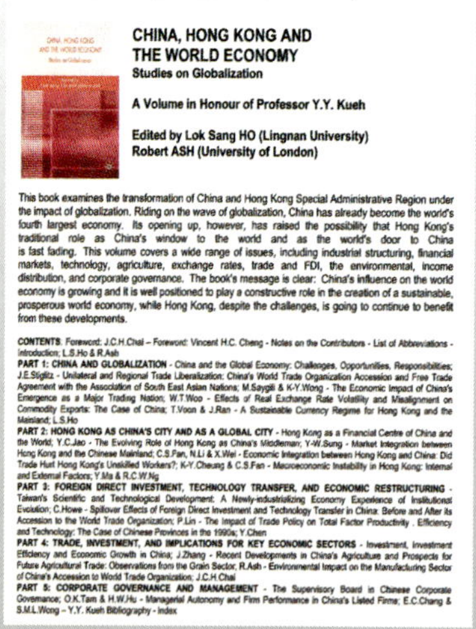

CHINA, HONG KONG AND THE WORLD ECONOMY
Studies on Globalization

A Volume in Honour of Professor Y.Y. Kueh

Edited by Lok Sang HO (Lingnan University)
Robert ASH (University of London)

This book examines the transformation of China and Hong Kong Special Administrative Region under the impact of globalization. Riding on the wave of globalization, China has already become the world's fourth largest economy. Its opening up, however, has raised the possibility that Hong Kong's traditional role as China's window to the world and as the world's door to China is fast fading. This volume covers a wide range of issues, including industrial structuring, financial markets, technology, agriculture, exchange rates, trade and FDI, the environmental, income distribution, and corporate governance. The book's message is clear: China's influence on the world economy is growing and it is well positioned to play a constructive role in the creation of a sustainable, prosperous world economy, while Hong Kong, despite the challenges, is going to continue to benefit from these developments.

CONTENTS: Foreword: J.C.H.Chai – Foreword: Vincent H.C. Cheng - Notes on the Contributors - List of Abbreviations - Introduction; L.S.Ho & R.Ash
PART 1: CHINA AND GLOBALIZATION - China and the Global Economy: Challenges, Opportunities, Responsibilities; J.E.Stiglitz - Unilateral and Regional Trade Liberalization: China's World Trade Organization Accession and Free Trade Agreement with the Association of South East Asian Nations; M.Saygili & K-Y.Wong - The Economic Impact of China's Emergence as a Major Trading Nation; W.T.Woo - Effects of Real Exchange Rate Volatility and Misalignment on Commodity Exports: The Case of China; T.Voon & J.Ran - A Sustainable Currency Regime for Hong Kong and the Mainland; L.S.Ho
PART 2: HONG KONG AS CHINA'S CITY AND AS A GLOBAL CITY - Hong Kong as a Financial Centre of China and the World; Y.C.Jao - The Evolving Role of Hong Kong as China's Middleman; Y-W.Sung - Market Integration between Hong Kong and the Chinese Mainland; C.S.Fan, N.Li & X.Wei - Economic Integration between Hong Kong and China: Did Trade Hurt Hong Kong's Unskilled Workers?; K-Y.Cheung & C.S.Fan - Macroeconomic Instability in Hong Kong: Internal and External Factors; Y.Ma & R.C.W.Ng
PART 3: FOREIGN DIRECT INVESTMENT, TECHNOLOGY TRANSFER, AND ECONOMIC RESTRUCTURING - Taiwan's Scientific and Technological Development: A Newly-industrializing Economy Experience of Institutional Evolution; C.Howe - Spillover Effects of Foreign Direct Investment and Technology Transfer in China: Before and After its Accession to the World Trade Organization; P.Lin - The Impact of Trade Policy on Total Factor Productivity . Efficiency and Technology: The Case of Chinese Provinces in the 1990s; Y.Chen
PART 4: TRADE, INVESTMENT, AND IMPLICATIONS FOR KEY ECONOMIC SECTORS - Investment, Investment Efficiency and Economic Growth in China; J.Zhang - Recent Developments in China's Agriculture and Prospects for Future Agricultural Trade: Observations from the Grain Sector; R.Ash - Environmental Impact on the Manufacturing Sector of China's Accession to World Trade Organization; J.C.H.Chai
PART 5: CORPORATE GOVERNANCE AND MANAGEMENT - The Supervisory Board in Chinese Corporate Governance; O.K.Tam & H.W.Hu - Managerial Autonomy and Firm Performance in China's Listed Firms; E.C.Chang & S.M.L.Wong – Y.Y. Kueh Bibliography - Index

十九位师友受业子弟祝贺郭教授退休的志庆专辑，其中第一篇论文是诺贝尔经济学奖得主斯蒂格利兹教授写的《中国与世界经济：挑战、机遇与责任》。美国新总统特朗普的“逆全球化”战略又将让人何以重拾山河？

香港贸易发展局举办的经济论坛《走向自由市场经济的前路》时值回归祖国周年纪念日，用意何在，不言而喻。

前奥图曼帝国的首都、今日土耳其跨越欧亚两大洲的世界都会伊斯坦布尔，北控俄罗斯，南傲古埃及，今日依然恢弘壮丽，气势不减当年。（Photo by Arild Vågen / License: CC-BY-SA-3.0）

璀璨的古希腊文明在奥图曼帝国的铁骑下灰飞烟灭。大英帝国浪漫诗人拜伦“哀希腊”，长叹息！（Photo by Templar52）

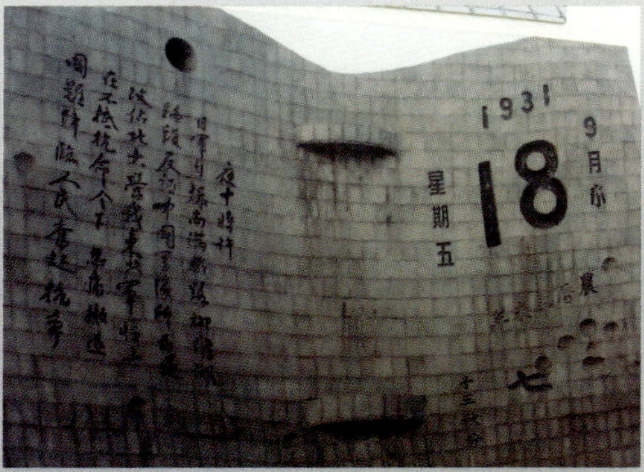

永远记住“九一八”，毋忘国耻！

扎寨香江，北望中原，见东方光芒，壮怀激昂。莫等闲，白了少年头，让多情外乡人如拜伦者也，诗悼神州陆沉。

从新亚书院的天人合一亭远眺新界吐露港以及远方八仙岭和高耸入云的慈山寺观音塑像。

（Source: http://silveryline.blogspot.com）

（Photo by Wpcpey / License: CC-BY-3.0）

香港中文大学新亚书院校园内的孔夫子塑像让人想起中国文化传统中儒道释共通的“天人合一”观。新亚创校元老钱穆教授在他九五高龄的绝笔文中便视“天人合一”观是“整个中国传统文化思想之归宿，是中国文化对人类最大的贡献”。孔圣也说“七十从心所欲不逾矩”，而他自己七三便驾鹤西归，比庄周享寿还少十年便逍遥游去了。“随心所欲”逍遥游无异“天人合一”，岁月如梭，叹钱老夫子无缘鉴赏2003年秋天孔诞过后几天，中国航天骄子杨利伟便驾驭神州5号遨游太空，躬身领略“天人合一”的神仙境界。

自序　一个没有中国国籍的中国人

一介书生，我想透过自己平生的一些小故事，折射这个大时代的风起云涌、动荡与变化。同时也希望透过所接触过的某些大小人物，旁及这个大背景之下某些知识分子的操守与品格。这些大小人物牵连到我游学德国、横跨美英澳等国时所遇到的世界级学术泰斗和一般教授，也或多或少涉及香港的某些知名学人或同寅，皆佼佼者也。

我在香港各大专院校教了几十年书，认识我的许多同僚和学生，都知道我向来低调安分，绝不无事生非；看不惯某些事物的话，充其量也就是横眉冷对，绝不唠叨，更不与人纠缠不放。因此，当我在这本书中提点到本港某些敏感人物时，姑且匿其名，免生事端；如果有人或认为其大名被呼之欲出的话，那也就让我开宗明义，先在此说声抱歉了。

我的小故事，记忆所得，都会先设法确定其准确的空间与时间的座标，藉以求真。作为个人卑微身份背景的一个简介，我的小故事是从我诞生的荒山野林恶水中的启蒙教育开始谈起来的。因此，这本书也可说是我自己的一个小传记，尽管自己的姓名不见经传，仅希望给子子孙孙留下一个或可见容于小书斋的小记录，既可告诫后人，也无愧于列祖列宗先贤神明，足矣。

几十年来，我出版了十几本专书和几十篇学术论文，都是用英文写的。前几年拙作《不可忘记毛泽东：一位香港经济学家的另类看法》（牛津大学出版社，2010年）出版后，许多友人才愕然发现，原来我的中文写得也还可以。有一位某大专院校的文学院院长，之前看了我一篇后来也收录入该书中的缅怀先师张丕介教授的文章后，甚至还说，我虽然是搞经济学的，但中文写的比许多中文系的教授还更为了得呢。汗颜之余，我对这位与我同龄的老院长兼中国历史教授，调侃了一句说，果如此，则我不愧为出生于以国学著称的香港新亚书院，或曰以中文冠名的香港中文大学了。此话一出，驷马难追，我即颇感失言，担心这会无意中传到许多我非常敬重的文史哲教授的耳边，让我无所遁形呢。

那位老文学院院长的赞赏，对我而言，无异天花乱坠。兴奋之余，让我也很想效法先师张丕介教授（新亚书院经济学系前系主任）翻译德国名著《故国怨》的文采，将我的小故事写成一部类似传记文学的书。附带一句，丕介师的《故国怨》原著作者名莫洛（Walter von Molo），原文书名是《一个失去德国国籍的德国人》（*Ein Deutscher ohne Deutschland*），是丕介师于1949年流亡香港、与钱穆和唐君毅两位流亡学人共同创办新亚书院后所翻译的，可说是他感怀身世的文学译作。

丕介师翻译《故国怨》成书时，我适在他门下就读，并有幸帮他校阅全书的排版清样。期间，也仿佛感觉自己的命运，似乎与书中的主人翁有所雷同。这是因为我当年出生于婆罗洲岛上英属的砂拉越邦， 一直并不拥有中国的国籍。然而，我打从小学启蒙开始，初中高中、以至于大学，所接受的都是中文教育，热爱神州祖国的历史与文化。这个与生俱来的中华情结，随着我往后几十年游学世界各国日益频繁，也愈发深厚，无日或遗。

就我所知，具有这样一个没有中国国籍的中国人背景，而终身从事中国研究的诸多国际知名华裔学者之中，仅得大名鼎鼎的历史学家、即香港大学前任校长、退休后接掌新加坡大学东亚研究所所长的王赓武教授。事无不巧，王教授和我一样，也是土生土长的第一代南洋华侨。他出生于荷属印尼爪哇省的泗水、即在婆罗洲岛南边的爪哇岛北岸，比我还更远离祖国呢。我绝不敢借此攀比，但王教授是我特别敬仰的一位大学问家，这我也在本书中多次提到。当然，我自己一向比较专注研究中国经济问题，在国学、史学，以及中文根底方面，比起王教授的深厚造诣，肯定望尘莫及，毋庸置疑也。

这本书所写的主要是我的游学经历与“心影”。我不用一般口语中的印象或观感，而特意借用梁启超《欧游心影录》（1919–1920年）中的心影两个字。原因有三：其一，心影两字古典优雅，就如梁启超自己的学生徐志摩之将欧洲文艺复兴的重镇佛罗伦斯（意大利文为Firenze）翻译为翡冷翠般的诗情画意；谨此恭请多情读者，恕我也自认是个附庸风雅的骚客吧。其二，梁启超是中国近现代史上罕见的一个才华盖世、风流倜傥，而又忧国忧民的士大夫，思想文章所向披靡，我也早已为之尽折腰矣；就算我也是个好于“饮冰”的匹夫吧。其三，梁启超心影中“西方的没落”，其实也可说是我这本书的一个主旋律也，让我先缀数语志之。

话说我于二战浩劫后、1961年首次踏足欧陆时，适逢西德经济奇迹独领风骚，美国霸业也已然笼罩全球，不可一世。其时也，西方不但不见梁启超心影中的“科学破产”，反而是科学理论带动科技发明，接踵而至，连年突破，导致美国式的物质文明，登峰造极。

然而，也正是在这个时代大背景之下，当代德国犹太裔哲学家施特劳斯（Leo Strauss）对艳羡世人的美式文明痛以针砭，振聋发聩。对他而言，美国社会体现着某种没有价值导向、漫无目标、专注享乐、机会人人均等的某类虚无主义。在我看来，欧陆尽管早已经摆脱了一战后梁启超所见的满目疮痍和“一片沉忧凄断之色”，但施特劳斯眼中的美国“现代性”，恰似斯宾格勒（Oswald Spengler）眼中“西方的没落”的回光返照。这或也可说是当今美国军事与经济霸权背后日益深化的文化现象与危机。归根到底，这属欧洲大陆，尤其是日尔曼民族追求浮士德文明在北美洲所派生出来的、影响深邃的历史后果。

就此而言，我还得特别感谢先师丕介教授，是他让我第一次接触到斯宾格勒《西方的没落》（*Der Untergang des Abendlandes*，英译为 *The Decline of the West*）那本发人深省的德国名著（1918年首版）。我也要感谢丕介恩师鼓励我步他后尘，留学德国，并因此而有机会浏览几位近现代大思想家和学术泰斗的经典著作，如辛梅尔（Georg Simmel）、韦伯尔（Max Weber）、宋巴特（Werner Sombart）、胡塞尔（Edmund Gustav Albrecht Husserl）、海德格（Martin Heidegger）、布特曼（Rudolf Bultmann）、倭伊铿（Walter Eucken），以及早前的李斯特（Friedrich List）和马克思（Karl Marx）等。

其中提到的李斯特更是《故国怨》的主人翁，也就是丕介先师最为敬仰的那位热爱国家民族的德国启蒙经济学大师。李斯特所著《政治经济学的国民体系》（1941年）是第一次世界大战以前，仅次于马克思的《资本论》，翻译成最多外国语言的德文经济学著作。李斯特不但是德国历史学派经济学的创始人，他的《国民体系》的政治经济学也可说是，相对于阿当·斯密（Adam Smith）《国富论》的世界主义观而言，一篇让当年的德国人追赶英国工业先进的战斗檄文，其效果就如中国大陆解放后，在毛泽东治下，借用马列主义与苏式经济战略，追赶西方工业化列强一般的突出与显著，甚至有过之而无不及也。

我自己因为比较专注研究经济学，所以早在丕介师门下时便已反复阅读了李斯特的书。其他几位大师的典籍，除祖师爷倭伊铿教授的必读外，则随兴翻阅，不求谙练，仅及微言大义，就说我效法陶渊明的读书不求甚解吧。尽管如此，老实说，这些大师的经典著作到底有助于拓展任何读书人的知识视野。对我而言，他们或多或少让我试图超越经济学、甚或政治、社会以及其他社会科学领域的框框，在往后多年游学美英澳各国时，比较擅长于审视各界在政治经济学范畴内研究和分析中国问题的创作与著述。我相信，我这个治学方法论上的比较优势，不一定完全见容于香港大专院校诸多教授学者，只因香港长期作为西方自由世界的前沿，有很多人都摆脱不了二战后美国冷战思维的阴影，更何言不少人深陷逢中必反的政治取向。

读者或会以为我因为是留学德国出身的，这样一个反现实、或曰反英美主流意识的取向，应该缘起于施特劳斯所指的、与尼采（Friedrich Wilhelm Nietzsche）和海德格两位哲学大师脱不了干系的日耳曼虚无主义（German Nihilism）。这倒不好说，但可以肯定的是，我是以一个热爱祖国历史文化的中国人（尽管没有中国国籍）、从一定的形而上的高度视角做出如此的说法的。就如我在拙作，从地缘政治与经济学观点论《走向中华"帝国"的升平盛世》（*Pax Sinica*，香港大学出版社2012年版）一书中所说的，随着"日不没落帝国"（Pax Britannica）返魂乏术，以及当今"美帝霸权"（Pax Americana）气数式微后，儒道释文化势将随着中国与东方的崛起，浴火重生，达致天下太平。这就算是个"信不信由你"的看法吧；我也管不着斯宾格勒自己又是如何强有力地辩解，说文化、正义，以及任何道德标准，终究不脱其历史性（historicism）和相对主义（relativism）的属性。

提起斯宾格勒及其《西方的没落》，让我又不禁想起梁启超《欧游心影录》中的科学破产论。梁任公这个看法，似乎与比他晚一辈的施特劳斯所说的西方社会的现代性、或曰后现代性的危机问题，殊途同归，或曰异曲同工。诚然，在施特劳斯看来，西方科技理性不断累积提升，既创造了美式（物质）文明，但他所称的美国式的温和虚无主义趋势，也益发明显与危险，并开始瓦解英美世界自由主义有关正义与自然人权的信仰。

梁启超与施特劳斯的不同之处只在于施特劳斯因而找回古希腊苏格拉底与柏拉图两位大师的政治哲学，而梁启超则在他1919年欧游后，返璞归真，重新诉诸祖国东周春秋圣贤的永恒教言。我感觉特别有意思的是，在当年（1923–1924年）神州大地展开的所谓科（学）玄（学）论战中，被指为与梁启超同属玄学派的张君劢（Zhang Junmai），也是留学德国的，而且张老还与我的祖师爷的父亲老倭伊铿（Rudolf Eucken）教授，即1908年诺贝尔文学奖的得主，合著了一本比较欧洲与中国的人生观的书呢。谈起那位当年被科学派的丁文江斥责为玄学鬼、而也参与梁启超欧游的张君劢老先生，也让我不禁联想翩翩。念天地倒挂，文明反差如此，聊缀数语，或属八卦，以凑凑热闹吧。

首先，我也是有幸在香港念书时见过张君劢教授一面的。记得那是1958年秋天，他已是古稀高龄，应邀到新亚书院给个公开演讲，题目关乎儒家思想的复兴。张老在演讲时也旁及他留学德国时的老师老倭伊铿教授的学说，以及他自己也非常敬仰的、也于1927年获得诺贝尔文学奖的法国哲学家柏格松（Henri Bergson）的创化论以及相关的意识流或绵延论的哲理。当年我正在选修唐君毅教授的哲学概论一科，但强烈要我听张老演讲的却是丕介师。我相信这是因为张老与丕介师不但是同宗，而且是前后留学德国的师兄师弟。实际上张君劢老前辈也很可能是从倭伊铿老祖师爷那儿听到柏格松的大名的，因为张老在德国耶拿大学追随老倭伊铿时，听说每年总有两次远赴巴黎听柏格松上课。

倭伊铿和柏格松这两位世纪之交的非理性主义哲学大师，不但思想标新，而且也以其表达的文艺风格优美动人，见称于世。梁启超也在他的《欧游心影录》中将倭柏两人相提并论。与张君劢合著《人生观》的老倭伊铿教授，更是现代新理想主义的奠基人呢，就如张君劢之于现代中国新儒学的创立一样。如此种种，都足见欧陆知识界的思想理念传统有别于美国人的抽离了哲学灵魂的世俗化科技理性主义。但愿中国知识分子在分析和处理现实的政经或社会问题时，也能拓广视野，不可唯美国人的研究方法马首是瞻。

既然提到张君劢教授，也让我想起他也因为那个饱受徐志摩折腾而被迫同意离婚的妹妹张幼仪，而闻名天下。看过《人间四月天》那出描绘徐志摩与林徽因诗情画意般恋情的电视连续剧的人可都记得，当年作为徐志摩元配的张幼仪，怀胎三月，远赴英伦探望那位浪漫大诗人郎君时，在徐林两人寓所中手拉马桶手掣抽水冲厕，砰然一声，被吓呆了的镜头。张幼仪其后转往德国念书，学成回国后，竟然成为中国第一位女银行家，闻名遐迩。另一边厢，徐志摩与陆小曼结婚时，两人都是离过婚的，而徐居然不顾传统礼教，还请梁启超出席酒会证婚，想不到被他老师当众严词痛斥一番，震惊四座。我这些掌故八卦，虽说是题外话，但也足见当年五四新文化运动时，离婚、抽水马桶、女性银行家等等，都属新奇罕见，而今日今时尽皆成为家常便饭，就如美国人的生活方式一般。

由张幼仪这个才女也让我想到现代的妇权问题和妇女解放运动，反思当年挪威剧作家易卜生（Henrik Ibsen）笔下娜拉（Nora）离家出走的事。尽管落下帷幕时易卜生没有明确交代娜拉的下场，但我记得有些中国的剧评家，还是认为娜拉最终是要梨花带雨般地回家去的，就如改装了的德国剧本一样。反观今日的美国，希拉里（Hillary Clinton）遍地狂嚣煽情，幸好最后不至于牝鸡司晨，让她有机会强化她亲自参与制定的、用以围堵中国的奥巴马的"亚太再平衡"战略。

言归正传，在反思自己游学江湖几十年的经验中，我所认识的西方各国、尤其是美国研究当代中国政治经济与历史问题的学者为数确实不少。在与他们的交流或阅读彼等的著作中，我总感觉到施特劳斯所指的现代性和科技理性极端化所导致的虚无主义的色彩与阴影，久久挥之不去。这其中不幸包含不少持有美国国籍的炎黄血脉。有关这一点，我在这本《游学江湖心影录》书中也仅能点到为止，不想细说，何况我这本不敢愧登大雅之堂的传记文学，文采欠奉之余，充其量也仅有那么一点点的学术属性而已。

众所周知，从上世纪三十年代开始，美国的学术与科学界，面貌焕然一新，主要是得益于众多来自欧陆，尤其是德语区的德（国）奥（地利）犹（太）裔的所谓移民（流亡）学者（émigré scholars）。他们为了避开或逃离希特拉纳粹的骚扰或逼害，将德国浪漫主义与理想主义的传统导向，引入大西洋彼岸，大放光芒。然而，尽管欧陆的哲学与理念激荡了新大陆的思想火花，但并没有完全绊倒了根深蒂固、缘起于英国的功利主义哲学以及美国本土的实用主义意识的传统优势。因此，也就有了像施特劳斯这样一个移民学者，身在其中而能超脱美国式文明，写出了如上所说，发人深省的针砭美式虚无主义的名言，字字玑珠。

诚然，就我自己所涉猎到的许多美国学者关于中国研究的经典创作而言，其中便不乏附势趋炎、颠倒是非、或曰混淆视听的劣品，其入手方式恰似施特劳斯所说美式文明中的虚无主义，尽管就其沽名钓誉、博求功利、不惜指鹿为马的动机而言，不可视之为漫无目标的著作。这在东西方两大阵营对垒期间、冷战思维视共产主义如洪水猛兽的时代，可说是昭然若揭，而在奥巴马的“亚太再平衡”战略之下，似乎也隐约复苏。这一点我在书中也或多或少点到了。此类著述，就其不问学问道德或人文良知的操守而言，则可姑且名之为“另类虚无主义”也。我在书中，对此类专家一般仅蜻蜓点水式掠过，或心照不宣，但间中偶遇明抢摆态的，则必亮剑，效法莎翁在其《汉姆雷特》一剧中所说的“生死由之”（To be or not to be）吧。

读者听了我这一两句话，可能会感觉我书中充满了火药味，处处与研究中国问题的同行短兵相接。其实不然。我几十年来游学足迹遍及欧美亚澳各大洲，肯定也免不了触及不同国度和不同民族的历史文化以及风土人情，尤其是欧洲大小各国源远流长，文物古迹目不暇给，数帝王将相、英雄豪杰、风流才子、浪漫佳人，书中所见仿佛历历眼帘，思古幽情油然而起；因此偶尔也随兴落墨，稍纾罗曼蒂克的情怀，在所难免。

也与坊间所见一般游记有别，我不写观光猎奇或山水景色之类的素材。我主要以一个专注研究中国问题的学者心态，从所看到的和读到的，反思与祖国的大是大非有直接或间接关系的事与物。比如我两次（1966年和1995年）造访莫斯科，前后间隔三十年，目睹从苏联到俄罗斯翻天覆地的变化，便不禁想起中国经济这三四十年来成功转型的过程以及其长期涵义。类此，我在东西德国统一、柏林围墙还没被推倒之前，在西柏林住了一年，每个星期都进出东柏林一次或两次，所看到的是决然不同的两个世界，而今东柏林政权灰飞烟灭了，是否就意味社会主义比不上资本主义制度优越呢？我游览印度时，也记得这个文明古国是上世纪六七十年代美国极力推崇的、代表资本主义优势的经济发展模式，以抗衡中国代表社会主义与计划经济而欠缺西方式的自由与民主的另类经济体制。而今世人有目共睹，印度的经济发展和人民生活的改进，远远落后于中国大陆，一直要等到最近这几年才展现出一点儿赶上中国的态势。这些都是很值得反思和探讨的问题。

我也去希腊游览过，在凭吊古雅典的断崖残壁时，也不期然地感怀古希腊文明的辉煌，如何落得当今该国政府负债累累，让德国和法国等其他欧盟成员国怨声载道。希腊的困窘也同时让人想起只不过是一百多年前“日不没落帝国”的大英激情诗人拜伦（Byron George Gordon Noel）所赋写的那篇冗长的《哀希腊》诗篇，而于今对希腊人而言，似乎拜伦的悲歌已经完全淹没于爱琴海中了；反而是在祖国大地，五四运动前后，不少志士仁人，如梁启超、苏曼殊、胡适、马君武等，不愿见神州古国也如希腊一般地沦为蛮邦异族辖下，而响应共鸣，至今彼等翻译拜伦的铿锵诗声，仍然绕梁不绝于耳。同样的，当我自己驱车贯穿南北意大利、想起该国乱糟糟的、政权不时更替、又见街边老少颓散不堪时，也不禁然地想起德国人如何鄙视那个伟大的罗马帝国的后人，心中就随之响起了在古晋中学念书时经常高声呼唱的“热血”歌，“瞧吧，黑暗快要收了，光明已经射到古罗马的城头，古罗马的城头。”进城后瞻仰散布四周的废墟遗址时，黯然神伤之外，也必长叹古罗马的璀璨何在。

就此观之，我这本《游学江湖六十载》的写法或可说是比较接近梁启超的《欧游心影录》。当然，时代异矣，而我也有别于梁启超之（不惜）“以今日之我否定昨日之我”，因为我在德国考获博士学位、即回来香港参与新亚书院教学研究时，虽然未及不惑之年，但就一直对我自己所属的德国鄂尔图自由主义（Ordoliberalismus）学派的观点与理论持保留态度，绝对不与食古不化之辈为伍。因此，我在这本书中，也就一直贯穿始终，秉承一个中国人的立场，反思我游学各国期间所看到的和前后所读到的有关中国研究的著作，不管此等著作是关乎我自己比较熟悉的政治经济学，或是纯政治学、纯社会学以及其他社会科学系别的范畴。这可说是我这本游学回忆录的核心内容或主要构成部分。为了让读者有个比较具体的心理准备，我还得先做三几点说明：

首先，这本回忆录到底不是一部学术性的著作。我只试图从我对中国政治经济问题的认识，粗枝大叶地点评国外某些专家对所谓中国问题的看法与结论；所以实际上这也说不上是一部学术性的书评专辑。

其二，回忆录中牵涉到许许多多知名洋人和外籍华裔学者的著作，但我也只能点到为止，其中褒贬不一，也有的仅大体上触及其写作方式和分析深度，属中性的点评，但我相信这或对国内外的中国人具一定的常识雅趣。

其三，在所评介的众多显赫的作品中，我特意点出三两本威震八方的超大部头巨著，如哈佛大学傅高义（Ezra Feivel Vogel）的《邓小平时代》（中文版与英文原著）、杨继绳的《墓碑：中国六十年代大饥荒纪实》（中文版，获海耶克图书奖The Hayek Prize），以及冯客（Frank Dikötter）的《毛泽东的大饥荒：1958–1962年的中国浩劫史》（*Mao's Great Famine: The History of China's Most Devastating Catastrophe, 1958–62*, 英文原著，获塞缪尔·约翰逊奖 Samuel Johnson Prize）。对我而言，也许除了傅高义那本流水账式的、比较平和的写作方式外，杨冯那两本洛阳纸贵、气焰嚣张的大部头，基本上是不屑一顾的。我特意提到杨冯这两个大部头，只因为他们刚好触及我自己常年研究的核心问题（见《中国农业的不稳定性（1931–1991）：气候、技术、制度》，中文大学出版社，2013年）。

其四，除政治经济学外，我偶而也借用留学德国的背景，谈到一点儿哲学以及神学方面的问题。形而上学不属我的学习范畴，所以我的看法绝对不敢登大雅之堂，也深恐露馅，就请读者恕我附庸风雅兼无知吧。

其五，最后，我也就所受德国训练的背景，稍微说明自己对中国问题、尤其是对中国政治经济问题的分析方法、观点和立场是如何形成的。这其中难免牵连到一些比较具体的比较经济制度学的理论问题，但对念过经济学入门课程的人，应该是不太难解读的。如果读者感觉没有必要的话，尽管略过其中那有关的三几个段落可也，无伤大雅。

这本书的副标题以“另类儒林外史”名之，因为我个人特别喜好那部被胡适称属“天下第一流”，也被鲁迅誉为“绝响”的讽刺小说。而且我书中谈到的饱学之士，也确实人多如林也。就如吴敬梓所网罗到的能人志士，论道德文章，我游学海内外所接触到的当代大儒硕彦，包括香港某些学而优则仕的学阀，也是良莠不一的。我不具吴敬梓的工妍与幽默奇才，但愿读者能于字里行间领略到一点儿儒林妙趣的韵味。

我这本没有太多文学韵味的故事书，是从我自称为野林恶水狂浪的出生地、即南洋婆罗洲岛上的英属殖民地、砂拉越州的成邦江小镇开始谈起的。这是一个似乎只见渡头落日，墟里孤烟的小埠坡，但我这一辈子从来不会隐讳这个卑微的出生背景。就像我升读砂拉越首府古晋市的中华中学后，每当于惊涛骇浪中、在穿梭于成邦江和古晋市的火船（渡轮）上，越过南中国海，遥望北边远方，白云飘飘，便想到那白云背后的群山怀里，就是我的故乡一样。我从来不会须臾或忘，自己就像当今许多香港人一般，我一呱呱落地，便也自动地属于英国的子民（British subject），但不像许多数典忘祖的香港同胞，我必然处处挺起胸膛，坚持我是一个中国人，并引以为荣。

我的童年，也不乏传奇性的故事。我们家与当地的土著，即以擅长掠杀人头著称的达雅克（也称伊邦）族人稔熟，几近肝胆相照的地步，但日寇败退时期，兵荒马乱之际，我也几乎成为他们弯刀下的鬼魂。在我家门前的那条恶水中，我因擅长游泳，也逃过了巨鳄虎口，块肉余生，迄今回想起来，不寒而栗。有惊无险之余，蒙当年国民政府派驻古晋的领事陈应荣博士的青睐，我几乎成为陈香梅（即飞虎将军陈纳德的夫人）的干弟弟。幸亏我父亲溺爱，不让我过嗣给陈领事，否则升读中学后，很可能就像我妹妹一样，被左运学潮鼓动，遁入荒山野林打了十几年游击战，生死难卜。让我刻骨铭心，永远不能忘怀的是我的堂伯母，即“北婆罗洲神山抗日游击队”领袖郭益南的母亲，亲口对我哭述她爱儿如何惨遭日寇惊天地泣鬼神般的酷刑、最后壮烈就义的血腥故事，让人不忍卒听。

国内解放战争期间，我读小学时，最敬爱的王义源老师每天上午都跟我们讲解国共输赢的战绩，如淮海战役后，蒋介石引退，李宗仁接任总统等时势变迁。也就是这位我最亲爱的王老师，后来当我获得国际青年商会奖学金启程赴港留学时，是他教我如何打领带的，免得在这个花花世界闹出洋相。中国人所谓一日为师终身为父，我这一辈子永远忘不了他。我中学的傅永安老师，也同样情深似海。当我为我哥哥的不肖与我们当年的一位林姓的中学校长（美国哥伦比亚大学教育学博士）争吵时，傅老师为我挺身而出，抚平创伤。也就是这位傅老师，倾力为我争取到国际青年商会奖学金，让我得以负笈香港。

就此而言，我的小故事也多少折射了华侨华人翻山越海远渡重洋寄居异邦的心酸血泪史，以及永远磨灭不了的祖国情结，尽管国内解放战争期间国共之间的激烈斗争也免不了外溢到我童年时代的华侨社团。而且心系祖国的情怀实际上也决定了我游学香港以及横跨欧美亚澳各大洲后，一直忘怀不了的祖国大是大非的国事问题；此所谓天下兴亡，匹夫有责的胸怀也。因此，这本回忆录的第一篇短短的童年忆趣几个章节也可说是往后日子里所写游学心影与反思的整体部分的一个小楔子。

说到香港，随着便是三生有幸，就读新亚书院时蒙恩师张丕介教授自始至终视我如“契子”，助我获颁德国政府学术交换总署的奖学金，又预留新亚书院的教职给我，不让我于获得马尔堡大学博士学位后，留在柏林异乡经营中国餐馆。这让我自此走上了游学列国的不归路，从香港到美国（哈佛大学燕京学社访问学人），再到英国（伦敦大学亚非研究学院资深研究员），不一而足。丕介师驾鹤西归后，我又幸蒙某贵人相助，应聘创办澳洲悉尼市马夸里大学的中国政治经济研究所。旋又为报知遇之恩，蒙香港岭南学院陈佐舜校长不弃，应聘返港，出任该校社会科学院院长暨经济学讲座教授，殚精竭智，助学院通过政府的学术评审，正名为岭南大学。

功成身退后，我又移阵私立珠海学院，兼职商学院院长，助于争取让香港政府认可全校所提供的学位课程。期间最让我老怀宽慰的是，当我斗胆向当年荣任香港上海汇丰银行亚太区总裁的郑海泉博士（也是我的受业子弟，后来成为香港中文大学校董会主席）开口，要他拨冗莅临珠海学院，给全校同学做个训词时，他毫不犹豫，当即应允所请。而尽管我明言珠海学院在香港各大专院校排名榜上敬陪末座，校舍穷陋不堪，难以入眼时，他笑言，无妨，他向来最乐意照顾弱势团体也。老实说，我门下子弟，如此坦荡荡，胸怀壮志，仗义千秋者，不在少数，唯地位高耸入云，名声显赫四海，而如此潇洒利落如郑大班着，绝无仅有也。

几十年来，我以一个没有中国国籍的中国人的身份，从荒山野林恶水中的第二故乡成邦江小镇出发，坐镇白云故乡边陲的香江名都，转战四方，游学列国，于今垂垂老矣。抚今追昔，扪心自问，在治学做人方面，或仅得两三点值以为志如下。

其一，我专研中国问题，自知这是个极富争论性的学术领域，但一向秉承留学德国所学到的现象主义哲学学派方法论，力求超乎任何主观价值准绳，实事求是，不偏不倚，冷眼看世界般地处理和分析问题。这个治学原则和精神操守贯彻始终，清楚见诸于我这本《游学江湖心影录》之中。尽管对戴着有色眼镜的各方学者专家而言，或说我思想方式始终不脱巢臼，一切以维护国家民族尊严为先。那我很抱歉，无言以对，就说“由他们去吧”。

其二，在这本书中，唯一展示我强烈的主观价值取向，或曰道德导向，而且毫不加以隐讳的，是我永不磨灭的反日本的情绪。尽管平生也结交了不少坦诚公允的大和学者教授同行，但每当于电视画面上，看到安倍晋三面目狰狞，气焰嚣张，巴结美国霸权，寻衅滋事时，南京大屠杀的三十万亡灵幽魂，犹然眼廉。不共戴天之仇，永世不忘，哪管他斯宾格勒所说文化、正义、道德诸概念，不脱其历史相对主义的属性者也。

其三，目睹香港当前的乱象，我也在本书殿后的三两个篇章，不禁为同胞高呼，国魂安在兮。尤其是对某些政界达人、学界翘楚，以及莘莘学子，何以在当今地缘政治现实中，尔等独不见美日等国列强，对我神州大地，虎视眈眈，而竟然无顾国家民族大义，仅懂得拾人牙慧，口口声声，自由民主、大学自主、新闻自由云尔；也不见祖国傲然崛起，升平盛世，千秋功业，各国臣民，为之欢呼，而尔等仅好于无事生非，熙熙攘攘，无以终日。难矣哉。

这本《游学江湖心影录》得以成书，字里行间，尽是先师张丕介教授恩情，缠绵不已。先严郭川瀆先生与先慈陈婵娟女士音容，也宛若白云，牵绕飘音，不绝于耳。但愿列祖列宗神明，借我片言只语，感召子孙世代，赤胆忠魂，毋忘我炎黄血脉。是为序。

补遗：

就在拙作即将付梓之际，世界科技出版公司新加坡总部八方文化创作室的编辑主任何华先生，温馨地质询说，书名《游学江湖六十载》中的“江湖”二字，是否符合作者的“身份”？这一问，倒让我顿失方寸，惊悟这也可能含“江湖中人”或“浪迹江湖”等的负面意涵。然而，瞬间脑筋清醒后，我倒认为用“江湖”二字，并无不妥，因为全书的思维主轴，实际上离不开自己作为一个长期研究中国政治经济学的学者，如何从一个中华儿女的立场，顶天立地，秉承理性批判主义的观点，去审视全球五湖四海之内的江湖好汉同行，如何对风起云涌的神州现象给予观察，或染指对某些大是大非问题的研究。对此类观察或研究的结果论述，有的指鹿为马，颠倒黑白，我必严词斥之；有的含沙射影、指桑骂槐，让人义愤填胸；有的隔岸观火，幸灾乐祸，也必横眉冷对。我相信这也体现了一定的江湖侠义文化，何乐不为。

说到“身份”问题，何华主任的提示，也让我想起让人感觉有一点儿“门楣生辉”的往事。那是我从几十年的粉笔生涯退隐后所阅读到的一份研究报告。这份调查报告罗列了全球1993–2003年各种知名学术期刊所发表的，以及各大出版社所出版的有关中国经济研究的论文和专书，共7138项，作者共4500人，以每人拥有9个项目以上的著作（含论文与专书）为基准，依项目多寡列出了共57位学者的姓名。我忝列第11位。这让人深感不值，因我自己那几本归牛津大学出版社克拉连登总部出版的大部头也就是在那相关的十年内相继面世的。如果给于适当权重，比如一本书等同六或三篇论文的话，那排名的次序肯定会大为改观，虽不敢言自己必然登上“倚天屠龙”的“九五之尊”宝座，但肯定足以“笑傲江湖”矣。一笑。

有关该份研究报告的排名细节，可参照 *Asian-Pacific Economic Literature*（《亚太经济文献》, Vol. 20, No. 1, May 2006, pp. 57–67）。这在拙作中付诸阙如，我还得借此机会感谢何华主任对我“身份”问题的提点，谨此补志。

致谢

这本回忆录之所以能够顺利成书，首先要感谢几十年来朝夕与共的老伴黎小萍，又名晓瑚。书中所述及的许许多多事物和人物，她都是有份参与和认识的。尽管有关的情节，完全是我自己凭记忆所及亲自落笔的，但有时也难免掛一漏万，还得让她提点，刷新心影。

也要感谢我们的三个小孩，长女翼红（丹圆）、大儿翼锋（剑圆），以及幼儿翼明（皓圆）。他们自小便陪同我们周游欧洲列国，东西南北，无远弗届，而且所到之处，观赏湖光山色、飞雪险冰，都要靠他们翻查游览地图，指点江山；进入各国大小城市后，大街小巷，文物古迹，名胜景点，寻幽探胜，也要他们浏览旅游简介，不亦乐乎，印象深刻。

当然，我弱冠之年负笈香港（三年有余），其后留学德国（共六年）、回流香江（两年多）、再游学美国（两年），以及在德国期间涉足东西柏林、造访莫斯科和列宁格勒等大小都会，都是独来独往、单打独斗的。当年小萍与“三圆”尚属未知之数，所以其中的酸甜、苦乐、冷暖，如人饮水，我自知。所幸老天爷赋我于一定的“形象化”、或曰“摄影式”的记忆力，过目入耳不忘，所以也能一一追溯无遗。

这个“心影如真”的小本事，让我不禁缅怀和感恩先慈郭母陈氏婵娟老太夫人。这属她遗留给儿子的基因无疑。她目不识丁，但一百零四岁驾鹤西归，拜谒太上老君之前，仍然能以八九十岁的高龄，在令人生畏的港九新界大小巴士，以及复杂的地铁系统之间，穿梭自如。作为一个专注研究中国政治经济学问题的学者，我自知不擅长抽象的、尤其是纯数理方面的逻辑推理，但愿借古人董仲舒的话自嘲说，天生万物，有爪牙者必弃其两翼，我爪牙欠奉，唯心影中展翅翱翔，胜似庄周鲲鹏逍遥八方，天涯海角，点滴尽入眼帘，不忘，蝉鸠吵音绕梁，无畏，也不忌讳。

至于书中诸多篇章中所涉及的“游学”经验本身，尤其是点评和反思各国学界江湖人马有关中国政经问题的经典著作或论述，那不在话下，更是我自己操刀落墨的，小萍无从入手，因为她是研究微生物学和海洋污染问题的博士，与我的专业风马牛不相及。我们的“三圆”吗，也都学有所成，各有山头，与我的小山头对比起来，相隔不下一万八千里，就算是孙悟空，也是难以飞翻过来，指手画脚的。

香港中文大学新亚书院院务主任陆敏聪女士和发展部（出版）助理主任梁嘉仪女士不时应我不情之请，代为翻查母校几十年来的珍贵档案，让我得以轻易验证书中谈到的诸多师友的事迹，不胜感激，就如小萍煞费心机地从家中珍藏的五六十本相簿中筛选出适宜相片，给以扫描、剪裁，以配合一定的印刷版面需求，难能可贵，不亦乐乎。

我还要特致谢忱的还有：归属世界科技出版公司新加坡总部的八方文艺创作室的编辑主任何华先生精心和快捷地策划这本书的出版事宜，前后两位责任编辑邹璐女士和盛耿捷先生不厌其烦地斟酌原书稿的行文用字，以及世界科技出版公司香港分公司刘敏仪女士马不停蹄地促进与新加坡总部的沟通与协商，让这本回忆录得以超乎预期的速度及早付梓面世。

郭益耀（燕邦）

2017年2月18日

第一篇

童年忆趣

野林恶水狂浪

第1章 伊邦族砍杀人头　肝胆相照

我出生于婆罗洲岛北部英属殖民地砂拉越（Sarawak）州的一个名为成邦江（Simanggang）的小埠头。小埠毗邻当地土著、即以猎取人头著称的达雅克（Dayak）、也称伊邦（Iban）族人聚居的“长屋”（long house）村落，周围原始森林茂密，地形复杂，是1960年代共产党领导的砂拉越游击队出没的地方。1970年代初，成邦江改称诗里亚曼（Sri Aman，意为和平小城），因游击队就在这个小埠坡与砂拉越政府签订和平协议，放弃斗争而得名。

当年的成邦江仅得六十户人家，都属潮汕侨民，左邻右舍都以压铸成波浪起伏式的合金锌板间隔相连，鸡犬猫狗之声相闻，也不避嫌隔壁唤话；家家户户守望相助，这可说是离乡背井的华侨的美德。六十户人家排成前后两行，隔着一条小马路，门对门而立。我们家坐落在共有四十户人家的正行，门牌18号，几乎就在整条街的正中间，面对那条不大不小，偶见鳄鱼载浮载沉，游弋水面的鲁巴江（Batang Lupar）。小马路对面的那一行较短，仅得二十户人家，背靠那条让成邦江人敬畏的恶水。

每户人家例分上下两层，楼下是小商店和杂货仓库，楼上便是全家大小睡房。睡房床铺前后左右都围吊着蚊帐，这对处在赤道边上、湿热多蚊的成邦江小埠镇而言，是防蚊咬的不二法门。但对娇生惯养、出入都离不开冷气（空调）的香港人、或其他文明社会的人群来说，当然是难以想象的僻野蛮荒的生活方式。

成邦江那条恰似逸兴遄飞的鲁巴江水，在东南亚倒还有一点小名气。有人称之为东南亚的钱塘江，因为阴历每个月的初三和十八日，潮水自下游滚滚而来，冲到我家岸边左侧的那堆巨石阵时，激起千重浪。这在小孩眼中，确实很壮观。我自己可说是喝这条鲁巴江的水长大的，这不是因为小镇人家迷信这是一条活水或圣水，而是因为一直到我在家乡念完小学时，成邦江没有自来水供应。要等到我赴砂拉越的首府古晋市念完初中三或高中一年级（大约是1954年或1955年），放假回家时，才煞然发现家里头居然也安装了俗称的水龙头（自来水）了。

当然，当年家家户户赖以活命的还有雨水。每户人家的店铺和后院之间，通常都保留个天井，下方有一个以石灰（英泥）砌成的水池（长约十一或十二英尺，宽约六英尺，高略及大人腰间），用以蓄存老天的恩赐。但每当干旱月份，储存的雨水大都是青黄不接，只能用扁担挑着两个空的、本来用以装煤油（俗称土油）的白铁桶（每个约18立方英尺，即1乘1乘1.5英尺），从那条鲁巴江挑起恶水应急。河水一般呈浅褐色，倒入水缸后，还必须先用明矾石粉沉淀浑浊的水中泥沙，如此加以净化后，才可饮用。

最要命的是，旱季因缺雨致水位低落时，挑水上岸可非易事。因为岸边都是烂泥巴，而街坊没财力筑起石阶下河，只能以斩砌成梯级的整条树干代之。树干直径通常不出一英尺，邻居的“大人”（成邦江潮州人指“成人”）用扁担挑着两个盛满了水的白铁桶，摇摇摆摆地撑到岸上来，让我们小孩看了，难免捏把冷汗，担心万一摔到泥巴上，鳄鱼扑上前来，怎生了得。这个苦功夫，在我看来，似乎比起后来在香港所看到的高空走钢线杂技表演，还更为惊险呢。

还好，我父母亲不必亲自卖力，下河挑水，因为就当地当年的标准而言，我家尚算小康。姑妈家可不是如此。姑父嗜吸鸦片，家道中落，逼使与我约莫同龄的四个表兄表弟，都必须轮流下河。这让我看在眼里，心酸不忍。有一次，我不禁然地自告奋勇，从最小的那个表弟手中，接过来扁担和那两个白铁桶，助以一臂之力；结果是费尽九牛二虎之力，勉强撑到上岸，幸亏没摔倒在烂泥巴上，压死无数正在觅食的小蚯蚓。

小时候还有另一件让我感觉蛮有面子的创举。那是我小学四年级时，成邦江小埠头，家家户户都安装上了电灯。我家店铺天花板，一前一后，也装上两支白色灯管，但不久后，其中一支忽然不亮了。父亲无计可施，我抬了店里干活用的小木梯爬上去，试试身手；不料父亲不但没有阻止，反而开了个玩笑，说，你如果能修理好，我今晚就买碗“阿选”的粿条汤奖给你吃。汤粿条（香港称贵刁或河粉）是我们潮州人的小食，这对我来说，是莫大的奖赏。

阿选姓刘，是我家斜对面偏左、毗邻那个小道观（寺庙，我们俗称老爷宫）的餐饮小店。阿选所烹煮的清汤粿条，配上几片猪肉或鸡肉，清爽可口，另撒上几片经高热猪油涮过的青葱（潮州人惯称之为葱珠腊，腊字似出自英文的“lard”字），味道鲜美无以比拟。这也是我开心时偶尔向父母亲索讨的唯一款待，实际上自己心中也从来没有任何其他东西，因为不像今日色彩缤纷，成邦江小埠上，压根儿就不曾见过什么小孩玩具；充其量仅有自己手糊的纸风筝。

说起风筝，也想起邻居那几个好胜心特强的小伙伴。我们不时将风筝拉绳涂上了玻璃粉砂，飞高时相互割斗，割断了就将残留的线段两头，分别系上钻了小孔的两个空罐头，与对方各执一个，站得远远地对着空罐头内，彼此大声呼唤，仿佛还可听到另一端微弱的喊话声音。这是我平生第一次试打自己装配的电话，妙趣横生。

话说回头，我当晚不知怎的，果然将松脱了的电线给接驳好了，那只灯管又亮起来了，皆大欢喜；但也登时心想，父亲可能认为尽管我比他小学毕业的学历还低了一两年，但时代不同，比他还更行些呢。无论如何，整个街坊也都对电灯开始有了信心，大家用以从河中挑水的、本来是装煤油用的长方形的白铁桶子，也逐渐消失了，因为入夜以后不必再费劲点泵煤油灯（kerosene lamp）了；慢慢取而代之的是红色或蓝色的圆形塑料胶桶，更为轻便耐用。

帮父亲修理好电灯这回事，至今仍让我想起1986年初发生在香港家里头的一椿意外趣话。那时我已经是五口之家，刚从英国结束进修研究，返回香港中文大学上课，住进位于香港山顶区柏加道的一层小洋楼。我花了一番较大的心思装修翻新这个旧楼房，但刚刚竣工，客厕的照明便坏了。我不经意地让当时还在香港九龙拔萃男书院念初中一年级的长子剑圆（乳名DD，即弟弟意）搞掂它。剑圆应声爬上了铝制的小梯子，摸一摸天花板上的电灯炮，折腾了好一阵子，煞那间“磅”的一声，全屋漆黑。幸好他没有触电，也没摔下来。我心想，人各有志，各有所长，但恐怕他就不是这方面的材料。

两年后（1988年）的盛夏，我们举家迁居澳洲的悉尼市，八九个小时的飞行，一晃子便进入了南半球的严冬。女儿丹圆（乳名碧碧，BB意）出身于香港的拔萃女书院，底子不错，很快便考上悉尼大学，念法律。老二剑圆翌年也参加大学联招考试，放榜之日，我代他到家里附近的邮政局领取成绩表，但看了成绩表，竟不知何以解读，只能求教于身边的一个金发小妹；没料到她非常惊讶地大声说，你的儿子肯定会被任何最著名的大学的任何竞争性最强的学科录取。经过这个金发女郎解释，才知道原来一百分是满分，好小子剑圆，居然拿到98点几分。

接下来便是选读科系的问题。剑圆小儿自己偏好电机工程，他母亲，晓瑚（原名小萍，随父姓黎），则坚持要他学医，认为救死治病是一门高尚的职业，收入也稳定可观；更何况电机学系所需入读分数门槛偏低，只需70分左右，所以这也是个面子问题。我同意小萍的看法，但主要还是因为剑圆1986年初在香港岛柏加道新家，让全家遽然断电的那场惊险，魂牵梦萦，深怕他手脚不太灵活，将来最好避开任何与电机有关的操作干活。经过几番游说，他勉强同意念医，但后来本科毕业后，又想专注外科；这又令人担忧，说不定弄不巧的话，外科手术刀，穿肠入胃，对病人贻害深远。还好，经小萍再三强调他具有很强的内科所需的判断力后，他同意转攻内科；虽然说不上他有肉眼看透病人五脏器官的奇异功能，但这还是让我们做父母的松了很大的一口气。

话说回头，我小学和学前在成邦江的童年生活，基本上是愉快和平和的；尽管其中也夹杂着几起惊心动魄、差点儿没命的插曲，那肯定是任何文明人类社会所难以想象的。就从我家门前那条带有几分神秘感的鲁巴江谈起吧。

鲁巴江涨潮时分，初段还算平缓，但一越过那座屹立于江边，俯瞰滚滚流淌的江水的小道观后，便不买账了，立马冲上那堆乱石，激起惊涛骇浪。那个小道观是成邦江唯一的砖砌建筑，我们都管它叫老爷宫。平日所见，小庙流水蓝天，灵气冉冉，白云飘飘，不似人间；庙里香火缭绕，直追云霄，欲与赤道上那火热的艳阳争光。但看来这个老爷宫降妖怪法事有余，驯海龙的本领，则稍嫌“老爷”（潮州话指次货）矣。

我对这座小道庙本身，并没有太大的兴趣，因为在学校里头，老师曾多次提到，孙中山小时候要破除迷信，打烂泥菩萨的故事。但有一天，不知怎的，心血来潮，当看到那个钱塘江潮从远远的下游江口滚滚而来时，我忽然背着父母亲，冲上家门口对下岸边的那块巨大石头上，纵身飞跃，直插水中，抢在滔天白浪逼近前，反复跳水嬉戏，不怕风吹浪打也，深感自豪。随后拾级上岸，跑进咫尺之遥的老爷宫，也不学老人家一般，先面对着太上老君抛掷圣杯（掷筊）跪求，便径自走向右侧黑沉沉里头那张摆放香烛的小桌子边上，从木筒里随机抽出一条竹签，再折返太上老君跟前，在香烛光下一看，发现是一首七言绝句，清楚记得最后一句是，“日出光辉四海明”。我感到有点兴奋，但事后不敢禀告父母，也从来没让我班上任何同学知道这么回事，因怕他们耻笑我迷信也。

十六年后的1966年底，当我荣获德国联邦共和国（即西德）马尔堡大学的博士学位时，我想当年竹签上“日出光辉四海明”那七个字所指的，可能就是这么一回事，因为我是出生于成邦江的，也听说是砂拉越破天荒的第一个博士。其实在那之前的三年，在我刚取得硕士学位，即行远道回家探望父母亲时，整个成邦江小城早已风传某人即将衣锦荣归，大小老幼，翘首以待。抵埗之日，偶见街边几个七八岁的小孩指着我窃窃私语，说那是个“博士”呀！我心想做个深山里头的猴王，看来也应该是蛮不错的，至少门面生辉，对老父老母而言，在家中历经变难之后，也聊可告慰也。

事实上打从我1957年12月底在古晋市的中华中学高中毕业，1958年1月初即获得国际青年商会奖学金前往香港留学开始，我早已经成为成邦江小孩的学习楷模。全镇大小人家，个个家长都希望他们儿子步我后尘往外跑，光宗耀祖。所以那条竹签上的七个字似乎也断定了我命不该夭逝，让我几次逃过了达雅克人的猎杀。不可思议之余，还不得不让我回头从那条鲁巴江圣水谈起。

我家店铺门牌编号18，店名“群益”那两个大字是我小学二年级时，亲眼看我父亲以特大的毛笔书写的。从江边内望，我家正好坐落在那四十间俯瞰鲁巴江流水的店铺中间偏左。除了右边背靠江水的那座老爷宫左右两侧的几间店铺以及一个小小的屠宰场稍微挡住了视野外，从我家外望，基本上整条鲁巴江可一览无余。鲁巴江的下游出口与上游入口正好与成邦江小埠头的首尾衔接，但各自向右和向左转弯伸展。所以从天空俯瞰，成邦江恰似一只螃蟹。整个小城像是蟹身，坐镇一方，上下游如左右两个蟹钳，左钳不断迎战当地土著称之为“奔纳”（benak，即类似钱塘江的涌潮），右钳则广纳从深山雨林中奔射下来的湍流。有人因此说成邦江是一幅风水宝地，源头活水不断涌涌而来也。信不信由你。

每当江潮冲击我家左下岸边的那堆巨石后，江水便显著上涨，并因为与下泄的激流对冲而很快便平缓下来。然而，看来是相对平和的上游，实际上一直是暗流汹涌；因为主观上成邦江小镇的居民，难以预测祖居于上游不远处的达雅克人，究竟何时会发难，尤其是日寇占领下的末期，更是人心惶惶。

那是太平洋战争接近尾声时，以澳洲兵带头的所谓联军反攻登陆的前夕，传闻达雅克人必将乘乱进城劫猎人头。当晚全城风声鹤唳，草木皆兵，大家都恐怕逃不了大限。想弃家往外避难，周围又尽是荒山野林，显然更为危险。大人手足无措，只能拴上大门，陪小孩躲在家里，坐以待毙。入夜以后，我好奇地爬上楼上，往上游拐弯处远远看过去，隐隐约约，只见江口烽火闪闪烁烁。心想这果然如当天下午“大人”们所揣测的，晚间很可能有众多达雅克人的木舟群集江口，伺机扬桨出击。顿时全镇陷入了一片惊人的死寂。也不知捱熬了多久，午夜过后，忽然传来好几声砰磅巨响。父亲深知这绝对不是小孩们放鞭炮的噪声，立马将母亲和我们四个兄弟姐妹推进家里头唯一的铁架床底下。片响之后，又是一片死寂，但全家大小似乎敢于重新呼吸了。

翌日一早，大家才明白日寇穷途末路，弃械投降了。达雅克人看来也还比清朝末年的义和团聪明，他们知道仅靠原始的猎杀野猪的飞镖、吹击飞禽的风筒剧毒弹丸，以及砍杀人头的弓形弯刀，绝对是抵挡不了洋枪洋炮的，因此扫兴地回归各自的“长屋”去了。

当日午餐后，父亲才开口对我们说，狗养的“禽兽”不如，平日好来好往的，我们做生意，向来不欺不诈，而这些表面上相好如老友的刺子，昨天下午竟然派了个暗探静悄悄地跟我（父亲）说，“今天晚上会有大乱，到时很难说谁能保命；您我是好朋友，多年相识，所以恳请您将您自己的人头预留给我们族人吧！”父亲语音未落，一家大小，顿时身心冷了半截，死里逃生，恍如隔世。

有几点补充说明如下：

（1）长屋（Longhouse）是指达雅克人聚居的住所，木板加竹条结构，呈长方形，用长条树干从地面架空撑起来，藉以避开蟒蛇野兽虫害。这类长屋一般都沿江而建，屋檐内各户预留暗道相通，方便男人夜间四处穿梭，因为达雅克人属母系社会，无所谓婚嫁，看来这比当代最文明的社会更为文明呢。

（2）我们潮州人责骂别人为禽兽，那是非常狠毒的用语。记得那是我生平唯一的一次，听到父亲用这两个字骂人。父亲绝对是个老实人，虽然只有小学学历，但自小深得潮州揭阳市“甲东里”（庄园）老家的庭训，知情达理，温文尔雅，绝对诚信可靠，所以战后成邦江潮州乡亲们所创办的独一无二的中华公学（也就是我的启蒙小学），历年都公推他为校董会全权负责财务的董事。因此，有人谐言他是一只掉落了双钳的螃蟹，不能咬人，任人摆布。小时候听人如此说我父亲时，每每发指，气愤万分。

（3）剌子是当地潮州人对达雅克人的称呼。潮州人不分“达”（D音）和“L”（la音），故管叫达雅克人为剌子。我父母亲因为我好动，野性十足，所以自小给我取个乳名剌子。这是所有成邦江人家喻户晓的，只是后辈都不敢如此叫我罢了。在古晋念中学时，同学们都以正式名字互相称呼，但不像香港般地连名带姓呼唤，听起来不但不亲切，还颇感不客气似的。有一次，比我晚两三年的一个成邦江表弟也考上古晋的中华中学，他不经意地在校园内直呼叫我剌子，这让我在当时被认为很文明繁华（人口也不过几万）的古晋府城，一夜之间声名大噪。

话说回头，其实对猎杀人头的达雅克人，或曰剌子而言，在部落之间开战时，男人必须倾全力以掠夺敌方人头；并以所得人头数目多寡评定英雄级别。这也属一种习俗，不可断然完全否定之。事实上我们所认识的达雅克人一般都和蔼可亲；就像我和小萍夫妻俩，2012年11月初游览伊朗时，四处可见，波斯文化古风盎然，人人笑容可掬，礼相往来。这绝非外界电视所见，如美国CNN不时刻画的穷凶极恶杀气腾腾的景象。

在当年日军南侵之初，我家和伯父全家便到过“肝胆相照”的达雅克友人的长屋家中避难旬月，受到热情的招待。当然，我们也礼尚往来，带备了不少礼物，以替代自己人头上贡，免于贻笑大方也。一笑！

2004年12月26日，我们与在哈佛大学攻读博士学位的老三儿子皓圆，三人行前往探访久别了的成邦江，我的第二故乡。上午九时正点从香港起飞，不料那霎时正值毗邻砂拉越的印尼苏门答腊岛外海，爆发了九级大地震，激起全球恐慌的东南亚海啸，夺走了二十五万多条人命，包括许多热爱碧海无边、白浪滔天、烈日夺眼、一年见不到几天阳光的瑞典游客。我们先在新加坡停留一晚，在新加坡国立大学任医科教授的堂妹，郭映君，家里过夜。第二天一早阅报，始知印尼、马来西亚、泰国，以及斯里兰卡等国海滩，哀鸿遍野。

当天下午抵达古晋后，电话铃声不绝，第一个打来的是排行老大的女儿丹圆。她在那之前不久，刚从纽约市中心的洛克菲罗中心里头的马夸里银行（任财务律师），调到澳洲悉尼市中心位于马丁广场上的总行内任职，所以与砂拉越的时差不算太大。她事前知道我们正身处成邦江老家或附近，深恐有所不测，即刻打电话来追问我们的下落。接着的电话是来自潮州揭阳市祖家的亲戚，美国的朋友等等，大家都以为我们已经拜见海龙王去了。

最令人感慨的是身在美国的一个朋友，不知我们外游，但还满以为地理上，香港也属东南亚构成部分，我们必定难逃海啸浩劫。这也令我不禁想起，当年在美国的西密歇根大学开设“中国与亚洲研究”那门课时，适值越战高峰，有一天，我特意在课堂黑板上悬挂了一幅世界地图，要学生指出越南的方位，不料有一个黄头发的，竟然大大方方、满怀信心地，指向风马牛不相及的美国阿拉斯加州。课后，我与当学院院长的一位从伦敦大学政治经济学院取得博士学位的印度籍教授谈起来，他说，不要把美国人那么当回事，绝大多数大学生都像是“刚从泥土中赤裸裸钻出来的”，一无所知。这可让我这个砂拉越土包子吃了个定心丸，因为当时刚从哈佛大学做过博士后进修研究，应聘抵埗西密歇根不久，还满以为太平洋彼岸，遍地都是才子也。

实际上砂拉越在东南亚海啸中安然无恙，因为地震震源是在苏门答腊岛北端，面向西南的那一边；岛链挡住海啸冲向婆罗洲岛北端的砂拉越。隔日，我们急不及待地赶去地处深山中的成邦江老家，老三皓圆，尤为兴奋，因为他知道爸爸生于斯长于斯，也急于一睹眼明手快刀利的刺子的庐山真面目。我堂兄益荣，即川中伯父的儿子，驱车陪我们前往当年一道逃避日寇时所住过的那个长屋。羊肠小径道路不算太崎岖难行，而且一晃子，还不到半个时辰已抵达长屋门口了。这是当年逆流伐舟而上，要费整整一天的苦劲，所不可思议的。

益荣堂兄久居成邦江，安土重迁，几十年如一日，天天与刺子做生意，往来频繁，经他稍做介绍后，头发斑白的长屋首长，喜出望外地说，这居然是“阿纳川瀆（Anak Chuang-Tock）！”“Anak”是达雅克（也叫伊邦）人的话，指儿子也；川瀆则是我父亲的大名。这对沿鲁巴江两岸的绝大多数长屋族人来说，是家喻户晓的，因为父亲人缘好，当年许多刺子都喜欢牙齿套上金壳子，以追随美观时尚，而我父亲是成邦江唯一的牙医，可代为镶嵌金壳子。除了是个牙医师外，家里的小店铺同时经营布匹日用杂货，长期与刺子们打交道。还有，父亲也是一名斗鸡高手，经常于星期日出入于不同长屋森林中的斗鸡场。

白发苍茫的长屋首长知道是阿纳川瀆光临，热情地要我们留下来吃午餐，但我们对其食物卫生仍然有所顾虑，深恐免疫力不够强，最后还是婉拒了。我只请问这位长屋老头，当年后山的那片榴梿树林还在乎？老人说早已被机车铲平了。我特别在乎这片树林，因为当年虽然逃过日寇一劫，却几乎断命于榴梿树下。话说某日临晨时分，通常是榴梿瓜熟蒂落之时，约五点半，我还在熟睡中，哥哥益里（仅比我大两岁）瞒着我而随大伙人捡榴梿去了，听说正在上斜路时，忽然磅地一声，一粒硕大的榴梿直往他右侧坠下，几乎击中他的右肩。后来人家都说我命大，因为哥哥每次外出，必然以右手牵着他弟弟并肩而行。那天幸好睡过了头，否则定必呜呼哀哉矣。

我最小的妹妹燕鸾（比我小三岁），就是在那一大片野林中，打了十年游击战，最后偕同整队人马于1973年底与砂拉越政府签订了谅解和约，才移居来香港，与我们团圆。我问她在那森林里头打游击战时，是否曾经涉足过那一带的榴梿树林，她说没听说过有人被榴梿坠下击毙，但她有不少亲密战友，包括我自小看着长大的另一个堂兄的爱女，确实丧命于强大的政府军的机关枪下。燕鸾还说，被政府军围剿，山穷水尽时，还曾被逼猎杀“敖兰吴丹”充饥呢。达雅克语中的敖兰（orang）指人，吴丹（utan）指森林；两个单词合起来指的就是闻名全球的砂拉越州的红毛猩猩；据说它们的基因和人类有百分之九十八是一样的，比它们和其他大猩猩的相似程度还大呢。

我们老三皓圆听说不去捡榴梿了，特别兴奋，立马要我陪他赶去观看长屋内还保留着的人头，即达雅克人旧时掠杀得到的战利品。我们进入长屋时，但见五六个头颅，悬吊在炉灶上头，排列成一行，呈芥黄色偏黑；显然是陈年老货，并非由伊邦语所指的道婆（dapor，即火灶）所熏黑的。老三就像是个道地的美国游客，猛对着那几个相当完整的头颅拍照。他也像是个人类学家，满脸正经，似乎在思索头颅的颧骨、下巴、额骨和残缺的鼻梁骨架，是否与常人类似，尤其是颈骨是如何砍断的。我端详了一阵子，心影中却仿佛亮出了一两个似如旧时相识的面像，不禁毛骨悚然！

我说似如旧时相识，事关战后初期几起轰动成邦江的达雅克人掠杀中国侨民人头的悲剧。首先，砂拉越由联军光复后不久，1946年便从“白人土皇帝”，即俗称刺惹（White Rajah）的英国人布鲁克（Brooke）家族手中，转归于英皇陛下统治，成为英属殖民地。在这个政权交接的过渡期中，当地政局有些不稳，而就在1949年12月3日便发生了马来人民族主义分子在第三省的诗巫市公然刺杀新上任的砂拉越第二任总督史狄奥特（Duncan Stewart，如香港的英皇制诰总督）的事件。这件大事轰动整个东南亚之际，成邦江达雅克人猎杀人头惨案的消息也不胫而走。

遇害的都是贩卖小商品的街坊熟人，记得其中一位是与我祖家潮州揭阳县隔邻的河婆镇（现属揭西县）的客家侨民。这位客属华侨也是穷苦人家也，平日靠从街上收购华洋破烂，囤积于商住两用的惹船（或称阿塔（atap）船，指有芦苇上盖的小木船）内，俟鲁巴江涨潮时，顺流而上，划划停停，向沿江各座长屋兜售。如此上下游一番，来回得要三几个星期。有一次他终于中途被刺子成全了，迎刃成新鬼，化为蛮荒孤魂，永远回不了家。凶手后来也就擒了，并在法庭上俯首供认是他下手的，但却说只斩下头颅，没有抢劫货物，自以为可借以开脱罪名。这个自辩倒让那位红毛（我们侨民都如此指称英国人）法官大人啼笑皆非，不知其所以然也！看来这位法官大人肯定不是个人类学家，所以完全不能赏识达雅克人猎杀人头的习俗理性也。

可怜的是这位客家同胞，为了做小生意谋生，他的达雅克（伊邦）话讲的非常地道，就像我父母亲和其他绝大多数成邦江老人以及他们的儿女们一样，讲的十分流利。可惜他因此成为达雅克人的生意朋友，而注定最终要如此客死异乡。宿命也，奈何。

我们和川中伯父一家，当年避难于刺子的长屋时，小孩脑筋灵活，学得快，刺子话也讲的不错；加以小学六年在家帮忙看店铺做生意，天天与刺子们应对，所以说起伊邦话来，更为流畅。其后考上古晋中学，进而涉足香港和德国留学，刺子话也就逐渐淡忘了。因此，2004年12月26日迎战海啸，重返故乡时，只能勉强与长屋的长老对话。远离荒山野林恶水多年，也注定了我今日的头颅之所以还能稳然挂在自己脖子上的命运，庆幸也。

1966年12月22日我考获博士学位后，随即于12月29日从法兰克福机场起飞，31日返抵香港。一位后来成为鼎鼎大名的货币经济学家的德国同学亲自驱车送我到机场，临别时热情地拥抱并用德语祝福我起飞后“折断脖子和打烂大腿”（Hals- und Beinbruch）。尽管我完全了解这是德语的祝福套话，但仍然甚感不悦，登时狠狠地黑了个脸色给他看，抵港后才写信向他说，你们这个野蛮民族确实很难了解我们中国人的文化习俗人情感受，幸好我平平安安回到香港了。这位同学叫曼忽烈·纽曼（Manfred Neumann），与我于同一年即1966年稍早时也完成了他的博士学位。他的博士导师和我的一样，也是亨思尔（Karl Paul Hensel）教授，容后另及。这个我管叫他为Mani（即小曼）的曼忽烈·纽曼后来应聘为波昂大学经济学的讲座教授，并主持德国政府类似美国总统属下的经济顾问委员会的委员，有份参与策划欧罗（Euro）的出台。这位小曼老弟的学术和事业成就可一点都不慢，反而是我自己慢火煎熬，一直要等到1988年远赴澳洲蛮邦另辟疆场，才忽然火烈起来。一笑！

顺便再插上一句，1998年10月底继我之后而就任香港经济学会会长的岭南大学何泺生教授邀请了小曼老弟专程光临香港，在香港会展中心给个公开演讲，当日座无虚席，盛况空前，因为他讲的也就是热门的欧元问题。其实1994年7月中旬我在德国的钢铁之都杜伊斯堡（Duisburg）参加一个国际会议时，小曼老弟就已经私下对我说了，像意大利这样的拉丁民族政府，很难期望他们严守财政纪律；又说，彼等吊儿郎当之余，寅吃卯粮，欧元迟早是会闹事的。果然让人想不到，古希腊与古罗马帝国的昔日辉煌，今日（2012年）竟然成为欧元和欧盟危机的始作俑者矣。真所谓此一日彼一日，不可同日而语矣。

话说回头，1966年12月31日返抵香港时，正好赶上了在香港过阳历新年，那也是我在香港中文大学正式上任的日子，当然不必当天就开始上课。1967年1月初第一次上班时，大地回春，我所做的第一件事，便是安排久别了的老父老母（其实父亲当年还不到56岁，母亲小他三岁），尽快地前来香港团聚。我不信邪，让他们1月13日便赶到香港，也不追问那天是否星期五，故不避讳。父亲1995年3月12日在香港辞世，享寿85岁；家母如今健在，今年（2012年）7月百岁大寿，我们的三个儿女都携同子孙，远道回来参与庆贺盛典，亲情洋溢，感恩不尽。

然而，这几年来，母亲还不时闹着要回成邦江老家去，看望她熟悉的乡里亲人和邻居好友。姑不论她来日能否成行，再度南飞砂拉越，但我绝对相信，她和父亲一样，将来一定会保住颈上脑袋，平平安安地去朝见太上老君。尽管她至今以百岁高龄仍然能以流利的达雅克语（即伊邦话，与马来话或印尼话不尽相同）与我们家里头的印尼籍家佣，交流无误，不亦乐乎；而跟在我们身边逾30年的菲律宾家佣，也从老母亲身上学会了近似伊邦语的马来话，真让人难以想象。

母亲流利的伊邦话，肯定羡煞了多少远居于鲁巴江上游的长屋中那些擅长猎劫人头的达雅克族人中的英雄，唯谅他们杀人的弯刀肯定在香港是派不上用场的，大可让人放心。一笑！

荒山野林恶水中的成邦江小镇

鲁巴江边的成邦江，右上岸边小镇中的寺庙便是那座太公显灵、“日出光辉四海明”的小道观扩建后的慈云阁，古色古香；大江左拐往上游不远、白云缭绕处便是达雅克族人聚居的长屋，散落两岸水边，幽静中暗藏杀机。（Photo by Professor Hugh Blackmer, source: http://oook.info/humangeog/simanggang.html ）

擅于猎杀人头的长屋中的达雅克人，号称“拔让”（parang）的弯刀，不离身手。两人背后仍然悬挂着昔日战利品，熏黑的头颅，似曾相识。（Photo by Ishikane / License: CC-BY-SA-3.0 ）

椰风飘香，胜似钱塘，鲁巴江潮滔天。（来源：成邦江德教会副会长、紫川阁副阁长叶国记先生）

韩文公潮洲祭鳄，余孽也过番鲁巴，浮沉江上，伺机发难。（Source: http://robinsonmike.blogspot.com/2013/08/the-sarawak-legend-of-crocodile-bujang.html ）

第2章 鲁巴江巨鳄口边 块肉余生

其实老家成邦江的鲁巴江也是一条恶水苦水，因为除了猎杀人头的刺子四周巡游外，这条河也因凶猛的鳄鱼不时出没游弋，而闻名遐迩。鳄鱼扑杀大人小孩，喜欢曝尸滩涂，等到臭气熏天而后慢慢咀嚼品尝的事，我童年在家，入学前后时有所闻。记得很清楚，有一次距离小镇的上游不远处，便有一个在长屋对下游水嬉戏的达雅克族人（即刺子）的小孩中招了。据镇上刚从长屋回来的小贩叔叔说，不知怎的，巨鳄忽地里将小孩抛上滩涂；幸亏他活下来了，只见满身血淋淋，巨鳄利齿痕迹清晰可见，奄奄一息。有人说，当鳄鱼咬住小孩那一刹那，小孩拼命挣扎，挥动拳脚，无意中侥幸击中鳄鱼眼睛，激怒鳄鱼把小孩摔上岸边，因此块肉余生也。但也有人说，鳄鱼例必先让块肉曝晒，以增强口感；此说看来比较贴近生物学见解。总之，那刺子小童是从鳄鱼虎口逃生了，让当地华侨和上下游土著人等都惊呼是天大奇迹。

无论如何，不知怎的，惊魂稍定后成邦江小埠大小人家，又再下河挑水、冲洗、游泳嬉戏了。有一次，我又与几个小伙伴约好一起下水，准备往下游方向顺流比赛游泳，看谁游的最快。刚跳入水中，激流即将大伙儿往左往外，冲出约莫15–20英尺远处。说时迟，那时快，岸上的“大人”们忽地大声嘶喊，“捕砑（buaya）来了！捕砑来了！”（当地潮州侨民都惯随达雅克人叫鳄鱼为“捕砑”，也统称成年的叔叔伯伯为大人）。小伙子们闻声猛地里回头，但魂飞魄散之际，逆流冲回岸边，谈何容易呢！手脚灵活的，飞快地冲上岸边，爬上树干砌成的木梯，有的摔下烂泥巴，压扁许多泥蛙，幸亏大家最后都安全上岸了，让大人松了一大口气。

上岸后，回头随着大人们手指方向，往对岸一看，果然是一条长长的鳄鱼，浮在水面，缓缓地游向东边下游出口处；当游到那老爷宫（道观）斜对面时，我登时在艳阳之下感到一股寒流朔骨穿心，因为对岸那几株高然耸立的椰子树水边，正是我在那之前的两天，背着父母亲，偷偷游过去对岸的登陆地点；庆幸自己也算是块肉余生也。这不禁让我想起早前在老爷宫所抽到的那支竹签子，心想，“日出光辉四海明”，来日方长，不至于就如此葬身于巨鳄利齿口中吧！

想起鳄鱼，更令人毛骨竦然的是，父亲的一位马来人好友是如何葬身于捕砑肚中的惨剧。此人名为阿润（Run），身材修长，马脸型，一表人才，而又温文尔雅，是马来人中难得见到的佼佼者也，很难想象他竟然是个捕捉鳄鱼的高手。

话说二战后初期，不知何故，世界鳄鱼皮革的价格节节飙升，阿润也因而加入了这个十分危险的捕捉鳄鱼的勾当。他所获猎物，斩食鲜肉后，所得鳄鱼皮革都卖给我父亲转售给古晋市的批发商，再经新加坡出口到欧美各国市场。因有这层关系，阿润不时出入我家门口。因为他声名远扬，有一次成邦江邻省诗巫市拉让江大河边的一条村落，在两三个月内连续有八九个人惨遭巨鳄吞噬，当地土著无计可施之余，邀请阿润前去救难；结果他是一去不复返了，只得助手哭丧着脸回来，陪同我父母亲前去他夫人家里吊唁。当时我这个小子也在场，哀伤悲痛情景，至今历历在目。

事无不巧，旬月过后那条巨鳄也被当地土著钓获，或可说是自投罗网了。我心想，鳄鱼看来也有灵性，就如大侠豪杰，仗义为同宗报仇后慷慨就义也。为了验明正身，当地土著将巨鳄腹中捡获的两颗嵌金牙齿送交给父亲验证，大家看了，确认是父亲手艺，不禁悲从中来。阿润的徒弟在旁，也婉婉道出当晚遇害的情节。原来师徒俩的操作技巧是，经长途跋涉，晚间抵达鳄鱼群居的目的地时，必先关熄小木船快艇上的引擎，以免惊动鳄鱼。然后师傅在船头用电灯筒巡射正在滩涂上晚间休眠的鳄鱼，确定合适的目标后，指示掌舵的伙计将船划近，并将射灯对准鳄鱼眼睛，持续照射；在强烈光芒下，鳄鱼紧闭双眼，动弹不得。这时师傅就将特制的钢镖，往鳄鱼前额的软骨要害处，猛插进去。鳄鱼剧痛之下，忽地冲入水中打滚，这时师傅即刻将系紧钢镖的麻绳放松，任由鳄鱼剧烈滚动，四方冲刺。很显然，这所需麻绳必需几十，甚或上百码长，才足够周旋自如。俟鳄鱼精疲力竭，不再争扎时，才慢慢将它拖近船边上岸处理。

然而，阿润师徒俩绝对没料到的是，当晚鳄鱼竟然神不知鬼不觉地先发制人。当师徒俩刚熄停引擎，不动声色地悄悄划行不久，遽然磅地一声，小木艇被一头巨鳄尾巴打翻了。师徒俩凭经验立马深潜入水，然后急速爬游上岸逃命。他们之所以深潜入水，是因为作为两栖动物，鳄鱼惯于载浮载沉捕食，故不宜须臾留在水面，与它短兵相接。阿润的爱徒侥幸逃出生天，但不见师傅踪影，通宵达旦在岸边到处呼唤，不得要领，只好独自急速返航。

1992年8月，我们一家五口从澳洲悉尼市返回香港时，因为小孩的妈妈小萍是个海洋生物学家，多年来不时唠叨要一睹覆盖澳洲东北海岸一望无际的浅水滩中色彩缤纷的大堡礁珊瑚奇观，全家也就乘机在凯恩斯（Cairns）小镇停留游玩了几天。我们当然也难免如其他许多白人旅客一样参加内河游艇，以观赏那些躺在岸边，懒懒散散，大智若愚但实际上是穷凶极恶的鳄鱼。我自己对参拜这类恶霸兴趣不大，推说当年成邦江老家俯视即是，没什么大了不的。我们的老三皓圆深不以为然，因为就如当代许多小孩一样，他自小接触过的启蒙画册家里头堆积如山，手上也不乏各式各样的飞禽走兽玩具。因此他特别在意，一定要目睹听说是当年被唐朝的韩愈韩文公，从潮州的韩江公祭出海的异类潮州同乡的庐山真面目。

几番唠叨过后，我同意陪大家出发；但赶上游艇之前，自己心中一直在嘀咕，在成邦江老家时委实吃过太多由阿润热情提供的鲜嫩鳄鱼崽肉，这次斗胆上船，会不会惨遇母鳄报仇，也步阿润后尘，难逃宿命呢？还好登上游艇后即刻松了口气，只见游艇不但是机动的，而且船身似为钢铁结构，上盖也是坚固如铁的化学纤维。真想不到这片蛮荒的澳洲北领地，也具备欧美各个旅游胜地常见的现代化措施。心想即使几条原始巨鳄同时夹击，游艇固若铜墙铁壁也应该是稳若泰山。

偌大的游艇，熙熙攘攘，船上游客的照相机都在对准大小各异的鳄鱼，闪光灯闪闪烁烁不停。我心想，游艇上恐怕唯独有我还可辨别鳄鱼雌雄吧。我当时也懒的挑逗小孩，万一身躯陷入鳄鱼口中，应该如何挥拳自救，也不想借问那位饕餮大人，可曾品尝过非急冻的鲜嫩鳄鱼崽肉。我只顾悠哉闲哉，随游艇漂浮，仿佛感觉到沿河两岸树林，似曾相识，有的高耸如云，不可一世，有的寄人篱下，穷愁潦倒，无可奈何，似乎就如置身于老家鲁巴江上游的野林之中。当中也看到不少飞鸟徘徊树梢，但是不管如何观赏飞鸟，看来看去，总觉得都不能媲美成邦江老家的雨林中那些艳红碧绿和端庄灿烂的鹦鹉那么引人入胜。我也仿佛看到树枝上有几只小猴子，有的正在斜眼窥视空中的老鹰，有的则缩起双脚，深怕鳄鱼扑上树来。小猴子偶尔也飞跃于摇摇欲折的树枝之间，但看来看去，压根儿就是不如成邦江老家所看到的小猢狲那么轻佻可人，就如小孙（悟空）要杂一般的那么逗人喜爱。

不管是真是假，此情此景，不禁撩起儿时片片心影。当年在成邦江老家，为了逃避日寇，亡命奔赴剌子的长屋途中，或每个月的第一个星期天，循例紧抱着心爱的雄鸡，单独伴随父亲前往上游与达雅克人斗鸡收场后，循鲁巴江水顺流返航回家时，沿途所见，就是这么一番情景也。再说，我亲爱的益里哥哥，只爱榴梿不爱斗鸡此道，故也从不随行。

我上一次见到这般幻影，是在1994年晚秋某日夜晚约七时半的香港玛丽医院，即当时84岁高龄的父亲病危时入住的病房门口。当晚玛丽医院的主治医生方津生（即前香港政务司陈方安生的胞弟）巡视病房后，就在病房门口对我说，建议对父亲膝盖头开刀动外科手术，以解决癌细胞已经渗入骨骼的问题。我听了心如刀裂，当即号啕痛哭，想到父亲这么大把年纪，还要遭受如此深痛折腾；刹那间，儿时与父亲共犯难、共进退的情景，鲁巴江、小镇人家、阿选粿条、老爷宫、鳄鱼崽肉、鹦鹉、斗鸡、小猴，以及日寇飞鞭、联军枪声，等等、等等，历历眼前，匪夷所思矣。当时爱妻小萍，以及亚弥（翼贤贤侄）也都在我身旁，大家都声泪俱下，不可或遏。说起亚弥，他即是我堂兄益荣的儿子，从呱呱坠地，还不足两个半月大开始，因为他母亲身体不好，一直由我父母亲养育长大的那个小侄儿。

当晚深夜从玛丽医院回家后，我即跪请母亲，要她夤夜准备好鲜鸡卤肉等各式祭品，一早约请幼妹（也就是砂拉越野林中打过游击的无神论者，久居香港后变成一个天主教徒的燕鸾妹妹），以及其他亲戚，一同到九龙的黄大仙大庙上香去。这是我生平第一次求神，倾全心全意祈祷大仙显灵，助我父亲渡过难关。

傍晚再度回到病房探病时，主治的方津生医生忽然转口说，我父亲老人家到底是一大把年纪，经他们两三位医生再度会诊后，决定不宜开刀。这遽然让大家松了一大口气。我心想，大仙果然显灵了，可能因为祂老人家，感同身受，也怜悯我在那过去的一年多里，在一位经常照顾父亲的私家姓顾的医生的教导下，每当父亲在家里头开始痛楚难堪时，即刻拿起针筒，为他注射麻醉药剂的情景。此真所谓亲子情，恸天地，是也。

很清楚记得，顾医生教导我如何为父亲注射麻醉药剂时，是在他自己的医疗室里头，拿起个苹果示范，要我亲自学会如何将针筒插进父亲大腿上头的臀部中。自此以后，我自己每次到医院抽血检验身体时，一想到父亲当年如何强忍针痛的那个片刻，都要特地恳请护士针下留情。自己不敢目视护士姑娘如何操针之余，也必先吁求姑娘她尽可能采用最细幼的“蝴蝶针”。而当筒针施施然插入臂上时，还必须故作镇定状，对陪伴在侧的小萍爱妻打趣说，此之谓铁汉柔情也！

提到父亲，又不禁再次想起鳄鱼来。当年阿润每隔一两个月一次上门来家里时，都会带来最鲜嫩的鳄鱼崽。通常一只不出两公尺长，比市面看到的巨鳄或博物馆中的标本都要小得多。剥皮后，父亲一般将嫩肉切成薄片，比日本的杀戏米（Sashimi）或潮州人的鱼生（片）稍厚些。我们一般不加任何配料，就像阿选的粿条清汤一样，只在高温的鸡汤滚水中涮过，另如四川的葱油鸡，撒上热锅猪油青葱，就是一碗绝为爽口的佳肴。很微妙，鳄鱼崽肉的肉质介乎石斑鱼和猪肉之间，韧性又略比蟒蛇肉稍强些。

谈起蟒蛇，也不禁想起与我父亲共同出生入死的川中伯父，也就是我那位熟稔伊邦话的益荣堂兄的父亲。伯父比我父亲稍高，身材削瘦但硬朗，不似手无缚鸡之力。全成邦江的潮州侨民中，只有他敢于横刀傲立桥头，阻挡隔桥马来人村落（俗称甘榜Kampong）的那几个流氓闯入小镇混混。伯父的小店铺，名“信合”，门牌3号，很靠近木桥，离我家也是咫尺之遥。像成邦江小埠头的其他人家一样，伯父小店后院也蓄养小猪鸡只，但唯有他敢于赤手空拳擒拿偶尔入侵鸡笼猪栏的蟒蛇。伯父也是个烹调高手，比我父亲还更行。这是来自揭阳祖家的传统。每次大蟒蛇到手后，我们两家人，有时还有排行于他们兄弟俩之间的姑妈一家，必然聚餐享用；薄片清汤葱油，循潮州人万古不变的清淡原则，这显然不是偏好浓烈香辣的沪粤人家或湘川豪客所可想象的。

今年（2012年）8月底经辽宁丹东港前赴朝鲜旅游，在沈阳中转参观时，导游小姐在游览巴士上指着大街上的一栋豪华的潮州酒楼说，平均每客不花费人民币万元以上是出不来的。我会心微笑，好在这一辈子尝尽各式潮州佳肴，不必进去光顾，花傻钱。心想，这个名贵潮州餐馆，也肯定最早不是张学良少帅引进的，因为他不曾被贬或流放到汕头去。而少帅既有赵四小姐日夜陪伴在侧，也不必如林彪的儿子林立果这个太子哥儿一般，听说潮汕温柔美女如云，特意让手下安排入住汕头宾馆进行“选妃”呢。

川中伯父当年横刀傲立桥头的形象，也让我想起那座破旧的小桥，心中犹有余悸。那是日寇缴械投降后不久，某日适逢马来族人喜庆迎亲抬轿过桥，镇上许多大人小孩都争看热闹，熙熙攘攘地跟随人流上桥。我挤在其中，不知怎的，忽地里从失修漏空的两片桥板中坠下去了，胸口向下，刚刚好俯伏在废置的两支大树干之间。当即岸上人群哗然，桥边小镇门牌排第一的店铺是姓沈人家，见状大声呼唤隔邻的伯父赶过来抢救。伯父冲下桥底，不由分晓，一背起我就往成邦江唯一的一间坐落在远郊的小医院狂奔。跑到隔开第八和第九间店铺之间的横巷刚要左拐往医院继续冲刺时，伯父忽然触动灵犀，翻转我的左手腕一看，同时紧促地喃喃自说自问，“不好！有没有隔断阿刺（我的乳名刺子的别称）的腕脉？”说时迟，那时快，只见平日中医把脉处，血流如注。伯父登时如亡命般飞奔；平时要花半个小时，竟不出一刻钟即赶到这家同时也兼顾马来人和临近长屋的刺子的医院。他闯进病人手术室时，身心俱瘁，但还使劲按住我，不让乱动，在大声号啕之下我也不知伤口缝了几多针。但如今针痕紧贴大动脉仍然清晰可见。伯父早已作古矣，每当翻转左手板看到伤痕时，一想起伯父，音容宛在，潸然泪下。

我记得很清楚，当年桥下玻璃樽碎片，比比皆是，幸好只是割伤了左手腕大动脉边上的皮肤，没有伤及我身躯其他重要部位，算是命大。如果当年俯冲下去时，撞正横卧在桥底的任何一条大树干，那肯定也是不堪设想的。当时正值鲁巴江退潮时分，横跨这条小支流入口处的小木桥，比涨潮时高出了水面好几尺，冲力无疑更大。也值得庆幸的是当时适逢退潮时分，小溪流干枯，鳄鱼也游不进来，诚不幸中之万幸也。我后来心想，似乎又是如那个小道庙老爷宫的灵签所提示的，老天爷还得让我等待“日出光辉四海明”，岂可就如此命丧黄泉呢？

事过境迁，1988年迁居澳洲悉尼市时，父母亲也从香港随后同来，仅比我和小萍以及丹剑皓三个小孩晚了三个多月抵埗，以待我们一家五口先安顿下来。听说悉尼市某些西餐厅也有鳄鱼肉供应，我特意要等待父亲和母亲抵埗后全家一道前去品尝。但是，当烹调好的鳄鱼肉刚一入口，我便肯定，那是从急冻冰箱里头刚拿出来加热过的粗老鳄鱼肉也，索然无味之余，还兼具点腥气刺鼻，远远比不上成邦江老家的鳄鱼崽薄片清汤，也远比不上2003年香港“非典”（港称“煞士”）爆发前夕，从哈尔滨飞回来香港之前几天在哈市近郊的某个朝鲜族聚居的餐厅中所吃到的白煮狗肉可口呢。

最近听说香港铜锣湾时代广场的食通天楼层中，也有一间高档次食肆偶尔也供应特制鳄鱼美食，但必先预订。我打听原产地何处，果然都是来自泰国的专业农场饲养的。这恐怕还是不能与我熟悉的成邦江鲁巴江中的野生鳄鱼崽肉相提并论吧。尽管如此，自己既然已经过了不惑之年，也达知天命的境界，加以家住香港半山之巅，鳄鱼无从扑上来，所以仍然希望择日前去食通天，略为回味儿时的口福。

第3章 日寇残杀益南兄 不共戴天

日寇占领砂拉越期间，我们一家大体上并没有遭受到太大的折腾。除了成邦江不是个兵家必争、敌我之间非惨烈厮杀不可的战略要地之外，我父亲是个很怕惹事，地地道道的顺民。也许更重要的是父亲是小镇唯一的牙医。日寇也肯定有牙痛的日子，而刚好那个叫铃木的日军宪兵头子，就成了父亲的常客。他每次上门来见我父亲时，都是恭敬如宾。我想，日寇生性狐疑，怕被下毒或中招，必然如此客客气气。父亲为了保命，也必然礼尚往来，战战兢兢地执着专业精神，免得惹上任何大麻烦。因此，日寇占领成邦江那三年多里头，我们一家基本上平安无事。

日寇如何从古晋攻入成邦江，我完全没有印象，因为那是1941年12月或1942年初的事；但随后除了避居达雅克人的长屋旬月外，记忆犹新的是全家大小如何不时随着街坊乡亲被驱赶上西郊荒山上，参与种植和挖掘番薯充饥。小孩见三几个日寇，站在山边上挥舞长剑叱咤胁迫，状甚惊人；有一次我亲眼看见两个老迈婆婆给吓昏了。更为惊险的一次是父亲从古晋市他堂兄郭川汉的号称“礼荣”的店里头购置牙科器材后乘小摩托船回成邦江时，我兴高采烈地跑去下游的那个小码头接他回家，亲眼看他被一个小日寇宪兵押往警署，惊恐万分。父亲回家后告诉我们，只因受人之托随身带了包香烟回来，便遭那小杂种用长鞭往背部狠狠地飞打了两下，正要再度飞鞭抽打时，幸好铃木刚好回到警署，问明究竟，立即放人，香烟当然也被没收了。

那个小码头也不禁让人想起，日寇小军船每次进出成邦江，要停靠和离开时必然会奏唱的那首海军军歌。这首军歌，即《军舰进行曲》，歌调和旋律，小孩听起来倒是蛮感悦耳的，所以至今仍然能轻松地从头到尾哼唱无误。但对我们潮州人，不论是大人或小孩来说，首两句日语歌词听起来似乎极为不雅，不堪入耳，大家一直把它当成笑柄。我相信老一辈的潮州乡亲听了我如此说，必然会心一笑。更为有意思的是，这首歌儿，歌调短促，也让人联想起日寇双腿短小，操兵和赶路时的那副很好玩的丑态。这也让我想起，著名中国军事学家蒋百里就曾于抗战初期，呼吁国人奋起抗日时所说过的那句话，他说，听大和族人音乐，深知日寇不能持久也，国人坚持到底，必获全胜无疑。但不知蒋百里是否也听了这首日寇的《军舰进行曲》才一针见血这么说的。

回头再让我说说那个小码头：这也是个木结构的简单建筑，码头平台由八九片宽约一英尺，长约十二英尺的木板拼成。桥面四周用几栋当地俗称盐材木（不怕长期浸入水中）的圆形树干支撑，入水深约七八英尺，涨潮时江水距离桥面仅约五六英尺，适可供日寇的小摩托军船停靠。这个码头建立在老爷宫小道观左侧的四或五间店铺之后，斜对上的岸边马路边，便是街尾的几间店铺。因为离家较远，所以我不时邀约邻居玩伴小孩前来这个码头参与高台跳水。这比在家门口对斜岸边在父母亲眼皮下戏水，好玩的多；也不必担心随时会被召唤上岸回家吃饭，或因父母亲担心自己被鳄鱼吃掉而随时叫停，扫兴而归。

最开心的事是码头四周或作为桥墩的盐材木上头入水部分，久而久之也就攀结了许多小蠔仔。傍晚时分，父亲偶尔也带我们过来采蠔。我内心暗自兴奋之余，回家后就是一顿鲜美可口的蠔仔伴炒酱油鸡蛋，潮州人俗称的“蠔烙”。如果是晚饭过后才下水采蠔的话，当晚宵夜则是一碗清香的蠔仔泡稀饭涮上泼泼声的葱珠腊，何似在人间。父亲手炒的蠔烙是家喻户晓，做法非常简易的传统潮州美食。我走遍世界各大洲，但所到之处，包括祖国各大小城镇以及揭阳祖家在内以至于也以蠔烙著称的台湾的闽南小食，至今就是还不曾遇上任何潮州餐馆的手艺能炒出如此香美可口的儿时梦幻。

话说回头，1945年中，当澳洲联军反攻日寇登陆砂拉越之际，兵荒马乱，我们家族中还是有人遭遇了惊心动魄的大事，牵连到我父亲和川中伯父的另一位名叫川鸿的堂兄。川鸿老伯父和我父亲川濆以及川中伯父都是同一个祖母，也就是我的曾祖母所生的，因此也是近亲关系。因为我们的曾祖父还有其他三个老婆，包括元配在内，总共生了十三个男孩，我祖父是最小的第十三个。川鸿伯父早期过番（即移民）到接近砂拉越边界，但属于印尼的婆罗洲岛西北端海边上的一个名叫坤甸（Pontianak）的小城谋生。他后来迁居到成邦江附近，以便与兄弟们为邻。这位川鸿老伯父聪颖过人，印尼语流利不在话下，日寇来了之后，不久便也能以日语对答如流。看来如果早年有机会留学日本的话，很可能连郁达夫都甘拜下风。

很快地，老伯父便被日寇征用为翻译官，这下子可遭殃了。日寇战败后仅刚缴械还未正式撤离时，许多遭冤的侨民，尤其是居住在我们俗称山顶，即郊野蛮荒之地的客家子弟们汹涌而至，针对川鸿伯父喊打汉奸。这逼得川中伯父与我父亲公开出面解释说情，并夤夜暗送他往外地避难。以我伯父川中的忠魂义胆亲情凌天的气概，以及几套拳脚功夫，他大可与那些义愤填胸的客家兄弟周旋几回，但念及大家都是离乡背井患难之交的同袍，还是愿意俯首代表川鸿老伯父公开道歉，并与我父亲亲笔联署告示乡亲们，解释他们的堂兄如何被逼当上日寇翻译的个中原委，以便息事宁人。川鸿老伯父后来定居侨胞俗称海外，即接近近海的一个剌子村落，与一位非常仰慕他的达雅克族闺女相依为命，以捕鱼种菜为生，自得其乐。

1980年代他老人家终于从砂拉越移居香港，与儿女孙子们团圆。这个命运显然比当年化身平民，匿名隐姓，从新加坡避难到印尼苏门答腊，后来也被日寇征用做翻译，而最终功亏一匮，在日寇败走前夕惨遭杀害、在抗日军兴之前被鲁迅喻为“才子佳人加流氓”的文坛创造社元老郭沫若的同僚、即那位留学日本的著名的浪漫主义诗人郁达夫，幸运的多多了。

老伯父晚年独自住在香港新界养老，头发斑白垂肩，就像是个峨眉山道人。有一次，他的一个久违了的外孙儿远道从美国的休斯敦市前来香港访问，我陪他去拜候老人家。抵达安老院时我先进门，并故意嘱请外甥在门外稍候，待我通报一声，给他老人家来个大惊奇。我先问川鸿老伯父，可知远方何人，万里遥遥，特来拜候。老人家摸一摸冉冉发光的须眉，反问我来客可是那个常年住在美国德州的博士。我大为吃惊，尽管老人家子孙后辈移居彼邦的比比皆是，唯他独想到这位他的大女儿的最大男儿，专攻煤矿工业的郑定国博士。我心想，中国人所谓亲情灵犀，莫过于此矣。

我的另一位出自同一曾祖父，但不是同一个曾祖母的堂兄，可真真正正被日寇千刀万剐，壮烈牺牲了。他就是当年英属北婆罗洲（现名沙巴 Sabah）惊天地泣鬼神的“神山游击队”抗日英雄的领袖，郭益南（英文名 Albert Kwok）是也。他是在1944年农历新年前三天（即1月21日），惨遭日寇百般血腥酷刑后，斩首就义的，时年才二十三岁。就义现场就是今日沙巴首府亚庇市（Jesselton，现称 Kota Kinabalu）飞机场附近的烈士纪念公园。以前许多南洋华侨社团办的中小学课本都有记载他的英勇事迹，今日上网也可看到他殉难的详情。

郭益南是在1943年的双十节（10月10日）前夕率领300多人——主要是由华侨子弟组成的游击队——发难的。他们烧毁当地日军的宪兵总部与警察局，杀死了60个倭寇，并占领了整个亚庇市区。三天后日寇从古晋市调兵增援，逼使游击队转入亚庇郊野的荒山野岭山洞，主要凭当地俗见的土著弯刀与日寇周旋苦战。史料显示，当年在北婆罗洲各地，华侨与各类土著，对日寇同仇敌忾，揭竿而起的义士共有2000多人，而最震撼人心，名留青史的首推神山游击队。

据劫后余生的郭益南战友谢育德在他的《神山游击队抗敌史》（亚庇中华工商总会出版）中的简要忆述，郭益南是在1943年12月19日在市郊的一个名为山东村的坟场附近的一个小山洞内，被一个“赌鬼也是酒鬼”的村内无赖出卖而就擒的。当日寇层层包围山洞时，郭益南与身边五六个战友本来决心携同仅存的三个手榴弹冲出去，与日寇共存亡，哪知传话汉奸说，如果不弃械投降的话，日寇必将全村大小老幼四百多人杀个清光，一个不留。

无论如何，行刑之前的酷刑是绝对不可言喻的。据伯母，即益南生母说，每天晚上在监狱里头，日寇对准益南他被以利刃剥开的小腿与脚腕经络伤口，撒挤盐巴。伯母一闻爱儿惨叫，即刻昏倒过去。行刑之日（或之前不久），日寇将十几个游击队领导的手腕刺穿，用铁线串成一团游街示众，惨痛嚎哭之声，让身临其境的街坊，无不心如刀裂。我想1937年12月中，南京大屠杀之下的那三十几万中华幽灵，看到如此血腥惨烈场面，不共戴天之仇，也一定会飞奔南下，再与那毫无任何人性可言，禽兽不如的日寇，决一死战也。

让我也用一言片语稍及郭益南烈士的胞弟郭益光。益光自小接受英文教育，长大后常年在他们“安息日”教会办的中小学校教书。我在古晋中华中学念书时，有一次，记得是从1955年3月底开始，因为学生闹学潮罢课，我怕赋闲在家，无所事事，要益光堂兄让我转往他的学校上课。当时他任副校长，所以顺利入学。第一天上学，澳洲籍的校长傅克时（Fox，意译为狐狸）先生，要我到他的办公室见个面，他开口第一句便问郭益光是我的什么人。我用英文回答，他是我的brother。“狐狸”校长皱皱眉头，脸色不悦地说，“副校长他现在已经并没有任何brother了！”这是我生平第一次，也是唯一的一次，上洋人学校念书（仅一个月时间），而第一天便出了如此洋相，登时脸庞发热，蓦然领悟英语中严格区分哥弟和堂表关系。尽管尴尬汗颜，我内心还是自我打趣说，“你这个老狐狸，我至少知道英文中，你是一只狐狸也，也知道尔等红毛（新马华人对所有洋人的统称），长幼大小无序，哥弟堂表不分，也不知叔伯有别，一概统称安哥儿（uncle），而狐狸本身，也只懂得四肢爬地，手脚无异，不谙文明礼仪为何物也。”

文化大革命前夕，这位益光哥哥忽然神不知鬼不觉地，真真正正地如郭沫若一般，“别妇抛雏断藕丝”，回我们揭阳祖家去了。原来他暗地里一直在自学俄文，准备“投笔请缨”也。这对那个英国殖民地年代，绝大多数以讲英语为荣的华侨“英语世家”而言，无异晴天霹雳。而对1950年代初期至中期，纷纷背弃父母，翻山越海，北上参加祖国建设，后来吃够苦头，1960年代先后流落香港，有家归不得的大多数“进步”的成千上万华侨子弟来说，确确实实是“后知后觉”，匪夷所思也。

我一直在思索，这位益光哥哥，当年究竟心中深处暗藏着哪门哲学。是否他也听说，并念念不忘，当年那些热血奔腾的南洋华侨愤青，从新加坡登船，路经香港，一跨上深圳的罗湖桥，仰望五星红旗飘扬，听到广播，“同胞子弟们，祖国欢迎你们回来！”立马热泪满盈的那个感人肺腑的景象？不，益光哥哥不可能如此“后知后觉”。我心想，最有可能的解释是，他因手足情深，一辈子都忘不了益南大哥惨遭日寇杀害的悲天浩劫，血海深仇，期望祖国强大，将来能助于报仇雪恨也。无论如何，改革开放初期，益光堂兄也来了香港，我们见了几次面，我也邀请他参与我父亲的七十寿宴。后来听说他也去了美国或加拿大，不知所踪。

回头说日寇投降后，在进驻成邦江小镇的联军机枪戒备下，被反绑双手，游街示众。为了让侨民泄恨，联军士兵有时也将无恶不作的几个宪兵头头捆绑于路边灯柱上，让人殴打，但规定每人每次限打一拳，而且收费若干。几分几角？这倒记不清楚了，但肯定太便宜了那批无端游刃，残暴杀戮，无恶不作的日寇。我只记得挥拳泄恨最多最重的是那些最穷最苦的客家侨民。他们大多数居住于郊野荒山，务农为生，深具“燕赵慷慨悲歌之士”的中原古风。他们之所以乐于挥拳重击被绑上灯柱的日寇，主要因为当初日寇深恐鞭长莫及，反而放下小镇上无计可施的良民，而对山中朴实无辜的农民百般骚扰，故也。

在成邦江游街示众的日寇之中，也有铃木这个宪兵头子；但每次快要游街到我家门前时，父亲怕见到他被五花大绑，几分尴尬，都要我们小孩也避开视线。事后心想，如果我伯母，即益南母亲一早就跟我们哭诉益南堂兄是如何惨烈被杀的话，我必然是第一个飞冲出去，乱拳打死铃木这个狗养的混蛋的。

最近适值岁暮（2012年），我姨妈（即母亲的亲妹妹）的长子郑自勉，偕同他媳妇从古晋来访，准备办理香港居留权，与任职某大会计师楼的儿子团聚，以后来往也较为方便，况且他们的长孙也即将出生了。我问表弟可曾考虑在香港买层楼，正式迁居过来。他说香港寸土寸金，楼价高居不下，但“钱”还不是太大的问题，主要是眼见钓鱼台问题，中日闹得不可开交，而刚上任的日本首相安倍晋三更是气焰嚣张，准备开战似的……表弟语音未落，他夫人即刻插话说，他们确实很担心打起仗来，香港也必遭殃云尔。

我登时不知何言以对，因为至今倒还未曾遇见过任何一个担忧日寇会入侵的香港人，反而是许多道地的香港同胞，不回顾当年日寇铁蹄如何蹂躏香江，却天天上街游行，大闹北京派驻香港的中央联络办事处，明目张胆地针对中国政府，指责北京政权在一国两制的框架下，“钦定”香港特首及其主要政府成员云尔。这种怪责，无日无之，诚难以置信。我心想，也许这类香港的炎黄子孙，深知今日祖国强大，无惧日寇再度犯境之余，反而矛头向内，不断骚扰北京驻港代表，让人啼笑皆非。

我听表弟媳妇那番话后，恍然大悟，也十分感慨，原来晚我一两辈，甚或两三辈的南洋华人华侨子弟们，至今仍然难以忘怀二战期间，日寇是如何肆虐和杀戮先辈的。可别忘了，我那个时代，华侨社团尚可采用中文自由办学和学习中国的历史地理与诗赋等等。但我后辈中，今日享有此华文教育特权的，已经是凤毛麟角了，而仅靠先辈言传，他们仍能深深意识到当年日寇的滔天罪行。这一代的香港人，其不汗颜乎。

我对自勉表弟夫妇来港定居的顾虑，直截了当地请他们放心。我说，安倍晋三是因心虚而嚣张。他自以为可背靠美国，勾结越南和菲律宾，以致于印度，以共同围堵或牵制中国大陆。这明摆就是不敢于像二战时独自孤注一掷。实际上，也亏他小日本今日就没有那个本事，能再次发动太平洋战争。而美国霸权目睹今日祖国神州庞然崛起，屹立于东方地平线上，与西方列强并驾齐驱，也必然会顾全世界大局，以和为贵，图谋与中国政府取得泛亚太地缘政治上的战略平衡，根本不可能让小日本牵着鼻子走，陷入泥沼不拔。

环视东盟10国，菲律宾与越南两国也急于在东盟10+1（中国）的地缘经济框架下，发展经济，改善人民生活，而美国霸权也已如当年“日不没落”的大英帝国，开始日落西山了，充其量也只能以小恩小惠，怂恿菲越两国毛手毛脚，无事生非。至于印度，这个古老的文明古国，在经济上也急于追赶中国，跻身列强，看来也不会为了“麦马洪”边界问题，轻率地与祖国开战，重蹈1962年严重败战的覆辙，以至于在国际舞台上被看成是个跳梁小丑，有失颜面；故投鼠忌器，何战之有哉。

我也跟自勉夫妇说了，如果大战万一果真打起来的话，美国人也不见得怎么好受；而且战火一起，当今世界，弹道导弹，横飞直撞，原核氢弹，盲目飞爆，就连老家砂拉越的原始森林，也绝难幸免矣。

表弟自勉夫妇俩来访时，我的新书《走向中华“帝国”的升平盛世：地缘政治经济学视角》（英文原标题为*Pax Sinica: Geopolitics and Economics of China's Ascendance*），刚由香港大学出版社出版（2012年11月）。我顺便将拙作送给他们过目，也说明以上所说，言简意赅，主要取材于这本比较学术性的著作。

我上面所说最后一段话，旨在奉劝他们夫妇，别太天真，搞逃避主义，但主要还是请他们放心，早日来港，享天伦之乐吧，丝毫没有让他们来香港与儿孙一家人共存亡的用意，一笑。

第4章 陈香梅的好父亲　慧眼青垂

我是二战后开学的第一个学期才上小学一年级的，已是个超龄学童了。日寇败走之前的几个月，还上了几课“阿姨恶黑倭”，也不谙何事何意。光复以后学的，当然完全是中文，每周只有一节英文课。上课后不出旬月，不知怎的，老师要我跳到更高的一班，而我的至好玩伴，大我不到一岁，至今还是与我肝胆相照的一个客家子弟，却正好和我上下对调。此后终小学六年，我每个学期的成绩，必然名列前茅，仅有一个学期被班上的一位小女生扒头了。2004年12月底，肇始于苏门答腊岛西北端的东南亚大海啸刚过后的那几天，应该是除夕前一两天吧，我回到成邦江老家时，当然也拜访了我的启蒙母校——成邦江中华公学。当时母校的校长，是一位中年女老师，看到是个稀客，也属高客光临，喜悦之情，溢于言表。寒暄几句后，她知道来客竟然是二战后第一批毕业的老校友之一，更为之燕飞雀跃。她特地找出当年手抄的成绩记录表给我和小萍以及随行的皓圆小儿看看，果然见到我自己每个学期的成绩一直排名第一，只有一次被那个小女生超前了。我不禁心想，小猴子深山称王，耍一两套小把戏，一不小心，有时也是会摔跤的。

小学时我也以参加全校演讲比赛表现出众，年年荣获冠军，只有一次被自己的大妹妹燕芳（已逝世）超前，屈居亚军。也清楚记得，某次演讲比赛时，我讲的题目是《青年要敢作敢为》，当讲到年轻人要效法“国父”孙中山先生敢做敢为的精神与气魄时，我神情有点紧张地转身，指向身背后悬挂在礼堂墙壁上的“国父遗像”。当时倒是还没想到，其后不久，自己竟然也敢在我家门口对开的鲁巴江上与鳄鱼比赛游水，一较高低呢。

最难忘怀的是小学三年级时，南京的国民政府派驻砂拉越首府古晋市的第一任领事陈应荣先生驾临成邦江巡视侨情的事。时值学期结束，在中华公学礼堂举行颁奖仪式，全校老师和学生齐集，我排坐在第一行。当大家高唱国歌，“三民主义，吾党所宗……咨尔多士……夙夜匪懈……贯彻始终”时，我发觉站在主席台上的陈领事，一直在凝视着我。颁奖时，我刚拿完第一个奖，还来不及回到自己的座位坐下，又要应声回头，再次冲上礼台，从徐光泰校长手里领取第二、第三个奖项，国语、英语、算术、珠算以及赛跑跳远等等，不一而足。每次上前领奖时，只见陈领事频频对着我微笑。我当时也毫不感觉寒碜羞怯，面对着这位成邦江各界侨民代表都视为大人物的陈领事，自己一点儿都没表现的手足无措，或曰乱了分寸，尽管陈领事大人逼近眼前，不像我在街上跻身于街坊群众中盛大欢迎他莅临时的那般远不可及的。这可能是因为自己连年参与校内演讲比赛，在讲台上发挥自如，习于指挥若定吧，所以无视陈领事的目光老盯着我，能够保持神态淡静。这似乎让陈领事更为赞赏我。

1980年代初期，也就是中国大陆开始改革开放时，我人在香港，见报章报道，著名抗日飞虎队司令陈纳德将军（已故）的夫人陈香梅女士，不时从美国东来，前往访问北京，我这才恍然大悟，原来陈香梅的父亲就是那位曾经驻任古晋，也到过我的老家成邦江的陈应荣领事。当时阅报让我对陈香梅印象最深的，除了是当年对我特别和蔼可亲的陈领事竟然是她自己的亲生父亲之外，她对采访她的记者说，北京建国门外的国营友谊商店是她所见到过的全世界“最不友谊的商店”。这我倒也完全可以想象得到，因为当时中国市场导向的经济改革尚未正式提上议事日程吗。看来陈香梅到底不是研究比较经济制度的学者，只能攻其一，不及其余。倒别忘了，中国自2001年加入世界贸易组织（WTO）也已经十五年了，而因美国多方阻挠，至今仍然不让认可属“完全市场经济（体制）”的国家呢。

我近日特意上网，浏览有关陈香梅的故事。资料显示，当年陈应荣领事刚到古晋市履新时，并非如报载陈香梅正在与飞虎将军陈纳德热恋，而实际上是他们已经于1947年12月21日在上海正式结婚了。之前不久，陈领事为了制止这对不正常的异国鸳鸯的婚事，特地从美国赶往上海，抵步后避开不见陈纳德之余，更施调虎离山之计，要陈香梅单独陪伴她老爹前往杭州西湖度假多日。陈领事浑身解数规劝女儿，要从长计议，抛开这椿见不得人的婚事。事缘那位对中国人而言家喻户晓的飞虎将军不但是个洋人，而年龄比陈领事自己还大几岁，比陈香梅也要大上三十几岁也。陈领事极力劝止女儿，最终还是不得要领，痛心疾首，可想而知。他自己也就在陈香梅结婚还不到一个月内，便偕同陈香梅的继母张玉燕（美国医学博士资格）和妹妹香竹，于1948年1月14日经香港飞往新加坡，17日乘船离开新加坡，20日抵达古晋走马上任，旋后又到了成邦江巡视。很难想象，在如此悲愤，痛失爱女的巨大心理压力之下，陈领事当日在我小学的学期结束颁奖典礼上，仍然能对我笑的如此甜美。也许对他而言，逃避到荒山僻野的成邦江小镇，也算是一种解脱吧。

网上讯息也显示，陈香梅还有一个姐姐，四个妹妹。她母亲怀孕时，陈应荣领事求子心切，没想到出乎意料之外，而且接着的四胎也都是女的。这个家庭背景，也不禁让我想起来，陈领事当日对我如此青睐有加，莫非希望过继个子嗣，延续他们陈家香火。我心想，如果陈领事当时知道我母亲也是姓陈的（名婵娟），他可能对我会加倍热心呢。一笑。

话说回头，当天的学期结业典礼完毕后，当晚，我最敬爱的也是最为敬畏的小学训导主任王义源老师便马不停蹄地赶到家里来跟我父亲说，陈领事希望带益耀随身同行，离开成邦江，先上古晋去，以后会一直供养我上学。这对任何华侨子弟而言，确实是莫大的荣誉与幸运。但父亲爱子心切，不肯放人，推说我还很小呢。说句良心话，我自己肯定也绝对舍不得离开生我养我的父亲和母亲的。陈领事有意随身带我出去游学的消息，当时不胫而走，轰动了整个成邦江，至今老一辈的乡亲戚友仍然津津乐道。

我后来也是上网浏览才知道，这位陈应荣领事可真是来头不小。就像当今许多富二代和官二代的小孩一样，他出生望族，自小就在英国念书，后来考获牛津大学的法律学博士，其后又是美国哥伦比亚大学的哲学博士，在北京（平）当过师范大学教务长以及英文系教授和系主任。去古晋履新之前，他是国民政府驻旧金山的领事。如此显赫的贵人对我独具慧眼，而我父母亲竟然不识抬举，让我坐失千载良机，应罪怨他们乎？不，对我而言，父母亲的血肉亲情超越时空，永世不灭；换成今日，这也绝对不是任何功名利禄所可替换的，就像是神州大地的轩辕子孙永世不可数典忘祖一般的绝对情理。

尽管如此，我至今还是不甚了了，何以像陈应荣如此高规格的要人，当年居然要屈居荒山野林恶水边缘的古晋市，当个小领事。看来不是纯粹因为陈香梅不听他话那么简单。据当年砂拉越侨界传闻，陈应荣博士早于1946年12月初，即国民政府驻新加坡的总领事伍伯胜博士巡视砂拉越后不久，已经内定为驻古晋的领事也。等到陈领事上任时，“中国内战方殷，砂劳越的华侨社会也一分为二，一派支持国民党政府，一派则同情毛泽东所领导的共产党，两派间壁垒分明，所以在他们到各地参访时，也时有遇到一些左倾人士到来闹场的尴尬场面”（引自网上指某报“李君”的报导，报纸名称不详）。这似乎意味着，国民党当年派了两个博士资格的领事，一位驻新加坡，统管东南亚，另一位坐镇砂拉越，以便安抚或强化华侨社团的反共信心。事实上，当年各地的亲共势力日益壮大，以至于后来，砂拉越的一股力量，配合印尼总统苏卡诺和砂拉越共产党人的号召，为了反抗马来亚和英国政府策划将砂拉越併入马来西亚，而不惜潜入红毛猩猩出没的野林中打游击战。我的妹妹燕鸾和诸多古晋中华中学的同学，便是如此牺牲了青春，甚或变成野林孤魂了，哀哉。

无论如何，随着中国大陆解放，蒋介石败走台湾，陈应荣领事赶在中英建交（1950年1月6日），领事馆关门大吉（翌日12时）之前，于1949年的7月16日离开古晋，听说调升为驻南美秘鲁大使馆一等秘书。这肯定在地理上让陈领事也更为接近陈香梅了。因为他女儿嫁给那个老外后，接着也迁居到美国也。

有关陈应荣领事的事，还有一两则趣话，或可略及。其一是，传闻他喜好收藏古董，转道新加坡去古晋履新时，随船带来了不少名贵瓷玩，让随行人员大事紧张。但不知陈领事是否也有听说，古晋的马来话发音是“猫”的意思，以猫多著称，因以得名。不知陈领事是否也担心猫儿不分昼夜，或捉老鼠时飞檐走壁，随时会打烂他的宝贵珍藏，而市面上当年还没听说有任何保险公司可让人购买家居财物保险，以防万一。

其二是，陈领事上任时，古晋刚开始动员全砂拉越侨民捐款，以筹建领事馆。我的小学校长徐光泰先生，便被征召代表成邦江为筹建委员会委员兼秘书。因此，陈领事最初是住在一位古晋林姓银行老板家里的。其后出巡成邦江，礼宾人员准备安排他到街尾山头上的政府公馆小住两晚时，才忽然发现公馆里头没有适合的床褥。一经打听之下，知道成邦江户户人家，只得我家有一套还拿得出去见人的旧式弹簧软床垫可派上用场。我父母亲向来好客，何乐不为，更何况是借用给钦差大人的，当即清洗干净，在赤道烈日之下很快也就晒干了，让人给送去公馆应急。此事除伯父、姑妈、姨妈，以及王义源老师作为联络人，大家都很开心外，没人得知。父亲为人向来低调，更不想宣扬，陈领事自己当然更被蒙在鼓里，完全不知道有这么回事。隔日，在我学校的颁奖典礼上，看到陈领事如此开怀称心，笑逐颜开，我也心想，他很可能昨夜美梦通宵，睡的很稳很甜，但后来也想到，陈领事美梦不能成真，不能携我同行，也应该不无遗憾吧。

其三，还得加插一句，父亲借给陈领事夫妇“安枕”了两个夜晚的那套厚约6英吋的弹簧软床垫，就是罩在我们家那张“保命”的铁架床上头的床垫；也就是澳洲联军登陆砂拉越，逼近成邦江，枪声断断续续，促使日寇缴械，而达雅克人伺机浑水摸鱼，准备入城猎劫人头，满城风声鹤唳，致令父亲要母亲和我们四个小兄妹躲进床底下，以求保命的那个双人铁架床。我心想，如果陈领事知道我们一家人，当晚是如何惊心动魄地存活下来的话，他们夫妇俩恐怕是睡不好的。

提起这张铁架床，我完全没有印象，父亲是如何购置的，但相信这是当年成邦江独一无二的。还清楚记得，铁床架是漆黑的，粗粗的圆铁条上头还镶上几条细细的金色条文，看来很雅致。其来何自，最可能的解释应该是父亲从古晋的那位郭川汉伯父那儿学会这一套摩登玩意儿。川汉伯父也就是那位在古晋开设那间号称“礼荣”，专门销售进口牙医器材的店铺的创办主人。川汉伯父的父亲与郭益南的祖父是出自同一个祖婆的亲兄弟，而且全家也都是信奉基督教的，生活方式十分洋化。我自小在家里头吃饭，用的是银制汤匙和洋叉子以及瓷碟盘子，不用筷子，但饭桌上也从来不像吃西餐般，用刀切肉。这个半吊子的中西文化合璧方式，则肯定是父亲从川汉伯父家里头学来的。父亲用叉不用刀，因为在他看来，这颇不雅观，尽管桌上的餐刀，可不能与达雅克族人掠杀人头的弯刀相提并论。

既然提到南京国民政府驻新加坡的总领事伍伯胜博士，也让我另缀三言两语补遗。在陈应荣博士获委任为驻古晋的第一任领事之前，是伍总领事兼管砂拉越侨务的。1946年12月初，也即是日寇投降后翌年，伍总也因此曾前来砂拉越视察侨情，并随即向南京方面建议在古晋另设领事馆，以分别处理日渐繁多的侨务工作。

我清楚记得，当伍总于1946年底从古晋驾临成邦江时，鲁巴江上下游几乎所有长屋的达雅克人，即剌子倾巢而出，争着要一睹这位中国人的剌惹（Rajah）的风采。很显然，对当地土著以及马来人而言，伍总领事就是相当于统治砂拉越一百多年的英国白人布鲁克（Brooke）家族的土皇帝。当日华侨在锣鼓喧天的欢庆中，见达雅克人万人空巷，仍然心有余悸。至少我父亲还忘不了那才不过一年多以前，他那个达雅克人好朋友，暗中到家里来向他索赠人头，令他魂飞魄散的意外大事。我当时心想，在乱纷纷的人潮中，也可能暗藏杀机也。幸好当日平安无事。

几次避过达雅克人杀手，保住个脑袋，又逃过了巨鳄利齿，块肉余生，陈领事也不能如愿以赏，从父亲手中诱走我远离家门，外出游学。这一切的一切，让我又想起了自己当日贸然闯进成邦江的鲁巴江边的那个老爷宫小道观所抽到的那枝竹签子，提示我，父母庇荫，万事大吉，祖宗保佑，平安无恙，可待将来“日出光辉四海明”也。

成邦江小镇特设牌楼欢迎领事陈应荣博士驾临

陈领事（前排中坐者）
风度翩翩，与侨领合影。

牌楼前后上下街边，侨民夹道欢呼。

（来源：刘子政〈中国在砂设立领事馆始末记〉，2009年4月5日刊登于《国际时报·风下副刊》）

第5章 王老师藤鞭长长　情结绵绵

提到王义源老师，他当时是我母校中华公学的训导主任，是他代表徐光泰校长向我父亲传达陈应荣领事希望领养我的意思。在我心中，王老师是学校大门门楼上挂着的“礼义廉耻”四个大字校训的化身。但有一次我却遭受到他给予无比的“耻辱”，何解？

事缘我唯一的童年爱好，除了抱着一只大公鸡，伴随父亲乘小快艇沿鲁巴江逆流而上，前去达雅克人长屋森林中参与斗鸡外，便是在王训导主任的眼皮底下玩桌球。斗鸡和玩桌球在王老师看来都属赌博，是大人（成人）的专利，校规不容。我玩的是英国式的桌球，或称比列得失（billiards），简称“比列”，打法典雅优美，是英国贵族雅士们的一种消遣方式。在我看来，比列所需球艺，比美国式大众化的斯诺克（snoorker）高超得多。自十九世纪从大不列颠三岛传播到英属亚非两大洲的殖民地后，比列也成为白人统治者用以麻木和驾驭那些附庸风雅趋炎附势的殖民地高官权贵的玩意儿，结果是黄的黑的或不黄不黑或黄黑参半的各色人种，乐此不疲，蔚然成风。比列的玩法只用红蓝黄白四个圆球，通常是一人对一人，但除了像斯诺克一样，各自图谋将球打入洞（pocketing）之外，更要从连环撞球（cannons）中得分，球艺更为精彩；不像是“斯诺克”之用上二十几个球，红、黑、粉、蓝、棕、绿、黄、白等，五彩缤纷，只管打球入洞，稍逊风骚。

成邦江的几个专业赌徒，看我打起比列来，瞪目乍舌之余，偶尔也要与我这小子比对两手，纯玩玩，不计钱银。有一次，我终于被王老师伏击到了。他对我沉迷桌球，早有所闻。某日，学校午休时分他觉得我似乎不即刻回家吃饭，便巡视老爷宫左侧的那间罪恶店铺。也算是给我一点面子，王老师并没当即捉拿我归案，但永世难忘的是，当天下午准一时半他要我与五六个不同罪名的童犯，在学校进门的大厅里头排成一行，当着全校师生面前要我伸出左手掌心，让他飞扬着那粗大的藤鞭给狠狠地抽打了一下。我没有流泪，但这确实是平生最大的一次屈辱，无地自容，因为自己一向品学兼优，家喻户晓。实际上王老师也明知我每逢星期天一定会伴随父亲斗鸡去，但却充耳不闻。看来他深谙孔夫子父为子隐的哲理，对德高望重的父亲，还得礼让三分，况且斗鸡的赌注，掏腰包的是我父亲，小孩子没钱，仅参与耍乐也。

提起玩桌球，我至今每当在电视机前看到丁俊晖和傅家俊这两位叱咤风云的中国帅哥选手远在英国挑战世杯冠军时，英姿焕发，沉着应战，自己仍然不禁心向往之，跃跃欲试。心想，时光倒流，我也可取而代之也。一笑。

记得十几年前，我还在香港岭南大学任教时，有一次应邀与同寅何泺生教授联袂前往深圳蛇口参加一个学术交流会议，傍晚时分入住酒店晚宴后无所事事，不知怎的，何教授问我可曾玩过桌球。我笑曰，小学时学了两手英国式的比列，雕虫小技，愧登大雅之堂。接着，我们两人就闯入酒店后街小巷的一个简陋但含有几分小雅气氛的店铺里头，只见吊在桌球台上天花板上的荧光灯管阴沉沉的，就像当年成邦江店里头刚安装上去的那两枝破天荒的白色光管一般。那小雅情调恍然撩起了老家的老爷宫隔邻小店的那台比列球桌的梦幻心影，兴致盎然。我即刻拿起球棍出招，没料到不出三两回合，球棍尚未回收，泺生兄已惊叹不已说，“老兄诚天才也，无所不通不精。”我平生最怕人捧场称许，不发一言，但这也让我同时想起泺生兄在那前一阵子，即1998年夏天，如何夸奖皓圆小儿，说他多才多艺，中学会考科科优异成绩骄人，全港校际演讲朗诵比赛屡屡夺冠蜚声港九，钢琴小提琴表演竞技也不时名列前茅，媲美专业高手，羡煞了多少拔萃出类的知音（皓圆从幼稚园小学初中以至于高中所念的男书院都属香港圣公会的拔萃书院系统）。

好友关怀皓圆小儿，赞赏有加，甚慰老怀，亦与有荣焉。记得我当时听了，只勉强补上一句，说，你泺生老兄恐怕也有所不知，皓圆参与中学会考的十科之中，中文与宗教两科仅列乙（B）级而已，而他小子对比列桌球，则一窍不通也。再者，皓圆在当年《南华早报》举办的"年度学生"（Student of the Year）竞选中，也屈居亚军，仅在"年度音乐学生"（Student of Music of the Year）竞选中，才有幸荣登宝座。

与泺生兄玩比列桌球一事，也让我想起了远居美国东岸的居文老弟。他的斯诺克功夫，对我而言，无以伦比。居文是国民党党国元老居正的嫡孙，一表人才，天文物理电子工商无所不通。我当年（1969–1971年）从香港中文大学告假，以哈佛燕京学社访问学人的身份在哈佛大学进修研究时，已经领教过他的球艺，甘拜下风。

事隔将近三十年后，即1998年，也就是泺生兄高度赞赏皓圆后的那年初秋，我与小萍陪同荣膺香港恒生银行全额奖学金的皓圆小子飞往美国，让他入读普林斯顿大学的生物物理学（Biophysics）学位课程。到美国后，既然普林斯顿与哈佛大学所在的波士顿市近在咫尺，我们专程前往探访居文老少一家，也就在他家豪宅住上了几天。我见他家宽敞的地库里就摆了一台华丽高贵的桌球台，心想，你居文老弟如今也上了年纪，而终日忙忙碌碌，专心拓展业务，似乎不怎么赏识闲情雅趣，搞点儿小资情调，桌球功夫肯定大不如前，因此要他每日晚间饭后对饮时分，磋商球艺，讵料我还是夜夜败战称臣。自己到底年纪比他大好几岁，此之谓老糊涂不自量力也。

无论如何，看来许多读书人，不论达官显宦或寒微子弟，都倾情比列桌球，尤其是斯诺克那玩意儿。我最开心的是，前几年，2005年或2006年报载，天之骄子丁俊晖想读大学，但上海复旦大学以他仅具初中学历拒收他入学，最后是交通大学要了他。交大是江泽民的母校，不知江老总当年是否也钟情玩斯诺克呢。总之，祝福小丁也多读点书以增长见识，让自己成为文武全能，善哉。

自从与何泺生教授比列过招后，偶尔也在香港半山区住所的俱乐会馆与友好一道卖弄风雅。球艺虽或不减当年，唯垂垂老矣，偶尔也难免感怀身世，想起一千年前宋朝的王安石来，念他号“半山”，可惜“变法”不敌老臣司马光，不能登峰造极，稳步“太平”，爬到“山顶”矣。一笑。

年纪大了，现在玩桌球的最大障碍是在台上瞄准射球时，不能远和近同时聚焦，被逼舍远求近，此之谓新常态化也。唯桌球台上左和右两侧，倒还可以兼顾，但我希望此语不要被人误解为老气横秋，或曰老滑头的政治取向方面的调和论，而是我自己一直坚持的学术研究取态与兴趣，不偏不倚，此之谓兼听则明也。一笑。

拉扯的太远了，让我回头再说说如何与我小学的王义源老师结上永世不解的师生情结。1958年1月中，当国际青年商会提供奖学金让我赴香港留学时，砂拉越分会的主席陈方济先生在古晋市设宴为我饯行，正是王老师亲手教导我应该如何结打领带赴宴的。这个情节，历历眼帘，譬如昨日，而如今王老师早已仙游了，每念及此，不由悲从中来，尽管他那条长长的藤鞭也深深地烙印心中，没有磨灭我对比列桌球的深情爱好。

说起那个领带情结，记得王老师是成邦江老一辈乡亲中，唯一学会打领带的人。实际上，当时他已经迁居古晋，也就住在我们家一栋父亲刚购置不久的房子中，如同家人。再者，我又喜欢打羽毛球，也是王老师在成邦江的中华公学一手传授的。我打羽毛球，从小学开始到古晋中华中学，持续打到香港新亚书院和中文大学，以至于从岭南大学退休后的前十年，才慢慢地退下阵来。

也记得，十几年前，有一次星期天，在亚弥两个贻字辈儿子，即益荣堂兄的孙子的安排下，我在九龙喇沙书院礼堂里头与亚弥几个朋友一道较量羽毛球功夫时，其中一个中年教练看了我吊高和扣杀的姿态，举手投足，似曾相识，问我客从何处来。我说居港四十年有余，他不信，并说我的羽毛球功夫，十足体现“马来仔”黄炳顺的遗风也。老一辈的华侨都知道，黄炳顺当年号称羽毛球王，代表英属马来亚出战，连年荣获英国汤姆斯杯冠军，扬名世界，就如改革开放初期，不时为祖国驰骋世界羽毛球坛的汤仙虎一样。听说汤仙虎也是出身印尼的华侨，后来才回归祖国效劳的。

几年前，香港家喻户晓的媒体权威香树辉先生——也是一位毕业于新亚书院经济系的马场老手，我1967年开始任教于香港中文大学时教过的第一批学生中的佼佼者也——他恍然发觉我爱好羽毛球，说要择日介绍我这位老师认识香港孔教学院院长汤恩佳博士，因为汤会长也是香港羽毛球协会的会长。我欣喜之余，霎时脑子转不过来，不知羽毛球与孔教应该如何相与陪衬，但随即心想，汤恩佳博士诚超人也，深谙孔夫子的“礼、乐、射、御、书、数”六艺之外，竟然另拥一艺，“羽毛球艺”也，这可真让人难以设想。我心想，万世师表孔仲尼圣灵翱翔穹宫之际，俯瞰地上人间，倍感兴奋之余，必然惊叹，焉知天下殊。

我也在想，如果圣灵也察觉到香树辉同学这位满腹经（经济）纶（世事）的新亚书院老校友，并不只是个“窥谷（香港快活谷马场）忘返”之辈，而是在率领新亚校友会群伦购置名马驰骋逐鹿时，也不忘以新亚校歌歌词中的“天高明”、“人之尊”、“一片光明”等朗朗上口的孔孟教言命名之，仲尼大师也必然会拍案喊绝。昨日（2016年2月14日岁次丙申初七）读《苹果日报》，见树辉同学在他的左丁山专栏中说，新亚校友会拥有的“一片光明”名驹，又再次夺冠，不胜欣喜。对比年初一深宵的暴民无端闹事袭警事件，又让人深深地感觉到人之尊和天高明，普天同庆。

还得让我再提一提我的启蒙老师王义源先生。我们这位书香世家有个儿子，比我小十岁有余，大名王郁章，乳名“大弟”。我念中学时，每逢学校放假必然回家看望父母亲，所以也可说是自小看着大弟长大的。郁章是个顽皮好玩野性十足的小孩，但成邦江街坊左邻右舍也无人不知他是个天赋过人的才子。2004年12月26日东南亚海啸过后两天，我再次回到成邦江老家探访乡亲时，人人翘首以待，说我这个“成邦江之子”回来了。我听了即刻严肃指正，对大家说，你们的讯息滞后了，真正扬名四海的是大弟，郁章也。当时郁章他正是荷兰蚬壳石油公司驻北京代表，以蚬壳石油东北亚主席的身份主管遍布于东北亚洲各国的业务。他在古晋中学毕业后曾经在砂拉越位于梅里（Miri）市的蚬壳石油油田实习过，后获蚬壳奖学金被送往英国攻读化学工程学，学成后一直为蚬壳石油服务，并平步青云直上北京。

就在我赶上东南亚海啸，从香港启程重返砂拉越的前夕，郁章从北京打来电话，说他即将于隔日晚间飞往荷兰首都参加一个重要的蚬壳（公司）会议，并想于出发前请教有关当前中国经济发展的几个问题。记得很清楚，我当时正好在澳门凼仔岛上一个五星级度假酒店内参与一个大型国际学术会议后的接待晚宴。我深知大弟为人低调，顿时感觉事有蹊跷，因此即时离座找个酒店外边的安静角落与他谈了好一阵子。

不久后，我便收到郁章电邮传来两张非常美丽动人的彩色照片，见他代表蚬壳石油公司，在温家宝总理和荷兰首相见证下，于荷兰首都阿姆斯特丹与中国方面的代表签署新的石化协作合同。我为之燕飞雀跃，我们小小的一个成邦江，长江后浪推前浪，人才辈出。郁章诚文武双全也，出将入帅，既是世界知名国际跨国公司的领导，又具备前线应战经验，可亲身参与石油化工操作实务，绝非我这个深山猴王所可匹比，我一介书生，只懂得纸上谈兵，无他。大弟的辉煌成就，我作为成邦江人，确实深深地引以为荣为傲。

蒙老爷宫太上老君赐福，成邦江中华公学也给我留下其他许多美好的回忆。首先是小学六年，自始至终，班主任兼国文老师都是吴郁湘老师。我每次参加演讲比赛时，都是她事先悉心培训的。她先生郑奕煌老师则教我水彩画画。我后来周游列国游山玩水，每次指点小萍如何照相时，必然会想到郑老师，想起他当年如何煞费心机地教我用那个小小的纸框先试从不同视角框定（聚焦）准备拍下来的景观。教音乐课的则是吴英妮老师，想起她不时在班上自弹自唱示范，钢琴伴随着优雅的歌声与旋律，撩起了我日后热爱古典音乐和舒柏特歌曲的心灵。

最难以忘怀的还是吴英妮老师和她先生徐光泰校长的那个小女儿，名叫徐娟的小妹妹。她长得酷似她妈妈的端庄可爱，而且比我只低一班，让人暗地里深情地爱慕她，心向往之。然而，不幸的是，就在我小学六年级时，徐校长忽然举家迁居成邦江邻省的诗巫市，从此渺无踪迹。看来老爷宫的太上老君是不领我情，不想帮个忙。不知是嫌我太调皮还是想留着我，以待日出光辉呢！

五六年后，我还在古晋念中学时，某一天午休时分骑着脚踏（自行）车下街吃完午饭后，正爬着长长的斜坡回校上课之际，忽地里，见到一个小姑娘，长辫子，也骑着脚搭车俯冲而下，但见她放开右手，笑眯眯地指着我，大声地叫了一声，“咦！益耀！”我登时仿若梦中，朦胧中认出是徐娟小妹妹，正要挥手请她停车时，只见她随风而逝，正如徐志摩《偶然》诗中的“天空里的一片云……转瞬间消灭了踪影”；也不待“我挥一挥衣袖……，（而那）一片云彩”，竟然变成我梦幻中的永恒，尽管我后来自己“再别康桥”，也不知多少次了。

徐光泰校长毕业于广州的中山大学，是个电机工程师。成邦江唯一的小发电厂，就坐落在我家后院的对面，每次镇上停电时，电厂都是要请他来帮忙维修的。徐光泰校长和吴英妮老师两夫妇，就如郑奕煌老师和吴郁湘老师两夫妇，都是由在成邦江长大的王义源老师，受中华公学校董会委托，从古晋一次过聘请去成邦江任教的；而且大家全都是潮州同乡。为了赶上时尚，他们都是费了一大把劲，才把当年还称为国语的普通话学起来的。无师自通，他们的普通话免不了带有强烈的潮州乡音，这也为我这几十年来的普通话发音，打上了一个深深的潮语烙印。

我以前在香港中文大学教书时，每个新学期的第一堂课必先开口问问同学们，要我用普通话抑或英语或粤语讲课，甚至开玩笑地说，德语也行。同学们几乎清一色地要我选用粤语。我只好先声明说，如果大家都能听懂香港首富李嘉诚先生（汕头的潮州人）在电视上讲的粤语，那我就有足够的信心，以广东话讲课。

我任教香港岭南学院（1999年才正名“大学”）的第一年，即1993年，北京大学经济学系的肖灼基教授刚好应聘以客座教授身份，南来访问讲学。第一次见面时，寒暄三两句以后，我即断然肯定他也是个潮州同乡；再继续与他聊了几句时，发现他说的普通话，不见得比我讲的还更为普通（标准）呢。后来知道他在北京已经住了三几十年，乡音不改，但大家的鬓毛到底是衰矣。我也随即心想，英雄开口，不改本色，自己倒觉得蛮自豪的。一笑。

2004年12月底东南亚海啸后，风平浪静，我即抵达久别了的成邦江老家。那时，我念念不忘的母校华侨公立中华公学，正在筹备成立校友会，并出版特刊志庆。年轻的筹委会负责人要我也写篇文章以增光彩。兴奋之余，乡愁也不禁由衷而起，不可或已，便借机倾诉了对家乡成邦江和母校的深情怀念，并对新成立的校友会致以最诚挚的祝愿。全文照录如下：

> 我是成邦江人，生于斯，长于斯；1951年底毕业后，随即赴古晋中华中学升学；至今已经是半个世纪的光景了。这些年来，除了中学时代，前后只能回成邦江探访母校两三次，颇感内疚；主要是因为长期游学在外，身不由己。最近几年因为自

己研究的对象由中国大陆渐及于东盟各国，因此也曾多次到达新加坡参加国际学术会议；每次都想顺道回去，但最后还是只能望洋兴叹，胡不归兮！

经过将近四十年的大学教学、研究，以及游学生涯，去年终于在香港正式退休了。因此，当古晋的校友们和成邦江的乡亲弟兄们，希望我能回去谈谈自己的一些研究心得时，我立即以无比兴奋的心情接受他们的邀请，终于2004年的12月底回到了阔别多年的家乡。

正如我在2004年12月30日设于成邦江的豪华酒店的讲演会上所说的，我是喝成邦江的河水与雨水长大的；至今所讲的也还是具有成邦江特色的潮州口音的华语，真是所谓“乡音无改鬓毛衰”也！演讲会的前夕，正是阴历十八日，有幸重新目睹“霸彭”（即涌潮）澎湃而来，一时心中也激起了千重浪，似乎“霸彭”也能深深领会游子回归的激情。

在外国游学几十年，足迹遍及几乎所有的欧洲国家，以及美国、加拿大、澳洲，和中国大陆各大城市。所到之处，经常被问道，“君是何许人也。”这是因为我的名字的英文拼法（Kueh Yak Yeow）是全世界绝无仅有的潮语读音；是在出生时已在成邦江注定下来的。我每次都以骄傲的语气，介绍自己是来自砂拉越的成邦江。实际上我从德国取得的博士学位，证书上也清楚注明，我是成邦江人也。

诚然，我为自己来自于成邦江而感到十分骄傲，因为家乡虽然是远处深山的蕞而小镇，却给我留下了美好的回忆。这里的乡亲父老，兄弟姐妹，和同学们，都是朴实勤劳，真情豁达的。这次重访母校中华公学，看到新校舍的正门上方依旧高悬着“礼义廉耻”四个大字的校训，我感到特别的欣慰，也深深体会到几代人下来，成邦江社团仍然普遍保持着中华民族传统的高尚的伦理道德观念。这使我情不自禁地思念起已故的王义源老师。在我心中深处，王老师当年作为母校的训导主任，正好是“礼义廉耻”人格的代表形象。

我也想念起徐光泰校长的领导风采，郑奕煌教务长的艺术才华，吴郁湘班主任的华文造诣，以及吴英妮老师扣人心弦的钢琴声和歌声。时至今日，我几乎还能只字无遗地背唱吴老师当年所传授的感人肺腑的抗日名曲《白云故乡》。我深深地感激母校为我提供了最完整与最美好的启蒙教育。

记得1958年1月初，获砂拉越青年商会颁予奖学金赴香港留学前夕，还是当时已经移居古晋的王老师，教我如何结打西装领带的。这是我第一次结打领带，一则为了参加青商会的欢送宴会，二则免于抵港参加接待仪式时，手足无措。王老师为我打上去的实际上是一个师生之间的永恒情结。校友会的正式成立，虽然稍迟了一些，但也正好反映了这一情结的永恒性、不灭性。我希望所有校友们都能积极地参与校友会的工作；珍重母校的情结，使我们的母校进一步发扬光大。

第6章 白云怀里的故乡 梦牵魂绕

徐娟小妹妹的妈妈，也就是吴英妮老师，留给我的另一个永恒的“忘不了”，是她唱的那首扣人心弦的《白云故乡》激昂亮丽的歌声。我至今仍能倒背如流地高声歌唱：

> “海水翻起白浪，浪花溅湿衣裳，寂寞的沙滩，只有我在凝望。群山浮在海上，白云弥漫山旁，层云的后面，便是我的故乡。海水茫茫，山色苍苍，白云依恋在群山的怀里，我却望不见故乡，我却望不见故乡！血沸胸膛，仇恨难忘，把坚决的信念筑成壁垒，莫让人侵占故乡，莫让人侵占故乡！”（韦瀚章词　林声翕曲）

那个抗日的激情与情结，余音绕梁，哪忘的了呀。

1993年11月中，深知父亲将不久人世，我携同全家老幼，还有自小陪伴跟前的亚弥侄儿，借前往汕头大学开会的机会，顺道拜谒揭阳市榕城祖家。这是我第一次回故乡，也是父亲六十几年来首次重返故里怀抱。他唯一还记得的亲人，是年逾九十高龄的二姐，即我的姑母。这个老姑母随后也于2001年驾鹤仙游了，比父亲还迟了六年才走的。从父亲于1930年代过番到南洋的成邦江算起，六十余载，生离死别，沧海桑田，所幸号称“甲东里”的祖家庄园，大体上还完整地保留下来，并不是面目全非。而父亲几十年来，从成邦江到香港，念兹在兹，在我们小孩面前形声绘影的祖家，也历历展现在我眼前了。

祖家甲东里是清朝末年我的曾祖父，也就是郭家族谱上称为“昇裕公”，斥巨资兴建的。昇裕公是清末洋务运动一个主要人物丁日昌的好友，以收购和出口潮汕地区著名的抽纱绣品而致富。祖母为了光宗耀祖，顺序将她三个儿子川澄、川中以及我父亲川澶三人的长子，分别命名为“益东”、“益里”、“益荣”，并以所有族人中，辈序最小的“益耀”殿后，排成“东里荣耀”四个大字，意喻我们郭家座落在揭阳榕城市东门外的大庄园“富甲东里，永世荣耀”也。

感到特别兴奋的是，当看到甲东里祖家名“道源”的祠堂正门两边，悬挂着“忠臣门第　相国家风”那副对联时，我也立即想前往附近的莲花心城区的太史第拜祭。这一直是我梦寐以求的，因为小时候在成邦江老家时，父亲每个月寄“家批”回揭阳接济祖父母生活时，最初都是要我帮忙在信封上书写“莲花心”的地址，后来才改为“甲东里”。现在莲花心和甲东里就在眼前，抚心追昔，感怀身世，情何以堪！（附注：所谓家批，南洋的华侨华人都知道，就是王炜中在其所著《潮汕侨批史话》一书中所指的“侨批”，这也就是海外侨胞通过民间渠道及后来的金融邮讯机构寄回国内，连带家书或简单附言的汇款凭证。）

莲花心的祖居源起于明末清初郭氏在揭阳的始祖郭之奇。他就是那位耻于归顺清朝而率军转战闽粤滇黔抗清，最后在越南被俘押解去广西桂林，坚拒投降而终于慷慨问斩的南明宰相。传说郭之奇死后，我们祖先因为耻食周黍，三代不为官，直至乾隆皇帝追谥郭之奇为忠节公才给上京应考。也听说文化大革命之前，揭阳市中心还可见到郭之奇衣冠塚墓碑上乾隆皇帝御笔谥文。国学大师饶宗颐教授这位潮州乡亲，还为他写了个《郭之奇年谱》呢。当然，我家祖先至少也可追溯至唐朝那位功高而不震主的郭子仪的那个醉打金枝的儿子郭暧。因为有了郭暧这一血脉关系，所以早前亲友邀请我相亲时，我必向对方提个醒，我们姓郭的男儿连皇帝的女儿也敢照打不误，有言在先为要。一笑！

郭之奇的传奇，又让我想起郭益南的悲惨下场，因为据祖家世代传说，郭之奇也是在转战越南时，像郭益南一样被当地土生汉奸出卖给清兵而就逮的，并非战败被俘或投降。

话说回头，俗语说富不过三代，其实从我祖父起，因为兄弟众多，坐食山空，已经家道中落，开始出海过番移民到南洋去谋生了。伯父和父亲也随后相继下南洋了。他们兄弟俩都是很爱面子的，抵埗后见祖父嗜食鸦片不务正业，即刻遣送他返乡养老。此后，他们兄弟俩在南洋自己承担了养家活口的责任。终其一生，除日寇占领期间因交通中断音讯渺然之外，我伯父和父亲每个月例必准时寄出侨批接济家人，从没间断过。

那么我伯父和父亲他们自己又是何以在成邦江小埠头谋生的呢？说来话长，听父亲说，是祖家甲东里的某一位长辈先从南洋学会了一套牙医手艺，回乡后逐一传授，结果家里头许多亲人包括我父亲在内，都是如此学徒出生的土牙医师纷纷过番赚钱去了。郭益南比我父亲小十岁，也是如此这般的一个牙医师，从甲东里祖家学会这一套手艺的，并非如马来西亚沙巴州政府的官方文件所指，是“在中国学中医药的”。

二战后我祖家第一个也是最后一个过番南渡谋生的是我大伯父川澄的长子郭益东，也就是那个“东里荣耀”中排行第一的大哥。他是大陆解放前夕由揭阳榕城的榕江顺流而下，由汕头出海前往香港经新加坡转抵古晋，然后沿着鲁巴江而上，前后漂流了一两个月才落脚成邦江小镇的。我父亲在二战前过番后不久，也曾循这条水路反方向走了一次，因为祖家来信说他祖母，也就是我的曾祖母老太夫人在家中摔倒受伤了。父亲第一时间赶回家乡侍候病侧。父亲后来告诉我们，因为他在全家族中排行最小，曾祖母特别疼爱他这个幺孙儿；十一二岁时，还不时背上他周围走走，本来就很舍不得让他远离身边的。我们小孩听了父亲这么说，不禁心酸泪下，遥想海水茫茫，山色苍苍，白云群山怀里，就是我们的故乡！

益东堂兄即将南来的事，我早有所闻。他抵埗之日，天还未亮，记得很清楚约五时半，家里店铺的大门还未打开，我已经独自在门口等候了。只见一个高大的身影，手提一个小包裹，看起来只能装上几件衣服吧，缓缓地从下游街尾的店铺走过来，边走边望着各家大门上挂着的店铺招牌。等他走到了左边隔邻亚德的裁缝店门口时，他还来不及抬眼张望门牌号码，我已经大声地喊了“阿兄”一声。素未谋面，他也就不由分说地冲前几步，轻而易举地抱起我来。原来阿兄比我父亲足足高出一个人头有余，我父亲却是被当地所有侨胞和土著谐称为“奔迪”，即马来话指“矮子”的意思。这在成邦江小镇，有口皆碑。我后来琢磨了一下，父亲约莫是邓小平或拿破仑这个高度吧。

益东堂兄生肖属牛，正好大我一轮，所以也特别疼爱我。我打篮球很吃亏，有他来出头，也感到非常骄傲。父亲则终于等到益东阿兄来了，才亲自挥笔写了“群益”（益东益里益荣益耀）这两个大字，作为家里店铺的招牌，以志东里荣耀，高高地挂在家里大门上头。

这位益东堂兄打起篮球来，还算灵活；但不巧的是，他后来在伯父和父亲参与控股经营的，一艘穿梭于成邦江和古晋市之间的客货两载的小轮船，被聘用为随船的副理时，却真真正正地难为了他。这艘小本经营号称“永瑞”的机动小船，载重仅得二十来吨。有一次，我放假回家后返回古晋上学，益东阿兄同船随行。当小轮驶离我心爱的鲁巴江向西偏北奔出大海时，忽然白浪滔天，阿兄如同其他好几个乘客，一一晕浪倒下卷成一团，就如烂泥一堆。危急之际，船长大声呼唤船员爬上船顶，用粗大的麻绳系上废旧的防撞货车轮胎，逐一抛入船尾海中以助于稳定船身。我也应声爬上狭窄的木梯，冲上船顶救急，与剩下的两个少壮船员共进退。最为惊险的是船顶上除前头的小驾驶室外，四周毫无栏河，船身摇摇晃晃地，随时都会让人给掉进海里去，奉献给海龙皇的。

其时也，只见船长掌舵，浑身解数。他为了避免直冲浪峰，时而拐左，时而偏右，让小轮船顺沿着浪腰上下左右飘摇，以致船身大幅度摇晃。有时刚避过一个浪峰，又见后浪澎湃而来，船长来不及回避，让船头直插水中，激起滔天浪花，冲刷整只船身。当日晴空万里，我在激烈颠簸中，从船顶瞄视右舷东北方向远方，只见海水茫茫，上空三两只灰白色的海鸥，悠然翱翔；海鸥尖锐的眼神，仿佛不断投下莫名的示意，不禁让人心寒。天的尽头，又了然看到朵朵白云轻盈飘飘，似乎在黯然提示我，白云背后的故乡还在等待游子回来拜祭祖先；千万不可就如此这般地葬身浩瀚的南海之中。

经历过这次惊魂噩梦后，益东阿兄在平安返回成邦江时即刻递上辞呈，永不敢再做船员了。我又再想，人各有所长，何必勉为其难呢。

提起白云故乡，也让人感慨万千，不禁想起1960年和1961年冬春之交飞赴德国留学前夕，我自己又是如何跟随大伙香港同胞，赶去九龙新亚书院附近的马头围道的小店铺购买粮油白米肉干等大小包包，寄给揭阳祖家不堪饥寒交逼的亲人。接收邮包的便是益东堂兄最小的弟弟益举，他比我只小一岁。我1993年冬偕同父亲回甲东里老家探亲时，益举还清楚记得当年我从香港速递食物邮包救急的那回事。在那个大饥荒的年代，祖父祖母和大伯父（即益东益举，以及介乎他们之间的老二益介兄弟仨的父亲），都相继于1959／1960年一年里头去世了。这消息是当年父亲从成邦江来信告知我的，病因不详。我抵达德国后不久，据报载，在香港新界沙头角镇对上的梧桐山上，就有二十万人藏匿山中，侍机偷渡去香港找饭吃。

这个悲剧促使我当年便开始思索，究竟主要是天灾抑或人祸造成了那几年（1959–1961年）的特大饥荒劫难。尽管我在德国写的博士论文是有关东德的苏式经济体制改革问题，但1971年秋从哈佛大学结束进修研究返回香港中文大学任教后，便一直潜心研究这个颇具争议性的问题。穷二十余年的功夫，我终于在1995年完成了由牛津大学出版社（克拉连登总部）出版的《中国农业的不稳定性（1931–1991）：气候、技术、制度》一书。该书的英文原著标题是 *Agricultural Instability in China, 1931–1991: Weather, Technology, and Institutions*。2002年再版后，幸蒙大师兄黄石华博士主导的昌文华（黄金生）基金会斥资，聘请北京中央党校的肖宏宇教授翻译成中文；筹划多年，终于2013年由香港中文大学出版社付梓，中译书名为《中国农业的不稳定性（1931–1991）：气候、技术、制度》，篇幅近五百页，其中就有几章直接或间接讨论到当年气象变异和所谓“大跃进”战略与大规模粮食歉收之间的关系所在。

话说回头，益东堂兄的那个弟弟益举在1980年代初中国改革开放伊始，便来信要我帮他购买一台音响设备。我对这一类玩意儿向来所知不多，但既然是祖家亲人所托，我仍然即刻上街物色心仪的一套，寄去甲东里老家给他。没想到的是，益举弟弟很快便回信说，潮汕一带当前流行的已经是八个喇叭那一种了，他要的是什么什么规格的玩意儿的……又说，我寄过去给他的那一套早已经过时了。我登时感觉很不是滋味，但还必须承认自己到底是落后了。赶不上时尚是一回事，而我自己是专注研究中国经济的，对市场信息居然如此滞后；非加倍努力，与时俱进不可。

益举虽不是个举人，但饱读诗书，尤其是对家族的历史更是了如指掌。我特别感激他殚精竭智，编纂了我家几百年的族谱，洋洋大观。这对一个年纪仅比我小一岁，而远比我摩登赶上时尚的读书人来说，确非易事。

1993年夏天，益东阿兄的妹妹燕玉偕同邢姓夫君从甲东里老家去南洋游览，当然也好奇地到了成邦江看看。他们回程时在香港我家小住了几天，有一日晚餐时，我与这位邢姓姐夫闲聊起来，感慨万千。堂姐夫直说，“像你们成邦江这样的地方，怎么能够住得下去呢。”我母亲在旁边听了，顿时摆了个黑脸给他看，而我完全了解我这位脾气向来不是很好的老妈妈心里头想说的话是，“没良心的，如果不是我们与川中伯父两家这几十年来缩衣节食，逐月准时寄出家批接济，还轮得到你们有今日如此潇洒吗——”父亲向来慈悲为怀，低调，所以默不作声。我则暗地里心想，“风水轮流转，庆幸祖国人民今日熬过了苦头，日出云开了。”

当年11月中，我偕同父亲母亲、亚弥以及皓圆幼儿，回去甲东里祖家一行，丹圆与剑圆还在澳洲悉尼的大学就读，不便告假同来。当时甲东里族人倾巢而出，载道欢迎，他们并不因为我们来自蛮邦，与猎劫头颅的土著为伍，或敢于与鳄鱼斗游的特殊乡亲而却步。这也许就是唐朝时被贬南下的韩愈韩文公从长安带到潮汕地区的文明遗风吧！这也绝对不像其他许多不同籍贯的侨民所说的，如果不带备足够的礼品和红包的话，回乡探亲是难得一见笑脸的。

1993年的破冰之旅后，我经常回去揭阳榕城甲东里祖家看看。2001年元宵前夕，接到刘振烈表弟电话，说二姑妈于年除夕摔了一跤后，因骨折卧病不起，终于当日过去了。我闻讯后直奔香港赤猎角机场飞往汕头，马不停蹄地赶到揭阳榕城祖家。抵步时，已经是深夜，只见姑妈安详地躺在那儿，遗容酷似我父亲，不禁悲从中来，潸然泪下。当晚拜祭后，我等不及参与凌晨火化仪式，便即掉头赶回汕头上飞机返港。

临别时，振烈表弟深深地叹口气说，今后他也可以自由地出外旅行了。表弟语音未落，我已见他顿觉失言，怎么母亲尸骨未寒，竟出此言。我见他随即沉默不语，但倒可完全领略表弟的心境。几十年来，他与年迈老母相依为命，寸步不离，完全恪守中国人“父母在不远游”的传统伦理教言。但如今他眼见改革开放后左邻右舍相继周游列国，回乡后也算见过世面，对外界人文景观无不讲得天花乱坠，羡煞人也。现在表弟一言既出，驷马难追，顿感无地自容也，这让我感同身受。我们家里人似乎都特别爱面子，我这十年来每次与表弟见面或通电话时，必然恳切地邀请和鼓励他拨冗前来香港一游，可他都以不同理由推辞了。

这事也不禁让我想起第一次，也即是1993年在祖家见到益举堂弟时，他仍然念念不忘那之前的十年，即改革开放初期，他嫌我在香港代他购买的那套音响设备不够新潮或赶不上时尚的那回事，而频频为此深感不好意思。话说回头，益举堂弟也特别让我告慰的事是，他的次子翼涛贤侄协同众亲友，经不懈努力争取，终于几年前成功地让揭阳市政府将我们的祖家庄园甲东里划定为历史文物，随后又被广东省政府确认为省级古迹。就这样，我们家的世代祖屋，连同我父亲于一百年前诞生的那张柚木床铺也庆幸一并保留下来了，今后谅可永远避开地产发展商推土机的无情摧残吧。

最后还得一提的是，我族人的辈序是郭之奇忠节公亲自厘定的。父亲确好是十六世殿后的“川”字辈，我自己属“燕”字辈，排在后十六世之首，可谓承先启后也。后十六世的辈序则是晚清同治三年由一位祖辈定下来的，曰“燕翼贻谋家传孝友鹏程振起世笃忠贞”，至今也已经传了六或七代子子孙孙了，香火绵延不尽。但愿族人，如同所有炎黄子孙一样，千千万万不可数典忘祖。2010年拙作《不可忘记毛泽东》（2010年牛津大学出版社香港分社出版）一书出版时，在作者简介中，我首次正式采用“燕邦”一名，除借以认祖归宗外，也感念成邦江这个生我养我的第二故乡也。

第7章 那知天下的大史 老虎是也

虽然小学年年名列前茅，但我从成邦江前去古晋升读中学，并不是顺理成章的事。首先，父母亲除了舍不得我离开身边外，大我两岁的益里大哥已经在古晋念书了，父亲要留下我这个小弟弟，在家里头帮忙照顾店铺小生意。我与父亲也委实特别亲近，除了每个周日都陪父亲前去鲁巴江上游野林深处，参与斗鸡外，还跟他学会了如何在斗鸡脚掌上系上一把用以格杀的小利刃的好手艺。我有时也还帮父亲提着那套沉沉的牙医器械，深入高山雨林，为长屋中的达雅克土著装镶假牙和套上金壳子。

当年，即1940年代中末期的牙医器材，可不似今日的电子电动仪器那么轻便。当时最笨重的是那个不可或缺的圆铁轮和带动转轮的铁制脚掣架子。那个铁轮本身的直径，就约莫半个公尺宽，大人提起来都颇感费劲，何况小孩。手提或背扛着那转轮和铁架子，穿梭于深山峡谷之中，绝不是如学童背包郊游那么轻快耍乐。父亲当时已经请了个年青的帮手，是福建仙游市籍贯的阮叔叔，他们两人轮替接力，我只乘兴帮手，偶尔也逞强死撑，疲惫不堪。父亲明知我好胜，一言不语，最后看着爱儿败下阵来，也仅会心一笑。

今日的牙医师可能难以想象，当年的土牙医师傅是如何操作器械的。简单地说，铁轮套上一条细幼的绳子，尾端系上磨平牙齿的钢刀片，挂在垂直落地的铁枝上，要亲自不停地踩踏脚掣，带动仪器车磨牙齿，以便套上粉红色的软胶制模，然后才得以打造所需的假牙，配上金壳子，镶装入口腔内。父亲当年一脚踩踏转轮，两只手指夹着转具，小心翼翼操作，但又见他因为不堪那不惯于刷牙的达雅克人的口臭，不时不得不转身回避，此情此景，历历眼前，让人心酸。

提着那套沉重的道具，从我们家后门出发，头三英里路还算平坦，但一爬上那座叫唐母笃（Tamudok）的高山，周遭尽是茂密的原始雨林树木，抬头不见蓝天。热带阵雨随机倾注下来，然而尽管阵雨频繁，却只让人感觉点点滴滴清凉，随着阳光穿过密密麻麻的树叶隙缝，轻轻地点及脸颊四肢，压根儿就不怕雨淋，更不必打伞遮光。父亲与我和阮叔叔三人行，最担心的是蟒蛇缠脚或野猪突击，幸亏这都没遭遇过。反而最让人折腾的是那硕大而弯弯曲曲的树根，匍匐地面，蔓延四周，状如蟒蛇，虽然毫无动静，却让大家的脚掌皮给磨红磨薄了，痛楚难堪。

幸好，跋涉野林与达雅克人为伍，出生入死为赚点钱谋生的苦日子，只是战后初期的事。其后，随着装镶假牙套上金壳成为土著的美观时尚，蔚然成风，那些刺子后来也络绎下山到成邦江小镇找上门来，我父亲也就不必再冒着人头落地的风险，远上他们聚居的长屋找生意做了。

1970年代初期，燕鸾妹妹虎口余生，从成邦江老家来香港与我们团聚后谈起她在那片热带雨林中打游击战的经验，她说在与砂拉越政府和谈缴械之前的几年，双方都设法争取与世居长屋的达雅克人为伍。某日，根据线报，某长屋的族人似较为同情游击队的处境，妹妹的领导即派出两位女战友前去做工作。那时正好是中午时分（晚间不宜执行这种任务），对方准备盛宴招待，言谈之间，两位女战友察觉有异，婉转恳谢辞行，哪知东道被逼亮招，两位女同志拔步飞奔，一位逃出生天，另一个不幸遇难，让达雅克人携着她头颅向政府军请赏去了。

妹妹形声绘影，我听起来，那座要了她游击队战友人头的长屋族人，倒是似曾相识。不过此一时彼一时，有时我们与达雅克人，彼此确实肝胆相照，礼尚往来，就如当年那个温情的密使，乘着战乱，倾情地向父亲索赐人头一般；有时则真正反目成仇，刀下头落，绝情绝义也。这似乎是极端政治化或曰金钱挂帅的表征，何是何非耶！老天晓得。无论如何，庆幸当年父亲与我，还有那位阮叔叔都保住了人头，安然无恙地回到家中了。

回头话说我前赴古晋升读中学的事。我父亲绝对是个头脑清醒的奔迪人。他爱儿心切，但也不明言不准我念中学。我当晚心焦如焚，深恐父母亲明天一早不肯叫醒我，以便赶上永瑞号，前去古晋应考中学入学考试。因此，入睡时我只能独自暗中将家里唯一的闹钟安置床头，并用绳子紧紧地系住左耳边以预防闹钟跌落床下，几乎彻夜无眠。凌晨，当我静悄悄地打开店铺前门准备去码头上船时，父亲突然现身背后低声地说，“阿奴！好的，到古晋后就好好念书吧，乖乖地！”我们潮州人惯称儿子为阿奴，含溺爱之意，非指奴才；又“乖乖”两个字潮州话发音是g'ao g'ao，含健康平安，不要闹事（生病）的意思。我顿时热泪满盈，强忍之下仅滴下几颗泪珠，没有放声大哭，便朝着鲁巴江下游的那个码头走过去；依稀见街上还亮着几盏小灯，就像不久前益东堂兄抵埗的那个情景，只是前边东方天空，开始隐约变白而已。

当日永瑞号顺着潮水下退出海，中途仅停靠一个叫龙牙（Lingga）的小埠接客，便奔向大海，风平浪静，当晚便抵达古晋市。两天后应考，甫离开考场便深感懊恼，因为自己发觉国语（中文）一科的选项考题中，竟然不知黄花岗七十二烈士一役中所指“黄兴”浴血奋战，就像一条“大虫一样……”中的大虫所指的竟然就是老虎也。其他选项我没有任何一题答错。这一遗憾，久久难以释怀。后来高中一（或高二）读到郭沫若的《少年时代》或《革命春秋》（自传）中描述他赴京考大学入学试时，一位四川同乡不解考题“论项羽与拿破仑”中的“拿破仑”所指何物，竟然长篇大论项羽这个“力拔山兮”的盖世大英雄如何在破釜沉舟后捡起破轮奋进的故事，不禁捧腹大笑。心想我这成邦江的蛮荒小子，与中华文明的才子相比，看来也就是五十步笑百步吧。

为了查证这则趣话，我最近（2016年9月）特别找出郭沫若的自传，将1978年11月香港三联书店注明是“初版”的《少年时代》翻阅了一番，但那则趣话不见了。这使得我对自己“过目不忘”的本领开始失去信心了。尽管如此，我记忆犹如昨日，那则故事是出自郭沫若的，除非是我自己完全记错了，有待进一步核实。

无论如何，在这第一卷的郭氏《自传》的第四篇标明为〈初出夔门〉（1936年作品）的章节之中，我却发现了另一则大笑话，那是他在天津考“军医”入学试时，自己碰到一道他自称完全“摸不着头脑”的国文题目，叫做“拓都与幺匿”的。郭沫若说他“不记得糊里糊涂地写了些什么去缴了卷”，是事后参与应考的一位四川同乡才对他说，这是“total（社会）and unit（个人）”的对译，而且还是出自严几道（即严复）之手呢。

我心想，在当年西学东渐之际的中国，发生这种“世纪交汇”的大笑话，并不为奇。但这距离我当初在古晋应考初中的时间，已经是过了差不多半个世纪的事。我肯定自己没有郭沫若这个才子佳人的那个“糊里糊涂”的本事，如果碰上这个千奇百怪的考题，那恐怕是完全无以作答，缴了白卷的。一笑。

在古晋中华中学念书，终初中高中六年，每年上下学期成绩都列入三甲之内。初二下学期便首露锋芒。记得很清楚，当年国文一科的蔡老师首次发还作文课业时，先找姓林的班长上前到他的讲台旁边问话，老师问，“这篇作文有可能是益耀他自己写的吗？他是哪一个同学？”林班长个子高大，有点像我堂兄益东；他正要转身向后指着我时，蔡老师可能知道自己失言，叫停了。我当时就坐在左边靠窗第二行的第二个位子，接近讲台，听的一清二楚。初始有点儿紧张，怕老师责怪我抄袭，但随即沾沾自喜，一言不发。我忘了当年的作文题目为何，只约莫记得与“我的父亲”有关，但肯定是读了国文课本第一章，即巴金所写的名为《繁星》的那篇短文后，有感而写的，也多少牵连到父亲低调沉默和慈悲寡言的形象，就像夜晚天空微微发光的星星，既不怎么灼亮耀眼，更不气焰嚣张。

也记得高中一年级下学期，我们的校长，出身于美国哥伦比亚大学教育学院的林郁初博士从香港请来了一位负责教国文一科的苏季生老师，听说苏老师曾经担任过广东省南海县县长。他看了我的第一篇作文后，忽然说要介绍我替香港的报纸写电影影评，并说稿费很可观。我听了仿若丈八金刚，摸不着头脑；因为那篇作文压根儿就是与我所看过的任何一出电影都攀不上任何关系。但这突兀的提示却让我日后在观赏电影时，有意识地试图从第三者的角度，审视剧情布局、人物刻画、灯光投影、摄录技巧，以及音响操纵等方面的功夫。当然，自己有时也难免感情受制于某些电影的悲情演绎，不可或已，以致脱离了客观分析与批判的理性，甚至遐想翩翩，非非不已。比如白杨和陶金主演的《一江春水向东流》，便令人泪眼盈眶，深深地让悲情画面撩动了九曲回肠。

然而，苏老师提示我“冷眼看戏”的这个心态，似乎也与我后来在德国留学时，师从建基于十九世纪德国现象主义哲学的哲理，专注研究经济秩序形态学（economic morphology）的大师倭伊铿（Walter Eucken）教授及其学派的方法论，一脉相承。这实际上也与欧洲大陆的经济和社会学泰斗、德籍的韦伯尔（Max Weber）教授所大力倡导的“价值中立”（wertfreiheit或value-neutrality）的教言，相互辉映。尽管我还是认为，作为炎黄子孙，面临大是大非的国是问题时，任何人都应该绝对坚持个人强烈鲜明的爱国家爱民族的价值取向的。就像观看《一江春水向东流》时，见剧中主角陶金的忘恩负义，人人必当起而诛之而后快一样。换言之，尽管学术研究与判断宜持客观中立态度，但每个人内心深处都应该有一把主观的价值标尺，以评论是非善恶，知所适从也。

中学老师的点评有时确实振聋发聩。苏老师之后，有一位姓李名泠（字寒之）的湖南籍老师在我的一个作文本子上批注了几个字，“夹叙夹议，佳作也！”我恍然大悟，他点到的是无关文章的内容或价值取向问题，而是写作与表达的方式或曰文章体裁的问题。自此以后，我必力求融会贯通而后落墨，既要言之有物，也不失流畅潇洒。在大学讲课时，也从来不照本宣科或平铺直述，让人感觉了无新意。当然，对某些入门课程，有时还得遵循逻辑，逐步推理演绎，不在话下。那位李老师也教过我哥哥益里，他称许我行文能放能收之余，说我大哥才华横溢，可惜迹近放浪形骸，并要我稍加留意之。不幸李老师一语成谶，十年之后，哥哥怀才不遇，竟然从人间消失了。

在古晋念书时，前后搬了四次家。住得最久的一次是市中心中间路（Middle Road）的一间名为“有成”的华洋百货批发兼零售商店，楼上货仓内的两个小床位之中的一个。事缘成邦江我家店铺销售的小商品都是从有成进货的，因此父亲与老板沈元璋伯伯相识已久。他见我居无定所，便让我寄宿店内，但坚决不肯收取任何膳宿费。我自己也知趣，而且自小就并非软手软脚的小孩，所以自始至终，也乐意与其他店员共进退，脚踏三轮车，往返码头卸货送货，抬上抬下二楼货仓；装箱打包，手艺和速度都不亚于其他员工。所以也可说是自食其力，赚口饭吃也。后来在香港多次搬家，偶尔也一露身手，打死结打活结，麻绳运转自如，让搬运公司职工瞪目结舌，不时好奇地问我师出何门。

在有成店里头寄宿期间，也有内心辛酸的片刻。每天一早赶骑单车上学前，都得先与沈伯伯和他的一个合伙股东以及其他三几个员工一道吃早餐。有一次白粥来晚了，灼热难以入口，被逼多夹几片咸蛋几粒花生塞入碗中，图以降温，怎知一位矮小状甚温良的老员工竟然调侃说，“还以为你纯吃白粥，原来好吃的都先暗藏在碗底了。”我不敢横眉冷对，因为沈伯伯已经替我向那个老员工摆了个黑脸，怒视之。又有一次，街对面的一个小店铺请来了一个新雇员，正好是成邦江的小学同学。我欣喜之余，冲过街去，与他畅谈了一阵子。回来后，又是那位老气横秋的老头儿，问我那是何许人也。我如实以对，只听他回应说，那个人的父亲如果跟你父亲一样，那肯定也是念得起书的，不必一早就出来打工。我不知何以对，只沉默不语了之。现在回想起来，这显然还是比不上香港那些无所事事的混混的仇富心态那么可怕。

古晋有两间小书店，一间卖中文书籍，另一间只卖英文的，书价贵得多。中文书店就坐落在"有成"所在的那条中间道小横街的街头，相隔仅十来间店铺，也是我最常落脚的。郭沫若的《少年时代》、《革命春秋》和《少年维特的烦恼》就是在那儿购买的；显然因为作者也姓郭，好奇也，无他。因为郭沫若，接着也接触郁达夫和成仿吾等创造社作家的著作。当然也看到了鲁迅的《阿Q正传》和他骂鸳鸯蝴蝶派为才子佳人加流氓的文章。记得傅东华翻译的《飘》（原作者Margaret Mitchell）也是在那儿看到的，当时适值学期终结，买下了《飘》后随即登上永瑞号回成邦江放假去了。

到家后因为感冒卧病不起，三几天内便躺在床上一口气看完了《飘》。其后听说《永恒的琥珀》（也是傅东华翻译，原作者Kathleen Winsor）也属类似的长篇小说，但读了总感觉这远比不上《飘》之中"烽火佳人"的浪漫情怀动人。当年在古晋时，也涉猎了《红楼梦》，只觉人物太多，情节复杂，难以追随，但到了香港新亚书院花了不少心思细读后，才发现这部旷世古典小说的确博大精深，融汇社会经济、历史哲学、伦理道德以及浪漫主义于一炉，其表达方式绝非《飘》或《琥珀》单纯聚焦于三几个主角的个人主义的浪漫帝克，或曰色情演绎小说所可同日而语矣。

我忘了是在何处看到胡适说《儒林外史》是世界上最伟大的讽刺小说，但当初费神看了，只觉得其内容平淡冷漠，不可能轻易察觉玄机何在，反而是《三国演义》刀光血影热闹好玩的多。我不太喜欢《西游记》，觉得有些古灵精怪，到了很久以后才能领略其中佛教经典的寓意深邃。

有成中间道的那间书店在那个年代当然也出售《钢铁是怎样炼成的》和其他苏联作家的翻译作品，但不久后就不行了。英殖民地政府最初只禁卖个别书名，接着就以出版社为准，全面查封所有从香港进口的“左派”读物。记得当时共有十几家出版社被列入黑名单内。

我离开古晋赴香港念书时，将所有存书和那架上学用的脚踏车全部送给了一个名叫陈东亚（也称陈东勤）的表弟，我小舅父的大儿子。他后来成为古晋职工总会的领导（座办），虽然他不像我妹妹燕鸾一样，因为抗争不让砂拉越被并入马来西亚而转入森林打游击战，但他也屡遭古晋当局折腾，看来这与我给他留下的那些禁书不无关系。所幸他后来将那架脚踏车变卖了，另贴些钱换购一部机动的单车，才能几次摆脱了当地刑警的追捕，尽管最后还是难免被投入了黑狱服刑，让我深感内疚。

话说回头，我偶尔也会造访那间名叫雷克斯（Rex）的英文书店，但一般都得凭目录订购，现货不多。除了偶尔订购一两本小书外，我特别喜爱文艺复兴和十八十九世纪的古典彩色画册，比如法国大革命时代的《拿破仑加冕》，以及描绘古罗马时代战乱的《沙滨妇女止战》（*The Intervention of the Sabine Women*）的油画。后来初次造访巴黎罗浮宫博物馆亲自看到这些油画时，似曾相识，特感兴奋。

我订购的英文书籍不算多，大多数是从中国文学读物的简介中，按图索骥而找到名目的。其中有拜伦（George Gordon Byron）的《哀希腊》、季慈（John Keats）的《咏秋》，还有华兹华斯（William Wordsworth）的《孤独的高原姑娘》等。因为中文翻译读起来总感觉不像是诗，至少没有唐诗宋词的那种韵律美，所以想阅读英文原著。但谈何容易！作为一个中（华）文学校的中学生，英文诗篇读起来，倍感深奥苦涩。最后只能循陶渊明的读书方式，只求会意，不求甚解。然而，如此这般取得的点滴知识，往后与儿女们谈起来，也多少可借以激励他们的阅读兴致，不亦悦乎。

后来在伦敦大学的亚非学院进修研究时，每逢在北郊的汉姆斯特公园（Hampstead Heath）漫步思索之余，总要与小萍一道，陪同丹剑皓三圆到侧边的季慈故居纪念馆浏览一番，让他们知道老爹或多或少，也能领略点诗情雅意。就算是附庸风雅，也是很值得的。前几年（2013年）与小萍同往雅典游览，也特地去瞻仰希腊人为拜伦而立的宏伟而颇具浪漫情怀的大理石纪念碑，感慨万千。今日回想起来，这位伟大的英国诗人，当年为协助希腊脱离奥土曼帝国的独立战争奋不顾身，如果他今日再生，看到这个曾经是人类文明历史上的璀璨巨星，又因严重的债务危机竟然沦为欧盟的附庸陨落，不知会否再次仰天长啸，哀叹希腊不已。

跟我一道下榻古晋市有成店内二楼床位的，还有一位比我年长十几二十岁的许姓店员伙计。他看我喜欢文学诗词，有一天也就拿起了一张手抄的毛泽东《沁园春·雪》朗诵起来。这是我第一次接触到毛泽东的诗词，感觉气概恢弘，不可一世。过了几天，这位许姓伙计又再念起“独立寒秋，湘江北去……看万山红遍，层林尽染……问苍茫大地，谁主沉浮？”让我更觉山河绚丽，日月争光，壮怀激烈。

好奇之余，我问那位许姓伙计，他为何不跟从成千上万的华侨子弟，投笔从戎，回去大陆参与建设祖国的伟大事业呢？他说自己已经超龄了，但也从来不跟我讲些什么大道理小故事的。其实在那之前，当我每次放假回成邦江时，都已经从家里的收音机，听到“五星红旗迎风飘扬，胜利的歌声多么响亮……”后来，抗美援朝的歌声“雄赳赳，气昂昂，越过鸭绿江……”也响彻云霄。这我在古晋寄宿有成店铺时是听不到的，因为没钱买收音机这新玩意儿也。

在古晋念书的那些年里，论成绩，基本上是年年名列前茅。仅有一个学期，则要倒数算起才可以很快找到自己的名字。理由是那一年，学校当局心血来潮，将学业成绩与“甲乙丙丁”四个“品行”级别，加权平均，以计算总成绩和排列名次，结果大大地拉低了我的名次。其实我自己一向循规蹈矩，并不乱来，主要问题是出在我爱好打球之外，也酷爱阅读那些“不三不四”的课外读物；因此下午放学时常常不理睬班长指示，不遵守校规帮忙打扫课室清理卫生，而是马上赶回有成店里头的宿床看书去。那个学期一结束，放假回成邦江后循例将成绩单呈上给父亲过目，哪知我的大妹妹燕芳（后来嫁到台湾去了）站在身边笑嘻嘻地指着成绩单上的最后一行给父亲看。父亲不置可否，只点点头表示看到了。我知道父亲对我还是有信心的。

有一次，我真的以为闯大祸了。事缘那位持有哥伦比亚大学博士学位的林校长给我父亲写了封信，要让我哥哥退学，说他不专心向学。我记得清清楚楚，校长信中说我大哥“一曝十寒”云尔。这四个字是我第一次看到的，至今难忘，我也当即恼火了。哥哥虽不算是班上成绩最好的一个，偶尔旷课，但也不至于因为他浪漫放荡，得罪何人，就非开除他的学籍不可。我直接找上校长办公室去，但被那个姓赖的校长秘书挡在门口。我不由分说，就当着坐在那开放式的大办公室的所有老师面前，大声议论起来。我最敬爱的教我地理一科的傅永安老师，见林校长被惊动出来，急忙出来劝架，我也只好引退了。幸好那个学期品行等级并不计算入总成绩之中。

父亲一向大事化小，小事化无，息事宁人。哥哥本是诗人气质，事后也意兴阑珊，经过我与父亲疏通，让他转读新加坡的公教中学。我不知他何以选上这间天主教学校，但第一个学期放假回家后便猛向我讲彼方世界，而一辩论不过我时，便说，弟弟，你先信了再说吧。也就是那段假期，我也发现哥哥忽然非常喜欢西班牙民谣，天天在我面前哼起那非常悦耳的环尼妲歌曲，“……妳的怀抱，便是我的天堂乐园；妳呀，只有妳才能让我的美梦成真……”这首美妙的旋律与歌词，从那时开始，余音绕梁，无时不了，尤其是哥哥永远告别身边之后。

数学一向不是我的强项，尤其是代数一科更甘拜下风，尽管几何一科，绝对不为人后。高三下学期期中考试时，果然代数一科，一败涂地。接着便是全砂拉越各省华文中学会考，记得那是第一届，但参与联考的也不过十来间华侨社团举办的中文中学。会考前学校只给两个星期的自修备考时间，我倾全力准备代数应考，只留下最后两天浏览其它科目。因为生性好做白日梦，懒得起床，所以那十天里，左手拿着代数课本，右手紧握那足足有一英寸厚的题解范本，就这么逐题逐题地空手凭心演算起来。没想到放榜时，代数的成绩竟然排列在最好的考科中。其实自己心中也很清楚，这其中至少有一半是靠死记的功劳。

古晋市的砂拉越河，淌淌流入南海，出洋思绪绵绵。

接着是面临出洋留学的问题。这一次，父亲比起六年前我要前往古晋升读中华中学时，开明的多了。他并不消极地反对我出国。当年我有几个外出留学的选项。

首先是想到日本，而且我也向东京的亚细亚大学申请入学了。那是当年唯一在东南亚包括砂拉越的报纸刊登广告招生的日本大学。尽管我当时对日寇穷凶极恶的心影仍然挥之不去，但一想起郭沫若、郁达夫和鲁迅这几位崇高而浪漫的民族偶像，早期也都是留学东瀛的，那“也就无妨，算了吧”。说老实话，我考虑留学日本，也是或多或少受到当年正在古晋上演的一出叫《金色夜钗》的日本电影的感染。记得这出电影的大部分片段，都是笼罩在美兰可丽（melancoly，即忧郁）的蓝色氛围中；浪漫情节，让人想入非非。影片中那个美丽可人的少女最终投湖自溺；男恋人赶到湖边时见她奄奄一息，抱入怀中，几经缠绵，又见她微笑起来了。我当时心想，从影评的角度来看，这样的一个结局实际上等同画蛇添足，远远不能媲美《一江春水向东流》中，白杨最终跳入上海的黄浦江中，噗通一声，载浮载沉，消弭于滔滔江水中的纯悲剧，感人肺腑。莫非日本人真的是百足之虫，死而不僵乎！

其次，我也向澳大利亚几间大学问路，包括布里斯本的昆斯兰大学和墨尔本的理工学院，准备自费留学。记得很清楚，在填写申请表格时为了写上自己的出生日期，我还找来万历表，查对农历与阳历的对应月日。这是生平第一次正式填上自己的阳历出生月日，可谓用心良苦。然而，还没收到获准入学通知之前，古晋殖民地政府的教育司已经批准提供政府的奖学金，让我入读西澳洲的柏斯大学（或理工学院）的化学系。这是砂拉越政府第一次准许华校毕业生，申请奖学金赴澳升学；以前的奖学金都是预留给英校毕业生的。然而，赴澳奖学金附带一个条件，就是完成学位后，必须回砂拉越教书最少四年；那可真为难了。

其三是国际青年商会砂拉越分会的奖学金，规定去香港入读新亚书院或崇基学院，不附带任何条件。这两间大专院校后来于1963年与联合书院一道，都成为香港中文大学的三间创校成员学院。我在古晋中学毕业的那一年，已经是青商会提供类似奖学金给华校毕业生的第二年，就读的科系没有严格的限制。

最后，最优的选择应该是当年台湾国民政府驻古晋的非正式代表所安排的保送（免费）入读台湾的大学。保送条件是学业成绩优异外，必须“思想正确”（非左倾或亲共分子，不曾参与罢课或其他颠覆活动）。我获保送入读台湾大学的医科，这是百里挑一，羡煞人也；可我最后决定不接受保送。这不是因为自觉思想有问题或政治不正确，而是砂拉越政府不认可台湾的医科资格，台大毕业后还得转往英国或加拿大花多三几年进修以补考英联邦的资格，才能回砂拉越执业行医；拖泥带水，浪费青春也。

我最终选择了香港，因为香港就在祖国的屋檐下，白云故乡的边缘。我在古晋家里住房书桌墙上，也一直悬挂着一幅从香港岛太平山顶遥望九龙狮子山的全海景大型照片，照片顶头匾额是岳飞“还我河山”手迹拓片。因此，我对香港本来就是心向往之也。这对那些在2013年掀起“反国民教育”的激进香港同胞而言，显然是自小学启蒙以还已经深染“国教”毒药。果如是，那自从入读以国学著称的新亚书院以后，遗毒就更为深化恶化了。

我当年取新亚书院而舍崇基学院，是因为新亚是以国语教学的。放弃自费留学日本和澳洲的想法，则因为哥哥益里已经从新加坡转往伦敦攻读大学预科。父亲为他支出不菲，我不想让他百上加斤，而日本东京的亚细亚大学，就如澳洲那两个大学，到底是名不见经传的学府。

大力推荐我被保送免费入读台湾大学医科，那位教我国文一科，原籍湖南的李宗理老师知道我不去台大后，几乎声泪俱下地对我说，香港是个花花世界，就像大陆沦陷前的上海一样，十里洋场，纸醉金迷，人心惶惶，不知何日何时也就沦陷了。他劝我趋吉避凶为宜。

以上所谈的都可说是大时代背景之下一些发人深省的小故事。对比今日在全球化的大格局之下，中学毕业生可任从无数国内外大学琳琅满目的学科中，任选心仪爱好的就读，那可真是不可同日而语矣。

让我再谈谈其他三两件类似的小故事吧，也都是有关我中学时代所遭遇到的人与事。除了那位为了我不去台大而痛心疾首的李老师外，教过我国文一科的还有另外两位也是来自湖南姓李的老师，其中一位是李冷老师，另一位是后来转去新加坡的南洋大学任教的李敬持老师。我后来在电视上看到毛泽东或邓小平讲话时的湘川土腔熟耳，不禁然地怀念起这“湖南三李”来。他们都是我们古晋中华中学一位姓陈的校董会主席亲自专程远赴香港，聘请去古晋教书的老师。前后南来上任的还有三位姓朱的老师。又除了那位不让我与林校长公开摊牌而帮我劝架的傅永安老师之外，还有姓潘和姓刘的。他们负责的科目都离不开中国文史地。教数理的则除了教几何的蔡老师外，只记得那位负责代数的庄老师，他在课堂上似乎就是扯来扯去扯不清，让我该科在中学会考前的校内期终考试一败涂地。这位代数老师，与教我几何学的蔡老师比较起来，也可真是不可同日而语矣。

这批来自五湖四海，亡命香港，辗转迁徙到古晋教书谋生的老师们，都有一个共同特点，就是怕中国共产党。对他们而言，似乎流落香港还是感觉不那么自在，非要远走高飞不可，越远越感安全，因此最后落脚不吃人间烟火的砂拉越蛮邦。实际上他们很多都是从国内不同知名大学毕业的年轻学人。我清楚记得，这些老师都是当年解放前国内不同知名专上学府毕业的，包括中山、岭南、浙大，以及东吴等大学。我的傅老师据说是在北平的国民大学，或称中国大学毕业的。人才济济，但他们的志向、抱负、爱好、情趣各异。

其中有一位姓朱名锡炀的老师是江苏武进人。他与傅永安老师很要好，情同手足。我记得他们是同一个学期抵达古晋上任的。朱老师在我赴港留学前夕，还送给我一本精装入时的日记簿，扉页上便自己署名“江东朱锡炀赠”。这显然意味“楚虽三户，亡秦必楚”也，我则感觉他早已破釜沉舟，移民砂拉越来也。后来果然很高兴看到他娶了我同班的一位姓许名璨娇的女同学为妻，落户异邦。傅老师则有一次兴高采烈地对我提起他自己当年如何参与学生示威游行，并在南京总统府对开的广场上敲打大钟，呼唤蒋总统对日宣战。

潘老师（大名翼云）第一堂课自我介绍时，说他是中国晋朝美男子潘安的后代。我心想，那你来我们古晋教书，倒可说是寻根问祖了。更妙的是另一位朱老师（大名渊明）就在开课的第一天便对全班同学说，“我已经落地一个星期了，但街上随处所见，我们苏州最丑的姑娘，也比你们这儿最美丽的小姐还漂亮。”他语音未落，只见班上的女同学满脸通红，无地自容。跟随另一位朱老师同来古晋的两个朱公子，祖籍虽不隶属河南中牟（即潘安的故乡），但长得身材修长，皮肤白晰，不知羡煞了古晋中学多少黑珍珠美人儿，个个都把他们两兄弟当作梦中情人。至于我等男同学们吗，则只能各自以《水浒传》中自称“矮黑”的宋江为荣为傲。

我与避居秦地南来砂拉越蛮邦的老师们关系较好，主要是自己不参与当年波涛起伏的学潮。实际上并非不想参与，而是打从入读古晋中华中学的第一天开始，便不为左倾或曰进步的同学们所接受。不被接受则缘起于我哥哥早我两年入读同一间古晋中学时，因人地生疏，无依无靠，只能投靠我们的堂伯父郭川汉一家，由他们照顾；也因此就阴差阳错地让我哥他与川汉伯父的第三个儿子——益群堂兄过从甚密；而这位堂兄又恰好任职于专责打压学生运动的警备单位。有理说不清，我自己也就因此而被进步的同学们视为异类，逼得只能躲在有成店铺的陋室中猛读书，而且所读的许多都是从街头那间小书店购买的进步书籍。

记得在初中三年级下学期毕业时所写的一篇作文中，当我提到鲁迅时，除了引用“路是人走出来的”那句名言外，便是以“进步、进步、再进步”那一行字做为结尾。我在同班同学众目睽睽横眉冷对之下，也就只能如此这般地“躲进小楼成一统，管他冬夏与春秋”了。就姑且孤芳自赏吧，其奈人何！其后才知道，被同学们排挤，拒诸门外，也可说是不幸中的大幸，因为同班有一位杨柱中同学，也是潮州子弟，能言善辩，雄才伟略，佼佼者也，后来也像我妹妹燕鸾一样潜入野林，成为砂共游击队的一位主要领导。可惜他的运气没有我妹妹那么好，在枪林弹雨中不幸壮烈牺牲了。

另一个不幸中的大幸是我申请青年商会奖学金时，遴选委员会中有一位是整个砂拉越殖民地政府的高级华民教育司，名叫胡熙德。他来自香港，显然是掌握着让谁领取奖学金的最后决定权。傅永安老师深怕我因为与林校长顶撞过，对我不利，亲自带我到司长办公室说我的好话，品学兼优云尔不在话下，但他特地声明我与罢课的左倾学生无缘，即思想绝对没有问题的意思。我记得特别清楚，当我们谒见这位胡大人时，傅老师与我并排坐在他办公桌前的沙发椅上，他当时态度严肃而诚恳，但语气十分坚定地推荐我。此情此景，历历眼前，一辈子都忘不了。傅永安诚恩师也，就像是我小学的王义源老师，以及后来有幸在香港新亚书院认识的张丕介教授，恩重如山也。无巧不成话，胡熙德后来应聘成为香港中文大学李卓敏校长时代的大学教务长，当时我还在新亚书院就读，并被选为新亚书院的南洋学生会会长呢。

1958年1月初赴香港留学之前，我特地从古晋赶回成邦江老家，向乡亲们辞行。因为赶不上永瑞号，只能改乘载重吨位比起永瑞还不及一半，由邻居一位客家世交拥有的小货轮。小轮船跨越大海就要进入鲁巴江口时，忽然东北烈风大作，大雨大浪交加；还不到日落时分，刹那间，四周昏天暗地。左舷远处天边，应该就是香港所在位置，往常所看到的朵朵白云也不见了。情急之际滔天巨浪压顶而来，因为驾驶室就在船头而不像永瑞号之在船顶上面，整条船仿若葬身海浪中。当时只有那个矮黑的客家船长和我两人身处驾驶室内，室宽不过六七英尺左右，深度则仅可让人背靠背站着。记不起其他两个高大的船员伙计在船上何处周旋应急。船长慌张之余就地大声疾呼，要我使劲将驾驶室左侧小门关紧，并要我自己紧紧握住任何硬物，以免被狂浪卷入海中。我忽地里感觉到小火轮的引擎也不响了，极度恐慌起来，追问何故。还好，船长说船小，如果开动引擎与海浪搏力对冲，很可能随时翻船，所以只可让小火轮随波漂流，顺势驾驭周旋。

一个多小时过后，海上变成一片死寂的幽静，不禁心寒；忽见右舷不远处，几棵渺小椰树，在地平线上最后一道残阳余晖的折射中，轻轻地摇摆，仿佛在对小火轮招手。船长笑逐颜开，发现小轮虽然已经远远偏离航道，庆幸漂流到海边不远处的一个小渔村，获救了。在那个叫新巫遥的小渔港停靠了一夜，隔日清早启航，但也得到深夜才能回到成邦江老家。所幸父母亲事先并不知道我准备乘做这条小轮船回来。到家后我也装若无事发生，以免他们伤心难受。隔了几天，听客家船东说，也就在那个海口边，有一艘比他的小火轮还稍大的货轮，前两周在暴风雨中消失的无影无踪。

第二篇

白云故乡边陲 壮怀激烈

第8章 香港呼唤 兵荒马乱

我于1958年的1月30日飞抵被李老师说是纸醉金迷的香港，但那可不仅是今日七八个小时包括转机时间在内的飞行。首先，国际青年商会的奖学金只给船票，让我于1月18日从古晋乘搭一艘叫亨里克（Henrik）的挪威货轮起程赴港。亨里克号载重约两千吨，这在当时已经被视为巨轮了，但因为是货轮，只给接载三几个乘客。亨里克傍晚时分从古晋启航，约一个半小时后，刚与船长一道吃完晚餐便驶出那个让我饱受折腾的南中国大海了。然而，这次亨里克号并非朝东针对鲁巴江口，而是偏左往东北偏东方向，准备跨海驶入全砂拉越州最长的拉让江（Batang Rajang），再沿江逆流而上前往砂拉越第二大城市诗巫（Sibu）靠岸接货后续航。

我当时心想，亨里克号巨大无比，尽管跨海幅度至少比到达我熟悉的鲁巴江口还要大出两倍有余，海浪不管怎么滔天也应该如履平地前行。可让我万万没料到的是，巨轮虽然不必像永瑞号或那条邻居客家世交拥有的小火船般地与惊涛骇浪搏斗，但也随波涛起伏儿上下蠕动，人坐在船上仿佛感觉整片大地在随机缓缓摇摆。这让我头晕目眩，就像酩酊大醉后走路一般，朦胧中感觉天旋地转。晚餐过后，我刚离开餐室，还来不及奔回睡房躺下休息，就已经在甲板上就地献丑，把当晚的美食完全奉还给船长了。

经此一役，这几十年来，每一提到参与豪华邮轮，周游列国，几乎是谈虎色变。许多远比我年轻的朋友和校友，如新亚书院校董会主席梁英伟（新亚1973年毕业），以及诸多教授同寅都颇好此道，近年来多次要我结伴航游地中海或波罗的海，我都让他们给扫兴了。心想，不管邮轮如何巨大豪华，设备如何齐全美观，充其量，一朝半夕，里里外外也就一览无遗了。他们又说，仰游船上泳池，欣赏蓝天白云，何似人间。我也心想，这何以媲美我当年在成邦江老家畅游鲁巴江上，涌潮滔滔，胜似钱塘，万里晴空，艳阳当天，更何言人一上了豪华邮轮，自己命运就操之于舵手一人。近年意大利邮轮海难频频，更让人心寒。心想，一朝船翻溺毙于冰冷的德国北海，情何以堪。想来想去，如此意外事故的发生机率看来也不低于在成邦江鲁巴江上温暖的热带水里葬身于巨鳄腹中吧，一笑。

我也深怕在邮轮上边，日日蓝天绿水，不堪单调无聊。友好们劝解说，邮轮不日靠岸，白天登陆游览名胜景点，晚间回船上安枕无忧，不亦乐乎。我也不为所动，心想，如此这般的局限于岸边的蜻蜓点水游览方式，哪比得上我这几十年来，偕同小萍和丹剑皓三圆自驾游，遍及欧陆各国和英伦三岛山山水水，纵深千几百公里来去自由，气派豪迈，无异驰骋疆场，仿若汉尼拔翻越阿尔卑斯山直逼罗马帝都，拿破仑挥军进攻莫斯科。

经与友好们再三交换旅游心得后，有一日，我恍然大悟，原来许多香港人，惯于左边驱车，不像我一样因为留学德国经年，也擅长靠右，左右两边来去转弯抹角，自由自在，横冲直撞超前退后停泊，灵活潇洒，从来就不曾与别人迎头对撼过。然而，经此一想，我反而自己感觉有点儿内疚，何以就不能设身处地，竟然冤枉了许多只懂得右舵左驶的香港朋友们，尽管他们不善于左右逢源，一般都要靠右或偏右走，甚或极右呢。一笑！

1988年夏天赴澳洲悉尼履新前，我在香港山顶柏加道住了几年，日日夜夜，璀璨美丽的维多利亚港海景，尽入眼帘。记得有一次，享誉全球的超豪华邮轮玛丽皇后号，徐徐驶入海港，停泊在对岸的九龙海运大厦码头。从我家住所远眺，玛丽皇后彷若海市蜃楼，心诚向往之。然而，我脑海中也旋即浮现1972年玛丽皇后的姐妹邮轮伊丽莎白号如何着火焚烧的幽影。记得很清楚，那是1972年1月的一个周六下午时分，我与小萍从美国返港刚满一季，小女丹圆还未满周岁，夫妻俩一道驱车游览新界后路经九龙荔枝角大桥回家时，忽见对开西边海上不远处，由香港知名船王董浩云刚接手的伊丽莎白邮轮在进行内部整修，以改装成他心爱的海上大学（Seawise University），浓烟密布，黑云缭绕，冉冉升天。我心想，老天爷，如果这惊天触目的火灾爆发在白浪滔天一望无垠的大海之中，那岂不是呼天不应，入地无门，呜呼哀哉。

一直要等到2010年夏天，内子小萍也已过了知命之年，丹剑皓三圆事业也各有所成，我们两老终于趁遨游北欧四国之便，心血来潮，斗胆登上从瑞典首都斯德哥尔摩启航，驶往爱沙尼亚首都塔林的渡海邮轮。夕发朝至，晚餐在船上华丽的餐厅享用极为鲜润的铁板牛肉，还有螃蟹龙虾生蚝各式海鲜，无奇不有，另加名牌白酒红酒，三杯两盏过后，感怀生世，欲语无言，步履蹒跚地回到密封的船舱客房内。我从小小的圆形玻璃窗外望，涟漪恋爱着夕阳，夕阳恋爱着涟漪，不管茫茫的大海究竟有多深，微弱的太阳明天是否依旧会爬上来，不知不觉中便深深地沉入美妙的梦乡。

翌日早上，准九时正，我们乘坐的波罗的海皇后号（Baltic Queen），果然平平安安地抵达塔林了。我松了一口气，小萍向来乐天知命，我看她倒没有什么异样的感觉。最让人感触的反而是，当日一早，正当我们俩轻轻松松地漫游于这座绚丽可人的中古世纪小城时，回头一望，只见偌大的波罗的海皇后徐徐朝西返航斯德哥尔摩了。我不期然而然地联想翩翩，心影中又浮现出当年英国玛丽皇后号徐徐驶入香港维多利亚海港的那幅壮观景象，也想起早在英国维多利亚女皇之前，塔林已经是那个雄霸欧洲远洋贸易的德国汉莎同盟的一个重镇。汉莎同盟和维多利亚之间，我仿佛也看到了1588年西班牙无敌舰队（Spanish Armada）的全军覆灭，灰飞烟灭；叹世事兴衰，海洋霸权轮流易帜，感慨万千。

感慨之余，抚今追昔，也让我想起五十几年前那艘挪威籍的亨里克货轮从古晋启航不久后，横跨那一小段南中国海时，是如何让我无端端的折腾了整整一夜；让我想起几个世纪前辉煌灿烂的欧洲与今日砂拉越蛮荒之间的文明反差，当然也不禁感慨香港和祖国神州大地与砂拉越蛮邦天南地北之间巨大的文明差距。时代与空间的文明落差悬殊似此，而我的第二故乡砂拉越，更何言成邦江老家，两者兼而有之，其不让人嗟叹乎。我也深深领悟到，五十几年来自己确实不能与时俱进，不懂得如何领受豪华邮轮文明世界的恩赐，其不汗颜乎。话虽如此，我压根儿依然不相信自己已经进入了老态龙钟的临界点上，不宜自驾游玩，再度潇潇洒洒地驰骋万里了。

话说回头，当年我从古晋乘搭的那条亨里克号小货轮，经停靠诗巫口岸载货后，还得沿着婆罗洲岛北岸继续航行，让我忍受天翻地覆般的晕船痛楚，硬撑了好几个昼夜，才好不容易地捱到了下一个位处婆罗洲岛东北端外海的名叫纳闽（Labuan）的小口岸。这个纳闽孤岛，蕉风椰雨，不见人烟，可来头也不算太小，今日是沙巴（Sabah）州的一个部分，而沙巴州于1963年与砂拉越州同时并入马来西亚联邦之前称北婆罗洲（North Borneo），归英国的所谓东印度公司管辖。据说当年英国的维多利亚女皇便很想将纳闽与香港和新加坡并列，一并发展为远东三大自由港，势成犄角以控制东亚的贸易往来，使之成为日不没落大英帝国的一个重要战略板块。

想不到纳闽这个美丽的小岛，今日依然如1958年那样的宁静可爱，就连当年来回香港的固定飞机航班也早已经停办了。看来雄才伟略的维多利亚女皇的诸多谋臣都失算了，不一定个个都熟谙东亚的地缘政治和地缘经济学，也或可说是女皇功亏一篑，日落西山了。

谈到纳闽和沙巴州，又让我想起郭益南堂兄，也就是那位神山或称中国寡妇山（Gunung Kinabalu）游击队领袖的抗日英雄。听说当年他也借助纳闽小岛，与驻扎毗邻附属菲律宾的苏禄群岛的地下美军取得联络并获支援，才敢发难，结果是肝脑涂地。这对当今热衷于拥抱美国人大腿以抗衡中国崛起的菲律宾政客而言，可为殷鉴乎！

亨里克货轮一抵达纳闽靠岸，我即刻向刚从古晋中华中学毕业，后回到老家帮忙父亲照顾生意的韩震光同学借钱买张飞机票，在他家小住几天后，便乘国泰航班直飞香港。那是我第一次坐飞机，也顾不及是否飞离水面愈远，摔入海中也愈深愈痛，反正是不能再承受大海晕船的痛苦折腾了。抵达当年香港的启德机场时，接机的是久居香港的甲东里祖家第三房川济伯父的儿子燕京（仲卿）堂兄。他是站在外边可以直接观看飞机升降的铁丝围栏（篱笆）外边等我的。素未谋面，但见过照片，从飞机跑道走过来时已经认出他了。当晚入住九龙界限街的孟氏图书馆宿舍，隔天一早，便开始接触人称花花世界的香港了。

我的第一个印象，香港似乎不像是个纸醉金迷的世界，也不像《红楼梦》中刘姥姥所看到的大观园那般琳琅满目，更不是我想象中文质彬彬和尔雅恭谨的文明社会。实际上，一言以蔽之，兵荒马乱也，尽管从1949年算起，祖国神州变天已将届十年，政局也已经稳若泰山了。

首先，我当日一早，从九龙出发过海到香港西环看望燕京堂兄和嫂子。嫂子刚生了个小女儿，是第一胎，还未满月。我为了赶去祝贺祝福刚刚呱呱坠地不久的小侄女婴儿，心情本来就有点儿紧张，讵料一进入尖沙咀的渡海小轮码头时人头涌涌，就像当年成邦江欢迎伍伯胜总领事时万人空巷。说时迟，那时快，忽地里刹那间警钟大鸣，男女老幼直往前头狂奔。我直觉地以为闹大事了，或者是着大火了，自己也拔步冲刺，到了闸口时恰好被那根粗大而徐徐降下来的铁条栏杆给挡住了。原来警钟大鸣，是催促乘客快步上船的音响讯号。后来在新亚书院选修通识教育课程的心理学一科时，深深领会巴普洛夫的实验小狗，还是有其道理的。狗儿闻铃声而流涎，警钟大鸣让渡轮乘客拔步飞奔。

香港的当年，几乎无处无事不抢。抢搭渡轮，抢；抢进电梯，抢；抢购戏票，抢；抢霸餐桌，抢；抢上巴士，更是浑身解数霸王硬上弓，险象环生的强抢。这个花花世界，看来也真是兵荒马乱的。

先说说抢电梯吧。直至我几年前离开岭南大学时，依然看到挤在电梯里头的同学还赶不及出来，外头的已经严阵以待，恐为人后，准备冲进去；而岭大在新界屯门的教学大楼，最高的也不过四层呢，大可轻易沿左侧的石阶下楼去。记得有一次，某教授也在等电梯，在电梯门口与内地来的几个学生为伍。学生客气地以普通话跟他寒暄，问教授想到哪儿去。这位遐迩闻名的大教授（姑且匿其名）的官话，也实在不太灵光，回应说“下流去！”粤语“流”与“楼”谐音，教授半调子京腔，听起来误以楼为流，故也。当时我会意微笑，不语，只暗自心想，我可不与尔等同流合污也。我也心想，那位来自北方的同学，也未免太那个了，明知故问。当时大家明摆就是在顶楼梯口，不让教授下流去，非要他冲上云霄不可乎？一笑。

对香港的饮茶文化，我早有所闻。抵埗后不久，许多亲朋戚友，络绎邀约，要我前往位于中环告罗士打（Gloucester）大厦（后来改建为今日的置地广场）某一楼层的知名酒楼享用饮茶，即点心兼午膳也。我惠顾两三次后几乎发誓永远不再光临。事缘当年香港酒楼还没有派发筹码轮候的规矩，甫抵餐厅大门，即见一众顾客个个目光炯炯，横扫酒楼大堂前后左右四方，势同警察便衣暗探窥伺罪犯准备随时擒拿归案一般，偶见那一个餐台有所蠕动，即刻扑上前去，团团围住；而在座的顾客，居然也视若无睹，丝毫不觉难堪，依然谈笑风生，慢条斯理地，品赏心仪茶点。看来所谓巴普洛夫效应是耶非耶也是难言的。

更让人难以思议的是，偶尔也看到西装笔挺的帅哥食客，陪同花枝招展的妙龄靓女驾临，而竟然照办如议，就围站你餐桌四边，男的还臂抱胸，女的怒目对视，状似咄咄逼人，巴不得你加速埋单（结账）清场。我心想，这算是哪个朝代的文化，何种现代的文明。我也在琢磨，尽管香港如此高度洋化，莫非还不见有法式的高级餐馆餐桌摆上红玫瑰白蜡烛以及波尔多（Bordeaux）葡萄红酒，让年轻情侣要弄点儿浪漫帝克的小资情调乎。香港人既然如此老土，可真令人匪夷所思。

我相信，对老一辈的香港同胞而言，我所说的都属司空见惯。然而，对我这个来自荒山野林恶水的小子来说，我可没有那种闲情逸致，让不速之客死盯着你吃饭而丝毫不感觉不好意思，竟然敢于死赖不走。再者，我家庭训也看不惯旁人一见佳肴上桌即垂涎欲滴，不先与同桌客人打个招呼，礼让举筷，碰杯祝福，便迫不及待地抢先入口为快，更何言饕餮之辈壮似饿虎擒狼丑态百露呢。

说到个抢字，老实说，我的强项不在于餐馆抢台，这羞煞人也，而是在于抢搭巴士。新亚书院九龙农圃道的老校友都知道，书院对下的马头围道是通往尖沙咀渡轮码头的要冲，巴士（记得是5B或5A线）穿梭不息，人潮也永远没完没了。入读新亚后不久，不时亲眼看到巴士上的售票员，左手紧握那块长形铁制的转轮售票机，右手拦截强行上车的众多来人，前头挡住了几个人，又有别的从后轮番冲上来。不时逼得售票员施展拳脚，猛力将那些状似强盗的壮汉白撞踢倒落地，幸好还不曾见过有人用那块铁制售票机击打头颅，否则必然头破血流，不堪设想也。此情此景让我这个蛮邦小子看了心寒无底，这又算是哪门文化！何类文明！

然而，对比当今印度这个文明古国，君不见，电视镜头之下火车车厢爆满，成千上万人潮携同老幼妇孺抢登霸占火车顶盖随行，险象横环生的动态画面吗？这倒还可让香港人聊感宽慰。事物演变，总有个循序发展过程吧。今日的香港，男女老少也已惯于排队轮候上车，可喜可贺也。另当别论的是，去年（2013年），在“泛民主派”少数政客煽风点火之下，莘莘学子与某些地痞流氓强行霸占中环打砸立法会大楼的非文明暴行，是可忍孰不可忍。

话说回头，我在马头围道的巴士站，几经观察后掌握了司机“埋站”（停站）的操作方式。先是慢慢地驶近人群聚集处，佯装停车上客，突然猛踏油门往前冲出十几个英尺。人各动作快慢有别，就这样，人堆自然散成一条人龙，吃亏的当然也就是老弱妇孺了，奈何。我自己临阵担心的是自己两头不靠岸，站在候车人堆前头空地，又恐司机心血来潮忽而提前刹车，让人堆朝车后散开。远离人堆偏后，又恐搏不过年轻的拼命三郎，颇难定夺也。幸好自己从成邦江小学开始每年都参与百码（公尺）赛跑，连年夺冠，跑得快，几乎每次都上得了车。半年后，十来个来自砂拉越的同学也慕名入读新亚书院，我都对他们一一点破抢上巴士的契机。其中许多南洋矮黑也屡试不爽。当然也有几个手脚不太灵巧的书生不时败下阵来，只好迈步从头，抑或走到乘客较为稀少的前一站或后一站，碰碰运气。

今日自己偶尔也赶搭巴士，心想，如果同德国一样，巴士公司也不到处设置那些繁琐的铁围栏强制人群排队上车的话，香港人是否也就如当年一般原形毕露呢？反之，如果德国的人口也像香港或中国大陆内地或印度一般稠密，人人都在赶时间抢生活的话，是否依然如此井然有序，保持讲自律守规矩的文明文化呢？当然，尽管这难以做绝对的比较，但恐怕基本上人类的行为，始终都是受制于环境条件吧。只是香港的情况可能较为特殊，巴普洛夫效应之外，香港人恐怕或多或少也离不开礼义廉耻存废的主观心态问题。这都很值得社会学家或者人类学家去做一个比较系统化的多学科的人类行为生态学（Ecology）研究。

此话也让我想起我父亲初到香港时仅年过半百有余，我看他手脚还是很灵活，很担心他过马路时被车撞倒，特地吩咐他千万不可效法一些香港人，为贪图方便而擅自攀越弥敦道上隔开南北行两条车道的铁栏栅。他说，“阿奴呀（潮州人溺爱儿子的叫法），你可放心，你爸爸怎么会干那种丢脸的傻事呢。”我心想，这显然是出自祖父母家教好，知廉耻也。我旋即又想到，父亲过番下南洋时，祖家揭阳榕城很可能还不见有什么车水马龙，他离开成邦江时，也已经在那个野林恶水小镇住了三几十年，从来没见过什么马路老虎。看来除知耻外，他不必赶上班开洋工也是个重要因素。但当今香港马路所见，不赶上班，不必开工，也不知廉耻的，仍然比比皆是。何解！

也就是在1960年代末，在我以哈佛燕京学社访问学人名誉赴美前夕，有一个德国友人途次东京来访；有一天，我同他一起横跨尖沙咀加拿芬道那段不算宽阔的马路斑马线时，他心有所感地对我说，像你们香港人这么个过马路方式，在德国早已经就被撞飞上天了。我说，以你们德国人的飞车速度，只讲路权优先秩序，不顾行人安危死活，包你不出三天便四轮朝天，血肉横飞，你也必然锒铛入狱的。环境不同，文化各异，孰是孰非，难言矣。与这个德国朋友闲聊时，他也说，看来日本人的文化人文方方面面，完全不像亚洲人或你们中国人。我反问，那日本人比起你们德国人又当如何？我随着说，二战期间所见，日寇在亚洲遍地屠杀生灵，所用武器，充其量，无非刀剑机关枪，而尔等的希特拉狂魔，盖建大规模的瓦斯密室，系统化地毒杀几百万犹太无辜，所用的现代科学技术办法，日寇望尘莫及也。

回头再说我当日一大早追赶尖沙咀渡轮过海时被码头警钟大鸣吓昏的事。惊魂甫定后，我顺利地登上下一班机动小轮横渡美丽的维多利亚海港。抵埗后，从天星码头右拐入干诺道中，往西环探访堂兄一家去。只见道路右边，也就是今日的交易广场和国际金融中心以及四季酒店所在之处，海水荡漾，一片涟漪。左边屹立着的都是三四层高的楼房商铺，每一栋都高过我在成邦江和古晋所见到的。当日严寒，我连走带跑，气呼呼地，口中呼出的尽是白白晰晰的云雾缭绕，与身背后东方射过来的阳光纠缠在一起，仿若腾云驾雾，美妙极了。这是在椰风蕉雨的南洋从来就不曾梦想过的。

跑经干诺道中左边一间间店铺，每隔三几间便可见到一两个身穿上白下黑唐装的中年男人，笑容可掬地向我打招呼，我莫名其妙，也懒得理睬。刹那间，一个较为年轻的抓住我的棉袄袖口，被迫停下来。我见他笑嘻嘻的，不像是不怀好意。尽管自己的粤语一窍不通，依然竖耳恭听，半懂不懂之间似乎感觉古晋中学李老师所说的香港纸醉金迷，可能就是这么一回事。我也笑眯眯地说，我还是个学生哥呢。那人说，那有什么关系，里头有不少靓女，无妨先进去看看再说。我张眼瞄射店内，只见阴沉沉的，似藏玄机，顿时心跳起来，但仍然强作镇定地回话说，我没钱呀。随即守住分寸，不慌不乱，步履潇洒，从容地往西走去。我之所以不敢乱了分寸，因为也顿时想起了古晋的李老师在我临行前要我警惕，香港遍地三山五岳人马，务必临危不乱，稳住阵脚也。

再向西往前走，不远处便是电车路。我正要跨过去时，便看见由德辅道中转出海边的电车叮铛而来，那也是我这个乡巴佬第一次看到的，好玩的很；但燕京堂兄的住家就在前头，近在咫尺，不方便上车试试。在堂兄家午饭后，我干脆就回头沿着电车路轨转入德辅道中靠左东行，可让我避开海旁干诺道中路边上那几个拉手扯脚的。没料到沿途经过三几间茶餐厅时，却被门口的三几个十一二岁的黑衣小孩给缠住了，抢着抱紧我的小腿让他们给我擦鞋。在古晋市，何况成邦江小埠坡，从来就没碰过这等事，一时手足无措，甚感难堪。幸好小童使劲将皮鞋又擦又磨，磨到光亮发光后，只要我给了区区几毛钱了事。我事后也才感觉他们都是穷家儿童，并非假擦鞋真扒手的小混混；自己也暗自庆幸，身上并无任何其他财物遗失。

所见德辅道中沿途那几间茶餐厅也委实给人某种神秘感。不像南洋的咖啡店，敞开大门，笑脸迎人，让热乎乎的海风，随身陪你入内就座。香港这儿的茶餐厅，入冬但见大门深锁，只见玻璃门背边挂上白色抽纱由上垂下；贴近一看，里头又是灯光隐隐约约，似是暗藏玄机，令人望而却步。我当天窥视了几家，家家如此，不敢推门入内一探虚实，诚乡巴佬矣！过了一两个月后，还寒乍暖，比邻新亚书院的大街上的几间类似茶餐厅络绎因应大地回春打开大门了，我这才敢放胆入内光顾。就座后一翻开菜单，可是琳琅满目，让人眼花缭乱。我心想，刘姥姥触目，也必然头昏脑胀。

菜单上除咖啡奶茶炒饭炒贵刁之外，其他名堂名目，应有尽有，都是那个号称砂拉越最大都会的古晋市的名牌茶餐厅所不曾见过的。菜单上最引人注目的是那一两道挂上什么什么（似为西芹）“滑牛”的名堂，我百思莫得其解，干脆点了试试再说。可一入口便感觉滑溜溜的，索然无味。问餐厅跑堂小弟，什么叫滑牛。听他解说，原来是好好的牛肉，用榔头不断锤打，肉汁近失，而以芡粉滑润之，以求滑舌润喉也。我心想，香港人怎么如此急功近利急食，就连用餐吃肉也不想动用牙齿；尽管牛肉都是速冻而非冰鲜的，也应该还是或多或少可以让人咬嚼出点点滴滴的肉味来吧。

这一道无以名之的香港滑牛口感，也让我无限怀念1964年春砂拉越国际青年商会创会人陈方济（Francis Tan）先生邀请我到古晋的砂拉越博物馆露天餐厅所吃到的西式牛扒，鲜香而不腻。当时我以德国马尔堡大学准博士生身份回老家度假，作为青商会前奖学金领奖人，陈先生热烈欢迎我并挑选了最良种的崽牛宴客，柔润爽口，岂日本神户和牛珍馐所可媲美，更何言令人反胃的香港滑牛。香港毗邻以中国美食之都著称的广州府城，就我而言，仅此垃圾级滑牛一项，已足以令这个享誉环球的旅游之都毁誉参半矣。

自此以后，我望滑牛而止步。近年来，每次在北京前门的全聚德吃烤鸭时，我都特地吩咐要厨师别切成薄片，免得咀嚼不出原味。我也不用筷子，而仅要求跑堂的服务员给我斩下两翼两腿，剩下的就连鸭架子斩成几大块可矣。有一次，一位老服务员看了，笑说，他这一辈子还不曾看过有人如此个吃法！我回应说，这个吃法可还比电影里头看到的古罗马帝国的尼罗皇帝更斯文呢，君不见，尼罗暴君抱着偌大羊腿，张大嘴巴猛力撕咬吗？其实说此话时，我心中想的是当年在荒山野林中的达雅克长屋里头，我如何与父亲一起享用自己刚捕获到的烧烤野猪野鸭呢，那可真是野味十足也。

再岔出一两句：几十年过去了，如今每当香港地产市道火红时，天星码头和干诺道中屡见美女帅哥手持地产广告单张推销物业，我脑海中又泛起了当年初临香江时，那三几个白衫黑裤唐装的身影拉手扯脚的。如今偶遇美丽少女经纪猛将单张塞入你手中时，脑海中也不禁泛起干诺道中那三几间阴深深的店铺内暗藏瓦子流莺倩女幽魂的心影。但我一概拒绝接拿此类单张的唯一理由是广告纸张泛滥成灾，要让我找个垃圾箱扔掉，不胜其烦也。

晚一两个学期抵埗入读香港新亚书院的几位古晋中华中学同班同学摄于香港中环，后排中央便是后来也留学德国的蔡俊华教授。图中所见，作为当年香港建筑地标的中国银行大厦彪炳刚直，尽管身段不如香港上海汇丰银行般丰腴，恰似腰藏万贯。

尽管如此，此一时彼一时也。今日帅哥美女卖的是洋楼，不是人肉，这也算见证了半个多世纪以来香港的飞黄腾达。当年香港经济起飞之前，市面所见，我心影中彷若《一江春水向东流》那出电影中所描绘的日寇败走后的上海，劫后余生的十里洋场中，陶金灯红酒绿醉生梦死，而白杨却穷愁潦倒步履蹒跚，可怜地手携爱儿在酒肉臭的朱门后巷中，挨家逐户乞讨剩饭残羹的悲哀影像。

庆幸今日的香港，维多利亚海湾波涛涌流，南北两岸擎天大厦林立，胜似蛟龙腾云驾雾飞冲云霄，何其壮丽哉，摧枯拉朽易如反掌也。就如当今的上海一般，东方明珠傲立黄浦江上，水中璀璨耀眼，光芒周边尽让群峰失色，那管得他小丑跳梁，蚂蚁缘槐，蜉蝣撼树，何其不自量力乎。

第9章 丕介吾师 性情中人

我报读新亚书院，不是因为特别爱好国学。实际上中学时代谈到将来志愿时，也顺遂一般潮流想做个科学家，尽管念过生物物理化学代数几何，但说老实话也不知科学家如何个做法。后来报读经济学系，模糊中倒多少有个经世济国的概念。也就如此这般与吾师张丕介教授结上不解之缘。我事先也不知张丕介何许人也，入学后才知道他是新亚经济系系主任，很快地接着也非常敬佩他与钱穆国学大师和专注人文哲学的唐君毅教授三人同为新亚书院的创校元老。钱唐张三位一体，都以匡扶民国，复兴中华，发扬国粹为己任，而各人学术专业各异，可谓殊途同归也。三人都属避居秦地的知名流亡学者，反共姿态溢于言表。但他们的公约数是以德服人，言传身教，绝非今日所见，如某些泛民主派的偏激分子或打砸抢之流，与北京誓不两立，势如不共戴天之仇，甚或崇洋媚外勾结英美势力，非置一国两制于死地不可，难矣哉。

我从1958年春季入读新亚开始，至1961年夏季结业后荣获德国奖学金赴德留学，仅读了三年半，但校方准许我以德国一个学期的课程补足新亚四年制的记录，才得以于1962年夏季正式毕业，符合台湾国民政府教育部的规定，获颁法学士学位证书。之所以称为法学士而非经济学学士资格，是因为国民政府从南京时代开始一直沿袭德国大学制度，让经济学系归属于法学院是也。此外，1961年赴德留学之前，我也参加了新亚、崇基以及联合书院三间专上院校联合举办的，也同时获香港政府认可的毕业考试，而获得一个所谓统一文凭考试的商科毕业资格。这属当年这三间学（书）院共同组成香港中文大学的筹备阶段。

另外一个特别值得标志的里程碑是我入读新亚后的第二或第三年，书院作为一个注册为非牟利的教育机构，接受香港政府资助，依法不准在校园内悬挂青天白日满地红国旗。记得很清楚，当天下午降下国旗时，丕介师要我站在他身边，黯然神伤，眼看青天白日满地红徐徐地降下来时，他感慨地用德语说，"随风而飘，这面旗帜是最后一次降下来的了。"对此情景，我自己倒没有什么特别的感觉，因为以前在成邦江或古晋市，当英国政府承认新中国时，已经看过类似的降旗仪式了。不过这一次，新亚并无任何特别的仪式，只循例每天下午五时降旗，可隔天一早不给重新升上去就是了。

我心想，丕介师以德语哀悼降旗，很可能是因为他留学德国期间（1929–1935年），正值希特拉叱诧风云，德国人的爱国浪漫主义热焰冲天，气吞山河之际。因此，当丕介师看到新亚书院的青天白日满地红飘下旗杆时，很可能顿时让他又感怀德国人对德法交界的阿尔萨斯（Alsace）和洛林（Lorraine）两个省份两度易帜的历史悲情。第一次易帜是1987年普鲁士帝国的俾斯麦时代，由法国的蓝白红转为德国的黄红黑；第二次是1918年第一次世界大战后，在巴黎《凡尔赛和约》之下，又由德国的黄红黑换回法兰西的蓝白红，国事盛衰，情何以堪。

我当时也想起自己在中学时早已读过杜狄（Alphonse Daudet）所写的那篇《最后一课》的文章，形容法国人当年如何在普鲁士大兵压境之下黯然撤离课堂与家园，感人肺腑。但我也感觉到，丕介师当日在新亚书院若有所失地看着青天白日满地红飘下来时，特意用德语出声，叮铛入耳，并不是因为他要考考我学习德文的进度与能力，而是因为他自己，就德法两国争夺阿尔萨斯和洛林那两个省份的问题而言，肯定是站在德国人那一边的，因为阿洛两省，包括今日欧盟议会（国会）所在地的斯特拉思堡（Straßburg），当地的居民主要都是讲德语的，就像是他自己在中国关外东北三省的老乡一样，主要都是讲山东话的。

当日下午，日落西山，新亚书院的校工，将青天白日满地红卷起来收藏后，丕介师如同往日，要我陪同他回去九龙秀竹园道寓所吃晚饭，他在路上仍然显得有点儿意兴阑珊。

我留学香港那七个学期，除了一踏出新亚这个象牙塔深感校外兵荒马乱外，基本上是很称心愉快的，仅得一次差点儿要与一个来自东京亚细亚大学的日本交换学生大动干戈。先卖个关子，回头再说。首先，我是以拿奖学金入读新亚书院的，成绩不会太差强人意。大一的国文英文历史地理等科，与古晋中华中学所读的大体上可以衔接起来，不难应付。考试得到高分时，暗自庆慰之余，有时也写信给古晋和成邦江的老师报喜，让他们开心，不负所望，如此而已。第一次感觉自己或比别人高出一等，那是丕介师看了我的第一份读书报告（或曰读书心得）的事。报告是用中文原稿写的，内容有关德国十九世纪著名经济学家李斯特（Friedrich List）的经典著作。李斯特实际上也是丕介师自己的偶像人物。

就如中学时已惯于做白日梦一样，我自己碰到问题必然反复思索，几经回旋，绝对不轻易落墨。因此我写这份心得报告所花的时间远超预期，而且还未能完稿，只写了四十几不及五十页，并无结论，也就这么上缴了，心中忐忑不安。其时也，有位来自新加坡的、也是国际青商会奖学金的同届同学，他所写的读书报告是有关马克思的《资本论》，洋洋大观，180多页。对比之下，这更让我寝食不安。哪知道，丕介师发还报告时，先在讲台上三言两语，似乎在暗示，文章好坏，贵在精湛，不在长短之别。我顿时松了一口气，心想，丕介师似乎也很欣赏舒柏特（Franz Peter Schubert）的《未完成交响曲》（*Die Unvollendete Sinfonie*）吧。那位新加坡同学对自己的创作似乎很有信心，四处与班上同学比较评分，我知道他的得分比我还低一级，也就不难为他了。

也就是在那之后不久，丕介师特意在他自己的办公室内让学校工友安置了一张小桌子，由我随时进出，在那儿读书，并说我下榻的五楼学生宿舍人多音杂，难以专心用功。其时也，丕介师已负责主编他创刊的《新亚生活》双周刊，我也顺便协同中文根底难以匹敌的宋叙五学长，帮忙校阅双周刊的排版清样。如此得宠我也隐而不宣，深恐同学们说老师偏心也。一直到2008年5月，那已经是知天命的古稀高龄，在前往山东临清市丕介师的故乡拜祭他老人家安息之地的前夕，我才在一篇缅怀师恩的文章中提起此事。这篇短文也在《新亚生活》（后改为月刊）给发表了，谨随后附录为第十一章的内文章节。

就在丕介师如此这般的照顾之下，我还能上哪儿纸醉金迷去呢？尽管自己嗜饮啤酒，也只能步上新亚六楼（顶楼）宿舍的天台，对月独酌罢了；况且酒吧舞厅也不是一个单靠奖学金过活的穷学生所敢奢望的。

也还记得，大三或大四时，新亚举办全校学生论文比赛我获亚军，写的是《中国人口经济问题》。冠军和季军都属中文系的，分别为邝健行和陈志诚同学。我们三人都属同一年级，健行后来留学希腊，志诚则留学日本，我们那三篇论文都随后刊登于《新亚生活》月刊。付梓之前，丕介师对我说，各属不同学科，难以对比优劣。我心中了然，老师是在安慰我的。我知道丕介师是论文评选委员之一，尽管他是临清馆陶的山东人，故居距离梁山水浒也应该不算太远，但肯定他是不会在开会讨论评选标准时路见不平，为我拔刀而起的。诚然，丕介师为人亲和，广受新亚全校同学爱戴敬仰，尽管与我同住一宿房的一个国军退役士兵叫张汉泽的同学对我说过，张老师相貌威严无比，足可统帅百万大军有余。

提起邝健行和陈志诚同学也让我想起来，我们三人都不属英美主流大学出身的，但回港后也都长期在大学任教，邝也在中大，陈则在城大。我们仨也偶有往来，每次碰头，我都心想你老邝有“苏柏”（苏格拉底、柏拉图），我有“康黑马”（康德、黑格尔、马克思），老陈您则“前不敌戚继光，后吃原子弹”，自讨苦吃，不好相与比较矣。一笑。

对了，一提起那个东京亚细亚大学派来新亚书院的名叫石山政治（Ishiyama Seizi）的日本交换学生，可真让人义愤填胸。我特意在此点名道姓，希望那个家伙看到我这段实录，有种的就放马过来吧。那个石山其人看来压根儿就不像是来念书的。几乎天天晚上，约十一时半至十二时之间他才从外头赶回宿舍，因为再晚的话，新亚的校门铁闸也就落下了，不得其门而入。石山穿着硬底皮鞋从地面逐层楼涉石阶而上，一抵达我们五楼宿舍梯口，还没拐入走廊，两边房内宿生便闻卡拉格咯声震耳，就如木屐大力踏地，目空一切地逼迫过来。这也让我想起当年成邦江老家日寇操演时的那个情景，虽曰丑态毕露，也不如这个石山家伙那么嚣张。

我自己的房间排在走廊左边中段偏内，所以几乎从头到底被逼忍住了整段爆音。宿房面积充其量也就是一百英尺见方，左右两边各安置一架“禄架床”，上下各有一个床位共住满四个人。那位张汉泽同学以及一位名李绍圣的经济系学长占用禄架床上边的床位，张李都是大陆逃亡来港的学生，年纪比我大的多。下边的两个床位便分配给我和那个石山政治恶棍了。

每天晚上，石山一抵达宿房门口开了门，便磅地一声关起来，开了天花板上唯一的那盏灯，又再扭亮大家共用的那台长方形书桌左边，靠近他底层床边的那盏台灯，拿起笔来胡乱地写个什么似的。如此日复一日，目中无人。我心想，张李两位老同学或许在国内抗日期间被日寇折磨惯了，变成泄了气的皮球，连叹气的声息都没有。我自己虽然也发烦发闷，怨气满胸，但也先礼让再三，不时暗示，时或明讲，石山一概不予理睬。

我最终忍不住气了，但也真不想惊动大家，只用手直指石山脸上，要他一道上六楼天台比武对打，一决胜负。但当两人走出房门在走廊上吵吵闹闹时，还是吵醒了两侧宿房内其他同学。住在斜对面的一个与石山政治同来名叫高桥一夫（Takahashi Kazuo）的交换生也出来了；高桥一夫同学个子高高瘦瘦，温文尔雅，人很客气，与我也颇谈得来。大家没想到，我这个人人眼中的好学生居然也要挥拳打人了。舍监也随即赶到，苦心劝架，最后还是不了了之。

第二天我也不想向丕介师提起此事，因为不想被人说我借势凌人。老师也一向了解我这个脾气。然而，自此以后石山也确实收敛得多。看来日本人，如安倍晋三之流，是吃硬不吃软的。1970年代中期，我在香港中文大学负责国际亚州研究课程时与几个日本学生谈起来，其中有一个来自亚细亚大学的还说那个石山政治后来也参政了，而且还爬的蛮高的。我想今日日本各大政党中，这类目中无人的地痞流氓肯定是大有人在的。近期钓鱼岛上空海面剑拔弩张，看安倍晋三不断叫嚣，相信千千万万炎黄子孙，就如我当年面对石山其人一样，也必敢于叫板，有种的就放马过来吧。

缅怀丕介师，扪心自问似乎生平仅得一次不听他的话，而那可涉及终身大事，非同小可。那是我在博士论文答辩前不久，感觉前途有点儿茫茫，想效法当时两个已经考获博士学位的台湾留学生，留在德国开办中国餐馆。心想，偌大的欧洲，历史文化名胜古迹美不胜收，而且德法各国南欧北欧西欧东欧各有春秋。留学德国五载有余，足迹虽曰南及罗马，车轮也穿越瑞典挪威，然余兴未了也。于是，我找了柏林的一间中国餐厅，恰谈合作经营。事缘我的学生宿舍，就坐落在餐馆附近，我不时光顾，与老板稔熟。餐馆本身就设于那条以伟大哲学家康德命名的大道上、接近著名地标威廉皇帝纪念教堂（Kaiser-Wilhelm-Gedächtnis-Kirche）的那一头。

我见餐馆不时高朋满座，客似云来，而老板自己因为人手不足，每年夏天例必关上餐厅大门，停业两三个星期，以便周游列国。那时，老板适从北非度假回来，谈起迦太基帝国遗址，汉尼拔大将风光，羡煞人也。心想，欧洲不仅还有罗马希腊、维京海盗，自己也更未曾涉足古埃及的人类文明曙光呢。如果与餐馆老板合作经营成事的话，彼此轮流遨游各国，不亦乐乎。

我于是向餐馆老板提起入股经营的事，哪知一拍即合。我也随即找了留学柏林的一个好友的德籍夫人帮忙，因为她恰好任职于当地一个肉类批发商行，想让她收集各家中国餐馆每个月的肉类进货流程与消费数据，以测算营业潜能。我同时也开始着手安排成邦江老家一位亲戚厨师前来协理，准备引入南洋特色风味，招徕四方食家，扩充业务。就在那个关键时刻，忽然想起丕介师，于情于义都必须先跟他打个招呼。没想到丕介师即刻回邮，愤感错愕，字里行间，溢于言表，说，新亚书院的讲师职位，早就预留给你了，何以心血来潮，妙想天开，要开馆子呀！丕介师一锤定音，我一获得博士证书，即兼程返港，搞了一辈子教学研究，欲罢不能。然而，我这一辈子与丕介师结上不解之缘，也真可说是三生有幸。念介师为人，光明磊落，胸襟凛然，慷慨悲歌，赤诚谔谔，诚性情中人也。

人生因缘际会，难言也。我打从古晋念中学开始，便对德国的科学、哲学，以及音乐，三位一体，带有某种神秘感。觉得，理性与浪漫、科学与哲理、现实与梦幻，相得益彰，互以映衬，光芒夺目；况且在小孩眼中，“德国制造”压根儿就是远胜于南洋华侨概称之为“化学”的日本货，即轻脆易烂的假货或伪品也。

尽管如此，我当年入读新亚书院，拜师张丕介教授，并非一早就立志非留学德国不可。实际上，当年大势所趋，主流选择都瞩目美国大学，我也不例外。记得同学中还流传一个笑话，早期某流亡来港的学长，经世交好友介绍，与侨居美国的某台湾女郎书信往来多时，已经到了谈论婚嫁的地步，讵料他飞抵旧金山时，那个待嫁丫鬟竟公然接了别人的飞机，让人啼笑皆非。逆来顺受，这位老材校友也算完了他梦寐以求的美国梦，在中国餐馆里头帮忙端菜与清洗碗碟，自得其乐呢。

阴错阳差，或曰心血来潮，我在新亚第二年级的下学期忽然决定要开始学习德文了。这与丕介师的潜移默化不无关系，因为每次在他家中晚饭后欣赏古典音乐之余，不时听他的留学趣谈。记得很清楚，有一次，介师兴高采烈地说，他其实很欣赏希特拉的雄才伟略，才华盖世。他见我愕然，旋即补充一句说，除了他毒杀犹太人，惨无人道之外。我默默无声，他接着又以经济学家的口吻说，犹太人当年也确实财大气粗，垄断德国报业媒体之外，也控制德国的银行金融业，并遍及某些关键性的大型企业，以致有识之士怨声载道，云尔。

我初学德文时，也为德文文法结构的严格规律化或曰机械化，不胜其烦。但经过丕介师慢慢指引，浏览希特拉的《我的奋斗》，只觉气势恢弘欲吞山河，就如岳飞《满江红》还我河山壮志凌云。诚然，《我的奋斗》一书行文滔滔，势如流水破竹、所向披靡，德国人无不为之倾倒。很快地，我对德文也就兴致盎然了。

当年的香港还没有歌德学院的存在，德文课程是由一个与德国领事馆有关系的私人机构开设的。教初级班的是维也纳大学毕业的池正医学博士。我猜想他是因为奥国的学历资格不被认可在香港开业，而在非正式行医之余兼教德文，这更令人对赴德留学一事心寒不已。尽管如此，在丕介师私下辅导之下，自己也买了个德语音片（Deutsche Grammophon）以加速进度。很快地，自己信心十足，但碍于池老师的颜面，怕他嫌我说他教书进度太慢，我自己便径向高级班的德籍女老师要求跳级插班，她也一口应允。这位老师，其名直译为“书本木头”太太（Frau Buchholz），听说今日还隐居香江呢，那肯定也是八九十岁的老太婆了。

一年过后，丕介师鼓励我申请德国政府的国际学术交换总署（DAAD）奖学金。我本来准备脚踏两条船，想等着同时申请新亚书院雅礼协会奖学金赴美攻读耶鲁大学的硕士学位，但德国的奖学金先获批下来，限期接受与否，也只好如此这般地就做个决定了。其后拿到耶鲁奖学金赴美的是沈耀顺同学，他也是我古晋中学的同班同学，也是拿国际青年商会奖学金入读新亚的，但比我晚了半年，因为我那一届的青商会奖学金名额只有一个，给了我。

1961年起飞赴德国留学前，德国总领事与新亚书院同学友好在香港机场送行。盛夏套上西装，幸好不致汗流满面，贻笑大方。

话说回头，我从古晋到香港时已经发现有好几个1950年代早中期回归祖国参加建设的同学，开始络绎流落香港了。我抵港后，先是遇上中国大陆的“大跃进”，红红火火，接着就是大饥荒，哀鸿遍野。我较为惦念的是，成邦江老家左邻第四间店铺姓郑名越能的一个小学同窗。他当年并没到古晋念中学便已随大流回祖国去了。因为他家穷，离别时我还向父亲要点钱帮补他一点旅费呢。在香港时，因为砂拉越政府不准这些左倾分子回流，我遍问其他有家归不得的旧时中学同学，都没有这位姓郑小同乡的消息。其他落难香港的同窗衰老病死的，日渐有人；抚今追昔，惆怅不已。

最后，也让我略缀三言两语轻轻松松地谈谈游学新亚期间的几件趣事。当年的新亚书院可真是超级古董的保守，但莫名其妙地，记得1959年双十节庆祝晚会时，不知是哪一位与音乐电影娱乐界关系密切的江浙籍流亡同学，请来了当时以大胆奔放见称的钟情小姐莅临演唱，地点就在我们五楼宿舍底下的四楼大礼堂。当晚照例先由一位漂亮的女同学钢琴伴奏，唱“三民主义，吾党所宗……”的国歌。接着很快地便见钟情小姐浑身解数，又摆又唱；只见坐在前排的几位教授，尤其是文史系的，几乎被摆放的无地自容。年纪较大的同学们也觉得歌声歌词不伦不类，难以入耳。

去年，即2012年春，参加母校在湾仔合和中心举办的新春联欢晚会时与几位老校友谈起来，他们都还清楚记得那场1959年10月10日晚会的情景。但大家都异口同声说，那比起53年后今天的这场晚会可真真正正不可同日而语矣。当晚的春节联欢，就在校董会主席和院长跟前，近在咫尺，看着那对看来是情侣的帅哥靓妹跳起热辣辣的拉丁舞来，舞姿美妙高超，不在话下，如醉如痴，直令全场观众为之倾倒。而且那个美丽脱俗的女舞伴的霓裳羽衣，以1959年的标准来看，几乎就是一丝不挂。我忝坐在新亚书院院长旁边的另一餐台，好奇地问另一位学校领导，表演者何许人也。他说，那个男的是现届中文系三年级的学生，而且这对搭档还得到不少公开比赛的大奖呢。我惊闻那个男的舞伴，居然还是新亚书院以古老见称的中文系的学生，便同那位教授说起1959年双十晚会的那回事，他说，此一时彼一时也。我说，这不仅是与时俱进，而且是量的突变，质的大飞跃也。对我这个元老级的校友而言，这可真是匪夷所思的大事，虽不至于让我以破帽遮颜遁入茅厕去。

话说回头，也从1959年秋季学期开始，南洋各地来港入读新亚书院的华侨华人学生人数上也发生了量的突变。本来是凤毛麟角，一下子来了五六十个南洋新马矮黑，但绝大多数都是自费学生。似乎也从那个时候开始，不知怎的，学校的风气也开始发生质变，让同学们自由学起跳舞来了。我自己对那些什么三步四步查查查之类的，甚感格格不入，只会欣赏电影里头的华尔兹和探戈舞，所以不堪与其他同学为伍，尽管许多南洋来的乡巴佬也都是兴致勃勃的。有一次看到蔡俊华同学，也是我古晋中华中学的同学，更是挚友，与后来拿了雅礼奖学金赴美留学的沈耀顺同学一起，在宿舍房间里头查查查起来了。我颇感别扭，打趣说，这种步法，难道不像你老弟在古晋石隆门老家踩踏胡椒（脱皮）吗？怎么还需要花心思学习呢。俊华是个很严肃正经的人，他听了颇感不是滋味，愤然以为我在羞辱他。我再补上一句，这有什么大不了，我在成邦江老家时也不是天天帮我父亲上山采摘胡椒，回家时如法炮制吗？

那是小学在家的时候，世界胡椒市场价格飙升，父亲也辟地种起胡椒来；胡椒成熟摘下，扁担肩挑回家后先浸水，然后双脚用力上下踩踏以去生皮，不断查查、查查也，我丝毫不感觉别扭可笑难堪或羞人！

第10章 北望中原 中国梦热

2008年5月28日是丕介师逝世三十八周年，也是他的灵骨由香港迁葬于山东故乡的第六个周年。花果飘零，叶落归根，就如钱穆校长，以及其他许多流亡港台的学人教授一般，丕介师最终还是魂归祖国故里，其不感人肺腑乎。时值清明节日，新亚书院校友会特别组团，由正副主席梁英伟先生与陈志新博士（也是丕介师的受业子弟）率领，前往山东临清市馆陶县拜祭先师，我义无反顾也参与其行。出发前，感念丕介恩师几十年来倾情提携与悉心关怀之情，并敬仰其高风亮节，峥嵘傲骨，浩然正气的人格楷范，情不可抑，我遂写了一篇祭悼专文，刊登于丕介师于1958年创刊的《新亚生活》月刊，以聊表寸心。全文可见之于2008年的5月号专辑。从临清返回香港后，又感怀途次所见，今日齐鲁大地换新颜，孔孟家乡亮光芒，以致于追思齐桓公的春秋霸业、管仲的雄才伟略，更上及姜子牙的神奇功德。思古幽情悠悠，难以收拾。北望中原，又欣见中国梦热，轩辕子孙四海欢腾，因以疾书数语志之，亦刊于同年《新亚生活》6月号。现将这两篇短文附录如下。

（一）缅怀丕介先师

张老师是于1929年赴德留学的，就读于德国西南部、风景秀丽，与法国及瑞士接壤，名闻遐迩的大学小城佛莱堡。1935年获颁博士学位后，即行回国。因抗日战争爆发，与许多德国同窗好友失去联络；一直到1959年间才有彼此的音讯。记得当年在张老师办公室内，有一天他收到德国方面的来函，喜出望外，并与我分享。来信者是德国联邦国家统计局人口统计部部长舒普讷尔（Hermann Schubnell）教授。当时我只学了一点德文，加上信上手写的是传统的歌德式字体，不易看懂。反而特别注意到信中附上的两帧照片。其一是舒教授本人，另一幅是他年轻貌美的千金芭芭拉小姐。我后来在德国深造时也都有机会认识他们父女俩。

通过舒教授，张老师也与其他战前友好都联络上了，并先后于1961年及1964年两次应邀访问德国。我最为感动的是老师在马尔堡大学（Marburg University）的那次公开演讲。能容纳几百人的讲堂座无虚席；我陪伴在侧，感到无限的兴奋与光荣。讲题是有关中国经济发展；老师大刀阔斧，语出惊人的引用拿破仑的名言，说中国是一头睡狮，它醒来时会震惊世界。并说巨狮终于醒来了，但可惜似乎是一头“病狮”。当年适值气势如虹的“大跃进”崩溃，赤地千里，饿殍遍野之后。老师语重心长，但其热爱祖国，期盼国家富强的广大胸襟，以及忧国忧民的悲天情怀，亦不禁溢于言表。

当年马尔堡大学方面的主人是著名经济学家亨思尔（Karl Paul Hensel）教授（后获选为大学校长）。他专注于计划经济与自由经济的比较研究，是新自由主义，或所谓“秩序自由主义”（Ordo Liberalismus）学派的创建人，也是战后西德经济政策与经济复兴的导师倭伊铿（Walter Eucken）教授的衣钵继承人。张老师与亨思尔教授一道修过倭氏的课程，因此认识。蒙老师引荐，亨教授后来也成为我的博士论文导师。我留德六年，还认识了张老师其他朋友，也听了不少鲜为人知的、有关他的浪漫轶事；或许容后另及。先简要介绍他博厚的西学根基与学问涵养。

首先，张老师的博士论文导师是德国法制学派的奠基人迪尔（Karl Diehl）教授。论文是有关中国传统的诸子继承制如何造成土地的碎分现象及其长期的经济影响。从今天流行的“制度经济学派”的角度来看，这是一个典型的课题。当然，在当时强大的历史学派的方法论笼罩之下，所应用的检验方式主要是传统的统计分析，而非以后的经济计量模型。但正是这一特定的背景，使老师有机会博览相关的政治、社会及经济制度和政策的理论与历史的经典著作。比如他特别喜好并推介德儒韦伯尔（Max Weber，战后被哈佛大学的柏尔逊（Talcott Parsons）教授推崇为当代社会学鼻祖）的社会与经济学巨著，以及宋巴特（Werner Sombart）的《现代资本主义》、《人学》，及其“认知学说”。韦、宋两氏都是十九与二十世纪之交欧洲的学术泰斗，其著作至今仍广为流传。同样，张老师当年阅读辛梅尔（Georg Simmel）的《货币的哲学》一书（也是当前社会学系的必读）时，也是爱不释手。

五十年代末期，张老师有两篇论文，刊载于他与徐复观教授共同创办的《民主评论》半月刊上，分别阐释了中国经济的历史与社会背景，及其“转型期”的基本问题，以作为其规划中的《中国经济问题》一书的导论。这两篇论文可让人略窥老师与韦、宋两位德国大师的学术渊源关系。其体大思精，见解精辟的内涵，及严谨的治学态度，甚发人深省。《民主评论》是当年海内外少见的高规格的评论时事的学术刊物。记得居港的某位社会学家（似为曾经留学法国的李璜教授，也是当年青年党的党魁），也对该两篇论文赞赏有加，誉为罕见的学术佳作。我自己也几次想将它们翻译成英文或德文发表，可惜因为种种缘故而不能成事，甚感遗憾！

作为一位经济学家，张老师当然也熟谙英美主流的经济学理论。他认同自阿当・斯密、李嘉图以下的自由经济与自由贸易理念；也著有《论自由经济》一书，兼及孟子及司马迁的自由经济思想。然而，他似乎更热衷于“规范式经济理论”的研究及探讨其实用价值。因此，老师除要我熟读司马迁批判汉武帝的《平准书》之外，也要我认识管仲的“官山海”策略，以及《盐铁论》的论战背景。落实到当代的经济政策问题，张老师更指定我就十九世纪德国伟大的经济学家李斯特（Friedrich List）的名著《政治经济学的国家体制》写成（我的第一份）“读书报告”。诚然，就有关国家富强的经济政策的立论而言，李斯特是张老师最为推崇的学者。其因有二。

一则老师认为李氏大力提倡利用关税，以保护和发展幼稚民族工业的策略，颇适合中国的国情。何况对李氏而言，保护关税本身并非目的，而只应视为达致国家富强，争取与当时的工业化强国（如英国）平起平坐，进行国际分工与自由贸易的手段。记得上世纪九十年代中，当中国与欧美各国进行加入世贸组织的谈判时，还有不少国内学者引用李氏理论，以策国家的经济安全。

其二，对一位热爱祖国，时时悬念国民福祉的学者而言，张老师似乎在李斯特的生涯上也看到了自己的身影。李氏虽力主对外加强关税保护，对内则大声呼吁德国各邦之间撤除关税壁垒，以统一市场，促进国内工业化与经济发展。因其主张不见容于所属政府，故长期流放于国外。这使张先生感同身受，并特意翻译莫洛（Walter von Molo）氏所著，以李斯特为题材的长篇传记文学小说《故国怨》（德文原名为《一个没有德国国籍的德国人》），以明心志。译本在编印过程中，老师要我校对清样，令我先睹为快，至今念念不忘！

张老师学识渊博之余，也特别重视其所学专业，并身体力行之。他以前在国内从事地政研究、教学，及土地改革多年，基本上都以其博士论文为出发点。后来，为推广土地政策，也大量翻译和推介德文有关地政的论文和专著，如达马斯克（Adolf Damaschke）的巨著《土地改革论》，以前在国内便广为流传。记得有一次张老师从台湾考察“耕者有其田”土改政策回来，在新亚书院公开讲演，介绍土改的成功经验。九龙农圃道四楼的礼堂，坐满了全校师生及许多闻名而来的校外专家与嘉宾。老师演讲的特点是不持手稿，顺口成章，抑扬顿挫，言之有物；极具说服力。这是上过他课的同学或听过他演讲的人都认同的。更令人折服的是他仅凭记忆，便能旁征博引（包括数据），而条理清晰。笔录下来，在文字上稍加润饰，便可付梓。

然而，张先生威严的姿态有时确实令人有些“胆寒”。记得有位来自国内的张姓同学便说过，张先生的神貌威严无比，以统领百万大军，足足有余。其实，张老师是典型的性情中人。我在他身边多年，每个月总有三几次，他在下班步行回家前，以亲切的山东口音叫我，一道回家吃饭去吧！师母准备小菜时，他有时讲讲对一些新书的心得，比如美国作家李斯曼（David Riesman）的《寂寞的人群》一书，便是首次在他家里听到的。也记得他特别喜欢近代德国的哲理诗人赫塞（Hermann Hesse）的名作《雾中行》；并逐行教我如何朗诵背诵原文诗句。

在老师家中，饭后又经常欣赏古典音乐与歌曲；贝多芬、莫扎特、瓦格纳等伟大作品，样样齐全。奥芬巴赫的《贺夫曼的故事》的美妙的旋律，以及斯特莱斯（Rita Streich）扣人心弦的高音演绎，也都是首次在老师家中入耳的。他每次转换唱片，小心翼翼地安上唱针的情景，历历眼帘，令人怅然不已！其实，张老师一般都视其学生如同己出，不但孜孜教诲，也非常关注大家的日常生活。同学们也都敬仰老师的学问与品德，如同父执。这也是当年新亚校园内，人尽皆知的事。

张老师留学德国时，刚过弱冠之年，风华正茂。同学们无不赏识其才学，当然也有不少金发妙龄为之倾倒。可惜后因战乱，天各一方。老师是一位十分重感情，讲义气的人。我在香港初读他翻译的十九世纪德国诗人及短篇小说家施笃姆（Theodor Storm）的《茵梦湖》及《三色紫罗兰》时，便很欣赏其中的浪漫情景与悲情。刚到彼邦时，也特意独自乘火车远赴施氏在北德的故乡，一个名叫“湖神慕”（Husum）的海滨小镇，以领略其意境。接着老师来德讲学，与旧欢重逢，才恍然领悟他原来或多或少借用施氏短篇情节，以抒情怀。当年亲睹夕阳桃花相衬映之余，不由悲从中来，叹天地苍茫，人间无常！

张老师的语言天赋也是令人钦佩的。我留德也强足六年，所认识的许多朋友，或前辈或后辈之中，论德文的书写或口语表达能力，也鲜有出其右者。再者，老师的大学本科虽然主要是在德国念的，但其国学造诣，也深深令人向往之。而张老师自己也非常仰慕钱穆先生浩瀚精深，有关中国历史文化的经典巨著，以及唐君毅先生独具中国特色的人文哲理；并多次叮嘱我利用在新亚的机会，好好听听钱、唐两位老师的课。我深深地感觉到，新亚之所以为新亚，离不开钱、唐、张三位大师的共同理念，以及坚强的团队精神。

记得那是我回新亚任教以后的事。因为张老师自己也很喜欢六十年代末期在西方开始流行的存在主义哲学，尤其是他较为熟悉的、也是来自佛莱堡大学的海德格（Martin Heidegger）教授的观点。有一次，他对我说，唐、海两位大师的哲理有很多方面都是相通的。大家都应该记得，当年席卷英美欧陆各国的学潮，其领袖便是大多数以海德格的学生、执教于洛杉矶大学的马库萨（Herbert Marcuse）教授为精神导师的。

我重新翻阅《张丕介（纪念）选集》，发现他认识四十多年的留德好友萧铮教授所写的序文中特别提及两点。一是张老师弱冠之年即受“中山先生思想之熏陶”；二是他为“一极爱国的学人”，一往情深。记得还在新亚念书时，有一次在他的办公室内，我谑谓孙先生真伟大，连官话都讲不通，竟能奔走四方，号召国内外仁人志士，参与革命，缔造中华。老师很严肃地说，确实是旷古伟人，《三民主义》及《建国方略》更是空前绝后的建国蓝图。我赴德国前夕，老师特赐予别名“华荪”，其情亦深，其意更切；令人不敢或忘。

1969年，我获选为哈佛燕京学社访问学人，赴哈佛大学作“博士后”进修。之前的一两年，老师因受柏金逊顽疾困扰，病情已每况愈下；有一次入住台北荣民总医院逾月，我陪师母随侍在侧。其后老师返回香港继续就医，我则于1969年初秋赴美。抵埗后不久，林聪标兄来信，说张先生近日身体忽然好转，几乎譬如往日，健步如飞。一时令人无比欣慰，但旋又深恐此乃“回光返照”的异象，深感不安。果然，不久后聪标兄便飞函传来噩耗。

今年5月，适逢拙著《中国的新工业化战略：毛主席果真是多余的吗？》（Y. Y. Kueh的*China's New Industrialization Strategy: Was Chairman Mao Really Necessary?*）在英国与美国出版（Edward Elgar Publishing House, 2008）；特于扉页中志献给丕介吾师，以告慰他老人家在天之灵。

（二）轩辕魂　梦牵魂绕

2008年5月缅怀丕介师一文刊出后，随即前往山东拜祭他老人家的亡灵。在老师家乡停留了一整天，抚今追昔，感念不已。首先是老师的大多数后裔都看到了。他的长孙和外孙，上次来港办理介师灵骨迁葬家乡的手续时已经见过面。这次又看到了介师的两位女儿，都已经是八十开外的老人了；可惜他唯一的儿子也已经作古了。从介师的女儿、尤其是外孙的身上，深深地领会到介师的神韵。他代表家人在介师坟前讲述其生平时，神采飞扬，不减老师当年的风流倜傥。中国人几千年来敬畏列祖列宗，拜祭先人的传统，显然有其极深的文化与基因底蕴，也离开不整个中华民族的灵魂。

介师的墓园座落于丕介小学与丕介中学之间、张家麦田的正中。只见周围麦田片片整齐，阡陌井然有序；丝毫没有老师当年所操心的、诸子继承制之下的“农田碎分”现象。这显然得益于毛泽东时代多年的集体化经营方式。今日的中国农村，在新的“家庭联产承包经营责任制”之下，又已经十分接近丕介师当年的“耕者有其田”土地改革理想。相信老师安息于麦田之中，仰望齐鲁大地换新颜，一定是很欣慰的。

扫墓后参观丕介中学时，只见欢迎横额飘扬，最令人感动的是“传承新亚文化，弘扬丕介精神”的那两幅。当天是星期日，但进入礼堂与师生交流时，却见到几百个中小学生，个个神情爽朗。我不禁打开嗓门，故意大声地反问道，“同学们可不曾听过林青霞这个名字吗？”只见到坐在最后第三、四行偏右的三几位女同学羞答答地点点头。我又大声说，“总应该有听过孔夫子吧？”顿时全场沸腾，争先举手。果然不出所料，到底都是齐鲁大地、中原文化的儿女。我接着轻快地解释说，前几年台湾有个民意调查，问山东古往今来最有名的人是谁？结果绝大多数人只知有林青霞（台港知名电影明星）其人。在座的同学与老师们听了都会心地一笑。

第二天游曲阜；孔庙、孔府、孔林都是我旧地重游。但也真想再乘坐一次电瓶车在广袤的、两千多年来一脉相承的孔家祖坟园林中兜一圈，以领略高大壮观的常青松柏，如何庇护一个伟大的中华家族。可惜大伙儿要赶往二十几公里外、游客鲜到的泗水县，以朝拜孔子的出生地；行色匆匆，但领队的新亚校友会会长不忘带领大家在至圣先师坟前鞠躬留影纪念。

孔夫子的家乡座落于泗水南郊。从县城沿圣源大道南行，只见前方左右两边，慢慢地升起了颜母山（孔母颜氏征在的家）与尼山（孔父叔梁纥家乡）。我们的车队彷佛不期然地减低了速度，以表敬意。颜尼两山态势温和，有自东的沂河与自北而来的吴家河汇流其间，注入山南的圣水湖。水面辽阔，与两座圣山相映成趣，不禁令人缅怀孔子广大的胸襟，“仁者乐山，智者乐水”也。当时已近黄昏，夕阳映照涟漪，只觉湖面东边，紫气冉冉而来，莫非孔圣就在身边！霎时间车队已抵达尼山脚下，“夫子洞”（或称“坤灵洞”）就在眼前；大家急着“走进圣人”，所见却是小石洞一个，里面最多只能容纳三、四个人。两千五百九十一年前，因为颜母急于分娩，赶不及回家，孔子便在洞中呱呱坠地。真可谓出生寒微，更见其伟大、悠久，与光明。

“夫子洞”的山背上西侧，留下后周时所建的尼山孔庙建筑群，及明朝的尼山书院；与曲阜的“三孔”一起，已经被列为世界文化遗产。可惜当我们徒步环山而上，抵达入口处时，已过了开放时辰，不得其门而入。我默然许下个愿，总有一天，要带同儿孙们再前来拜谒。接着车队在微雨中循原路往北奔驰，希望赶在日落前参观康、乾御用的泉林花园盛景。其中我最向往的是乾隆的御笔石碑“子在川上处”。这就是孔子当年感叹“逝者如斯夫！不舍昼夜”的歇脚地。据史书记载，苏格拉底也有过相似的“临川”经验。有一次当他将腿伸入水中，又再抽回来时，忽然领悟到时空界面的分殊，说入水之前与出水之后的那两条腿，已经截然不同。希腊的圣哲由此而想象到宇宙的奥秘；我们的至圣则演绎出绵延两千多年中国特有的人生哲学。

因为不久前刚登过泰山，所以旅程的最后一天决定离队，自己包了一部小轿车，与内人一道往东北方向直奔临淄。这是春秋五霸、战国七雄中的强国——齐国的故都。因为必须赶于傍晚时分，在济南机场与团友会师返港，在几个小时之内先后造访了姜太公祠、管仲纪念馆、齐国故城遗址与历史博物馆，以及世界知名的齐景公殉马坑。到处所见，只感觉到中华民族的盖世才华与神明英魂，几乎完完整整地倒影于此。姜子牙的神奇智慧，齐桓公的英明霸业，管仲的雄才伟略，田单火牛阵的惊人机智，以及田横五百壮士惊天地、泣鬼神的悲烈国魂，历历如在心中；直令人拔地而起，融入伟大祖国的英雄史诗。

话说回头，抵达临淄之前，路过淄川的蒲松龄故居，也难免要稍停片刻；又在隔邻的“聊斋城”（新建的旅游景点）匆匆地逛了一圈。初想领略柳泉居士的人鬼因缘哲理，但是顿然想起了昨午稍后时分在半路上，团友陈志新忽然接到其庞大的富邦航运集团总部来电，说四川发生了七点八级的大地震。当时只觉志新兄心情凝重，一言不发。现在看到眼前阴暗的聊斋诡异雕塑，不由忧虑地震可能已经造成千千万万的无辜同胞伤亡，分秒之内人鬼殊途，不禁茫然。

回港后，有关地震的报导铺天盖地而来；虽无能为力，也因随人流，忙于到处捐点小钱，以表心意；但却忘了跟团友们致意。过了几天，拿起电话，才知道志新兄日以继夜地发动其国内各大口岸城市的物流企业，募捐赈灾；并汇集于其重庆分行，购备物资，火速运往各地灾区。他前后动用了好几个四十尺长的货柜箱；而所缺资金，全数由他包底。此外，他又伙同梁英伟兄等，私下出资，以新亚校友会名誉，共襄义举。陈、梁都是新亚七十年代早期的毕业生，我对此感到非常的自豪与骄傲；他们不愧为新亚子弟，更完全地体现了丕介师爱国家爱民族的崇高精神。

第11章 农圃书斋 星明月亮

也许因为初中一年级在古晋时念了巴金的《繁星》，一直很喜欢夜晚独自眼望太空，胡思乱想。在新亚的那三几个年头里，每当深夜离开丕介师的办公室，在上楼返回宿舍前，都得到圆亭对开的草地上，观望万里长空的星星与月亮。那个草地虽面积不大，但恰似农家的一片小田圃，与星空相映成辉，静悄悄地满足无边的遐想与反思。

当年由南洋来港求学，选择新亚的主要理由是自己不谙粤语，而新亚似乎是唯一用国语教学的专上学院。因为选修经济学，所以主要师从丕介师，当然也上过钱穆校长与唐君毅教授的课。新亚早期的学生几乎都是由大陆流亡下来的，到了五十年代末期本地生才渐占多数，但大都不懂“国语”。这一情况今日似乎依然如此，颇令人感慨。心想自己听钱老师的“吴侬”乡音都有一定的困难，不知土生土长的本地同学到底能听懂几分。我在中文大学及其他院校教了几十年的书，早期用的也是“国语”。后来因应同学们的要求也逐渐改用粤语，虽然自己讲的是带有浓重潮州乡音的广东官话，但是看来自己“国语”转“粤语”的能力，似乎比同学们“粤”转“国”的功夫稍好一些。

然而，回顾当年许多老同学的思想与情操，以及他们以后的处事及做人的态度，和对人生价值的取向，还是不由人不感受到“新亚精神”以及前辈老师们潜移默化的非常功力。这些话虽难以具体落实，但是相信许多与当年的同窗尚有往来的朋友们都能心领神会。所以，看来本地同学当年在聆听钱唐张等老师的教益时，不一定都是在“囫囵吞枣”；或许在专业知识的探讨之余，更能在大师们的感召下，领悟“不求甚解”、“见微思著”的玄机，反思更高层次的哲理问题。

五十年代末期基本上还是一个相当动荡的时代。丕介师对当时刚刚崛起的中国共产党政权的看法是，“大势已成，大局未定也。”此语是他课余亲自对我所说的，今日仍觉言犹在耳。很显然，联想起当时搞得天翻地覆的“大跃进”、人民公社，与总路线等“三面红旗”时，丕介师的话无疑是一个非常贴切的历史概括。又记得留德期间，丕介师应邀前往讲学，题目当然是有关中国的；他引用拿破仑的话，振振有辞地说，“东方雄狮已经醒起来了，只可惜目前看起来似乎还是一头病狮。”（当年正值大陆农业大欠收、大饥荒，香港也深受波及。）我在丕介师身边多年，相信能够充分领会他“浪漫”与“悲情”的爱国情怀。

也记得，钱校长应邀赴耶鲁大学演讲时，也指当时共产党所做所为不符合“中国历史的理与势”。他所指的当然是当年的“土改”、“三反”、“五反”、“反右”（整知识分子），以及搞人民公社等激烈的群众运动。这些做法，以至于后来的“文化大革命”，是否就代表着“历史的必然”，姑且不论；但观乎大陆改革开放以来逐渐形成的新政治与社会情景，包括家庭、教育与知识分子地位的不断提升，以及民族意识的加强等，则今日的神州似乎又重新纳入中国历史的常轨。钱老师到底不愧为一代国学大师，早已深悟中国历史长河中的不没真谛。

唐君毅老师对当时中国知识分子的“花果飘零”，尤为感慨万千；相信当他在天之灵看到钱老师终于也能够“落叶归根”，魂归无锡故土时，一定也是十分欣慰的。同样地，丕介师的灵骨前年也由他的儿孙们奉归山东临清市的馆陶家乡安葬，送行的有以前的流亡学生，也有本港的老同学。

钱唐张三位教授都是典型的中国知识分子，忧国忧民。他们所代表的也是传统士大夫的“天下兴亡，匹夫有责”的心态与情操。这恰是今日过度专业化的知识分子所缺少的。显然，“新亚精神”除了校训中的“诚明”二字，以及校歌中三番五次所“珍重”的“五千载今来古往，一片光明”和“东海南海北海西海有圣人”的伟大历史文化之外，也包括对国家民族的强烈使命感；但愿来着不忘矣。

新亚书院的校训“诚明”二字，我一直不甚了了；反而是成邦江老家小学的“礼义廉耻”四个大字，一目了然，人必“知礼、知义、知廉、知耻”也。“诚明”这两个字，经过几十年的反复思考与领悟，我自己的解析是，“诚者，真也！明而知诚为何物，善哉！”香港这个社会，不知有多少人，校外和校内的，急功近利，处处浑身解数，八面玲珑，自以为聪明；然明眼人看来，知其实不真也，或曰不真诚也。我这一辈子，中外各界碰到的人不少，但绝难遇到像丕介师这般至诚至明，诚明兼具，亦师亦友，视自己的学生如己出的真人。

张老师究竟可真到什么地步呢？我从德国回来的第一天，他特地设晚宴款待，并邀请了应届毕业的一位娇小玲珑、温文尔雅，秀丽可人的小姑娘参与欢迎洗尘。第二天老师还来不及开口，我即说师妹秀外慧中，心向往之，尽管心中自我琢磨，似乎小妹身段，略嫌巧而偏小，因为看惯了许多个体修长的德国女郎也。老师反问，可听说过汉朝掌上能舞的赵飞燕乎。我无以对，推说很希望尽快能往美国再做“博士后”进修研究，免得人家久等，不好。俱往矣，我至今还很想念那个可人的飞燕小师妹呢。

（此文原刊于《新亚生活》2004年6月号；
此处略作增删调整，以配合第八、九两章的内容与行文格调。）

第三篇

热而慢的岁月

浪漫理性不悖

第12章 阿碧思山皑皑 异国情怀

1961年6月18日，我由香港直飞德国的法兰克福市。飞跃阿尔卑斯（Alps，我姑译为“阿碧思”）山脉时，见峰峦起伏，尽是皑皑，浸淫在壮丽而温软的日照中。这是我第一次看到白雪，虽然遥不可及，心情兴奋无以比拟。更感激情的是不出一个时辰，便能见到泪别多年，魂牵梦绕的亲爱的大哥益里了。随同哥哥来接我飞机的，还有何树棠学长，他比我早两年毕业于新亚书院经济系，也是丕介师的学生，所以在香港时也已经认识了。

甫下飞机，迎面冲过来抱住我的哥哥，仿佛是一副穷愁潦倒的另类诗人的影子。我在哥哥身上看到的是郁达夫式的忧郁与悲情，远多于哥哥早前寄给我的诗词手稿中所见到的徐志摩式的潇洒与豁达。我登时热泪满盈，不知道说些什么话好。经树棠兄一提示，哥哥精神恍恍惚惚若有所失，我登时泪如雨注。

哥哥在海德堡这个世界闻名的浪漫小城租了一间小房子，也已经住上一年多了。我陪他住上几天后，便得赶往慕尼黑南边九十公里外一个名叫湖边柯赫尔（Kochel am See）小镇的歌德学院开始学习德文。在小镇一安顿下来，随即请哥哥过来同住。其实我早前在香港知道哥哥有意从伦敦迁居海德堡时，已经略感不安。同他一起住在海德堡的那几天，只见满房都是诗词书稿，心里更为了然，为何他不懂德文而竟然从伦敦跑到海德堡去呢。

哥哥是在1956年苏伊士运河危机爆发时，只身从新加坡启航前往英国的。当时运河已经封闭，哥哥必须绕道南非的好望角（即开普敦）而行。记得他停留在那个天涯海角的港口时还给我寄了张明信片。抵埗英国时，哥哥先在威尔斯半岛南岸的双溪（Swansea）小城住了一段时期，后又迁往伦敦准备应考英国升读大学所需的文凭试。最初他还在信中谈起读书和应考心得，但慢慢的就越来越偏重于诗词歌赋了。

哥哥一踏足湖边柯赫尔，就更即加深了我的危机感；只见他情态恍然若失，无以终日。经我几番劝说，让他先回成邦江老家休息疗养，以后再回来吧，他也同意了。我立即与父亲联系，取得旅费买了机票后，亲自送哥哥经慕尼黑转法兰克福机场直飞新加坡去了。那是1961年的8月27日，哪知慕尼黑机场一别，竟成永诀。

其实打从哥哥由古晋转读新加坡的公教中学开始，他所需的学费和生活费都是由我向父亲要的，而父亲一向也是毫无保留地听从我的，而我自己对哥哥的才华与抱负更是深情地敬佩与赞赏。就在他去新加坡前夕，哥哥还说他要立志研读医学，尤其希望能在癌症的研究方面取得突破。那时哥哥才是一个高中学生，而我也是第一次听到癌病这个概念。

哥哥离开德国，取道新加坡回去砂拉越成邦江后，我立即赶往海德堡要求索回哥哥留下的手稿。可惜迟了一步，听房东说连同其他细软也都让她给扔了。这是我这一辈子铭心刻骨的悲痛，唯祈上苍显灵，昭示谁人献出哥哥毕生的诗词作品，我愿以万金酬偿之，以慰亡灵。

在歌德学院那短短四个月里头，惊讶惊喜惊奇惊险的事接踵而来，无奇不有。首先，第一天上课前全校学生集中在学院吃早餐时，我便误将乳酪当牛油入口，这与我预期的口感反差之大，直让我当众献丑，将乳酪反吐出口，还以为那是腐朽了的牛油。我当时心想，洋人第一次在我们砂拉越初尝榴梿时，也不会那么丑态百露，如此丢人现眼吧。其实，那个年代的香港，我记得也还不见有乳酪或曰芝士这类奇珍异味吧。

也是同一天，下课后与一位来自阿富汗的学生搭讪起来。他说，这儿的人吝啬绝伦难以想象，因为他当天一早用电动须刨，仅刨完下巴未尽唇纹，突然电源给切断了；让他样貌像叱咤风云的希特拉一样走出去追问房东何故。房东说，房客必须事先通知她需要刨须，因为用电是要缴费的！这是我第一次领教德国人的天机算尽，也颇感妙趣横生。后来也听他们德国自己的同学诙谐地说，这就是德国人所说的“狂热的准确性”。此语既指分文计较，当然也更指与人约会见面或聚餐时必要绝对准确守时，分秒不差，尽管他们自己也感觉作为主人，客人的绝对准时上门也让人难堪，因为主人有时还没准备好，门铃已经响了。

歌德学院配给我入住的是一间私人平房，共有三几个房间。因为湖边柯赫尔也是南德阿碧思山麓的一个度假胜地，有一天来了一对北德夫妇，连同他们年轻貌美的女儿分别入住隔邻的两个房间。当年的德国人少见多怪，一般都将东方来客当作远方奇珍，也不敢于怎么冒犯。某个周末上午，那对夫妇终于鼓起勇气，克恭克敬地对我开口了，问我是否有兴趣偕同他们到小镇中心邮政局对面的那个歌舞餐厅一道吃晚饭去。我欣然应允，因为这是极为难得、与当地人直接对话学习德语的好机会。餐台上言笑甚欢，因为我当时的德语水平连说半猜倒还可以交流应对自如。然而，当那个羞答答的小女儿请我跳舞时，我则颇感尴尬，客客气气地婉谢了。顿时也深深懊悔在香港念书期间因噎废食，仅为了看不惯那踩踏胡椒式的查查、查查查，而竟然连那古典优雅的华尔兹和探戈舞步也没学起来，以便今日可以真正地领略异国情怀。

最最让我预想不到的是餐毕埋单（结账）时，那对夫妇指着他们与女儿的餐盘对跑堂的说，那是他们三个人的账，并当即以现金结账，那个时候似乎还不见任何人用信用卡签单也。我登时感觉满脸通红，几乎无地自容，羞煞人也。心想，明摆就是你们邀请我来吃饭的，怎么还要我自己掏腰包呢。但事已至此，我也只能低头照办如仪，自己算自己的账了。经此丢脸一役以后，我这一辈子，就像不再吃乳酪一样，在香港与友好餐聚时，宁可打肿脸皮充胖子，也永远不来那套所谓荷兰人各自结账的办法。无奈后来的香港，留美的海归也越来越多，慢慢地，也就循例各自掏腰包，见怪不怪了；而且，大家约好上餐馆前，也明言各自分账在先，此之谓天机算尽也，《红楼梦》中的王熙凤看了必当鼓掌称快也。

话说回头，当晚虽说与那北德（记得是汉堡南边一个小镇）的一家三口，变脸结账，倒可没反脸相视。相反地，隔日下午下课后，我仍然想入非非，便独自到住房的后花园舒畅舒畅去。时值盛暑，但见阿碧思北麓天高气爽，风和日丽，胜似满庭秋色。我一打开后门，便见那金发妙龄女郎与她父母亲舒适地躺卧在沙发上，短裙薄衫，胜似出水芙蓉，春意盎然。他们仨见我进来，笑容可掬地请我坐下，大家一道聊聊，他们的女儿更是含情脉脉。不知不觉间夕阳已经坠落山腰后边，他们夫妇另有约会先辞退了。我望眼苍穹晚霞，乍见沙发侧边，一颗矮小的苹果树上悬挂着一个带绿偏红的果实，折射日落余辉，珠烁晶莹，恰如窈窕淑女媚眼传情，让我这野林刺子神魂飘飘，正要趋前折下馋嘴，忽地里想起这小苹果树是房东手植的，属私有产权，浪漫无价，让房东太太给追究起来，怎生了得。

说起留学美国的海归，我也难以忘怀就读歌德学院时的另一桩意外。有一天，因为床位供应紧张，房东情商可否让我在房间内临时安置一个美国来客；我说没问题。哪知当晚我正因为哥哥的事，开着床头小灯赶着给父亲写信商讨如何从长计议。没想到，那个不速来客忽然突兀地发难，大声嘶吼，震惊四邻，要我立即关灯睡觉，并说他当日一早从科伦（Cologne）出发，开了整整十来个小时的车程才安全抵埗的，必须尽早入睡。我看他不像是醉酒，又见他个体高大状似屠夫，也就算了。心想，自己当年在香港新亚书院面对那个石山政治的日本野种是不断发出预警，忍无可忍之后才被迫同室操戈的，而你这个美国佬居然如此霸道，算是何种人类文明。

幸好这个美国彪汉隔天一早还向我表示歉意，并说他昨日从高速公路（即德国的自动车道）南下时几乎送命，因为他不谙德文路标，搞错了出口，在乡野小路上兜了一大圈才能转回头重来，结果迟到了将近一个小时。我心想，你们美国人不守规矩横行霸道，撞死也是活该的。姑念你活着回来还会弯腰赔不是，那就算了。

这项震惊四邻的意外，与我八年后作为燕京学社访问学人在哈佛大学进修研究期间所遇见到另一桩突兀事件，可说是异曲同工。我当年租住在哈佛广场（Harvard Square）附近的爱云街（Irving Street）44号，那是一栋典型的新英格兰式的平房，楼上楼下共有七八个房间，租客大都是学生。只隔三四栋房子，右边街口便是当年法学院院长、后来接任哈佛校长的博格（Derek Curtis Bok）教授的大宅。当年靠燕京学社奖学金过活，也只能花个195美元买部道奇搭得（Dodge Dart）旧车代步。

提起这架烂"搭得"也得先岔出一两句话：说来也奇妙，这是我女儿丹圆还在她妈妈肚子里头时，就已经搭乘过的旧车。有一次，在密歇根州一间大超级市场的一个露天停车场里头，被另一部也是不速之客的轿车从后头追撞上来。当我下车审视车尾损坏状况时，对方司机看见小萍大腹便便，惊恐万分，立即掏出现金要就地赔偿。我推说必须先请专科医生检验确定是否伤及胎盘再说，这让他更为惶恐。接着的那两三天，对方不断打电话催促我洽商私下了结，我都不理睬他，尽管自己心里很清楚， 小女胎儿命硬，不必检验也敢肯定胎儿是丝毫无损的。

在美国住过的人都知道，这种事确实可大可小，大则甚至可令对方倾家荡产，甚或逃亡国外避难。听说香港某大学便有一位老校友在留学美国或加拿大期间闹大车祸，严重撞伤或撞死一个老太婆，官司尚未了结便潜逃返港，其后一直不敢再踏足彼邦。实际上美国许多受害事主，就不时巴结律师和医生，串谋如何乘机敲诈勒索肇事者。当然，西风东渐之下，如香港隔邻的深圳特区前两三年也不时听说有撞车党之流故意挑起事端，以勒索过境名贵车辆的香港富商或贵宾，但这本质上似乎还是个粤港之间贫富差距的问题，而撞车方式一般也都属蜻蜓点水借机讨个外快而已。这绝非美国这个高度工业文明、高度经济发达、高度教育普遍、天天讲法治以及日日讲究礼仪规矩，而那种高级合流、串谋敲诈勒索的事则无日无时无地无之的社会所可以比拟的。

其实我那架被撞搭得的车尾挡板，连油漆都没脱落，我第三天便应允收取那个肇事白人350美元了结，心想自己来自中华文明古国，犯不着干那类高级三结合的下三流勾当。我仅简单手写张收据给那个可怜的美国人，但就是不答应他说我不会进一步找医生检验是否撞车意外也损及我老婆的胎盘。那人一谢再谢，但仍然忐忑不安。

回头再让我说说爱云街44号和与我那架烂搭得有关的一两件趣事吧。首先，我那架烂搭得尽管搭得，但也得不时给予维修。楼上有两位合租一间房间的嬉皮士，长发披肩胡须缭乱但和蔼可亲，他们俩见我不日打开停在路边的搭得的车头盖，但似乎又手足无措，便自告奋勇帮忙，我也乐得。礼尚往来，每次完工后我例必请他们好好吃顿中餐。三几次过后，他们说需要点钱应急，我也慷慨解囊。不料如此透支越来越频繁，致与修车频率完全脱钩，而且势成刘备借荆州，有借无还。我心想这两位仁兄既然能租住这种相对高级的房子，应该不致于嬉皮至此吧，竟借如此这般的修车费用收入，便足以帮补常规的租金预算支出吗？我后来感觉他们显然是在耍赖无疑；况且对我而言，让车厂正式维修肯定更为划算。因此，我也就以自己手头拮据为理由婉拒他们透支了。从此以后，他们看到我打开车头时也就扬长而去，虽然彼此依然笑口常开，顾左右而言他。

这两位嬉皮仁兄也让人想起当前中国深深陷入匪夷所思的美国国债的巨大窟窿，进退维谷的窘境。中国不断扩大对美国出口换来的是在联邦储备局接二连三的量化宽松（加印钞票）政策之下，美元借据的价值江河日下。看来联储局主席贝南克就像个嬉皮士耍伎俩，先给你点儿甜头然后变本加厉地透支。更为难堪的是，美国政府也乐于借助美元作为国际储备货币的地位不断透支其他国家，尤其是中国大陆的资源，为其提供廉价消费品，以便自己腾出空间扩大武器生产，配合其转向亚太和围堵祖国神州的全球性战略调整。

这个战略背景也不禁让人想起我留学德国末期欧洲美元开始泛滥成灾，导致1960年代末期法国戴高乐总统震惊全球的不收美元只要黄金的政治声明，以致1971年8月中旬美元终于大幅度贬值。戴高乐拒收美金，众所周知，缘起于当年美国深陷越战漩涡，必须大量从德法两国进口民用汽车，以便腾出国内资源生产飞机大炮参战。这对反对越战的戴高乐总统而言，无异助纣为虐也。反观今日的中美经济关系，则中国的所作所为亦迹近作茧自缚矣。

再岔出几句：1993年我应中国社会科学院欧洲研究所，邀请为一个学术会议宣读一篇论文。当年适值仿效四小龙（韩台港新）以出口导向发展经济之声四起，甚嚣尘上。我做结论时说，出口创汇引进技术并无不可，但更应同时借用来之不易的国内庞大的重工业和科技基础，调整产业布局、加速发展国内市场，并以国内以及整个亚太地区对适用技术（appropriate technology）与消费需求的潜能带动产业的升级和经济发展。

我也同时强调，如此偌大的经济实体如中国大陆连带大中华经济圈，迟早总会跨越门槛，以内部需求为主，带动并能维持独立的经济成长。我也视此为一个政治上的要求，否则长期受制于美国的经济、政治，以及军事霸权的操控，总不是办法也。我那篇讲词，后来收录入欧洲所所长张蕴岭教授主编的《世界新格局中的东亚与欧洲》会议文集，由北京的社会科学文献出版社于1996年出版。

我这个二十年前的论点，显然是与至今仍然以四小龙马首是瞻，开口闭口都是以“比较优势原则”为圭臬的（极端）自由主义经济学的学阀或学究式的理论，分庭抗礼，泾渭分明。所幸近十年来中国净出口对GDP增长的贡献率或拉动力度持续下降，而（国内）最终消费支出的相应比重却呈明显上升趋势，尤其是2008／2009年的国际金融海啸爆发之后，这个变化趋势更为显著（可参见国家统计局的《2015年中国统计年鉴》）。

回顾我自己1993年在那次北京的会议上所说的那番话，心情兴奋；眼看今日祖国经济强力崛起，军事国防实力也可与美国霸权争一日长短，摆脱弱国无外交的被动政治现实局面，不亦乐乎。

言归正传，让我再回到湖边柯赫尔歌德学院的“艾丽斯神奇世界”（Alice in Wonderland）吧。不过，如何神奇，先卖个关子，让我从那个半夜对我发难的美籍鲁莽汉子所引发的联想谈起。他如此大声咆哮也让我今日不禁然地想起刚卸任（2013年1月）的美国国务卿希拉里·克林顿的嚣张形象。希拉里近年见中国强大崛起，一则大声呼叫，要中国作为一个负责任的国际持分者（responsible stakeholder），遵守国际秩序和行为准则，二则自己同时不断怂恿如菲律宾此等跳梁小丑，就南中国海某些岛礁的归属问题对中国纠缠不放，甚至意图勾结宿敌越南的共产党政府，就类似的岛礁问题掣肘我泱泱中国，更何言借助捱过两个原子弹，而如今反过来有恃无恐的日本军国主义者强权，就我东海的钓鱼岛主权问题叫嚣不已，图以抗衡我稳若泰山、傲视寰宇的神州飞龙。

希拉里配合奥巴马总统的“亚太再平衡战略”，不只要巨无霸的美国舰队持续游弋南海东海，就如那个不谙德文路标的美国莽汉目中无人横冲直撞，也鼓励周边小丑效法那个美国莽汉狂吠惊扰四邻安宁。她虽尚不至于煽风点火，但一见三沙岛上灯塔毅然冒起，就如百姓点灯，已经按耐不住了，何言大国持分者，何言负责，希拉里其不心虚贻笑大方乎。

让我再次回到湖边柯赫尔小镇的小故事吧。小镇距离慕尼黑只一个半小时的火车车程，因此几乎每个周末我都必前往游览晃荡，尤其是当年的啤酒节，至少前后去了两次。我偶尔也破费特意去观赏剧院里头交响乐队的演奏。有一次，两位非洲黑人同学同行，散场后手舞足蹈，很惊奇地说，他们非洲老家也搞音乐晚会，也见有吹（笛子）的，也有打（鼓）的，也有敲（锣）的，也有弹（吉他）的，有时也有拉（小提琴）的，然而压根儿从来就不见有如今晚的那个西装燕尾的人在台上背向观众什么都不干，就只管手拿一枝小棍子上下左右挥动，不知究竟是干什么的。

这个小小的笑话，让人听了，不禁捧腹而不好意思大笑。这个小故事也让我想起了中国改革开放初期一桩发生在北京的中国人与黑人对话的趣事。这是香港无线电视台外景队的一位高级负责人亲自讲给我听的。他说，有一次在北京采访时，街上一位同胞遇上一位普通话极为流利的美国黑人便好奇地问道，老乡何许人也？对方从容地打趣说，小弟来自黑龙江！同胞兴奋而又感慨地说，我国地大物博如此，何其状哉！心想，作为龙的传人，国人竟然如此幼稚无知，与那位歌德学院的非洲同学不知交响乐队必有个乐队指挥对比起来，又应该如何评价呢！这纯粹是五十步与百步之差的问题吗？

又有一次，我在湖边柯赫尔小镇的月台上等候火车时碰上了一位全身黑色西装的白人，一看便肯定他是个天主教神父，因为慕尼黑所在的巴伐利亚州的德籍人口，绝大多数都属天主教徒。我向这位神父亲切问好，他随即自我介绍，一开口便说，他来自爱尔兰，也是来歌德学院学习德文的。我非常兴奋地"噢"了一声，说，阁下原来是英国人！当时自己确实只以为联合王国（United Kingdom）之下，都是英国人，不知还俨然划分了几大不同的族裔板块；尽管自己对英格兰、苏格兰、爱尔兰，以及威尔斯等地的地理和风俗差异也略有所闻，但一时惯性地，将他们混为一谈了。

哪知我语音未落，那位神父很强烈地反应说，"不是，我不是英国人，我是爱尔兰人；那是两个完全不同的民族，完全不同的文化，完全不同的语文！"我顿时陷入五里雾中，糊涂了。我后来想起，那时还不是爱尔兰共和军闹独立闹的最凶烈的年代。最近（2012年），又听说苏格兰也准备进行公投，决定是否脱离英国独立呢。看来大英帝国瓦解分崩离析的日子不远矣。

庆幸，我们伟大的祖国就如钱穆老夫子在他的《国史大纲》一书中所说，一早便是由四方八面共同缔造的，而不是像罗马帝国之向外扩张，东征西伐强制而形成的。因此，祖国自古以来所呈现的，基本上是一个持续性的大一统局面，如新亚书院校歌歌词所说的“广大出胸襟，悠久见生成……东海西海南海北海有圣人……珍重珍重，这是我新亚精神。”也是我祖国精神！

1991年，一个横跨欧亚两大洲，存在还不过七十年光景的偌大的苏维埃帝国遽然分崩离析了，万劫不复；加盟各国各自以宗教信仰或民族文化本位宣布独立建国。蕞尔小国如南斯拉夫者亦相继以族裔或宗教界限分裂成好几个叫做什么维亚、尼亚、地亚、文亚等国家，情何以堪！唯独祖国依然屹立东方大地，海纳百川，兼容并蓄，完整无损，善哉，状哉。

在慕尼黑逛街时，就像后来在德国其他许多大小城市一样，不时碰上当地的德国人好奇地问我，阁下是“压板呐”吧。“压板呐”这三个字是德语发音中的日本人是也。我听了极为反感，因为一般德国人心目中，只有日本人，没有中国人。我留学德国的那五年六个月加十二天里头，每次碰到这个问题时，都必然严肃大声地说，“不是，我不是压板呐，我是中国人！”并即刻反问回去，“尔等小子，应该是意大利人吧？”我如此反问，正因为德国人一般都藐视毗邻属拉丁族裔的意大利人，尽管彼此都是高鼻蓝眼白皮肤的。我有个很要好的德国朋友，他太太是个意大利人，但他对别人介绍时，每次都说她是罗马人，绝对不提意大利一字。这位德国友好，尊重古罗马的辉煌，但就不提德国和意大利国情的现实差异，异哉。

在湖边柯赫尔的那四个月里，歌德学院也安排大家前去南边不远，坐落在德国与奥地利交界处属于阿碧思群峰中的德国最高峰——

接近三千公尺高的出格峰（Zugspitze）观雪。这对我这个来自赤道蛮荒的小子以及许多来自黑暗大陆的非洲同学而言，当然是千古盛事。中午时分抵埗，时值盛夏不见飞雪，只见片片白冰处处残雪欲融而不化。但对我而言，这到底是第一次亲临雪地雪景，还是异常兴奋，不在话下。

然而，更为之兴奋的是，不久以后歌德学院也带领大家朝东前往参观约一百五十公里外毗邻奥地利边界，一个名叫贝希德斯加登（Berchtesgaden）的小镇，小镇因威震四方的希特拉而扬名四海。当天全校学生倾巢而出，对大家来说，一代枭雄希特拉的魅力显然远远胜过中国古代神话中的六月飞雪也。

我在香港时已经在丕介师指引之下读过希特拉的名著《我的奋斗》，因此知道贝希德斯加登小镇以北三十公里外，那个音乐神童莫扎特诞生和长大，属于奥地利的名城萨尔茨堡（Salzburg）北郊的一个小镇便是希特拉诞生地。也清楚记得希特拉在他的书中，也以自己的出生地背景说命运注定他会为德语各国的统一而奋斗云尔。然而，贝希德斯加登之所以更为知名，却是因为希特拉著名的阿碧思山行宫或曰茶室山馆（Berghof）就坐落于此。山馆背后，筑于断崖绝壁上的凯尔石屋（Kehlsteinhaus）更因为美英空军当年称之为雄鹰巢穴（Eagle's Nest）屡攻不破而闻名环宇。

俱往矣，我当日所见到茶室山馆与雄鹰巢穴皆因美军当年滥炸致断垣残壁零落四周。然而，从山馆的茶室向北远眺，也可清晰看见德奥两国山色交接逶延千里，湖光荡漾涟漪无边。这不禁让人想起东汉班固的名言，"登高能赋可以为大夫也。"希特拉选址于此，其为大夫乎？心想，希特拉一则碍于千里冰封，如拿破仑一样，攻不下莫斯科，二则不敌英伦海峡天崭，徒望洋长叹矣。比起一代天骄成吉思汗铁蹄踏遍亚欧大地，望尘莫及也。希特拉也肯定比不上盖世英雄凯撒大帝长鞭挥越地中海彼岸，令古埃及帝国俯首称臣。

歌德学院结业后，前往佛莱堡大学上课途经慕尼黑在车站月台候车时，因为火车误点，站在我身边的德国人等得不耐烦，竟然大发牢骚说，还是希特拉时代好，火车误点三分钟车长必遭法办，严重的即刻枪毙正法，如今纪律松散，火车不时迟到晚发，乘客无奈。心想，尽管这可能言过其实，但却或多或少反映了希特拉其人，分不清器与道之别，故速兴速亡也。对比文艺复兴时代意大利的政治学家马奇亚维利（Niccolò Machiavelli）的哲理，希特拉可谓有过之而无不及；而纯论战绩，希特拉也远远比不上凯撒大帝或成吉思汗彪炳千古。中国古代圣贤所言，内圣外王以王道治国平天下；而希特拉其人魔道上身，人神共诛之也。

湖边柯赫尔那短短的四个月恰似白驹过隙。念天地悠悠，我于2008年秋偕同内子小萍旧地重游，但见阿碧思山脉群峰依然皑皑，山麓的柯赫尔湖边，涟漪依然撩人，其不令人怃然乎。

第13章 白雪公主默默 他乡梦幻

我于1961年10月底到达佛莱堡大学报到，开始了将近六年的留学德国生涯。选择佛莱堡是丕介师大力推荐的，因为他自己也是从这所大学获得博士学位的。然而，我在佛莱堡只呆了一个学期，便于1962年5月转到法兰克福市北边九十公里外的马尔堡大学去了。转学的目的是为了追随丕介师当年在佛莱堡念书时的老同学亨思尔（Karl Paul Hensel）教授。亨思尔教授当年已经是马尔堡大学的经济学讲座教授兼系主任多年。我留德的最后一个学年，即1965–1966年，则是在西柏林度过的。除了在西柏林的自由大学（自大）选修新课外，几乎每周都去共产党统治的东柏林搜集有关博士论文的资料，因为我研究的是以东德为蓝本的1960年代初中期的苏联和东欧经济体制改革的问题。

虽然在佛莱堡仅逗留了一个学期，但这个可爱的小城却给我留下了永恒的美好回忆。先让我谈谈为何先后在三所不同的大学就读过。在德国，所有大学都是国立的。在我的那个年代，联邦德国，也就是英美法势力范围内的西德总共也就只有十八所大学，不计工科大学在内。原则上任何学生，只要获准在任何一所大学注册就读，都有资格要求于第二、第三，或其他任何一个学期转读其他任何一所大学。这个制度背后的理念是让学生根据个人的兴趣与志向，自由地去追随不同大学的知名教授或选修其特色课程。当然，某些知名的德国大学出于不同因素，有时也难免有人满之患；比如我申请入读西柏林自大时，便因为学额有限必须先经过面试认可。

当年西柏林自大的吸引力特强是可以想象的。撇开学术理由，柏林是东西方（即美国对苏联）冷战的中心，而且著名的柏林围墙也是在我抵达德国后还不到两个月内，即1961年的8月13日，才竖立起来的。接着，有关柏林的电视新闻和报道无日无之。美国总统肯尼迪那句轰动全世界的名言，“我是一个柏林人！”（Ich bin ein Berliner! 隐喻他愿与柏林共存亡）便是1963年6月26日在西柏林的围墙边上说的。

说起佛莱堡，我特感幸运的是抵埗后不久，丕介师也跟着前来探访他的旧时同窗，即在佛莱堡大学兼教人口学和人口统计学的舒普讷尔（Hermann Schubnell）教授，并介绍我认识他们的许多旧时相识友好，让我与其中的一个基督教牧师家庭结下了不解之缘。牧师是个大学毕业的神学家，当时还未婚，与他母亲、姨妈和一个年仅十六岁的妹妹（简称为“悠悠”）住在一道。这是个很虔诚的基督较家庭，我与他们一家过从甚密。这除了大大地提高我的会话能力和流利程度外，更让我从他们身上学了许多歌德学院里头学不到的口语和当地方言。

我虽不信教，但几乎每个礼拜天都会陪同他们全家到教堂去。那位年轻的牧师倒很幽默，每次出发前往教堂之前都必然提醒他母亲和妹妹别忘了携带点“入门费”，指的是捐献给教堂用的零钱。我有时也乘机补上一句，这可比在中国餐馆吃顿晚饭或在剧院观赏表演便宜得多了，让大家哄堂一笑。

我确实与这位年轻牧师很谈得来，宗教哲学信仰上天入地无所不谈。尽管我很尊敬他们的信仰，但我也坦言，我主观上颇难接受他们所说的上帝只有他们所说的那一个，更难赞同上帝的法则仅有他们的那一个。我认为这里边隐寓一定的排他性，难以媲美佛教的宽容或儒家的中庸之道；因此自中古世纪十字军东征以还，耶稣基督和默罕默德的信徒之间千百年来刀光血影，纠缠不清。这些当然都是老生常谈，归根到底是个信仰问题。牧师也不在乎我的看法，只不时微笑点头，表示理解。他宽广的胸怀，倒让我想起中学时代所接触过的几位天主教神父。他们似乎都是身教多于言传，令人起敬；不像某些新教的专业布道师那么个咄咄逼人也。

我在佛莱堡时也与这个牧师一家度过了很愉快的圣诞夜，学了许多经典的德文圣诞歌曲，至今仍然能倒背如流。德国人庆祝耶稣基督诞辰的方式与风格和美国人迥然不同。对德国人而言，这基本上是个传统家庭节日，宁静、平和以及反思的日子；绝对不像美国人一般地普天同庆式的狂欢以及高度商业化的操作。当然，后来美国风也难免逐渐吹到了欧洲大陆。记得前几年，同样属德语区的奥地利便有人建议政府应该禁止在圣诞节期间让商店的玻璃橱窗张贴任何商业广告。还顾周边各国，我想，近年来美国风在这方面吹得最厉害，所向披靡的，实非中国大陆莫属，而且看来这似乎主要是借用香港这个小突破口引进大陆的。

我的《走向中华“帝国”的升平盛世》（2012年版）一书中，除了从经济政治与军事实力的视角讨论中国崛起的潜能以及中国将来能否取代美国霸权以助维护中华世纪之下的世界和平与全球繁荣之外，也从文化的层面认为世界各国要达致长治久安的境界，恐怕还得诉诸儒释道海纳百川兼容并蓄的广大胸襟与哲理。显然，这也是个感性的祈望远多于理性的结论。就当前的形势而论，世人还是很难想像东方的儒释道哲理哪一天能有效地取代笼罩世界的欧美强势文化。

单就圣诞节这件事而言，目前中国大陆也不知为何完全追随香港全面应用这个传统的节日名称。如此下去，可真令人担心我们的至圣先师孔老夫子将来连葬身之地都没有呢。唯一还值得告慰的是，台湾方面目前还有许多人愿意和祈望正名，改称圣诞节为耶诞节。这属拨乱反正乎，愿拭目以待。

佛莱堡这座古城也让我特别怀念的是小城东边毗邻南德阿碧思山的那一大片丘林起伏的黑森林（Schwarzwald）以及其最高峰费尔德山（Feldberg）。费尔德山是德国著名的滑雪胜地，许多德国大学生都乘

11月开始的冬季学期转读佛莱堡大学，目地就是为了滑雪而来；就如许多学生都喜欢于5月开始的夏季学期，转到北德濒临波罗的海，德国人称为东海边上的基儿（Kiel）大学，以便嬉水和玩风帆去。

我第一次滑雪也就是在费尔德山上。当日严寒，大雪纷飞，我伴随牧师全家大小，亲自背着滑雪杖和拖着那套沉沉的滑雪板而去。我自小喜欢运动，举凡羽毛球、篮球、足球、赛跑、跳高、游泳等玩意儿，自认都有两手。当日在山上双脚套上滑雪板后，信心十足，跃跃欲试。牧师的妹妹悠悠，先做个示范表演滑下山坡去，随着远远地回

费尔德雪山　依然皑皑　小公主娟影　何其渺渺

雪波逶迤　绵绵情　悠悠嫣然　忘不了（Source: https://www.feldberger-hof.de）

跃跃欲试　功亏一篑　情何以堪
（Source: http://www.schwyzerhof.de）

长青松树　银装素裹　步履蹒跚　感伤　不了情
（Source: http://www.epa.eu）

头向我招手，要我如法炮制。我深信可以招架的来，使劲地撑着滑雪杖俯冲下去。最初那十几二十公尺，摇摇晃晃，还勉强可以应付得来，但终因冲力加速难以平衡转弯，回避不了，径往悠悠小妹妹冲上去，两人绊倒于雪堆之中。我翻过身来，眼看雪花错落悠悠妹妹脸上，隐约露出嫩红的脸庞，白里透红太可爱了。她默默无言，几分羞人答答的，更让人怜惜。我登时心想，悠悠可真比那童话中的白雪公主漂亮美丽得多呢。我欲语无言，片刻后才打趣地说，幸好妳完美无恙，我也就不必像《格林童话》中那七个小矮人一般，要为妳做个玻璃寿棺，而那个救了妳的帅哥王子也已经在妳面前了。

佛莱堡地处德法瑞三国交界处，因此，我尽量借用那短短的1961年的冬季学期，遍游临近的旅游景点。第一个最吸引人的当然是早已心向往之的法国巴黎。巴黎坐落在佛莱堡西边仅约五百公里外，气象恢弘之余，浪漫绚丽璀璨，凯旋门、巴黎铁塔、圣母院、罗浮宫，塞纳河轻舟漂流，革命（协和）广场上的温柔喷泉、古典雕塑和那高耸入云的埃及方尖碑，以及仿佛远在天边的圣心大教堂，还有纪念法国大革命那高不可攀的巴仕帝狱纪念碑，都是我梦幻中的永恒，在在体现了这座伟大历史名城的辉煌与灿烂。然而，我最感兴趣的反而是巴黎索邦（Sorbonne）大学附近的万圣殿（Pantheon）也。瞻仰万圣殿中所展示的法国历史英雄，尤其是法国文化历史上伟大人物的纪念墓碑，不由人不肃然起敬，感叹法兰西帝国的浩瀚是远非那座荣军馆（Les Invalides）中霸气凛冽的拿破仑灵柩所能概括的。

巴黎万圣殿也不禁让我想起在香港念书时，丕介师特意要我阅读十九世纪苏格兰历史学家和哲学家卡莱尔（Thomas Carlyle）的名著《英雄与英雄崇拜》（*On Heroes, Hero-Worship, and the Heroic in History*）。我当时仅能选读个别篇章，而且是德文译本，但已深深地感佩卡莱尔落笔的潇洒与恢宏。更有意思的是卡莱尔能冲破自己的新教信仰，超越国界，超越种族，超越文化，超越宗教以评论英雄伟人。他既点及拿破仑、默罕默德，也突出但丁、莎士比亚、卢梭，以及马丁·路德；尽管他忘了更远和更古老的东方还有古波斯的大流士大帝，以及中国的孔夫子、庄周、屈原、秦皇汉武和后来的射雕英雄成吉思汗。卡莱尔仅比英国的维多利亚女皇年长一代，女皇盛世带领大英帝国走向“日不没落”的世界霸权（Pax Britannica），其灵感与国际视野或肇源于卡莱尔的英雄论乎？

从卡莱尔身上，也让我联想起十九世纪以还欧洲大陆，尤其是德国的理想主义和浪漫主义大思想家，比如深深影响卡莱尔的德国哲学家费希特（Johann Gottlieb Fichte）。而费希特自己的思想也更离不开他的导师，伟大的德国哲学家康德（Immanuel Kant），并影响其后的黑格尔（Georg Wilhelm Friedrich Hegel）和马克思（Karl Marx）等大师。卡莱尔如何受欧陆主流哲学的影响，也可见诸于他热衷于将歌德（Johann Wolfgang von Goethe）和席勒（Friedrich Schiller）的文学和诗词创作翻译成英文发表。

联想翩翩，也让我感怀卡莱尔的思想又正好与英国自洛克（John Locke）、休谟（David Hume）、边沁（Jeremy Bentham）等经验主义和功利主义哲学大师，以及作为其支流的自阿当・斯密（Adam Smith）以还的英国古典经济学派，形成鲜明的对比；让我想起卡莱尔自己也毫不讳言地直指这个学派的经济学为“沉闷的科学”（dismal science），与马克思所指后李嘉图（David Ricardo）时代的古典经济学为“庸俗经济学”（vulgar economics）不谋而合。

尽管如此，当我在佛莱堡大学开始我的留学生涯时，英国的新古典经济学和凯恩斯经济学也已经在不少德国的大学开始流行起来了。这显然也是离不开第二次世界大战后美国为了加速欧洲经济复兴所推行的马绍尔计划（Marshall plan），以及英美等战胜国的政治经济和军事强势，奈何。

说起佛莱堡这个让人难以忘怀的小城，还得补上一两句有关那个牧师家庭的话。那个说起话来妙趣横生的牧师，他的妹妹悠悠当年还在念中学，时间较为充裕。她一有假期便陪我游览邻近的瑞士山山水水。记得我们第一次参观的是那个享誉世界，位于德国与瑞士交界的沙夫豪森（Schaffhausen）莱恩河大瀑布。那是号称欧洲最大的瀑布，尽管还是远远比不上美国和加拿大交界的尼加拉瓜瀑布那么宽广雄伟，但其壮丽恢弘却另有一番特色。我们也一道乘缆车上去过瑞士首都柏尔恩（Bern）附近的雪特洪峰（Schilthorn）上的旋转餐馆。那是詹姆士·邦（James Bond）电影取景的名胜景点，高三千公尺，峰峦起伏，尽是皑皑，仿若严冬；但当时餐馆内却是温软如春，窗外雪花纷飞，恰似细语绵绵。

十六年后，即1978年，我从香港中文大学前往伦敦大学进修休假时，特意携同小萍与我们的两个小孩（丹圆和剑圆）重游故地。不料刚在那个著名的旋转餐馆内就座后，小萍顺手将手提包放在玻璃窗口的固定窗沿木板上，全家只顾欣赏窗外的美丽景色，不放过瑞士境内千里冰封的阿碧思山脉中任何一座皑皑名峰。不知不觉中手提包不见了，幸好餐馆内负荷所有餐桌的整个大转盘经过一小时转完360度后又回到原来的位子，手提包物归原主完整无损，仅虚惊了一场。心想那是属德语区的瑞士西北部，换成意大利语区的瑞士南部或法语区的瑞士西南部情况又可能如何，那就不得而知了。

悠悠小妹妹接着也陪同我游览瑞士中东部偏北的苏黎世（Zürich）和琉森市（Luzern）；也即是说，我们几乎游遍了约占瑞士三分之二领土的德语区。我要在此特别感谢这位活泼可爱的悠悠小妹妹，是她，在不断的交流对话中，促使我德语的听讲能力突飞猛进。我敢说，我当年讲德语的流利程度远远超过了绝大多数留学德国的外籍学生，不管是白的、黑的，还是黄皮肤的，而且我还同时从悠悠那儿学会了当地的一些方言口语呢。

再回头说说佛莱堡大学。我除了选修正规的经济学必修科外，最欣赏的是佛莱堡大学几个大师所遗留下来的传统学术氛围。首先是佛莱堡学派（Freiburg School）或所谓鄂尔图（秩序）自由主义（Ordoliberalismus）学派的创建人倭伊铿（Walter Eucken）教授，还有他逝世后四年（1954年），由学术界和政界好友所成立的、借以弘扬鄂尔图自由主义思想的倭伊铿研究所（Walter Eucken Institute）。发起筹办研究所的主要人物便有佛莱堡学派的骨干、人称二次大战后西德经济奇绩之父的德国经济部长，也即是后来接任西德总理的艾尔哈德（Ludwig Erhard）教授。诚然，佛莱堡学派对战后德国经济理论和政府经济政策的影响，其力度之强大远远超乎美国芝加哥学派、或曰弗里德曼（Milton Friedman）教授的自由主义经济学与货币政策理论对美国政府决策的影响。我后来转读马尔堡大学以后，便不时陪同倭伊铿教授的衣钵继承人亨思尔教授南下佛莱堡，参与这个研究所所举办的许多学术活动。

与倭伊铿教授私交笃深的诺贝尔经济学奖得主，也是讲德语的奥地利（维也纳）籍自由主义大师海耶克（Friedrich August von Hayek）教授也曾经应聘出任过倭伊铿研究所的所长。众所周知，海耶克教授当年也为希特拉所迫，在外流浪讲学几十年，先在伦敦大学的政治经济学院，后在美国芝加哥大学的经济学院，最后（1962年）落叶归根，回去德国的佛莱堡大学讲学。海耶克教授自己认为，他在佛莱堡安度余生的那几年也是他创作最丰硕的年代。可惜我在大师抵埗前的几个月已经移步马尔堡大学，缘悭一面了。

庆幸早我两年的新亚书院的师兄闵建蜀教授正好还在佛大求学，并成为海耶克大师的博士生。闵师兄在大师指导下所撰写的博士论文是有关香港经济的。我想，海耶克教授就如同芝加哥大学的弗里德曼教授一样，后来每每以香港作为自由放任经济的成功典范，闵教授肯定与有荣焉。但闵教授后来在香港中文大学设坛讲课几十年来，都聚焦于市场营销学，晚年又专攻深奥的《易经》哲学，著作等身，这似乎都与海耶克教授的自由主义经济学攀不上关系；不知何解？

话说回头，我自己虽然也可说是系出鄂尔图自由主义学派名门，但就对中国大陆的国情而言，却一早便不敢苟同欧美自由主义大师们的经典论断。比如说，我并不以为私有产权和自由放任的市场经济制度便是唯一的万灵药丹，放诸四海而皆准。有关这一点，我在拙作《不可忘记毛泽东》（2010年出版）一书中的〈导论〉和〈结论〉那两个篇章中都作了较为详尽的论析；实际上我这个观点与立场也都一致性地贯穿全书的其他篇章以及其他著作之中。

由此看来，闵建蜀师兄与我似乎都不是食古不化之辈。这我也讲不出其所以然。或许因为我们两人都属出身新亚书院，唯得渠头活水清如洗，源源而来，一笑。无论如何，但论学养，我恐怕自己是比不上闵公的玄学功力。

诚然，欧洲大陆，尤其是德国思想界，承接了十八十九世纪的传统，一直都能保持百花齐放百家争鸣的大格局。这是美国自1950年代初期麦卡锡主义（McCarthyism）盛行以后的白色恐怖之下很难想象的。欧陆思想界的另一个特色是大师们的知识视野都非常辽阔，如倭伊铿和海耶克这两位大师的经济理论和经济思想便都离不开政治法律以及社会学等学科，而同时也都具有深厚的哲学背景。倭伊铿的治学方法便深深地受到他在佛莱堡大学的长辈与同事，即现象主义哲学（philosophy of phenomenology）学派的创始人胡塞尔（Edmund Gustav Albrecht Husserl）教授的影响也。

涉猎过十九和二十世纪之交，德国几个经济和社会科学大师如韦伯尔（Max Weber）和宋巴特（Werner Sombart）的著作的人，相信都能领会和同意我的看法。这些大师不但学识浩如烟海，而且体大思精之余，独具慧眼，创意辉煌，成为一代宗师。这种治学的导向与方法，对比美国越来越专业化、或曰净化了知识灵魂的高度专业化和技术化的分析方式，可谓泾渭分明之别。也正因为如此，所以美国加州大学柏克莱分校经济学系的瓦德（Benjamin N. Ward）教授在其名著《经济学错在哪儿？》（*What's Wrong with Economics?*）一书中，便直指欧洲是理念的中心（center of ideas），而美国则是个经验分析的中心（center of empirical research）。这个论断，可谓一针见血，不无道理也。

就简单以海耶克与弗里德曼这两位同一个时代的大教授而论，他们两人都是当代全世界自由主义学派的泰斗，但论学识的浩瀚，弗氏的名著，如《资本主义与自由》（*Capitalism and Freedom*）和《自由的选择》（*Free to Choose*），无论如何都不能与海氏的《到奴隶之路》（*The Road to Serfdom*）和《自由的宪章》（*The Constitution of Liberty*）同日而语矣。也许这就是当年弗里德曼教授为何极力反对海耶克教授应聘加盟芝加哥大学经济学系的原因。文人相轻自古已然，没想到洋人也是如此。或许碍于门户之见，弗里德曼教授压根儿就认为海耶克教授搞的东西不符合美国式的数量化经验研究。这我可不得而知。

提起佛莱堡，我也不禁然地想起存在主义哲学大师海德格（Martin Heidegger）教授当年在佛大所做的那场公开演讲的盛况。记得那是1961年和1962年的冬春之间，那时他早已隐退，但大名仍然如雷贯耳。我清楚记得那场演讲让听众灌满了大礼堂之外，大学应全校师生以及社会各界人士的要求，还得将扩音器接拨到其他四五间偌大的讲堂应急。那是我平生所遇到的最大学术盛事，场面之浩大远非当年李小龙出殡时香港万人空巷所可比拟，更非几次举办诺贝尔奖得主公开演讲的香港大财团所可想象。彼邦学术风气之盛，不得不令人俯首称臣。

海德格教授名声远扬四方，遍及美欧全球各地，当然有其道理。首先，他是胡塞尔教授的门徒和讲座教席的继承人，其次，他是1933年希特拉上台后佛莱堡大学的首任校长，也是纳粹党员。因此，就如他的存在主义哲学议题一样，是个颇富争议性的人物。同时，他的政治哲学也与倭伊铿教授的鄂尔图自由主义有些瓜葛不清。两人同属佛莱堡大学的佼佼者也，而几乎同室操戈。无论如何，我当天花了九牛二虎之力才能挤进其中一间讲堂听讲。当年没有视像转播，只听到海德格大师微弱低沉的声音，也确实不谙他讲话中的玄机。我最后决定不想“附庸风雅”，所以海德格教授的演讲还没结束前，便“实事求是”地应约跑去会见我那个纯朴美丽的悠悠白雪公主了。

悠悠他们一家住在一栋两层楼高的平房，坐落在一条叫做“丽灯外乐”的小街的尽头，后院花园紧接着黑森林山上一大片松树林。从花园往上看，万古长青郁郁苍苍的松树排列的整整齐齐，充分反映了德国人严守纪律的笨拙风格。高大的松树直插云霄，又仿佛解读了希特拉夜郎自大的万丈雄心。松林腰间偶尔也挂上一缕白云，令人忧愁难返，惆怅不已。我特别喜欢课余时间与悠悠在松林中漫游，这彻底让人忘记了人世间的纷争，尤其是云雾缭绕时分，更胜似庄周与蝴蝶互梦也，管他“存在”或“不存在主义”的那门哲学。

俱往矣，抚今追昔，也让我不禁想起那位与我的白雪公主一样也是出生于黑森林中的德国哲理诗人——即1946年的诺贝尔文学奖得主赫塞（Hermann Hesse）其人也。他那首感怀人生的哲理愁诗曰，

雾中行

异哉！雾中漫游兮，
矮树株株无声，石头孤独，
彼此睚视，恰似无缘相识，
凄凄然，落魄。

忆往昔世界也，朋辈万千，
生命里头，仿佛光芒闪烁，
情何以堪焉，一朝雾幕垂坠，
孤影只身兮，不见人烟。

哀哉！智者何所之乎，
唯其慧眼，洞悉昏暗玄机，
而昏暗者也，悄然而势必，
让他与芸芸众生，隔绝。

异哉！雾中漫游兮，
叹人生存在，孤单也寂寞，
各自画地为牢，成囚矣，
凄凄然，落魄。

Im Nebel

Seltsam, im Nebel zu wandern!
Einsam ist jeder Busch und Stein,
Kein Baum sieht den andern,
Jeder ist allein.

Voll von Freunden war mir die Welt,
Als noch mein Leben licht war;
Nun, da der Nebel fällt,
Ist keiner mehr sichtbar.

Wahrlich, keiner ist weise,
Der nicht das Dunkel kennt,
Das unentrinnbar und leise,
Von allen ihn trennt.

Seltsam, im Nebel zu wandern!
Leben ist Einsamsein.
Kein Mensch kennt den andern,
Jeder ist allein.

第14章 马堡山城童话 蓝河绿水

我蒙丕介恩师推荐，1962年5月便从佛莱堡转读马尔堡大学。马尔堡是一座典型的大学小城，南边距离车水马龙的法兰克福大都会只有九十公里，循高速公路——也即是举世著称的德国自动车道（Autobahn）南下，也不过一小时的车程。所以几十年下来，今日的小城也几乎变成法兰克福的一个郊区县，因为不少法城的高层行政人员，宁可舍近就远，迁居马尔堡以享受小城的古雅舒适。

前天（2013年的3月12日）看到电视新闻报道，指西欧突降大雪，几十年来罕见，而正是法兰克福北边的高速自动车道一片朦胧，引发几十部轿车连环追撞，造成一堆堆废铁烂钢囤积如山。电视画面触目惊心，不禁让我回首当年风华正茂，不时邀约三几男女同窗相好，就在这条熟悉的车道上飞驰南下，目的无非前去法城知名的中国餐厅一享口福，并上毗邻的德国酒馆开怀畅饮啤酒做乐。

记得有一次，也正是初春时分，同行的还有其他两部同学的小轿车，大队人马共十来人浩浩荡荡出发。然而，就在接近法兰克福北郊不远处时，忽然风雪交加大雾骤降，几乎伸手不见五指。大家被迫开启雾灯降低车速，匍匐而行；所幸没造成追撞车祸，但眼见预订的晚餐时间已过，还不能入城，只好掉头北返，扫兴而归。所以这次电视所见场面惊心动魄，似曾相识，庆幸现在还居住在马尔堡的几个教授友好这一次也都避过一劫，不至葬身于废铁堆中。

马尔堡小城背靠一座小山，山头就撑着一座中古世纪的诸侯古堡。从我那个坐落于山腰的骑士街16号（Ritterstraße 16）的大学宿舍徒步而上，绕三两个小弯，一会儿，便可从古堡塔顶眺望全城上下。城中大小街道，高低错落，间中穿插着几栋色彩缤纷的砖砌古楼，那便是我在三年半的马尔堡学习生涯中消磨时间最多的课堂所在。特别值得一提的是那栋庞大的碉堡型古建筑，就叫做老大学（Alte Universität）。碉堡里头的大礼堂便是大学重要庆典的场所，其中几个偌大的讲堂便是热门教授开课的地方。

老大学就坐落在那条特别可人的蓝河（Lahn）边上，软绵绵的柳絮依偎左右两岸，显得几分无奈。柳树高低参差，柳絮互为缠恋，与河水相映成趣，让人遐想翩翩。我不时在下课后，从老大学走下河边，信步沉思。春花涟漪，秋月波影，严冬冰封漫步河上，暖若初春。右边远方的那道残阳，几度飞落明镜般的冰河上，化为灿烂的笑脸，温暖心坎。蓝河自东北向西南逶迤流去，迢迢千里，不知何时何地了断，让人惆怅，难返难忘！不了情缘，几时碧波荡漾！

人道最浪漫的德国小城，非海德堡莫属。其实，那主要是二战后美国影城洛杉矶的美高梅公司所拍摄的那出《学生王子》（*Student Prince*）电影所造成的广告效应。特别是电影中著名意大利男高音歌唱家马丽奥·兰刹（Mario Lanza）在镜头背后对主题曲的演绎，惟妙惟肖，撩动了千千万万观众的心扉柔弦。对嗜好啤酒和美女的男人而言，《学生王子》的主题旋律，更是豪放与温情的化身，荡气回肠。然而，一离开《学生王子》那个酒吧，所看到的海德堡城中，远方斜坡上的那个大碉堡，虽说也有几分雄伟壮观，但总让人感觉远不可及，难以高攀。这肯定比不上马尔堡山头上那座巧小的诸侯堡垒那般古意盎然，又如此贴近身旁，与典雅温馨的小城揉成一团，而不失其领袖群伦的魅力与风范。

再者，海德堡的那条涅卡河（Neckar），也稍嫌粗旷水浊。我造访海德堡，前后至少有四或五次。也曾经慕名在涅卡河畔的露天餐厅雅座品茗美酒咖啡，然所见满座高朋尽是他乡之人，尤其是远方美国来客，喋喋不休，让人不胜其烦。涅卡河桥上，又见各式轿车卡车，大小高低不一，穿梭不息，熙熙攘攘，声浪喧扰通天。对比马尔堡小城的蓝河，宁静优雅，柔情似水，天壤之别焉。

我也很怀念马尔堡老大学对下的那条叫做“微灯还思”（Weidenhaeser）的小石拱桥，让人以轻盈的脚步跨越蓝河，欲坠的身态走下水边。日落时分，望眼苍穹，彩霞依恋着夕阳，晚风寒意消弭无踪。上游远处，那座纯歌德式的伊丽莎白教堂的钟声，虽稍逊悠扬，然阑珊有余，还不及夜半，恰胜似从姑苏城外寒山寺随风飘过来的催眠之音，飘飘欲仙。

我最初百思不解，为什么格林两兄弟（Jacob and Wilhelm Grimm）两百多年前奉母命在马尔堡大学所攻读的都是法律一科，但后来却双双成为全世界妇孺老少皆知，家喻户晓的童话小说家。原来他们兄弟俩当年虽然住在山下的赤脚人街（Barfüßerstraße）35号，却常常爬上山上的骑士街16号，原属于沙维尼（Friedrich Carl von Savigny）教授家的豪宅做客。沙维尼是当时闻名遐迩的法学家，今日的马尔堡还有一条街道是以其姓氏命名的。教授自己博学多才，一早便也很赏识格林兄弟俩的才华；听说他家里藏书万贯，尤其是有关哲学和古代文学小说典故的书籍，任由格林兄弟借阅。因此，在我看来，格林兄弟俩后来舍法学而专注童话小说，其中很可能的因由就是沙维尼老师的家，居高临下俯瞰小巧的马尔堡古城，一览无遗，诗情画意，让人浮想连翩也。

沙维尼教授的家，后来也正好变成我自己住了几年，改名为“浮尔士德贺夫”（Forsthof）的大学宿舍，景致与宿舍后头山上的古堡碉楼所见雷同，难分上下。每当冬日飞雪纷纷，山下万户人家红岩绿瓦，唯余皑皑。我不禁然地心想，格林兄弟的《白雪公主》很可能就是如此而来的。而我自己也因此每当飞雪飘飘，忘不了情，必然向南飞车，奔向那充满神秘感的黑森林去。

理所当然，我也忘不了马尔堡大学的学术氛围，浸淫其中，彷若置身于欧陆中古时期天主教修道院的神学书斋。除了专注研修倭伊铿和亨思尔师徒俩的秩序自由主义或曰比较经济制度形态学之外，我也不时听讲有关政治社会哲学历史，以致于神学方面的讲座。这一类的演讲一般都是在马尔堡大学的通识教育（Studium generale）框架内举办的，不计学分，让校内校外学生，或有志人士随兴而来。这可不像今日香港各大专院校的类似通识讲座，因为担心听讲学生寥寥无几，场面冷落，竟然一反我在新亚书院那个年代的传统，让芸芸学子签到，给强制入座听讲。

记得我当年在马尔堡大学所看到的最轰动的一次公开讲座，讲者就是享誉全球神学界的布特曼（Rudolf Karl Bultmann）教授。布特曼是马尔堡大学土产的神学博士。他取得讲师资格（Habilitation）后在德国其他一两间大学初试身手，旋即应聘成为母校的神学讲座教授，专注研究《新约圣经》，并以《新约》的“非神话化”（entmythologisierung）论震撼全世界神学界。他当年亮相马尔堡大学公开演讲时，就如海德格教授一样早已荣休隐退多年，千乎万喊始出来。马尔堡老大学的大礼堂，当日也是爆满，座无虚席。

我感觉最有意思的是，布特曼教授与海德格教授稔熟，是马尔堡大学的同事。海老在转往佛莱堡履新前一年，即1927年所发表的经典著作《存在与时间》（*Sein und Zeit*），与布老的“非神话化论”，可说是异曲同工，而相得益彰。海老是天主教徒，而布老却属路德新教，也可谓殊途同归，但又各异其趣也。如布老一方面呼吁以海老的世俗或曰存在主义的理念范畴，代替《新约圣经》的超自然主义的神话化传统，但另一方面，他似乎又认为《新约圣经》远比任何现代的存在主义所传导的信息更为激进。简而言之，布老认为，人类夜郎自大（high-handedness），自以为认识真实的存在，殊不知要解读《新约圣经》中对耶稣基督的信仰，不可仅从筛选或赞美古老证言（ancient proofs）入手，而更应了解到，只有透过体现在耶稣身上的救赎（salvation），才能将人类从沮丧、困扰以及动荡的现实中解放出来。

另者，希特拉一上台，海德格即应聘为佛莱堡大学校长，为一众知识分子所诟病，而布特曼教授尽管不苟同纳粹主义，但其哲学内涵，却不见有明确反对"反犹太主义"（Antisemetism）的色素。由此观之，布老和海老虽或各异其趣，唯两者的存在主义哲理似乎又是一线牵也。

布特曼教授的神学与政治哲学观点显然带来难以澄清的疑难。他开讲当日，我千辛万苦地抢坐在老大学礼堂的前沿，小心听讲，但就是很难解读布老究竟如何将耶稣基督人格化，或曰将耶稣还原为一位具有历史性的耶稣（The historical Jesus），以便如布老自己所期望的，让浸淫于科学与技术的现代人类也能轻易理解和接受他所刻画出来的，不披上神话外衣的《新约圣经》的真谛。在聆听布老演讲的整个过程中，我就如陶渊明一般，读书不求甚解，只求领略微言大义，事后也不去追问布老教授的特别思维方式。只感觉，难矣哉。

布老的那次讲演，也让我不禁想起昔日在新亚书院旁听钱穆校长的课时，尽管特意抢坐在课室的第一行，近水楼台，但压根儿就是不能分辨他的无锡方言中，究竟讲的是人还是神。人神谐音，难解难分，钱夫子诚神人也。

布老就如海老一样，在演绎其新意神学或存在主义哲学时，温润如玉，循循善诱，言传身教，高山仰止。这与美国当代著名的基督教福音布道家葛培理（Billy Graham）牧师的风格，对比起来，大异其趣。美国传教士惯于疾风暴雨式的强销、或曰台风式的咆哮，所向披靡；但我相信，这对于许多领略过欧陆大师们风采的知识分子而言，是难以想象或接受的。

我也不由不思索，为什么正好就在马尔堡大学，而且就在同一时间内，出现了布特曼教授和海德格教授这两位被视为二十世纪最震撼世界，影响最为深邃的大思想家。马尔堡这个小城可说是马丁·路德的宗教改革运动所引发的三十年宗教战争的转移性地带，或曰南德天主教与北德基督教之间的过渡区域。实际上马尔堡大学，在名为菲利普斯（Philipps）大学于1527年成立时，便是德国、也是全世界首家基督教大学。

莫非阴阳际会，今日的德国，虽然已经不会因为信仰差异，而像爱尔兰一般的兄弟阋墙，你死我活，或如以色列和巴勒斯坦之间相互厮杀，永世不休；但以前相对短暂的宗教战争的刀光血影，在不断追求真理的浮士德（Faust）精神的驱动下，似乎完全化为强烈的灵感和思想火花。只可惜或说庆幸，这种火花在希特拉上台后，很多都传播到美国新大陆去了，尽管在战后初期麦卡锡主义的白色恐怖之下难免也有所收敛，甚至被扑灭扼杀。

提起布特曼教授的非神话化论，我也不禁想起拙作《不可忘记毛泽东》（2010年）一书，实际上也让毛泽东这位神奇的历史伟人，给非神话化了。我在该书一篇名为〈“大跃进”与“文革浩劫”梦魇何时了〉的独立篇章中，就如布老解读《新约圣经》一样，也试图透过被高度神话化的毛泽东形象，解读他所代表的伟大经济政策谋略，以及他对振兴中华所发挥的历史性功能与意涵。姑不论我还记得在古晋中华中学时，念过一本应该是一位姓郑的作家所写的书，那里头谈到耶稣时，竟然还说他是原始共产主义的创始人呢。我很想再核实郑氏这个观点，但可惜记不起作者的姓名，不知有哪位智者可指点我。

我更在我那本穷二十年功力才完成的名为《中国农业的不稳定性（1931–1991）：气候、技术、制度》的书中，全面地检视了当年中国“大跃进”战略之下的毛泽东神绩，尤其是针对“大跃进”随后的1960年到1962年的大饥荒悲剧，更具体地将毛泽东还原成一个血肉俱全的历史人物。

众所周知，海内外不少专家学者都有意或无意地将“大跃进”那三几年的毛泽东描绘成一个通天地泣鬼神的暴君或魔力，说他有本事让三几千万无辜的炎黄子孙给白白地饿死了。其中最为耸人视听的当然莫过于香港大学的荷兰籍教授狄哥德尔（Frank Dikötter，他自译其名为冯客）的那部《毛泽东的大饥荒》（篇幅达450页），以及中国新华社前资深新闻记者杨继绳其人的《墓碑》（超过500页）那两本“巨著”。他们两人在各自浩如烟海的论述中，压根儿就不考虑当年特别不寻常的气候变异因素，而刻意只手遮天，指毛泽东只手创造了那个悲惨的大饥荒浩劫。

我自己也压根儿不会相信这么一个神话，就像布特曼教授之否定了《新约圣经》中的超自然现象。前年（2014年）7月初，应美国波士顿大学曹天予教授邀请，我在武汉华中理工大学主办的一个学术会议上评论纽约哥伦比亚大学中国研究专家柏恩斯坦（Thomas P. Bernstein）教授的论文时，乘机借用拙作《中国农业的不稳定性》的分析结果，聚焦当年大饥荒中的“天灾”或“人祸”问题，做了一个量化的测算，结论是，就最严重的1960年和1961年那两个年头而言，天灾所占份额，至少超过一半（55%）以上，余下或归人祸因素。尽管这个测算还比不上毛派所说的“七三开”，即“七分天灾，三分人祸”的看法；但即使如此我还是不得其解，怎么狄哥德尔和杨继绳这两人都像那个罗马帝国巡抚比拉特（Pontius Pilate）一样，视毛泽东如同耶稣一般万恶不赦，非把毛泽东血淋淋地钉死在十字架上不可。

我心想，即使布特曼教授本人，他自己也还能从耶稣的赎罪中看到人类的一线曙光，更何言毛泽东的“大跃进”，作为千百年来轩辕子孙解脱贫困的一次轰轰烈烈的历史性试验，也难免是要付出一定的代价、或曰学费的。有关这一点，拙作也详细地给了个解释。不赘。

至于坊间惯于将中国文化大革命革概括为十年浩劫的问题，那显然也更离不开毛泽东神话了。一则因为当年红卫兵的造神运动轰轰烈烈，致令毛泽东神之又神，二则因为至今仍然有不少国内外专家学者，一再视毛泽东有本事呼风唤雨。影响所致，大家都说当年中国经济濒临崩溃边缘云尔。我自己则视文革十年与“大跃进”战略一脉相承，皆属振兴中华的伟大历史实验也。有关这一点，我在《不可忘记毛泽东》一书中也已经有所阐述。最有意思的是，实际上在文革十年（1966–1976年）中，中国的GDP（即“国内生产总值”）平均每年增长约6.5%，如果剔除极为动乱的1967年、1968年，以及1976年那三年，这个高速的增长幅度肯定可媲美今日举世瞩目的中国经济奇迹。这个奇迹或可说是海德格教授式的存在主义历史现实，而绝非红卫兵呼喊毛主席万能，迹近耶稣水上飘的天方夜谭。

诚然，我对毛泽东现象的分析与解读，充其量仅属形而下的范畴，远远不能与布特曼教授和海德格教授两位大师的形而上的深邃哲理与神学相提并论。

将布特曼与海德格相提并论，这两位大师的思想火花也不禁让我想起海德格教授的两个得意师徒，即阿任德（Hannah Arendt）教授和施特劳斯（Leo Strauss）教授。两位都是在马尔堡大学修过海德格大师的课，而且阿任德还是大师的情人呢。这对师兄师妹都是德国犹太裔的出类拔萃，他们就像当年其他许许多多知名德国学者一样，都因为希特拉上台而避居美国，后来在大西洋彼岸声名大噪。尽管如此，我们仍然可以从他们颇富争议性的著作中看到海德格的身影；而海德格自己的存在主义哲学，如同倭伊铿教授的秩序自由主义学派，也显然都离不开他们在佛莱堡大学的老师，即胡塞尔教授的现象主义哲学的造诣与方法论。

先说说阿任德在其名著《极权主义的起源》（*The Origins of Totalitarianism*，1951年出版）一书中的看法。她认为史达林的共产主义与希特拉的纳粹主义同出一辙，都是反犹太主义和反帝国主义的产物。两者都属暴政现象，但在阿任德看来，希特拉的大屠杀（Holocaust）中，“犹太人”只是一个“方便的托词”（convenient proxy）。归根到底，希特拉的极权主义是来自于追求极大化的妄想（megalomania）和追求彻底一致（consistency）的狂热，其本身并不是为了消灭犹太人。阿任德这种论调不但为左派所不耻，她自己作为犹太人，当然更被犹太族人骂的狗血淋头，并将她与具有纳粹倾向的海德格教授的恋情扯在一道谩骂，毫不留情。

更为甚者，阿任德当年对以色列审判希特拉的杀人魔手艾希曼（Adolf Eichmann）的报道，也震惊了全世界的犹太人。她依据目睹的报道所写成的书（1963年在美国纽约出版），竟然说艾希曼所犯的是"小事一桩的罪恶"（the Banality of Evil）。她在书的结尾中还说，"你（艾希曼）既然支持和执行了不让犹太人（还有其他某些国家的人民）共同居住在这个地球的政策，我们也发现没有人想让你分享这个世界。就是这个理由，也是唯一的理由，你必须问绞。"阿任德的那本书一直到最近才有人得以翻译成希伯来文出版。

顺便附注一两句话：艾希曼是于1960年5月被以色列特务从阿根廷绑架回耶路撒冷受审的。阿根廷政府当时大力抗议以色列侵犯主权，并要求联合国安全理事会召开紧急会议讨论问题。开庭受审时间是1961年4月，也就是我赴德国留学前夕。因为这是耸人视听的世界大事，丕介师特地要我到他家里一同收听收音机广播。我约莫还记得，或多或少听懂艾希曼的几句德语辩词。但如今最想念的当然还是丕介师无时不把握机会，提携后进增广见识的深深情谊，恩重如山也。

至于施特劳斯，他的名著《自然正义与历史》（*Natural Right and History*, 1953年出版）对现代西方自由主义和现代性的批判，实际上也可说是完全建基于海德格教授在他的《存在与时间》一书中对相对主义（relativism），以及其所导致的极端虚无主义（extreme nihilism）的论述。更具体地说，施特劳斯认为，在海德格的存在主义哲理中，诸如极权主义（或"暴政"）的出现或存在，与现代西方自由主义政治哲学家所指的现代性不一定相互协调。换句话说，作为一种历史性现象，这种存在有其随机性、随意性，不一定会体现自由主义学者所设想的现代化和自由化的历史必然；而且这种存在也谈不上“好坏”（“好”或“坏”）、“对错”、“是非”，或“善恶”的问题。有关这一点可参照广州中山大学甘阳教授的《政治哲人施特劳斯》的简易介绍（https://www.douban.com/group/topic/1860182/）。

更有意思的是，对施特劳斯而言，现代形式的自由主义，其本身就具有强有力的倾向极端相对主义的内在趋势，以导致两种不同的虚无主义。一种是以纳粹和（史达林式的）马克思主义政权为代表的血腥虚无主义，其意识形态本身都源自十七和十八世纪时代的启蒙思想，旨在摧毁传统、历史、伦理以及道德标准；而代之以暴力，以臣服人类和征服自然。另一种是以西方自由民主政体为代表的温和虚无主义，体现为某种没有价值导向、漫无目标，以及专注享乐而务求人人机会均等的宽容制度。施特劳斯认为这第二种虚无主义正好贯穿了整个美国社会（参见https://en.wikipedia.org/wiki/Leo_Strauss）。

因此，施特劳斯倡议回到古典政治哲学，以作为判断政治活动的起点标准。这也不禁让人想起中国大陆这几十年来，政治社会经济体制所发生的翻天覆地的变迁；尤其是从1970年代初期的批林批孔（批周公）转到近二十年来儒学的逐步复兴，以及中国传统历史文化经典（如《易经》、《论语》、《中庸》、《三字经》等等）的开始普及化。我自己便不时追看中央电视台百花绽放式的《百家讲坛》文化节目。我在刚出版的拙作《走向中华“帝国”的升平盛世》（2012年11月）一书中也认为，在世界范围内，将来要达到和平和谐的境界，恐怕还得诉诸传统儒释的伦理美德和兼容并蓄的软实力也。

撇开这个题外话，我认为最值得一提的是，不管是施特劳斯还是阿任德教授，他们对历史事件或存在的分析，显然都与胡塞尔和海德格的现象哲学派的方法论一脉相承。阿任德不忌讳自己的犹太裔身份，试图对希特拉和史达林极权主义做了中性的解读；施特劳斯则在阐析海德格的存在主义哲学如何导致虚无主义的死胡同后，才正面回归到苏格拉底哲理所内含的价值标准。他甚至因此而质疑韦伯尔（Max Weber）教授知名的价值中立（Value-neutrality）论，其本身就是深受尼采（Friedrich Wilhelm Nietzsche）的相对主义的影响，有点自欺欺人的意味。

这些哲理问题听起来似乎越来越虚玄，但我相信韦伯尔教授所倡议的超脱价值判断（value-free）的社会科学分析法或现象主义哲学派的方法论，基本上还是可取的，也是行得通的。实际上我的《不可忘记毛泽东》也就是依循这样一个方法论导向而写成的。我自己当然很清楚，在目前国内外普遍对毛泽东所造成的浩劫仍然魂牵梦绕的情况下，这个书名本身必然会挑动许多人的脑筋，认为我的立论必然是离经叛道的，但我也管不了那么多了。

我想说的只是，拙作《不可忘记毛泽东》主要是将毛泽东时代作为一个历史性的现象，或曰海德格教授意义之下的存在或一起绽放眼前（含偶发）的事件（Ereignis），加以观察和分析。我首先不从任何道德伦理立场，讨论毛泽东现象的“是非”、“对错”、“好坏”、“善恶”的问题。我只想探究这个“现象”的各个不同层面（政治经济社会政策与制度等）的关系方式，以及其内在的工具性理性（instrumental rationality）。当然我也会自然地从术学（目的与手段的关系）的立场，去探讨这整个现象所可能带来的后果以及其长期的历史意义。套句老话，这也可说是冷眼看世界、或曰从历史的立场看问题也。

从《不可忘记毛泽东》一书的副标题也可以预想到，我写作的着重点在于经济学方面。尽管如此，我相信，对醉心于西方自由主义的经济学家而言，尤其是对那些视宣传和贯彻芝加哥自由主义意识形态为自己的十字军使命的学究式的知识分子来说，单只《不可忘记毛泽东》这个书名，已足以让他们望而生畏与反感。我也完全不在乎这些人对我扣上左派、亲毛派、法兰克福学派或新左派等帽子。我曾经与某位大学教授朋友谈起来，说书中根本就看不到任何马列主义政治经济学的字眼，并详细解释，我主要是从西方的比较经济学和发展经济学的角度分析问题。他也听不懂我所说的，但姜还树生，他仍然一口咬定我是披着西方经济学的外衣为毛泽东辩解。这真令人啼笑皆非，我只能回应说这本书是作为一本通俗读物而写的，没念过经济学入门课程的人，也可轻易看得懂，还是请他先过目后再谈吧。

也有人知道我是留学德国（前西德）出身的，仅看书名便捕风捉影，认定我与法兰克福学派有一定的学术源流关系。这是风马牛不相及的误判，又无端地将我与新左派或左派拉扯在一道。还有出身台湾某知名日报的一位前资深记者（也是我熟稔的一位官宦世家的侄女），足迹遍及中国大陆许多大小城市，也是仅仅看了书的封面便说，她这二十几年来所接触到的大陆人家，没有任何一户是在文化大革命期间，没有跟毛泽东有过这样或那样的血泪关系的。我回应说，这我完全可以想象得到，实际上我自己的祖家从土改三反五反开始，一直到“大跃进”和文化大革命，也同样屡遭恶运，似不足为奇也。网上也看到一个点评，仅短短的一句话，说全书内容空洞无物。殊不知，稍微翻阅过此书的许多有识之士都认同这是一本典型的实证研究著作，充满扎扎实实的统计数据，有理有据，毫无空言也。

诸如此类负面评语，都说明了一般人对毛泽东的成见深刻无以复加。尽管如此，也可让人告慰的是，到底还是有不少教授学者专家认定拙作委实提供了一个崭新的视角，对毛泽东现象或说对毛时代的制度与政策的阐析方式，完全有别于国内和国外的许许多多专家。也有不少好心之士赞赏拙作立论持平独到，试图代表我与国内某些出版社商讨出版简体字版本以广为宣传。然而，目前毛泽东依旧是一个颇富争议性的话题，何况拙作中也免不了要提到邓小平和六四天安门事件等敏感问题，所以恐怕还得束诸高阁以待来者吧。

让我特别感觉错愕的是，《不可忘记毛泽东》2010年夏天刚一面世，香港的《苹果日报》（一份极端反共反华，当然也就同时视毛泽东为万恶不赦的暴君的报纸）竟然刊登了一篇署名卢峰所写的书评，对拙作做了颇为客观和正面的介绍。听说卢峰经常在《苹果日报》写文章和社论，也属香港泛民主派的人物。但他的书评一见报，便立即遭遇泛民同僚斥责，并借以指证他为何在那之前不久，赞同泛民主派之中的民主党与亲中的香港政府所达致的有关香港政治改革的共识。其意指卢峰其人客观评价《不可忘记毛泽东》，实属背叛民主或泛民主派的民主政策原则也。这无疑让人感觉五里雾中，有理讲不清。

显然，在对中国共产党，何况是对毛泽东成见极深万劫不复的情况下，压根儿就很难谈任何学术性的分析与判断的问题。尤其是对某些具有高强度的预设政治立场的人而言，不管你如何深入浅出，微言大义，力求客观表述，都是对牛弹琴。而正好也就是这些人之中的不少中坚领导分子，以前本来就一直对文革期间中国大陆以意识形态领先压倒一切的做法深恶痛绝，现在看起来，似乎这些人反过来也以其人之道还治其人之身是也。仇仇相报，这些人照样一切以政治挂帅无限上纲，无情打击没完没了，诚难以理喻，可悲孰不可悲！

无奈之余，还是让我先回到马尔堡大学的小城故事吧。

第15章 另类思想摇篮 异彩飞扬

两百年前，格林兄弟俩的老二，雅各，是如此形容马尔堡这个小山城的，“马尔堡与周边的景色，肯定是非常漂亮的，尤其是从古堡向下远眺时更是如此。但这个小城本身却是怪丑陋的，街上的石头梯级，显然比家里头的还多得多，甚至有些人家的屋子是要打从天台爬入屋内的。”我可想象，格林兄弟天天沿着石阶上下，往返于他们在蓝河边上的住所，和沙维尼教授那与高高在上的古堡对下的骑士街的公馆之间，很可能感觉不胜其烦。

然而，对我而言，这座山城让人特别销魂的无他，正是那些绵延不断的石阶也。每当下课后，从坐落蓝河岸边的老大学拾级而上，在小城中穿街走巷，上上下下，不时见到前头窈窕淑女，靠两条修长玲珑的小腿支撑着，左倾右斜的，不禁令人神往焉。她们轻盈地踩踏古老的石阶，就如点击典雅的钢琴琴键，无声胜有声，撩人心弦。她们偶尔回眸一笑，百媚羞人，仿佛不似在指点迷津，因为这个小城实在小的太可爱了，没有人会担心走失方向。飘飘然之间，踏着数不清的石阶，就如马踏飞燕，已经让我跨入了骑士街的宿舍房门，不觉任何倦意，仅几分春意阑珊，想入非非。

我百思不得其解，为什么格林兄弟想象力如此丰富，而心中仅有那虚无缥缈的白雪公主，竟然与马尔堡这一无以媲美的特色靓影，失之交臂呢？说老实话，我当年走遍德国东西南北无数大小城市，就不曾见过有如马尔堡这座小城般地集中了如此多的美腿姑娘，满目琳琅。这不禁然地就让人心中形成了一个马尔堡标准的美腿概念，让所见其他城镇或其他族裔的姑娘黯然失色。

记得当年一同留学马尔堡的还有两个日本小姑娘，仪态端庄，温文尔雅，虽不至于沉鱼落雁，但含蓄中几分妩媚，恰似闭月羞花；几分梅兰可丽的情怀，隐约眉梢，更让人怜惜，心中油然想起了中学时看过的那出，叫做《金色夜叉》的日本电影中的那个悲情少女。

逐渐熟络以后，这两个形同姐妹的日本姑娘，约请我到他们的宿舍晚餐，说要亲自下厨烹饪地道和食让我一馋东瀛风味。中国人讲究礼尚往来，我自然恳请她们让我也帮忙剁肉切菜之类的。当时正值晚春初夏乍暖还寒时分，那两个姑娘换上短裙下厨，并披上围兜以便一显身手，哪知围兜遮前不遮后，姐妹俩春光乍泄，让人愕然看到了那两对状如举重女将的荷包蛋小腿，与那两双可爱的脸庞对比起来颇不相称。这对我所造成的心理反差实在难以消弭，让我往后几十年来每到日本讲学开会或游览时所到之处，势必四处东张西望，想印证美丽的扶桑彼邦究竟能否一见美腿的少女或少女的美腿呢。

这一苛求也不禁让人反思自己是否已经深深地陷入了施特劳斯教授所批判的现代西方自由主义追求完美现代性的泥泽而不能自拔，或者如他所说的，已经如海德格教授般地由走火入魔的存在主义，堕入了极端的虚无主义的陷阱而不自知，呜呼哀哉。然而，撇开这个玄而又玄的哲学推理，我也在想，我这个比较审美（腿）学似乎又与我自己所熟悉的秩序（鄂尔图）自由主义创始人倭伊铿教授的比较经济形态学（comparative economic morphology）有一定的相似之处。一笑！

我也犯不着自我辩解为何我并不是想以毛泽东的智慧代替施特劳斯心中的苏格拉底哲学，我也不是要以毛泽东式的制度与价值标准挽救施特劳斯心目中美国式的虚无主义社会。我更不认为邓小平时代以还的改革开放政策将会久而久之验证了施特劳斯所说的，西方现代自由主义的现代性理念将必然导致海德格存在主义哲学中彻底虚无主义的死胡同。我只相信，我们祖国的炎黄子孙背靠三千年以来先圣先贤的人生哲学，必然会实事求是地走出自己的康庄大道。

与马尔堡大学古城和那幽静的蓝河水结下不解之缘的，除了海德格（哲学）与布特曼（神学）两位大师之外，也不禁然令人想起同样蜚声国际的所谓法兰克福学派（Frankfurt School）掌门人的哈贝马斯（Jürgen Habermas）教授。让我先用三言两语，简介哈贝马斯教授是如何几经波折，才与这个异彩飞扬的马尔堡大学攀上关系的。

他几经周转，从波昂大学取得博士学位后，便前赴马尔堡大学追随当年颇负盛名的左派（马克思）政治学教授阿本若特（Wolfgang Abendroth）。在后者的指导下，哈贝马斯撰写了让他声名大噪的《公共领域的结构性转型》一书（*Strukturwandel der Öffentlichkeit: Untersuchungen zu einer Kategorie der bürgerlichen Gesellschaft*，英译为 *The Structural Transformation of the Public Sphere: An Inquiry into a Category of Bourgeois Society*）。这部划时代的著作原属哈贝马斯为了获取德国的大学任教资格而完成的学术专著（Habilitationsschrift），1961年通过考核后，哈贝马斯即于1962年应聘为海德堡大学的教授。这在当年的德国大学界是极为罕见的事，而他这部资格认证专著也于同一年正式出版，引起广泛学界刮目相待，至今仍然是世界上知名大学的社会学和文化研究课程的必读经典。

仅仅两年后的1964年，哈贝马斯便凯旋荣归法兰克福市的歌德大学，接替他早前的论文导师，也即是法兰克福学派创始人贺克海默（Max Horkheimer）的哲学与社会学讲座教席，成为该学派的掌门人。我说哈贝马斯凯旋荣归，主要是因为他在法兰克福大学写论文时，论文的观点与写法都与贺克海默极为相左，后者对他诸多刁难，导致哈贝马斯愤然转而投靠当年被视为极左的阿本若特教授。

看来中国人所说的文人相轻自古已然，也适用于洋人吧。但最少对在学的学生而言，我早前在第13章中也已经提起过，德国的大学制度的一个突出优点是，同学们在任何一间大学注册后都可随时申请转校，所谓良禽择木而棲也。当然，对尊师重道的中国人而言，哈贝马斯到底是个异类的学者，尽管他很快就脱颖而出，不失为一个另类的大思想家。哈贝马斯虽毅然转投极左的马克思主义的教授导师，但终其一生著作等身，不失为全球新左派的大师。像海德格教授的学生施特劳斯和阿任德一样，哈贝马斯后来也转往美国参与教学研究，从而进一步成为国际知名的大思想家。

我后来想起来，哈贝马斯从马尔堡大学取得大学任教资格，应聘前往海德堡大学出任讲座教授的那一年，也就是我从佛莱堡大学转读马尔堡大学的1962年。真可惜，竟然与这位另类大思想家失之交臂。尽管后来在1965年的夏季学期，我还是慕名选修了他的导师——阿本若特教授的马克思主义的政治理论那门课。这听起来，似乎与我的主修专业经济学攀不上关系，但是德国的治学传统向来讲究知识视野和科际交叉视角，而当年主修经济学的学生也规定必修两个学年共四个学期的法律课程，涵盖德国宪法公法民法商法和国际法等科目。

实际上如同其他许多德国大学一样，马尔堡大学的经济学学位都标明为政治科学，如博士学位便称为Dr. rer. pol.——即rerum politcarum的缩写也。经济系在德国大学编制上一般也都是属于法政学院。除必修法律课程外，许多学生也就同时选修政治学和社会学。比如我在佛莱堡大学和马尔堡大学便先后选修了民主理论、发展中国家文化变迁、后韦伯尔（Max Weber）政治社会学以及社会政策等课程。这类课程不可等同于香港各大专院校的必修通识教育，而是敞开给学生自由选修或旁听的。

话说回头，我之所以提起哈贝马斯这位新左派大师，主要是因为近日在反思香港轰轰烈烈的占中运动时，顺便翻阅了哈贝马斯一炮成名的《公共领域的结构性转型》一书，连同网上所见到的其他相关著作的片言只语，感觉他的论文与观点特别发人深省。比如哈贝马斯认为，进入了高度发达的资本主义时代，随着商业化的大众传媒体系的扩张，始发于法国大革命以后的批判性的公共领域与时俱进，也逐渐转化成被动的、或曰消极的消费性公共领域。十八或十九世纪伦敦咖啡店和法国巴黎沙龙式的政治评论和文艺（音乐戏剧画画等）评赏，或曰调侃闲聊的交流方式，早已不复存在；当年一般市民本来是政治和文化争论的参与者，现在都转变成大众媒体影像和讯息的消费者。在这种扭曲了的、或曰失真的公共领域中，公众的声音已经不再是为了建设性的民主，而仅仅在于适从强大的政治议程而已。

这次香港为期79天（2014年9月底至12月19日）的占中运动过程中，大批市民与大学生以及不少娃娃脸的中学生都被大规模地动员起来，大家大声疾呼"我要真普选！"以配合泛民主派的炒作，所以占中所代表的显然是一个强大的政治议程，而不是出自哈贝马斯心中未被扭曲、或曰尚未失真的公共领域。我在占中刚一结束便写了一篇敢（感）言短文，反思其事。我说，从群体动态学（Group Dynamics）的角度来看，大势所趋，压根儿就没人理会那么多学术分析问题，而只将高度简单化的民主理念转化成政治口号，街头巷尾不断重覆叫嚣。每日香港立法议会中所见场面，不但"代议式民主（完全）取代了（公共领域的）参议式民主"（哈贝马斯语），而在泛民议员日以继夜地拉布和流氓式的取闹与抗争之中，哈贝马斯所憧憬的，建基于市民平等权责的审议式民主（deliberative democracy）政治体制，充其量仅仅是个海市蜃楼，恐怕暴风雨一来，刹那间灰飞烟没。

记得在占中正式揭幕之前不久，作为占中的一个主要堡垒的香港大学，也由其主事者召开了连串准备性会议，邀请国际知名学者深入讨论有关审议式民主的各类议题，但最后还是在强大的占中声浪下不了了之，而且还有某些占中头头愤愤不平，说运动让人给骑劫了，各人竞相抢镜头，闹得整个香港鸡犬不宁。我看游遍世界的哈贝马斯老人看了，也必无言以对。

让我再回到蓝河边上的小城故事吧，不再触及斜坡石阶上的窈窕淑女的美腿，而是谈谈我与我的博士论文导师亨思尔教授和师母碧姬德夫人一家的关系与往来，以及我在他们家做客时最让我难以忘怀的葡萄美酒夜光杯的浪漫情调。

从我下榻的浮尔士德贺夫（Forsthof）大学宿舍一出门口，往右拐不出三两分钟便进入了亨思尔教授和夫人所住的斯贝尔街（Sybelstraße）12号。那是一栋两层高的灰白色楼房，三两株参天大树围绕周边，绿白两色相衬，幽静中见庄严；屋后靠山斜坡上是一个小草坪，格外雅致。想起此情此景，不禁让人缅怀亨思尔教授那魁梧与严肃中见温情与诚挚的学人形象。从亨思尔教授二楼客厅窗口眺望，景致幽雅，媲美浮尔士德贺夫宿舍大楼所看到的远山绿水，小城民居高低上下折叠，沿蓝河两岸错综排列，淌淌流水，波光折射，譬如宝玉闪烁，美不胜收。

从斯贝尔街12号对开的羊肠小径下山，也就在几分钟内便可到达亨思尔教授创办的，位于赤脚人街口（Barfüßertor）2号的比较经济制度研究所。我在上一章也提起过，从这个街口往东走到赤脚人街35号，便是当年格林兄弟住过的房子。心想，他们兄弟俩很可能也是通过这条小巷子出入沙维尼教授的浮尔士德贺夫豪宅的。

亨思尔教授的研究所是一座用红砖砌成的古老建筑，分上下两层。他的办公室在上层后方，俯视幽静的后院。他获选为法政学院院长后，日常穿梭于研究所与院长室之间，需要专车接送，因为他在第二次世界大战南斯拉夫从军时左脚腕捱了一枪，不良于行。离任法学院院长后，亨思尔教授又获选为马尔堡大学校长，校长办公大楼设在偏东的新校区，那就更远离小城中心了。

法政学院就如老大学一样，主要也是上课地点。我也是研究所的常客，不时到访向教授请教。然而，最令人难以忘怀的倒是他那居高临下的起居豪宅。教授和师母两人独居，膝下阙如。我与他两老夫妇的关系可说是亦师亦友，就像在香港时丕介师待我一般。这除了丕介师与亨思尔教授是二战前佛莱堡大学的老同学之外，碧姬德师母夫人也对中国人情有独钟。原来她出身于柏林的大世家，父亲是一位颇有名望的大企业家，上世纪三十年代曾在上海北京等地经商，小碧姬德随行，因此她对老远的东方文明古国与风土人情也念念不忘，魂牵梦绕。

我自然而然地便成为他们家的常客，不时应邀到他们家里吃饭，有时午餐，但更多的是晚餐。每次都是师母亲自下厨，她最拿手的佳肴美食我也都馋过了，而印象最为深刻的是秋天独有的新鲜鹿肉。事缘亨思尔教授在西郊约十几公里处有个老朋友经营农场，每当喜获猎物时，老农夫定必相告，我不时随行前往领取，其乐融融。

亨思尔教授家的起居室在二楼。偌大的空间，分隔成左右两间，右边是客饭厅，右侧角落靠近楼梯口的那一边便是饭厅。浅棕色松木的椭圆型餐桌子陪衬着深绿色的绒毛沙发，依偎着米白色的墙壁，纯朴和谐，分外可人。我记不起客饭厅中，还有什么其他的摆设，反而是左边的大书房兼卧室中墙上挂着一幅文艺复兴时代著名德国画家阿布勒希特・丢勒（Albrecht Dürer）的自画像。这是一幅油画，高约一公尺半，宽不到一公尺，黝黑发光的古装上衣，衬托着光亮的浅黄色脸孔，栩栩如生。听说这是一幅真迹，教授爱之如命。我后来上网翻阅了许多阿布勒希特・丢勒的自画像也不见有复制版本。

某日，我应邀一同午餐，抵步时教授已经先行到家，只见他似乎脸色不悦，但不知其所以然。碧姬德师母暗示要我暂时避入厨房并悄悄对我说，教授今日提早回家是因为他那幅命根子油画当天稍早前被钟点女佣阿姨不小心用潮湿的抹布给过了一下，教授心理颇为难受。这才让我松了口气。用饭时教授又慢慢地开始轻松幽默起来，尽管还不像平日那么开朗豪爽谈笑风生。诚然，我所认识的亨思尔并不是一位容纳不了别人的观点意见、一触即发的老教授，虽说他与别人深入探讨问题时，间中也会因为对方纠缠不放而显得有些不耐烦。

记得某次午餐时，教授谈起他的恩师倭伊铿教授的现象哲学理论背景时滔滔不绝，我几次插嘴想助于肯定我从书中所读到的有关见解与说法，先后说了几次“那自然是如此”、“自明之理”以及

"不在话下"等口头语时，想不到他遽然放下手上的餐用刀叉，严词说他不惯于讨论问题时，有人口口声声自以为然，毫不给点儿磋商的余地。他这一指点，虽不似雷霆万钧，却彷若晴天霹雳，让我顿时愕然，不知何以对。

老实说，我深谙亨思尔教授是倭伊铿大师的衣钵继承人，所以一早便熟读了祖师爷的名著如《国民经济的基础知识》(*Grundlagen der Nationalökonomie*)和《经济政策原则大纲》(*Grundsätze der Wirtschaftspolitik*)。我不敢说自己对他那几本经典能倒背如流，但相信随时随地站起来，都可参与思辨相关的问题，应对自如。讵料老师似乎嫌我妄自尊大，太冤枉我了。然而，这也可见老师他胸怀诚挚提携后学的苦心，一如丕介师之对我，诚三生有幸也。

我后来心想，尤其是愈发认识亨思尔教授的治学与为人作风以后，莫非老师他自己对问题或有所存疑，要借以引发后学的看法，但又避免如考官般地直接盘问。他这个开诚布公又虚怀若谷的心态，看来是没有几个做学问的人可以做得到的。不兼听而好于独断的人也属做不了学问的材料。而今日所见香港不少大专院校的能人志士心怀叵测，以民主自由为名，事事小题大做，连篇累牍，期以垄断舆论，翻天覆地，求变为快，这在今日一国两制的格局之下无异蜉蝣撼大树，贻笑大方也。这也让我不禁然地想起多年来在参与国际学术会议时，每当遇上与会者，尤其是来自印度的有学之士能言善辩、口若悬河，让人耳朵发热之余，深感厌恶。说好听吗，这属雄风辩才，不客气的话，无异信口雌黄。

说到倭伊铿教授的现象主义哲理背景，套句老话，就是应该从表面现象看事物的本质，但我认为更重要的是必须进而研究事物各个层面的内在关系逻辑，才能理解不同事物整体的实质。因此，倭伊铿教授与亨思尔教授师徒俩一脉相承，从他们擅长的经济形态学(Economic Morphology)出发，以研究比较经济制度和错综复杂的经济政策问题而遐迩闻名。

亨思尔教授也是在佛莱堡大学追随倭伊铿大师的。他于1951年获颁佛莱堡大学的任教资格后，其学术专著随即于1954年正式出版。原著书名是《中央统制经济理论导论》。德文原标题是*Einführung in die Theorie der Zentralverwaltungswirtschaft*，英译是*Introduction to the Theory of Centrally Administered Economy*。该书的副标题更为繁琐，叫做《理念型经济控制制度模式的经济核算问题的比较研究》，德文是*Eine vergleichende Untersuchung idealtypischer wirtschaftlicher Lenkungssysteme an Hand des Problems der Wirtschaftsrechnung*。英译则为*A Comparative Study of the Economic Calculation Problems of the Ideal-Type Model of Economic Control Systems*。这个冗长的书名，看起来确实不胜其烦，但这恰好也可让人一窥倭伊铿学派治学方法的特征。

首先，自倭伊铿大师以下，其学派的每位学者对所专注研究的课题都必然一针见血地直接标明其专著的特定内涵，绝不借用诸如社会主义或资本主义等附加色彩的名词或概念，从概念到概念地搞他所大力指责的“概念经济学”。倭伊铿教授在他自己的《国民经济学基础知识》一书中，便清楚表明他反对任何不切入具体问题的论析方式，反对将一般性的概念如资本主义者也，自我想当然地实体化或人格化（Hypostasierung），让概念与概念之间纠缠不清、争论不已、没完没了。

因此，亨思尔教授和他的门徒也偏重于物质逻辑（Material Logics）多于形式逻辑（Formal Logics）。换言之，这也就是我们通常所说的摆事实讲道理、言之有物的著作方式，最忌别人泛泛，更不刻意粉刷任何意识形态色彩以左右别人的价值取态。这也与韦伯尔教授的价值中立方法论不谋而合。

实际上亨思尔教授在他的成名作《中央统制经济理论导论》中所指的“理念型模式”（Idealtypus）完全是一个方法论术语，与英文口语中带有价值或道德色彩的“理想”（ideal）一词，毫无关系。理念型与实质型（Realtypus）这一对方法论术语，众所周知，都是韦伯尔教授所首创的；第二次世界大战后，在美国诸多大学尤其是哈佛社会学家帕尔森等教授推动下，早已经成为全世界学术界通用的方法论概念了。

让我再补充一两句：亨思尔教授那本《中央统制经济理论导论》专著对念过经济学入门课程的学生，并或多或少知道十九世纪瑞士经济学家瓦拉斯（Léon Walras）的全面均衡理论为何物者，应该不太难以理解。简而言之，亨思尔教授借用西方古典经济学理论，系统化地说明何以在全面中央计划与实物管控的经济制度之下，理论上也可以达致一个最优化的资源调配体系，即全面均衡的境界。这与瓦拉斯对比起来，最关键性的差别在于亨思尔模式的先决制度条件是国有产权制，而瓦拉斯的全面均衡则是建基于私有产权基础之上，完全自由竞争市场的经济制度。这就是自十九世纪末期以来，西方经济学界争论不休的所谓合理化的国民经济核算的问题，一直要等到1936年德国裔波兰籍知名经济学家朗格（Oskar Lange）的《社会主义经济理论》出版后，争论才算告一段落。

然而，朗格实际上并没有解决中央计划体制的经济核算问题，因为在他的理论之下所指的社会主义，企业徒具国有产权之名而又不完全受制于朗格模式所要求的市场竞争规律。由此观之，亨思尔教授有关中央计划经济核算的理论模式可说是西方经济学界的首创。

我认为最难得的是，亨思尔教授既然出身于倭伊铿教授的经济秩序自由主义学派门下，又敢于从纯经济理论的立场为苏式中央计划经济制度提供了一个全面性和系统化而又无懈可击的理论辩解，难能可贵也。

我自己虽然也出身于倭伊铿教授的自由主义学派，但却坚信中央计划经济制度在祖国神州大地的实践清楚证明了，它作为一套追赶式经济发展战略的制度工具，是具有极大的经济潜能与优越性的。而且纵观解放后祖国经济建设的前三十年也可看到，毛泽东时代所实行的集权式中央计划制度也为后来的改革开放创造了必备的制度与物质经济基础。毛泽东与邓小平一脉相承，这一点我也在《不可忘记毛泽东》一书中详细地加以阐述了；就如习近平主席两年前（2013年）所说的“两个不能否定”，即“不能用改革开放后的历史时期否定改革开放前的历史时期，也不能用改革开放前的历史时期否定改革开放后的历史时期”。

同时，亨思尔教授在他的纯理论分析中，也提供了一个清晰的理念框架，可让人藉以透视经济与其他领域（如政治、社会，以及文化传播制度等方面）的可能关联方式。诚然，亨思尔教授也如同他的老师倭伊铿教授一样，特别强调各类制度、或曰不同秩序制度的相互依存关系（Interdependenz der Ordnungen）。

学术性的交流与灵感性的启发之余，我也难以忘怀亨思尔教授和碧姬德师母夫人的贴心情谊。就像在他们家吃午饭一样，晚餐也大都是我单独应邀赴宴的。教授夫妇两老也特别讲究情调，晚餐时例必点燃餐桌上的蜡烛。夏日黄昏，烛光与窗外远方残阳相映成趣；入冬夜晚，又见下边小城微弱的灯光穿街走巷，闪闪烁烁，令人遐想翩翩，撩起了多少诗情与画意。画意我欠奉，因为碍于水墨功力，不敢糟蹋窗外的美景，但高枱上的烛光与天边羞答答的夜月星星，伴随着他们家中古典唱碟的优柔旋律婀娜起舞，莫道不销魂；另加他们家珍藏的产于佛莱堡附近帝皇宝座山（Kaiserstuhl）的琼瑶美酒（Gewürztraminer），三杯两盏之后更是飘飘欲仙，何似在人间！

诚然，碧姬德师母珍藏的唱碟全属古典乐章，应有尽有。圣诞节播放的每每是巴赫的《圣诞清唱剧》，响彻云霄；复活节倾听《马太受难曲》（神剧），哀而不怨。教授家的偏好显然离不开德国的宗教氛围，尽管他们并不信仰耶稣基督。这与在香港时丕介师较为侧重贝多芬与莫扎特的交响乐以及瓦格纳的系列歌剧，可说各有千秋。然而，我最最熟悉的还是舒柏特那几套脍炙人口的组曲，尤其喜欢他的《冬之旅》。在碧姬德师母身边，不论冬春秋夏，著名歌唱家迪士考（Dietrich Fischer-Dieskau）对《冬之旅》的美妙演绎，抑扬顿挫，不绝于耳，把舒柏特这位伟大的十九世纪浪漫哥儿的痴情缠绵，哀怨喜乐，发挥的淋漓尽致，魂牵梦绕。我至今对《冬之旅》组曲中的〈晚安〉、〈泪水〉、〈菩提树〉、〈春梦〉、〈风琴老艺人〉等等，仍能倒背如流，朗朗上口，不亦乐乎。我的老三幼儿，皓圆，从小视乃爹为舒柏特的化身，每当从美国返港度假，都乐于为我弹琴伴奏，并谦称他自已的手艺远远比不上专门为迪士考伴奏而蜚声全球的钢琴大师摩尔氏（Gerald Moore）呢。

亨思尔教授与夫人知道我喜欢，而且也鼓励我与其他同学们打成一片，藉以磋商学问。实际上教授与诸多门下子弟，连同几个较为年轻的导师，每年总有三几次相约前往马尔堡小城西郊三公里外，一座独立于旷野湖边斜坡绿茵上，名为檀木磨坊（Dammühle）的餐馆畅饮欢聚，互以砥砺。十三年前，即在皓圆从普林斯顿转往哈佛大学攻读博士学位之前，我和小萍一道陪同他从香港飞往法兰克福，准备遨游欧陆大地。抵步时，因感马尔堡古城近在咫尺，思古幽情油然而生，我们也就专程北上，旧地重游。我的一位旧时友好（也是亨思尔教授早前的学生）和她夫君，热情地驱车送我们重游檀木磨坊，并请我们一家三口在那儿吃午饭。怀旧之余，我特别要了地道的德国名餸——水煮冰腿（Eisbein），馋涎欲滴。

我在马尔堡念书的那三几年，檀木磨坊以外，更多的课余时间是打发在小城中心市集广场（Marktplatz）南侧，市政府大楼周边的那几个小餐馆里头，傍晚时分与三几个同窗把酒言欢。最要命的是冰腿上桌之前，三两大杯鲜啤陪送德国金酒董卡（Doornkaat，类似伏特加烈酒）穿喉灌胃，瞬间飘飘然，不由自已。记得有一次，小曼老弟迟迟不见那个熟悉的金发美腿小妹端上冰腿来，却彷若见她比往日略为丰腴，竟然醉眼迷迷，眨眨眼说，我们的冰腿儿恐怕已经装入她那美妙的小肚子里了。我也感觉另有蹊跷，微笑不语。餐后我们铁哥俩摇摇晃晃走回近在咫尺的浮尔士德贺夫宿堂时，我才对小曼老弟幽默了一句："小妹内有乾坤，来年恐怕也就是个姓纽曼的小小曼呱呱坠地啦。"

与小曼和其他三几个好友把酒言欢开开玩笑之余，我也不时在斐宾顿（Verbindung）饮酒大厅中与一众铁哥儿们放声狂歌。斐宾顿是欧陆、尤其是德语区特有的大学生结社活动方式，已经有几百年的历史，规定女同学不准予入社。这种结社在上一个世纪随着1848年欧陆各国大革命的爆发而四处漫延，风起云涌；论剑比武，美女醇酒，无所不谈。畅饮欢唱，不醉不散。美高梅那出《学生王子》电影中所看到的那个举杯高歌的帅哥王子，看来似曾相识，但是，我熟耳的传统斐宾顿歌调和歌词，如《让我们开怀畅饮吧》（*Ergo bibamus*）、《趁青春一道欢乐吧》（*Gaudeamus igitur*）、《黄金白银我最爱》（*Gold und Silber lieb ich sehr*）、《少年欢乐时光逝而不来》（*O alte Burschenherrlichkeit*），以及《古老的马尔堡我爱你》（*Alt Marburg, wie bin ich Dir gut*）在那一出电影中却似乎尽付阙如。看来那个扮演"学生王子"的好莱坞演员不谙德文，只能在主题曲中蜻蜓点水般地高喊"ein（一），zwei（二），drei（三）……"那三个德文数字；拉丁文吗，如布拉姆斯（Johannes Brahms）的《大学庆典序曲》（*Academic Festival Overture*）中也听过的那一小段《趁青春一道欢乐吧》的插曲，那就更加谈不上了。一笑。

第16章 理想浪漫激情　实事兼顾

我自己一早便对德国的科学技术与哲学音乐心向往之，后来又特别崇敬丕介师的学养并深受其人格与精神的感召，因缘际会便走上了留学德国的不归路。我至今仍然感觉留学德国是一个不错的选择，尽管1964年初完成了马尔堡大学经济学的学位文凭（Dipl. rer. pol.，相等于英美学制的硕士学位）考试后也想转往英国或美国探索新天地。

1964年那年大考前后，思绪反复，上下求索，基本上是想从德国理想主义的浪漫激情中，转而去追寻英美实事求是的功利主义传统，讵料游子在外而远在成邦江的老家接连发生不测变故，使我不得不调整闯荡英美江湖的野心与抱负。那段时期哥哥投海之后，大妹妹仰药身亡之前，最小的妹妹又神不知鬼不觉地毅然遁入砂拉越野林中，参与北加里曼丹（北婆罗洲）共产党起义打游击，无影无踪。心想，老父老母何罪遭此不测，精神上何以支撑。游子不才无德，老天又何其不忍，竟然如此苦其心志，拂扰其行，几令其崩溃。

就在我于1964年1月中参加大考之际，大哥益里被发现浮尸于澳门珠江口外，死因至今不明，究竟是意外坠海抑或另有隐情，往后也无从追究。父母亲知道我们兄弟俩感情至深，深怕噩耗影响我的学业和前途，一直封闭消息，直至留居香港的一位古晋校友将剪报上的死讯邮寄给我，那已经是一两个月以后的事了。我登时嚎啕大哭，当晚也在浮尔士德贺夫宿舍房内哭了通宵，几乎哭瞎了。第二天午后勉强起身，一张开双眼，立马发现视野朦胧。几天后求见眼科专医，虽然只得近视两百度有余，但从那个时辰开始眼镜也就陪我至今了，而度数如旧不变，并没有恶化。

大妹妹燕芳的死讯也如晴天霹雳而来。先说小妹妹燕鸾遁入野林后，听说成邦江老家周围偶尔枪声四起，有一次枪声过后，我的另一个至亲侄女——也就是我一个堂兄和亲姑妈的大女儿亲上加亲，联姻所生的小女儿郭静英表妹——和她的三几个战友，也就被抬出来小镇示众，陈尸街头，弹痕累累，残不忍睹，全家老少都哭昏了。我父母亲不见燕鸾横列其中，庆幸爱女尚存一线生机，但难免日夜牵肠挂肚，提心吊胆，生不如死也。这一切的一切都是我1964年大考结束后，回到成邦江老家时才听到的，深恨游子迟迟归也！回想起来，那场学位文凭大考彷若平生大劫，我相信是大哥显灵，远在天边助我于一臂之力，始得以竟其功也。

让我先从德国的学制与考试方法说起，这与英国的有所不同，也有别于美国。德国从小学算起，基础教育四至六年，初高中长达九年，基本上第九年相等于美国大学本科四年制或英国大学三年制的第一年。如此算起来，德国的学位文凭资格大约相等于美国和香港四年制大学后的研究院硕士学位。因此，我当年由新亚书院接驳上佛莱堡和马尔堡大学时，他们只认可我两个学年共四个学期的学历。

按规定，所有德国的大学生都必须至少念完四年共八个学期的课程，才够资格参加学位文凭考试，因此我在佛莱堡大学一个学期和马尔堡大学三个学期的记录仅仅合乎应考资格。实际上许多德国本土学生都因为惯于“择良木而栖”，不时转读大学，致课程先后脱节，失去了连贯性，所以当他们敢于报考时，一般都超过了八个学期的最低要求。而许多像我自己一样，也拿德国政府学术交换总署奖学金的外国留学生，则更因碍于语言能力，迟迟不敢报考。据我所知，有些来自台湾的同学便学会以战养战的办法，一拖再拖，拖到第十一或十二个学期以后才敢于上阵应考。

学制不同之外，更重要的是选课方式，尤其是考试制度与考试方法方面差异甚大。德国大学当然也有主修与选修课程之别，但与香港和美国大学的学分制不尽相同，并不存在严格的学期课程斩件考试的办法，让学生逐科考试，分别赢取学分，以累积获颁学位资格所需的学分总数目。

实际上，德国大学的学位文凭的考试方式接近美国的博士前的资格总考（qualifying or comprehensive examination），但所涵盖的内容似乎比美国的总考更为广泛。这是因为美国制度之下的资格总考学科结构较为严谨，基本上也属分科斩件的方式；而德国的总考则仅分几个大学科范围，如“一般经济理论”、“特别经济理论”（即如“比较经济制度研究”）、“企业经济学”、“财政科学”，以及“法学”等。每个大学科各涵盖一系列层次与授课方式各异的科目，如大堂宣讲（Vorlesung）和不同专题的高阶层讨论班（Hauptseminar）等等，由主考教授在偌大的范围内拟定考题。

因此，这对考生而言，不易掌握主考教授拟定考题的方向或具体内容，致令大家都有茫茫然的感觉，各显神通。原则上，每个考试题目一般都要求考生对问题的方方面面能够融会贯通，具有高度的分析、综合以及判断的能力，但同时也必须言之有物，设法将具体问题与独到观点纳入一定的理念或概念架构或者理论分析架构之内，切忌泛泛然空谈也。各大范围科目统一规定各考五个小时；两道题目选其一，下不分切细目，因此答案必须范而围之也。这是学分制之下、尤其对惯于抢答是非选题和筛选对错答案、只顾讲究效率和追赶速度的应试学生而言，是难以想像的考试方法。

德国冬天严寒，遍地积雪，偶尔乍暖，处处结冰，寸步难行。尤其是马尔堡小城大街小巷高低弯曲不平，冬日偶尔也见路上行人滑飞撞墙，头破血流。我在赶往蓝河岸边那个古老课堂，应考财政科学的当天早上，甫出浮尔士德贺夫宿堂门口，穿越骑士街沿着右边对开的库格尔（Kugel）小巷往下走时，负责撒放盐沙防滑的交通警车尚未抵达开工，路面滑溜溜的。我深怕迟到前功尽弃，一时心急，遽然失足，滚滑十来二十公尺后撞正弯角处一块“倒U型”石柱而煞住。登时左小腿遽痛不堪，但也只能横起心来，强行忍痛，跛着脚奔往考场。

进入考场后，惊魂甫定，一打开试题纸看到那两道考题时，懵懵然不知何以入手，但我还是强作镇定，并对隔座的考生老友悄悄地调侃说，今天且要看我如何“赋诗”（dichten）的本事了。开始下笔不久，室内暖气缓缓而来，才忽然感觉小腿血流如注。怕惊扰大家，我几次不动声色地翘上受伤小腿，用手压住长裤裤脚，以避免血流满地。监考官果然慧眼不凡，他似察觉另有蹊跷，趋前弯腰弄清虚实后，想即刻召唤救伤车前来。我婉拒他的好意，并开玩笑地对他说，今天非把这首“长诗”谱完不可，否则机会成本太大，承担不了。至于这首好诗是如何写完的，请容我先卖个关子吧。

考法学一科时也是有惊无险。首先，那两道选题的提问方式都相当诡异。我反复翻阅考场提供的民法公法以及刑法版本，试图严格针对问题，将所有有关的法律条文组成一个四平八稳、滴水不漏的密封式的逻辑答案系统，这花了我整整一个小时才能决定选答哪一条考题。确定后，又再不断地翻转桌上摆放的那几本厚厚的法律文本，逐条分析核心段落文词，左思右想，就这样又呆坐了一个多小时。

右侧隔座的另一位老同学朋友，看着我迟迟不能落笔作答，似在发愣，为我高度紧张起来。他几次转过头来，指着腕上手表，眨眨眼示意，爱莫能助。我对他点头微笑表示谢意，抬头眼望全场考生也无不低头奋战。我心里有数，虽然仅剩两个半小时功夫，自己还是有把握急起直追，沉着应对，不让自己乱了阵脚。心想，隔座这位老友考生，平时在高阶专题讨论班时，反应快捷，教授未问先答，口若悬河，滔滔不绝，不时令人发烦。这倒反而让我心中诚挚地希望他这次法学一科大考，千万别再次露馅献丑。

2月初学位文凭总考成绩放榜。我法学这一考科竟然也列属第三的“满意”（befriedigend）级别，仅次于第二的“优”（gut）级；这在应届经济学毕业班上也算名列前茅，颇感告慰。这也说明那两个半小时的“空手道”，就如“太极”发功。至于财政科学一科，则因考前备课不足，没有跟足教授特别侧重德国税法细节的指引与要求，所以当日临场浑身解数，尽力发挥理论演绎的优势，即我所说的赋诗能力是也。没想到那位主考教授还是蛮讲道理的，也给我个“满意”的评级。

最难受的是那位德国知名的法学考官，名称耶斯（Jesch）的教授在当年初夏——即我完成总考的两三个月后的一次暴风雨中，奔驰于高速的自动车道上，不幸意外撞车身亡。这让人有点担心，他给我分数偏高是否理据具全，那就可能死无对证了，一笑。其他几门考科加总，涵盖也考到优级的必修科：一般经济理论、企业经济学以及选科合作社经济学；还有“优异”（sehr gut）的特别经济理论，平均学位文凭总成绩属于优级。连带也被评为优级的硕士论文《倭伊铿的经济秩序形态如何影响经济流程》，在应届四十几个考生中，我居然名列第二，也足以告慰矣。名列榜首，总成绩属“优异”的全班只有一人，名叫考夫尔（Erich Kaufer）。他是负责教一般经济理论的贺普曼（Erich Hoppmann）教授的学生。贺普曼是当年德国专注研究新古典经济学自由竞争理论与竞争立法的著名学者，志趣与倭伊铿和亨思尔学派殊途同归，因而应聘为马尔堡大学的讲座教授。考夫尔博士后来也成为这方面的专家，享誉遐迩。

我后来听说，在德国政府学术交换总署名下，所有来自欧美拉非各大洲的外国留学生中，我破了纪录，是在合乎最低学期限度的规定之下考取学位文凭的第一个人。此外，我写的归属于特别经济理论范畴的硕士论文，对我进一步撰写博士论文以及往后长年以来的学术研究，也可说是奠定了一定的制度经济学的基础。

学位文凭考试后冬季学期还没正式结束，1964年4月中，我便取道新加坡，马不停蹄地赶回成邦江老家看望身心俱瘁的老父老母了。当年古晋至成邦江180公里长的小泥路刚完工，尚未铺上石灰柏油，小轿车颠颠簸簸地穿越丘陵蛮荒，抵埗时但见野林恶水依旧，而大哥归天了，幼妹失踪了，心念纯朴老实的父母亲在小镇几十户乡亲深情地关怀照顾之下，必然痛感悲戚，无地自容，霎时自己也热泪盈眶。一进我家“群益”门口，双亲果然憔悴不堪，自己反而强忍泪水，寸肠断矣。

游子归来兮，乡亲们当然都为我父母亲高兴万分，纷纷前来道喜庆贺。有些人甚至以为我已经拿到博士学位，就像是个金科状元衣锦荣归。实际上我不但是成邦江，而且还属砂拉越土生土长的第一个博士呢。人人挨家逐户相告，真令我啼笑皆非，但这也让父母亲倍感开怀，何乐不为。唯欢乐声中，我忽地里感觉阴影相随。事缘抵步当日稍后，我沿熟悉的鲁巴江水前往街头探访伯父母家时，发觉有人随后紧盯着。进入伯父商住两用的店内后，此“便衣”依然上下徘徊，不离不弃，有点令人心寒。如是这般，持续了三两天后，也就消声匿影了。实际上打从第一日开始，我便意识到那时正值砂拉越戡乱剿匪期间，警探特别警惕不速之客，何况我的小妹妹燕鸾，又是野林中人，失踪已经一年有余了。我后来心想，负责监管的特警其后可能谅我这位留学德国的大人物既然敢于抛头露面，我行我素，肯定没有什么偷天换日的本事，也就放生了。

然而，我可真要想尽办法让妹妹活生生地回到父母亲身边来，这自始至终是我遥遥万里赶回成邦江老家的首要使命。川中伯父交游广阔，在当地颇有名望。在他的带领下，我拜见了近郊马来甘邦（Kampong，即乡村）的头头。伯父介绍我时，说是刚从“杰罗梅”（Germany的马来话发音）回来探亲云尔。头发斑白、德高望重的甘邦首领很诚恳地承诺会竭尽所能相助。我们也想亲自深入鲁巴江上游森林热雨中，向聚居长屋、与周边四处游弋的野猪为伍的达雅克人寻求妹妹下落的线索，但是负责剿匪的特警严正劝止，因为那也正属游击队出没之地，怕我们随时会在枪林弹雨中丧命。

无可奈何，我转往古晋求助，幸蒙中学教我高中几何学一科的宋老师引荐，我拜访了宋老师他时任砂拉越政治部主管的女婿。此人身材高大，气宇轩昂，一表人才，就像《水浒传》笔下的卢俊义，看来属仗义高人也，让我顿时满怀信心。我的“卢俊义”答应先翻阅游击队的秘密档案，约我两天后见面再谈。他诚挚与专业的态度让我感觉成功在望，不禁喜上眉梢。两天后，这位类似“玉麒麟”的好汉说，还好妹妹健在，她不必四出游荡，但因腿疾不良于行，恐怕难以脱身而出。我登时问他可否设法雇请附近土著暗中背上妹妹潜逃，不计钱财多少，我都承诺负责全部费用。我感觉“老卢”有点为难，他说目前不易筹谋，要我静候日后发展如何再说，此事也就如此不了了之。

后来妹妹随大队人马，在游击队首领黄纪作与砂拉越州长于成邦江小镇（即砂拉越州第二省省会）签定和约，弃械投诚出来，并即移居香港后跟我说，她当年主要跟随在黄纪作身边服役。我这才恍然大悟，明白老卢所说，妹妹她之不必四处游荡，似乎指她的主要责任在于保护领导安全而不用频频冲锋陷阵，始得以留条活命回家也。让我再岔出一句，黄纪作是我古晋中华中学念高中时的同学，只比我高一届；谅他也认识我哥哥益里的背景，不知是否也因此特意将我妹妹当个人质，此不幸中之大幸也。一笑。

在返回德国之前短暂停留古晋期间，我也专程探访六年前（即1957年底）大力推荐我申请国际青年商会奖学赴香港留学的当地首富陈木林先生。他早已听说我继香港之后赶赴德国升学的事。见面时，他关心问我念到哪个地步了，我说刚考到硕士，还得花多两三年时间才能拿到博士学位。他老人家闻之大悦，说，“那可快了，看你堂兄，Dr. 燕绥（即益群的二哥）他，每日找他看病的人源源不绝，收入的钱多的不得了，不知放到哪儿去才好呢。”我连忙回话说，我念的可不是用来医病的，挣不了那么多钱。他不解，反问我说，那能不能稍微改一改，转成替人看病的那一门学问呢？我只能笑笑地打发说，那可得等我回到德国后再跟教授谈一谈。

这位陈老先生年纪比我父亲大，像我父亲，他也是早年从潮州老家远渡重洋，到南洋过番谋生去的。他口中的堂兄是我堂伯父川汉的第二个儿子，古晋出生，是在美国学医的。他有个弟弟继承父业，是个牙医。我父亲在成邦江执业牙医，所需器材和药物都是从他们家进货的。从我与陈老先生的交谈中，可见老一辈的华侨，就是那么朴实单纯。惟其朴实勤勉，始能白手起家；单纯可信，不欺不诈，所以客如云来，家存万贯。这些都是大都会如香港者，繁华昌盛之下危机四伏，繁文缛节之中人心不古，所不容易想象的事。

这个纯朴务实的民风，也让我想起新加坡南洋大学创校（1955年）之初的一椿插曲趣话。当年首任校长林语堂博士规划筹建一座宏伟而美奂美仑的大学图书馆，所需经费不小。当预算送上大学校董会批核时，传说也是白手起家、家存万贯的校董会主席陈六使先生有意见，说，你们这群博士大学问家念了这么多书，为何还要搞个这么大的藏书馆添购书本呢，真不可想象。

在告别老家之前，我特地到第三省省会诗巫市走了一趟，唯一目的是探访我最敬爱的中学老师傅永安先生。傅老师就是当年我为了哥哥被勒令退学，而与古晋中华中学林郁初校长发生口角时，仗义而出，助我于一臂之力的那位教我地理一科的老师。也就是他，让我牢记了世界上每一个国家的首都和主要历史名城的名称，促成了我以后周游列国的抱负与野心。我至今跑遍全球东西南北，每到一处都念念不忘他老人家的启迪。也就是他，当年为了替我力争香港青年商会的奖学金，不顾忌讳，亲自带我觐见当年那位负责遴选的砂拉越殖民地政府的高级华民教育司胡熙德先生，大力为我说项。傅老师后来从古晋中学转到诗巫市另起炉灶，出任诗华中学校长。

我到访诗巫市的第二天一早，傅老师便安排我对全体师生讲讲留学德国的经验与感受。我讲了足足一个小时，反而被老师总结的那几句话深深地触动灵魂。当年正值西德的经济奇迹震撼全球，傅老师对同学们说，“你们大家都听到了，德国的街上不见年轻人晃荡，因为大家都在工厂开工或办公；只见老人家悠哉闲哉逛街，出入博物馆，参观名胜古迹。这就是德国经济奇迹的现象与效果，值得大家思考。”傅老师声音宏亮，掷地有声，音调与姿态，就像他讲课一般。这也不禁让我想起他在古晋中学时所说的，当年他为了喊醒和逼使蒋介石对日宣战，与大群同学和国民在南京总统府对开街口，敲打大钟的热血气概。新亚书院丕介恩师热爱祖国、慷慨悲歌的形象也随即浮现我眼前。

事无不巧，前年（2013年）10月，母校新亚书院庆祝创校65周年时，我早期（1968年）的毕业学生，出生于诗巫市的丁家骅校友也远道来港参与盛典。谈起来，他不但修过丕介师的课，原来念中学时也是傅永安老师的高足。当时我发动新亚校友为丕介师塑造铜像一事已经接近尾声。丁家骅一听，立即应允捐款成为塑造铜像的发起人之一。我说很想择日回去古晋拜祭傅老师，但前两三次回去时四处打听，都不知他安葬何地。丁同学立即应允回诗巫后会，翻查墓地记录核实。心想，傅老师恐怕等不及祖国改革开放便作古了，不能落叶归根、魂归故土，遗恨婆罗洲海隅，呜呼哀哉！

回成邦江老家告别双亲后，我又仆仆风尘从古晋经吉隆坡飞往香港看望丕介师。在大马首都下榻希尔顿酒店时，才发现原来同一班机抵步的，还有砂拉越州的首席部长宁甘先生以及同行的三几位砂州华人政要。原来宁甘还是个成邦江的达雅克人，听说他也认识家父呢。当晚大家就在酒店内一道吃饭喝酒，我因为已惯用德语，英文不算太灵光，但尚可应付自如。他们获知我是留学德国的，也多少刮目相待。三杯两盏后，大家渐感熟络，开始无话不谈。我念念不忘妹妹的事，设法套出他们所知有关砂共游击队的情况，但被一位想讨好或巴结宁甘的砂州阁员打断了话题，只能让他们继续闲聊风花雪月的事。那位阁员浑身解数，指手画脚地坚持要宁甘在吉隆坡多住几天吃喝玩乐。我见宁甘几乎心动了，但又深恐古晋同事和友人见他迟迟不归，难以交代清楚。那位阁员半开玩笑地说，什么友人不友人，恐怕不是老婆，是另有乾坤吧，引得哄堂大笑。

宁甘所说的难以交代清楚，倒让我想起1990年初冬某天晌午时分，在香港沙田新城镇广场电梯内几位香港中文大学教授与高锟校长的交谈。当电梯刚降到地面大堂时，有人提议再喝杯咖啡去，只见高锟校长频频抬高左臂，看看腕表，几分尴尬，半推欲就，有点儿像那个贵为砂拉越首长的宁甘大土包一样，茫茫然但笑得很可爱地赶忙回应说，“这恐怕不大好，虽然大学近在咫尺，还得准时赶回去上班为宜。”我见这位几年后获颁诺贝尔物理学奖、为人谦恭尔雅的大科学家，倒是蛮有点儿儒家风韵，让人敬仰，但却没想到出身于伦敦帝国学院的这位鼎鼎大名的“世界光纤之父”，竟然也如此讲究准确守时、分秒必争、丝毫不苟；如此狂热，看来丝毫不亚于我所认识的任何德国人也。

回头再说我1964年春假从德国回老家的东方之行吧。我从吉隆坡飞抵香港后随即拜候丕介吾师，不在话下。紧接着便赶往澳门寻找哥哥葬身之地。这并非易事，因为只听说当年从大海中捞起来后，尸身匆促下葬于澳门氹仔的一个乱葬岗上，并没竖立墓碑。所幸当年的仵作是我堂兄燕京代为安排的。燕京也就是1958年1月30日我初抵香港时，在启德机场迎接我的那个堂兄，或应该准确称为我的再从兄。仵工是澳门人，由他陪伴我寻寻觅觅，终于认出了那个小土丘。我与他两人赤手挖掘坟墓，见到大哥头颅内那两颗镶金牙齿时，按不注热泪滚滚，因为这正是父亲当年亲手替哥哥镶装上去的。仵工与我拜祭哥哥亡灵后，随即点燃备好的火炭，在坟头边上慢火煎熬骨骸，寸心尽碎。装进自备的小瓷罐里头时，寸肠断矣。仰望苍天无言，但怨自己没有遂了哥哥青山到处可藏骨的壮志，也确实不忍见我至爱哥哥草草率率地马革裹尸还故里。当晚双手抱着小瓷罐赶飞翼船抵港时，海关关员伸手探摸瓷罐，感觉还是暖暖的，也就草率地放行了。

哥哥已矣，更让我忧虑流落异乡的妹妹燕芳，不知她近况可好。我随即飞往台北，赶火车南下云林县的斗六镇探访她一家老少。临行前在丕介师家里头匆匆吃个午饭，印象特深，因为丕介师当日休闲在家，早上阅报知道那个几天前闯入新界锦田林村的持枪狂徒在与大批警察激战后，至今仍然逍遥法外。丕介师感慨地说，一人作乱，鸡犬不宁，再加几个人为伍的话，必然天下大乱。如今想起来，庆幸2014年秋香港占中期间，无人持枪作孽；秀才造反，三年不成乎？

燕芳妹妹见面时，悲喜交集，悲的是大哥益里归天了，燕鸾小妹又生死不明。喜的是她听说二哥我明后年便可完成博士学位，很快就可携同她周游列国了。燕芳像我，喜欢四处旅游参观，也爱好音乐；她的长女旻妃后来还成为钢琴高手呢。临别时，燕芳还频频敦促我，别忘了尽快带她离开台湾一起旅游去呢。万万意料不到，妹妹的话竟成诀别遗言，哀哉！

清楚记得，当我终于获颁博士学位返港，益东大哥看到我时，感怀家里头过往那几年厄运缠身，父母亲不堪折腾濒临崩溃，他不禁苍然泪下对我说，“阿弟，我们甲东里祖家有句老话，一代状元，三年苦旱，此之谓也。”我心想，小弟不才，无功无德，愧对祖宗；父母善良纯朴，唯愿我无灾无难，不求公卿。莫非老天有眼无珠，误于天谴乎，呜呼哀哉。

话说回头，我1964年从砂拉越老家辗转经台湾和香港回到马尔堡大学时，正好赶上夏季学期开始，那也是我留学德国的第六个学期了。我继续注册上课，选修了一些较为专门化和高阶层的科目，如“中央计划与市场经济制度价格形成理论的比较研究”、“国际经济关系与对策”、“货币政策”、“工业企业理论”、“发展中国家经济计划”、“东亚国家的国际法与国际关系”、“经济与社会统计学”，以及“法国社会学前史”等。也同时选修“初阶法文”，后来还试过俄文呢，但深感格格不入，放弃了。如此这般，前后在马尔堡大学再攻读了三个学期，至1965年秋才转往西柏林的自由大学。

这三个学期的过渡阶段一开始，我便不断反复思索，如何兼顾将来的出路（择业）问题。除了柏林这个选项外，我也想到转往英美名校。这显然更是落实从浪漫激情到返璞归真，或曰实事求是的最优策略。我做了几手准备：在马尔堡时已经循例先考了托福，在柏林期间，也考了美国标准化的研究生院入学考试（即GRE）。最重要的是1964年暑假时，我特地到英国的牛津大学拜见当年颇具盛名的缅甸籍专门研究发展经济学的胡剌敏（Hla Myint）教授，探讨转学的可能性与条件。我与胡刺敏教授谈了足足一个小时，他对我的砂拉越背景与学历很感兴趣，当即应允收我为他的博士生，并说新加坡大学的林崇椰（Lim Chong Yah）教授，早前在牛津大学攻读博士学位时也跟随过他，云尔。

我随即回去马尔堡大学请示亨思尔教授，没想到他对我以《马来西亚的双元经济结构问题：华人族裔和马来土著之间经济利益平衡政策问题》为博士论文题目的构想，也大感兴趣，并说，这也是一个很特出的经济秩序问题。我当时有点为难，也颇觉不好意思，因为有关牛津一行事前并没向他打个招呼也，幸好亨思尔教授也是个通情达理的人，他并不介意，而继续与我讨论如何落实搜集研究马来西亚经济的统计资料问题。

经再三深思熟虑，最后结论还是不便赴牛津大学另起炉灶。难处有二：一是转校转制，显然必须花多不少时日适应，有悖于赶回老家照顾双亲的愿望；其二，研究马来西亚恐怕容易招人诟病，如许多留英留美的外国学生，为了比较熟悉自个儿国家的情况，也为了方便掌握研究资料，都乐于处理有关本国的研究题目，引来闲话，跳进河里洗不清。因此，真金不怕火，我最后还是决定跟随亨思尔教授写论文，并专注研究当年风起云涌的东欧经济改革，以刚刚出炉不久的东德新经济体制的所谓杠杆原理为蓝本，分析国营企业的行为方式及其体制效果。实际上这一选择，也配合我原先想转往西柏林自由大学的计划。

在牛津大学探访胡刺敏教授前后，我在伦敦市中心一位再从兄名益平的家里住了一个月；他就是那位在古晋开医务所、那个叫陈木林的大老板所说，钱财滚滚而来的燕绥再从兄的亲弟弟。益平仅比我大两岁，年纪与我大哥相若，他是在那之前的一两年才到伦敦念法律专业的。我心想，假定他能更早几年来到伦敦，可与我哥哥做个伴的话，也许哥哥往后不至于如此悲惨下场。

话说回头，在伦敦的那个月里头，也经历了不少趣事趣话。首先，益平租住的小洋房家里，摆满了一罐罐的银盾铜钱，沉沉的，不知何用，令人不解。后来见他时不时地捡起罐中的铜板塞入墙角边的电灯开关口，就如以前香港在街边泊车，到钟点时要赶回去喂老虎机一样。我这才恍然大悟，不给钱会随时断电，致让房间里头一片漆黑。这也立刻让我想起在柯赫尔歌德学院时，那位来自阿富汗的同学用电刨刮胡须时，因为忘记事先向房东打个招呼，以致电源忽然被切断的笑话。

英国房东如此天机算尽尚可想象，因为这个国家出了个有名的经济学家吉风斯（William Stanley Jevons），与奥地利的孟格尔（Carl Menger）以及瑞士的瓦拉斯（Leon Walrus）齐名，都是边际效用学派的创始人，情有可原也。然而，同一个时代，人文知识视野十分广阔的历史学派大师，如史慕洛尔（Gustav von Schmoller）、宋巴特（Werner Sombart），以及稍后的韦伯尔（Max Weber）等垄断了整个德国经济学界的泰斗，何以其后的族人竟然也如此斤斤计较，一毛不拔至此？这些蒜皮小事也让我想起丕介师早前在香港说过的话，即我们中国人以财发身，而洋人则以身发财；中西文化有别，永恒不变也。

益平租住的楼层就在海德公园西侧，走路不到十分钟便到。我几乎每天午饭后都跑进那个辽阔的公园里头，舒舒服服地坐在那长板凳上观望闲散的行人。万里晴空，白云轻飘，反思自己的抱负与取向。伦敦的夏天就如香港初秋，气候雅人，令人飘飘。我有时也漫步公园内的舒本亭（Serpentine）湖边，看小鸭子悠游，波光涟漪中仿佛看到古晋中学初中二年级教我英文的吴桦老师的身影，笑眯眯地说，如此肥美馋口的鸭子如果放进我们古晋的砂拉越河中，那早就不见踪影，让人给捉去红炆了。这话是当年吴老师被英国文化协会派去伦敦培训一年回来后，在我们班上讲他的旅英心得时所说的。我记得吴老师是古晋土生土长，英语世家出身的“峇峇”，中文欠奉，焉知如何赏识中国人民以食为天的文化传统呢？况且我湖中看到的是供观赏的天鹅远多于水鸭子。天鹅游姿优雅，或雍容华贵，或娇丽可人，而中国文化中，也不见真有什么癞蛤蟆想吃天鹅肉的。

吴桦老师音容宛在，也一时激起我对姑妈的思念。记得还在成邦江老家时，姑妈是做小贩生意的，她不堪巡警的骚扰，有一次竟然在街头指着那高头大马的白皮警司说，你有什么大了不得的，听说伦敦街上也有不少要饭的白人。

姑妈此语，也如吴老师的音调叮铛入耳，对我这个当年刚入学不久的小孩而言，彷若天方夜谭。我逗留伦敦的那个月内，也当然去过中国城吃饭；就在隔街弯角的莱斯特（Leicester）广场，至少有两次看到有人，不是黄皮肤的，也不是黑的，在那儿搔头摆尾，手摇鼓乐，伸手要钱，状甚滑稽，而仍然讨人喜欢。这比起一百八十年前舒柏特在他的《冬之旅》组曲中的最后一首所描绘的老艺人，徒脚履冻冰，戚戚鼓风琴，而乞碟空空如也，令人怅然泪下的凄凉悲惨情景，确实有所进步，真不可同日而语矣。

在海德公园里，也难免跑去遐迩闻名的“侃爷”角落凑热闹。这个英文称为Speakers' Corner的讲台上，敢于自告奋勇，侃侃而谈的，都是些能言善辩，无所不聊的侃爷。他们所触及的是各式各样大是大非的问题，有政治的、宗教的、种族的，当然也离不开意识形态和世界革命等敏感题目。听说马克思和列宁，当年也都在那儿开讲过。我心想，出生于马尔堡大学的异类思想家如哈贝马斯教授，在他那本成名作《公共领域的结构性转型》一书中，也应该会提到这个侃爷角落吧，这我倒没加以考证过。

我前后去了两三趟侃爷角落，主讲者恰好都是英国人，间中不时让听众哄堂大笑；唯我丈八金刚摸不着头脑，这可能因为我自己当年的英语听讲能力马虎，但伦敦人的干幽默有时确实也让人哭笑不得。然而，与香港维多利亚公园城市论坛的吵吵闹闹、开口闭口离不开真普选假普选，以及政改议程中功能组别存废等诸多问题相比起来，当年海德公园一般侃爷的知识内涵肯定高超得多，更何言城市论坛上争拗不懈的诸多升斗市民鸡毛蒜皮小事。

第17章 柏林围墙豁口 春光乍泄

我在1965年的11月自己从马尔堡出发，开车直奔西柏林，赶上冬季学期开课。陪我同行的是一位可爱的犹太姑娘，娇小玲珑。她是在马尔堡大学的学生餐厅布告栏上看到我征求旅伴，分摊油费的单张而来的。这是我考获德国驾照后第一次最远的行程，穿越途经东德禁区的高速公路，不准中途停车，直达西柏林市中心。初冬冷风逼人，雨雪纷飞，但车上仅得她与我，谈笑风生，还是感觉顶温暖的。

让我先从如何考获德国的驾驶执照谈起。那是1963年夏季学期结束前，亨思尔教授的夫人碧姬德师母突然提议我学会开车，并乐意用她自己的大众甲壳虫（Volkswagen Beetle），亲自教我操练，以省下驾校诸多收费。我当时正忙于准备大学的期终考试，但这是梦寐以求的机会，何乐不为。我就这样匆忙上阵，先考了复杂的驾照笔试，随即上了师母的小甲壳虫，在她指定的郊野空旷、不见人烟的草地泥路上，转遛了不到十天，就报考路试了。记得很清楚，当天参与应考的共有十六个男女学徒。排在我前头的七个，跟考官在大街小巷中转了一阵子，回到出发点下车时个个面色沮丧，神情凝重，不语。我自己也就这么黯然地上了考官的车，从双向对开的大学道西端往东走，转了两个街口后，坐在身边的考官竟然对我说，您车开的很顺畅（他用了德语zügig这个字），蛮好的。我登时松了一口气。

车开回原点后，考官即刻拿出准备好的驾照，上头还贴上我之前提供的黑白相片，签上字，恭喜我。我万万没想到，德国一向以官僚主义著称世界——尤其是自韦伯尔教授的有关巨著面世以后，考官签发驾照给我居然如此利落顺畅。这是我后来在美国教小萍以及在澳洲教我们的三个小孩，丹圆、剑圆、皓圆学习开车时不曾遇见过的；也不曾听说过有其他任何国家在这方面的办事效率，如此惊人。

手奉驾照在大学道下车时，我愕然心想，是不是考官对我特别开恩，因为轮到我时他已经整整“肥佬”（即英语fail意）了应考的一大半考生，总不能让其他学徒全部铩羽而归吧。反复思索后，还是自我肯定驾驭自如的信心。回香港后，我也不时对朋友说笑，驾车属科学与艺术的整合，八分艺术二分技术也。我掌握德国艺术以适应香港环境，无往而不利。在香港中文大学校园内转悠了将近二十五年，知我者都称道我驾车武艺高强，我也不遑谦让，欣然戴上这个高帽子开个玩笑说，将来从大学退休后，别的不说，至少够资格开的士（计程车）糊口，可媲美职业司机吧。

在马尔堡准备考驾照之前，早已经想买部旧车，并事先写信给父亲要他寄点钱过来。父亲听说是旧车，更加提心吊胆，回信中再三叮嘱仅可用以代步；此诚天下父母心也。我自己也先物色了一辆小甲壳虫，是蓝色的，车牌还清楚记得是MR 582，MR两个字母就是马尔堡（Marburg）的代号。一切准备就绪后，一拿了驾照，第二天便上了二战前希特拉兴建的超高速自动车道（Autobahn），往南直奔佛莱堡看白雪公主去了。同行的还有一位女同学，不是念经济学的，是我之前几天浏览大学餐厅布告栏时认识的，她也想搭顺风车，分担汽油费也。我事先打电话给她，约定出发时间与地点。上了高速公路，这位姑娘才知道我日前刚拿到驾照，为之魂飞魄散，又听我说要飞车见白雪公主去，更是几近断魂，不由自已。其实我自己心里有数，不为所动，因为这段路程我不时跟随亨思尔教授座驾，上上下下，参与学术活动，信心十足。小姑娘的家就在马尔堡古城和法兰克福市之间的维志拉尔（Wetzlar），也就是知名的徕卡（Leica）相机的产地，当年还是个小城镇。回程时我顺便送她回家放假，大家安全来回，不亦乐乎！

有了那辆甲壳虫，也让我有时可接替碧姬德师母，遛遛她那只小藏獒。这只小狗跟随师母多年，宠爱有加。其实我并不喜欢它，一则师母无以名之，一早管叫它“张”，也即是教授夫妇俩熟悉的丕介师的尊姓，大不敬也；二则不知怎的，这只小藏獒口臭无以复加，每次出去遛遛，上车时让它坐在后座，我被逼打开前后窗口，也必须憋住气，不敢呼吸。幸好遛狗地方就在近郊旷野，车程不远；有时也就近在教授豪宅住所周围小巷子遛遛，不用开车。傍晚时分，遛完小藏獒后，也时不时到教授家里吃晚餐。

教授家里，烛光美酒，最令人思念的还是那独特的琼瑶浆，即产自帝皇宝座山的特拉明纳香酒（Gewürztraminer）。看来不少香港和台湾人对此香酒，也是情有独钟，所以才有人煞费心机地将此美妙的杯中物，以知名台湾言情小说家陈喆的笔名名之也。亨思尔教授在佛莱堡大学追随倭伊铿大师多年，帝皇宝座山就坐落在小城北边，缅怀师情，让他们夫妇俩永久忘不了当地的美酒，到底是性情中人也。浪漫的琼瑶浆，自然也让我不断地思念白雪公主，想念她当年如何陪我漫步莱茵河边，穿梭于帝皇宝座山连绵委婉、遍地红红绿绿的葡萄丘陵绿茵之间，魂牵梦绕。

话说回头，抵达西柏林后，我住进了市中心位于康德街，即以那位伟大哲学家康德命名的学生宿舍，展开了柏林围墙之下惊喜交加的探险兼学术研究生活，花了整整两个学期的时间。

先说说我转学自由大学的构想。首先，虽然已经确定了跟亨思尔教授撰写博士论文，但我还是很想听听也以研究东欧经济改革著称的泰勒海姆（Karl Christian Thalheim）教授的成就。自由大学的泰勒海姆教授与我的博导亨思尔教授齐名，也都是当年西德联邦政府的“东西德国统一问题”顾问团的首席成员。在泰勒海姆教授手下的自由大学东欧研究所，还有一整批专家学者，深入钻研不同专题，著作等身。其次，我的博士论文专题，既然是有关东德刚刚出炉的经济改革规划，亲赴位居前线的西柏林观战，甚至深入敌后探险，当然顺理成章。那两年的柏林经历，也确实惊心动魄，至今思之，余惧不了，冷汗频频，容后另及。第三，转学自由大学的机会，绝对难得，因为第二次世界大战后，东西德分裂，柏林也成为美苏争霸的冷战中心，不时风起云涌，剑拔弩张。美国肯尼迪总统1963年在西柏林的那场著名的《我是柏林人》的演讲，便是公然对克鲁晓夫挑衅。因此之故，许许多多德国大学生，就如全世界的旅客一样，都想去西柏林凑凑热闹，尤其围墙建成以后，柏林更是众望所归。我自己虽然具有专注研究东德经济问题的优势，加以亨思尔教授大力推荐，基本上转学不成问题，但申请入读自由大学的西德学生不计其数；自己获选，可谓凤毛麟角也。

有关西柏林的自由大学（Freie Universität，姑且简称之为“自大”），还得让我补充一两句话。自大不可等同二战前的洪宝德大学（Humboldt Universität）。洪大位于东柏林市中心，战前共出了将近三十名诺贝尔奖得主。1973年获颁诺贝尔经济学奖的哈佛大学教授列昂惕夫（Wassily Leontief），早年便是在洪大跟随宋巴特（Werner Sombart）教授完成博士论文的。甫进洪大正门，便见列位科学圣贤的大名镌刻于大堂墙上，供人瞻仰。自大则远远不可以媲美也。任何圣贤到底不是朝夕之间凭空而降的。战后美国领导的西方集团，为了抗衡以苏联和东德等国为主的东方集团，极力投资培养自大人才，但一直望尘莫及。

我游学柏林，最大的乐趣，首先是与老同学蔡俊华又重新聚首了。俊华与我从古晋中华中学初一开始便是同班同学。和我一样，他只比我晚半年，也是获得青年商会奖学金，升读新亚书院经济系的。与他同期的还有另一位同班同学叫沈耀顺。耀顺稍后拿到新亚雅礼奖学金去美国耶鲁大学念政治学去，俊华则追随我这个老大哥，也是拿到德国的学术交流总署奖学金留学西德来的。他先到佛莱堡南边二十公里外的石涛芬（Staufen）歌德学院学习德文，那时我还没有从佛莱堡转往马尔堡大学，所以我们已经又再过从频繁了。俊华其后也跟着我就读马尔堡大学，但仅仅呆了一年便转往柏林的自由大学，跟随专门研究德国宏观经济问题的菲尔（Carl Föhl）教授去了。我1965年底转到柏林时，俊华也准备开始写他的博士论文了。

俊华知道我是从马尔堡开车来到柏林的，也跃跃欲试，要我教他学开车。我一口应允，但有言在先，如果车撞烂了，我可要他负责修理呀。倒真没预料到，一发动机器还兜不到半圈，我那辆甲壳虫车头便给撞扁了。事缘那是个废置的空旷场地，冰冻雪封，车刚开动不久，我察觉后头有人步行过来，误以为被警察发觉，一提醒老弟小心，只见他惊慌失措，对着那个烂铁闸冲上去了。

这个意外，也让我想起在佛莱堡初次重聚时，我们一道遨游巴黎时所闹的洋相与趣事。巴黎是我们铁哥俩打从古晋中学开始，一早便心向往之。其实在俊华抵步前，我早已跟随佛莱堡的一个旅游团捷足先登了；陪俊华老弟旧地重游，何乐不为。我们从佛莱堡乘火车前往，路经德法交界的萨尔不利根（Saarbrücken）过夜。当晚兴致勃勃，酩酊大醉。翌日清晨为了赶火车，在月台上狂奔，好不容易钻进了车厢，未及坐稳，所有酒肉都已经脱口而出了。就这样，一路上昏昏迷迷地，分不清车窗外晨曦与车内灯光，铁轨滚滚声一直陪着我们抵达巴黎东站为止。俊华老弟与我这一辈子都忘不了这一段但觉“声光灯”的痛苦插曲，而“声光灯”这三个字，后来也就一直成为我们大举干杯前的预警词了。

抵达巴黎东站时已是晌午时分，先钻进车站餐厅填肚子。我们不懂法文，也不谙法语，只见餐牌首页左上几行价钱较为廉宜，便对跑堂的嘉松（Garçon）小弟示意。只见嘉松他指手画脚地反应，也不知何意，我们也就点点头。那知盘子端上来时，每人各两份，尽是清汤，一模一样。心想，这小子落单之前叉开两个手指，翘翘脖子，其意很可能就是要我们确认每人各要两份吧。一则他恐怕我们各一盘清汤不够果腹，二则莫非他知道我们在车上所闹洋相，所以特意推荐我们进一步灌胃清肠乎。这一椿笑话，让我不禁想起上个世纪二十年代某位留欧中国学生游记中所写的类似故事，说他也照着餐牌首页几行点餸，由上而下，结果不是浓汤便是清汤，哭笑不得。心想，我们虽算出身六十年代文明，但与二十年代的中国古董比起来，也就是五十步笑百步，羞死人也。

俊华与我无异难兄难弟，甘苦与共，劫波渡尽；除了老婆不同外，几乎足以谱写同一份履历表。姑且先让我写写自己有关柏林的那一个时段吧。在自大那一年，我前后两个学期选修的课不算太多，主要都是关于苏式经济方面的，如苏联经济理论、经济制度与政策、中央计划，以及苏式企业组织形态。我也特别选修了俊华老弟的博士导师菲尔（Carl Föhl）教授的“经济成长与经济循环”以及一位较为年轻的、专注研究数理经济的卡德（姓 Kade，忘记其名称）教授的“发展中国家的经济计划理论与计划技术”。同时我也再度选修俄文，但最后还是不了了之，半途而废。

这留学德国的最后一年所选读的课不多，主要是为了腾出时间拼老命赶写论文。提到这一点，不禁悲从中来，因为就在离开马尔堡前来柏林前夕，噩耗天降，我妹妹燕芳在台湾家中遽然仰灌剧毒农药，不治身亡了。就像哥哥的死讯一样，父亲深怕这会影响或破坏我学业，也严密封锁消息。我是偶然在马尔堡一位来自台湾的王宝胜同学家中获悉的。当日傍晚王同学夫妇兴高采烈地设宴为我饯行，言笑间，我颇感兴奋地告知他俩，我妹妹也是住在台湾，嫁给个台湾夫婿，育有二女一男，家住云林县斗六镇云尔。我语音未落，忽见他们夫妇俩脸色剧变，慌忙从睡房中拿出一份刚从台湾海邮寄过来的中文报纸，黑底白字，连妹妹的全家照都印上去了。晴天霹雳，霎时惊见益里大哥魂断南海，鸾妹穿梭野林枪声，芳妹望穿秋水，等不到二哥我回去接她回家，偕同周游天下，紧接着是父亲母亲悲痛哀嚎的声音，历历眼帘；而我在王同学夫妇面前，竟一时欲哭无泪，彷若早已泣不成声了。

在柏林时，我为了赶紧完成论文，一般每周必前往东柏林一两次，固定三两个地点，搜集相关资料；其中较常造访的是一间高等经济专科学院的图书馆，每次都是自己开着那辆甲壳虫，穿过柏林围墙的豁口过去的。其他的时间，主要都花在自大上课。周末时，偶尔陪同俊华老弟和他的德国女朋友四出游玩，因为我有那辆小甲壳虫，出门到底方便多了。

大家都知道，柏林围墙是1961年8月13日，由当年的东德政府单方面竖立起来的；那也就是我6月中从香港飞抵法兰克福不久，还在慕尼黑南边的柯赫尔小镇的歌德学院学习德文期间。围墙后来在美英法三个占领／管辖区各设一个豁口，其中最知名的当然属美占领区那个查理检查点（Checkpoint Charlie）了；但我通关的那一个却是法国占领区的柏脑尔街（Bernauer Straße）的豁口；因为论路程，这较为方便，也可让我省一点汽油费也。

每次驱车进入关口时，车辆并不算多，西边进口畅通无止，但东边守卫森严。全副武装的东柏林警卫不但要用特备机器扫描车底，有时还传召人客进入特别房间，周身检查。有一次盘问我为何入境，我答称到东柏林找女人来，并幽默了一句，说西柏林女人太势利了，我来自发展中国家没那么多钱，没人领情，等等。又有一次，因应我东柏林的接头人要求，我随身携带了不少女人丝袜唇膏等奢侈品，经海关严格诘问之下只好回应说，没这些东西的话，东柏林没有女孩青睐。如此这般地幽默一两下，他们也就让我过关了。这倒让我感觉共产党人也蛮讲人情的，并非外界想象般的穷凶极恶呢。

最开心的事是，东柏林物廉价美，尤其是高级餐馆。我一般在图书馆开足一天的马力后，傍晚都在东柏林饱餐一顿。吃完一餐约值八九个东德马克的豪华客餐连同两杯新鲜啤酒后，只要从衣袋中掏出两包舶来品香烟，那跑堂的服务员便克恭克敬地再三致谢了，尚何言哉。可知道，当时的东德官定汇率是一个西马克仅给对换一个东马克。过境时，东方强制要求至少每人必须兑换四个西马克。而一包香烟在西柏林只卖一个多马克，在东柏林则值四个东马克有余。换句话说，两包不足四个西马克的香烟，可饱食约值八、九个东马克的美食，何乐不为也。何况对东柏林的女孩而言，那丝袜唇膏更是有钱不见得就买得到的呀。后来想起来，这对那些可怜无知的东边女孩而言，自己也未免有点太那个了。

现在回想起来，也不记得我那个东柏林的接头人当初是如何认识的。只知道这类牵线人几乎遍地皆是，为了挣点外快，有的当导游，也有的拉皮条，但帮上我忙的那一个，似乎神通广大，能帮我自由出入大学图书馆这类高级场所。我从图书馆出来后，一般不邀请他一道吃晚饭，只让他介绍较为高级雅致的餐馆，然后让他陪送我回到柏脑尔街关口，自己回去西柏林。最令人神伤的是，每次让他下车道别时，看着他站在街边那副沮丧落魄无奈的神情，巴不得跟随我的甲壳虫投奔西柏林去。那幅情景，至今仍然历历眼前，久久挥之不去。

东柏林的图书馆，按资料守密程度高低，记得划分为四或五个级别。我由大堂的一二三级开始，经那个接头人介绍和安排，获部门主管特准，曾经上到了四楼，看到第四级的资料，那已经属可对外公开的最高级别了。要再上五楼的话，听说要馆长亲笔签准才行。我要的资料主要是有关东德国营企业对新经济制度措施的反应方式，以及经济效率问题。有些可以影印，有些则只能施展浑身解数，猛抄特抄，将笔记带回西柏林去。其中不少都涉及国企的内部报告，而且实际上有些已经是正式出版过的，只是出乎销路或其他问题，在西柏林并不容易购买到，在自大几位专家教授的课堂上也是听不到的。就以研究东德或苏式经济造诣特深的泰勒海姆教授为例，他的著作以资料翔实齐全著称，但我相信我所掌握到的东德国企奇案，精彩炫目，是在我的博士论文中才能看到的。再者，我也相信，就苏式经济理论方面的造诣以及分析性能量而言，泰勒海姆教授到底也是不能媲美我的导师亨思尔教授。

携带那些手抄资料回去西柏林到底具有一定的风险性，不在话下。我每次都小心翼翼地将手抄资料混夹在影印文件中，幸好都蛮顺利地过了关。然而，就在我赶回马尔堡大学对论文作最后冲刺时，俊华老弟从柏林打来电话，说他刚看到消息，前不久有一位美国研究学者叫普莱尔（Frederic L. Pryor）的，因为携带未解密的资料出境，被东柏林当局给抓起来坐监了。我登时捏了一大把冷汗，庆幸安全回来，否则我父母亲可必全面崩溃无疑。我后来查看新闻资料，果有其事，但俊华的讯息早已经是明日黄花了。

事实上，普莱尔是在1961年的8月中被抓起来的，那时柏林围墙刚筑起来。他在1962年2月10日便获释，那是美国与苏联达成互换在囚谍报人员协议的前夕。他是通过美占领区的那个查理检查站重获自由的。普莱尔是当年美国耶鲁大学博士生，只早我几年，即在1959–1961年，也在自大的泰勒海姆教授主持的东欧研究所（Osteuropa-Institut）修课和从事研究。他所研究的是共产主义国家对外贸易制度，这个题目肯定是比我自己所研究的更为敏感。心想，幸好自己没闹事的理由很可能是一则我不是美国的白人，二则东柏林的警卫或以为我是来自东方文明古国、同属苏联兄弟集团的中华人民共和国，而且当年中苏意识形态争辩方兴未艾，未及红热中天的地步。

我在东柏林闯关将近一年，总算出入平安，倒没想到的是在西柏林期间却经历了两次难以想象的意外，至今一想起来，仍然不寒而栗。一次是晚春乍暖还寒时候，我在康德街的学生宿舍中加紧将我从东柏林所搜集到的新资料纳入论文初稿，并相应调整写法。在身旁帮我打字的是一位来自泰国的留学生，名叫瓦里，也寄宿康德学堂。他已经帮了几个月的忙，每周一两次。此人身材修长，仪表斯文，看上去恰似手无缚鸡之力。然而，熟络以后，无所不谈，我知道他是泰拳高手，一举脚投足是可致人死地的。

那天深夜，我们两人开工至三更时分，饥饿难堪，遂驱车前往柏林电视塔地面餐厅宵夜。远远地停了车后，还必须步行一段颇长的路，寒风刺骨之际，忽地里从餐厅跑出来两三个高头大马白人，醉昏昏地，眼光横视过来，大声嘲讽地说，“看吧！我们国家经援落后国家的钱，就是这么花掉的；三更半夜，来此耍乐。”我这位泰国老弟本来就对德国人很有成见，一触即发。说时迟，那时快，他一个箭步，逼近那三人身边，摆正姿势，一语不发。我见情势紧张，猛拉住瓦里老弟那破旧的西装袖口，而那三个白的，也不甘示弱，跃跃欲试，逼得我大声嘶喊，“别动！我的朋友是个卡拉特（Karate）高手，曾经在泰国踢烂别人脖子而入狱的。”这才让那三个白人悻悻然走开了。

另一次意外是我自己闯出来的祸，几乎亡命于柏林西郊的一个冰湖上。那年严冬，刚到柏林不久，住在近小忘恩湖（Kleiner Wannsee）边的一个学生宿堂里。每天从自大下课后，定必直奔康德宿堂见俊华老弟，吃晚饭，喝啤酒，尽兴而归，早将那年在佛莱堡前往巴黎火车上蒙受的“声光灯”苦痛，遗忘殆尽。小忘恩湖与康德街相距不过二十五公里左右，车程不出二十至三十分钟。当天午后乍暖，积雪融化，遍地滑冰。我格外慢驶，因为来不及将防滑铁链套上轮胎上，一路上小心翼翼，如履薄冰。千万没想到，那小甲壳虫刚一上小忘恩湖的大桥，我眼见宿堂就在前头，庆幸好不容易捱到家门口了，一时松手，驾驶盘不由自主地右转，我潜能地挪左，可那小甲壳虫却偏偏回头，转回来。如此这般，打转了三个半圈，幸亏刚好避开了桥上的电灯铁柱子。车头吗，也就仅仅蜻蜓点水般地扫描了几轮石头栏干，有惊无险。当晚月光朦胧，倒映入湖面片片白冰，恰似父亲母亲笑脸，温馨提醒游子，毋忘他们老人家，恩泽绵绵矣。

也说说一些赏心乐事，二小一大，喜洋洋也。某个周末下午，我陪同俊华老弟和弟媳彭希尔（Bernhild）夫人，一道驱车去法国占领区铁格尔（Tegel）的大游乐场，凑凑热闹。其中有个摊位，集中摆设各种名贵酒类，如白兰地、威士忌，以及各式德国知名餐酒，任由客人购买竹条编织的圆环投掷，投中瓶颈者得。我看了心花怒放，没想到，自己来自野林恶水成邦江老家的看家本领，这回可派上用场了。因为不见有我最喜爱的琼瑶香酒，我特意瞄准价格最贵的法国白兰地。那可非易事，因为越贵的瓶子，摆放的越深远，记得距离身边围栏足足有三至四公尺那么远。我稍试身手，投了三个竹圈，两个命中，第三个擦边而过，旁观众人，瞪目咋舌，兴奋不已。我想来第二回合，但摊主已不肯再卖竹圈子给我，看来他深恐专业高手光临了，得不赏失也。满载而归后，俊华弟媳即备佳肴下酒，我一般只喝啤酒，不喝烈酒，当晚也顾不了那么多了，幸好当时已经搬离了小忘恩湖边，入住康德街的宿堂了。

另一件赏心乐事可说是隔岸观火，不一定属幸灾乐祸。那就是1966年7月30日的世界杯足球赛，西德对英格兰是也。当年的西德，经济奇迹如日中天，国人都翘起鼻孔，期盼锦上添花，在世杯决赛中一举击败英国，以雪二战之恨，扬眉吐气。这不但是一般家庭主妇或市井小民的感受，而我自己所认识的德国同学，以及不少教授，也有相同的心态，尽管心照不宣。那场世纪之战是在伦敦开打的，但当日下午的柏林，人人足不出户，都群集家中，围住电视机观战。当时俊华老弟，也陪同已经大腹便便的彭希尔，静守深闺。因为康德宿堂不容夫妻并房，他们早已经搬到市区偏南的一栋三四层高的楼房居住，与二房东分租二楼前后半部。我驾驶小甲壳虫从康德宿堂飞奔而来，当时大街小巷畅通无止；偶见一二辆飞车，看来也是冲往前线观战的球迷也。

那一战西德终于败下阵来，全国上下如丧考妣，溢于言表；而虽以二比四败战，但那个"撞栏而下"，究竟应该算是入球与否的千古悬案，至今仍让德国人耿耿于怀。那一战也让那个西德名将，即打中锋的北根宝尔（Franz Beckenbauer）自此声名大噪，成为民族英雄。前几年，友人，也是球迷的丁锐文先生嫁女，在九龙湾酒店摆酒请客，特别安排我坐在香港知名球星郭家明身边。这位同宗高朋当然也听说过那场德国对英国的世纪大战，谈起来，我说当日自己也在柏林亲身观看电视直播，郭家明先生颇感愕然，就不相信我有那把年纪。我谐曰，莫非自己长得有点像当年的北根宝尔乎，其实北氏也不大像一般德国人，个个鹰鼻袭人的，一笑！

英德足球大战后不久，我自己也就班师回马尔堡，就近在亨思尔教授身边请教。昏天暗地，日以继夜地赶写论文时，就在9月21日那天，忽然电话声响，大喜消息，弟媳彭希尔当日诞下了宝宝。而且俊华在电话中也紧接着说，如我一早所预料的，现在果然一切都得购买两件了，尿片、奶瓶、婴衣、玩具，不一而足！我大声恭喜他们，不亦乐乎！清楚记得，当日一道在法占区铁格尔游玩和散步时，我见彭希尔弟媳举步维艰，壮似航空母舰游弋，已经一口肯定是双胞胎了。

翌日一早，我即从马尔堡小城赶往法兰克福市，直飞西柏林的腾普尔合夫（Tempelhof）机场，下机后上了的士直奔蔡家。抵步时已经是晚饭过后，俊华老弟也不管我是否吃过饭，速问我想做哪一个婴儿的教父（Godfather），朱莉娅抑或卡罗琳？我说两个都要！彭希尔弟媳说，大的，朱莉娅，只大个三几分钟，已经先被彭希尔自己的姐姐要去了。因此，卡罗琳便一直像是我的亲生女儿，而她如今也已经是两个男儿和两个女儿的娘了，女儿长的如花似玉，和她一个模样。

提起西柏林那个腾普尔合夫机场，我当日心情紧张，飞机下降那一刻，忽然想起来，就是这个机场，在美苏冷战初期，从1948年6月开始，整整一年时间，苏联切断通往西柏林水陆运输，美英联军随即通过这个机场抢运物资，供应全市几百万人生活必需，听说每一两分钟起落不绝，惊险万状。想起此事，便感觉有点儿惶恐不安似的，不寒而惧。

第18章 莫斯科春与秋 心影灰灰

也还在柏林时，1966年春天，也是乍暖还寒季节，我参加了一个自由大学学生组成的旅行团，人数记得也就是十五或十六个人，从东柏林出发，坐火车前往莫斯科参观考察。团员全是德国人，只有我一人是黄皮肤的，而且除了我自己，似乎也没有任何其他团员是专门研究苏联或东欧经济问题的。当年苏联的计划经济，经过1956年有关如何应用价值规律的论战后，改革企业管理体制以提高经济效率的呼声也越来越大。1962年9月21日，苏联经济学家李伯曼的那篇题为〈计划、利润与奖金〉的论文在《真理报》（*Pravda*）发表以后，轰动欧美世界，大家都以为苏联和其他东欧国家就此将走资本主义道路了。东德1963年开始的经济改革，也就是我博士论文的研究对象，在很大程度上就是参照李伯曼的建议蓝图而实行的。所以我抱着十分兴奋的心情与期望走访莫斯科，想探索李伯曼改革建议的内容虚实。

火车经过波兰首都华沙（Warsaw），停了大半天，并接载其他客人后，继续往东走。抵达今日的白俄罗斯（Belarus）首都明斯克（Minsk）时，已经是过了午夜，约莫记得是临晨二时左右，做短暂停留后，便直朝莫斯科方向前行；途中是否再在车上过夜，那就记不清楚了。只记得在抵达明斯克，快要入睡之前，同一车厢内的两个二八年华的金发女郎，笑眼迷迷，亲切地说了几声晚安。我小声致以谢意后，随即爬上了她们俩上头的卧铺，当晚睡得特别甜美。隔日一早起身，往窗外远眺，春光明媚，似欲入梦，又再想入非非。不知又再过了多少个钟头，只见右边窗外，黄花片片，无边无际，美不胜收，恰似陆上行舟，但那可比当年从成邦江老家，飘洋过海到古晋中华中学上学去，安全和舒适得多了。我心想，那广袤无边的黄花，浩如烟海涟漪，可就是中学的地理老师，傅永安先生在班上提到的、举世闻名的乌克兰大草原了。

当日下午约三四点钟，火车终于缓缓地驶进莫斯科火车站了。就在轮候下车时，我依依不舍地用德语试问那两位妙龄金发，卿从何处来，可知何所之否。两人羞答答地回话，是跟随东柏林的一个中学的游览小队上莫斯科学习（或曰取经）去的。这果然印证了我的预测。苏德可是两个不同的民族与文化传统，日耳曼和斯拉夫两相对立，自古已然；而二战期间，还打个你死我活呢。从今日香港人“反国民教育”的立场来看，那两个小女孩，可真是“洗脑”去的。下车通关时，人潮涌涌，只见她俩频频回头，笑的甜密密的，说声再见，霎时就消失在人群中，无影无踪。这不禁让我想起朱自清如何将李商隐咏叹的“夕阳无限好，只是近黄昏”，改变为“但得夕阳无限好，何须惆怅叹黄昏”，因以和之，曰，“但得销魂回眸情，何须惆怅失倩影。”

我们一行住进了红色广场西北角落的一间国营“引宾”（Intourist）酒店。就像以前中国大陆一样，这类接待外宾的酒店，都是中国国际旅行社经营的。一出酒店门口，便看到享誉全球的红色广场展现眼前。远远的对面便是那古色古香、多姿多彩，属于东正教的“红葱头”教堂。右边靠墙是电视画面时常见到的阅兵高台，以及“列宁陵寝”。后者是一座低矮的现代式建筑，但十分庄严。这似乎与列宁的身材很相称，但周边严肃的氛围却远远反映不了这位雄辩滔滔、叱宅风云的革命家的那个精干活跃的形象。再右边对上山头上，便是克里姆林宫所在，看上去仍然给人予高度的神秘感。克里姆林宫对下的红色广场东侧，便是全苏联最大的国营百货商场，钢慕（Gum）大楼是也。大楼不高，似只有两三层，但很古雅，几乎由南到北，覆盖了整片红色广场的东侧。如果打横竖立起来的话，整个钢幕的高度，恐怕还比不上纽约的泛美航空大楼，或当今香港中环的国际金融中心。

我很喜欢莫斯科景观，就如巴黎般的宽敞壮丽与典雅。然而，论文化底蕴，莫斯科到底不能与巴黎万圣殿（Pantheon）所展示的媲美。香港人所认识或听过的俄罗斯人或仅得个大文豪与大思想家托尔斯泰（Leo Tolstoy）其人，以写作《和平与战争》和《安娜卡列尼娜》那两出电影的小说版本著称。当然，中国大陆的同胞所熟悉的俄罗斯作家名字可就多了，比如高尔基、陀思妥耶夫斯基，以及屠格涅夫，等等。莫斯科河对国内同胞而言也应该是家喻户晓的，但恐怕也远远比不上巴黎塞纳河的雅致与浪漫，更不必说巴黎圣母院那两座高高的歌德式双塔，暮鼓晨钟，令人遐想绵绵。我们在莫斯科白天游览名胜，晚上无所事事，吃饭喝酒，我借机会频频与导游攀谈，希望听听从官方媒体所听不到的看法与说法，不亦乐乎。

也记不起当年，1966年春，我们在莫斯科到底住了几天，才上火车前往列宁格勒游览参观的。像在莫斯科一样，当年作为俄罗斯帝国故都的列宁格勒，游客也是寥寥无几。我自己最感兴趣的是那个冬宫博物馆（The Hermitage），可惜没机会看到收藏中国各个朝代陶瓷珍品的展览厅。冬宫就坐落在妮瓦河（Neva）边，呈俄罗斯特色的绿白相间颜色，宫里头巴洛克式的金碧辉煌，璀璨夺目，绝不亚于巴黎的罗浮宫或凡尔赛宫。我心想，二战时，经两年半的围城之战，如果德军成功攻陷列宁格勒的话，这个帝俄时代遗留下来的伟大冬宫的命运，是否也就如1860年英法联军火烧圆明园一样，片瓦不留呢？

当年法国大文豪雨果（Victor Hugo）感叹那个号称世界万园之园的圆明园毁于一炬，大声痛斥他名之为“英格兰和法兰西两个强盗”，形同毁灭人类文明的辉煌物证。但我也在想，如果当年列宁格勒也逃不过希特拉的狂轰滥炸和德军坦克铁骑无情践踏的话，是否在英法美等西方国家视史达林的共产主义为万恶不赦的情况下，也有类似雨果的良知，为帝俄沙皇的冬宫，仰天哀嚎呢？

1991年苏联解体后，俄罗斯人以自己祖国的历史文化宝藏为荣，将列宁格勒改称为原来帝俄时代的圣彼德堡，以纪念彼得大帝的丰功伟绩。其心态与用意看来就如神州炎黄子孙之于万里长城、秦皇汉武、唐宗宋祖，缅怀与崇敬列祖列宗也。但愿普京等俄国领导也能推己及人，迟早将在《瑷珲条约》和《北京条约》等不平条约之下所占领的大片中国领土，如外兴安岭和海参威等地，奉还给我中华儿女，是幸。记得当年毛主席为了回应克鲁晓夫无理取闹，便愤然说过，有朝一日，总要通盘结算的，香港既要回归祖国，被帝俄强抢过去的沃野万里，也得完璧归赵。

我二度造访莫斯科是在1995年的秋天。这一次是应俄罗斯科学院远东研究所所长季塔连科（Mikhail L. Titarenko）教授邀请，参与于10月中旬举办的一次国际学术会议，来去匆匆，可惜来不及踏足已经改名为圣彼得堡的列宁格勒。与上次1966年春天莫斯科之行相比，相距几乎30年。转眼间，于今足足20年又过去了，不知今日的莫斯科在普京治下，又变成个什么样了。但知第一次莫斯科行之后的30年，整个俄罗斯委实发生了天翻地覆的变化。尤其是在戈尔巴乔夫（Mikhail Gorbachev）冒进式的政经体制改革（Perestroika）和开放（Glasnost）战略（1985–1991年）之下，整个横跨欧亚大陆的苏联政治实体遽然解体了，接着是在叶利钦（Boris Yeltsin）休克疗法（Shock Therapy）的大震荡之下，整个国家的经济也濒临全面崩溃了。

我第一次莫斯科之行是春天，乍暖还寒，但觉春意盎然。第二次是秋天，乍寒还暖，更难将息，虽说秋高气爽，但寒流也开始咄咄逼人，难以逆转了。前后两次莫斯科行，红色广场景致依旧，但1995年秋所闻所见，却让我不由然地想起了梁启超那本写于1919/1920年间的经典名著《欧游心影录》之中所描绘的第一次世界大战后，欧洲的凄风苦雨。我同时也想起了德国历史哲学文化大师斯宾格勒（Oswald Spengler）那本出版于1918年第一次大战刚刚结束，而登时洛阳纸贵的《西方的没落》(*Der Untergang des Abendlandes*，英译 *The Decline of the West*）之中所展示的悲观色彩，不禁心影灰灰，感慨万千。

首先，我是于1995年10月10日经巴黎转飞到莫斯科的。取道巴黎，一则因为要顺便探访已经久居巴黎的俊华老弟的二女儿卡罗琳一家大小，二则想就近从巴黎飞往佛莱堡拜祭刚病逝不久的恩师亨思尔教授的夫人碧姬德师母。抵达莫斯科后，远东研究所安排我住进市中心偏南的一个广场角落边的酒店。由房间窗口外望，可清楚看见广场中央屹立着列宁的全身铜雕。相信这是莫斯科仅存的几十座类似的列宁塑像之一，现在的数目肯定是更少了。

不知怎地，当天下午住进酒店后，我一直看着那座列宁铜雕，感觉与其他所见到的差异鲜明。其他塑像一般都展示列宁英姿焕发，呼风唤雨，不可一世的模样；要不挥手顿足，慷慨激昂，要不披襟昂首，耀武扬威；也有的以手腕背托住下巴，作罗丹式的沉思，但横眉霸气，十足英雄革命家形象。然而，眼前所见的这座广场铜雕，却见列宁双手下垂，温文尔雅之余，神态几分沮丧。我心想，是否这属叶利钦政权故意操作，以消弭尚武好斗的苏维埃形象，不得而知也。无论如何，这座列宁铜雕给人的印象是，震撼世界的苏联十月革命，还不出80年光景，而竟然花果凋零了。俄罗斯的命运也似乎如斯宾格勒所说的，在浮士德式（Faustian）文明的制肘下，自彼德大帝，或曰亚历山大一世挥军巴黎，逼使拿破仑退位以还，也与西方文明一道走上了没落之路。看来当今普京总统，浑身解数，一心一意，想重建昔日辉煌，与美国争一日长短。然而，如果斯宾格勒的诅咒应验的话，那恐怕是注定回春乏力的。

我当晚在酒店彻夜睡不了觉，可并不因为感慨列宁身世，或苏联革命灰飞烟灭；也并不因为当日是辛亥革命纪念日——“双十”只比十月革命早个六年，而如今孙中山创办的民国，竟命悬东海孤岛台湾。我也不是因为遥想祖国神舟大地，欣欣向荣，数风流人物，还看今朝，而听到雄鸡唱白，以致兴奋起舞。难以入眠的唯一原因是酒店房内的暖气供应是计划设定的，不由住客因应个人需要给以调节，结果室内热比蒸笼；而我这个房间又恰好位于地面一层，处于保安考虑，不宜打开窗口透气也。

相信不少到过中国大陆旅游的人，都曾经遇到过同样的“社会主义的过度温暖”。我自己就在那之前的两三年前，因为应邀参与一项由加拿大英属哥伦比亚大学牵头，与国内南方十二个省市的社会科学院合作的研究计划，而先后两度入住南京中央大酒店，结果也就像跳入了火坑。而且又因入住的是高层贵宾房，也许为了防范贪官寻短跳楼吧，连偌大的玻璃窗门，也都不让打开透风。同行的英属哥大何保山教授与我，就被逼下楼，到酒店大堂的酒吧纳凉去。

同样的“温暖逼人”也在洛阳古都遭遇过。那是2004年，晚春时分，毫无寒意，我们几对友好夫妇，特地组团由香港出发，游览中原圣地。前往开封和洛阳之前，第一晚入住河南郑州刚刚开张的五星级苏菲特酒店。第二天一早，大家不约而同地前往大堂柜台，投诉被房间内的热浪煎熬了一晚，不能入眠，疲惫难堪。幸好后来到达洛阳时，正值每年一度的牡丹花会拉开帷幕，遍地国色天香，人人振奋。我心影中莫斯科的灰沉也遽然呈现眼前，想起来，天壤之别也。

话说回头，1995年的莫斯科，是俄罗斯总统叶利钦看到戈尔巴乔夫的市场经济改革裹足不前，而试图一步到位，大举推动其“大奔”（或曰“大崩”，Big Bang）战略后，所见到的景色。“大奔”显然急于求成，以致事事青黄不接，酒店暖气供应系统来不及相应调整，以适应个人化（customized）的顾客需要。这是可以想象得到的，尽管许多旅客不明个中原委，怨声载道。

而南京，尤其是郑州的情况，恐怕让人费解。就南京而言，这或可说是无可厚非也，因为1994年底，祖国大陆刚宣告建立社会主义市场经济体制，酒店需时调适。郑州的问题，则颇费周章，那已经是进入市场导向改革十年后的事了，而那栋五星级的苏菲特酒店是新开张的。不过据我的了解，当时酒店已经具有独立的供暖系统，不附属于整片城区的统一规划，只是个别客房还没有独立的高低调温设备而已，但这也可说是准个人化了。这或多或少也属“与时俱进”吧，充分反映了邓小平具有中国特色的实事求是，循序渐进的经济改革战略。

无论如何，当天一早，在郑州苏菲特酒店大堂内，众说纷纭，大家一致，嗤之以鼻，说大陆科技落后，跟不上世界潮流，云尔。我心中有数，等闲视之。心想，当今世界，中俄两国，如同西方列强的历史经验，基本上都是一一陷入了斯宾格勒所说的浮士德式文明的陷阱，即不断探索理性，追求上进，欲与天公共比高，但似乎都永远达不到目标也。这在一定意义上，似乎也与孔夫子的知其不可而为之的精神，不谋而合。然而，俄罗斯文化本质，到底也源出于浮士德式文明，与中国人传统的中庸哲理，难以相提并论也。叶利钦的“大奔”战略，显然是把死马当活马医，与史达林的极端虚无主义（施特劳斯语）对比起来，可说是同一事物的两个不同侧面，或如毛泽东一直警惕的“物极必反”也。这实际上都是植根于日耳曼或法兰西文化的浪漫（冒险）主义，而极端化之，实难持之以恒也。因此，俄罗斯的经济增长速度，在叶利钦手下几经大幅度震荡后，远远落后于中国大陆的可持续性发展，并不为奇。对这方面的问题，可说的话很多，还得让我简单地，先从酒店供暖的计划经济理性说起吧。

首先，这关乎追求规模经济效益的问题。试想在经济发展初期，如果一切因循个人需要，逐户和逐间酒店客房，分别设置独立的供暖开关调节器，其所造成的投资成本，必定远远高于如前苏联和中国大陆的计划规定，以个别城区为单位，统一供暖。同理，供暖日期，如中国大陆，划分大江南北两大区域，一概依经验日历“一刀切”设定，而不以个别省市温度高低变化为依归。这显然可省却了大量的人力物力与财力开支，可供投入追赶西方列强的重点建设项目，如炼钢炼铁，以及机械制造，以期加强国家工业实力，提高国民经济生产力，造福子孙后代。这虽属优先发展重工业战略的老生常谈，但今日所见，邓小平接手后，之所以能调整战略，搞改革开放，也离不开毛泽东治下的前三十年，全国人民勒紧腰带，艰苦奋斗，所创造和遗留下来的阴德也。这可谓水到渠成，择机重新部署，是也。有关这一点，拙作《不可忘记毛泽东：一位香港经济学家的另类看法》（2010年版）一书中，另有阐述，不赘。

再说酒店供暖问题，计划经济年代，从当局角度来看，个别年份春秋时分，客房寒暖不给自主操控，诚令人无所适从，但论主观舒适程度的话，个人效用总加，其指数高低，到底也难以货币单位量化，结果也就只能屈从国家优先发展重工业的政策了。这是简易的经济学常识，也是前苏联和解放后中国大陆穷追西方霸强的不二法门。结果是，仅以短短几十年光景，便完成了先进国家经历了两三百年的工业化过程，致与欧美霸权并驾齐飞。

这个超霸战略的一个特色是，两国（尤其是前苏联），都着重厂房设备的超霸思维（gigantomenia），看来冬季供暖系统也同出一辙。长此下去积压难返，一朝国家政策改弦易辙，即要求废置既有投资设备，一切推倒重来的话，那肯定是得不赏失也。叶利钦的“大奔”战略，则更不顾及大型工业企业的国有产权制乃属不可或缺的配套管控手段，而遽然搞全盘私有化；连同也属配套的官定价格制度，也断然给全面废除了。结果，在这个近似釜底抽薪的休克疗法之下，俄罗斯经济濒临全面崩溃，从1992年至1995上半年，仅短短四年半内，GDP共减少了42%，工业总产值消减了46%。迄今国力不振，在国际舞台上，要看美国人的脸色过活，哀哉。（以上所引用的网上时序数据只限于俄罗斯独联体的可比统计，不涵盖苏联解体后，诸多大小不同的前加盟共和国的统计数据在内。）

对比之下，中国的领导人，自邓小平以还，显然深谙中国人传统的中庸智慧，知道经济转型不可能一蹴而就的道理，叶利钦式的急功近利，必然欲速不达。因此，单就郑州苏菲特酒店的供暖设备一例而言，从国家1994年底开始正式引进市场导向改革算起，花了整整十年时间，还不能达到香港的标准，而这段时期，国家经济加速腾飞，举世瞩目，何解？我相信，香港同胞，如果能够见微思著，顾全国家大局，应该不会对苏菲特的供暖问题，咆哮责难吧。愿我中华儿女共勉之。至于对那三几个自称代表香港本土主义，也算翻读了三几本书，而心中不谙国家民族大义为何事的无知之辈，那就由他们去吧。不屑一顾。

让我回头继续谈谈1995年10月10日在那个莫斯科酒店内，面对列宁铜像彻夜难眠的故事。经通宵热气折腾后，我翌日一早，毅然决定自费搬迁到1966年春下榻过的红色广场附近的那间国营迎宾酒店，此举当然也出乎怀旧意识的冲动。然而，万万没想到的是，入住以后，我发现这间国营酒店装潢比以前豪华得多，但供暖装置依旧是计划设定的，不让随意调节温度高低。沮丧之余，只能下楼四出晃荡。也没想到的是，就在酒店大堂周遭的餐饮玩乐场所，却遭遇了“另类热浪”，姑且名之为“社会主义经济转型的过度温暖”吧。记得就在通往酒店大堂的那条宽阔而铺满鲜艳红色地毯的走廊上，两边排列着花枝招展、妆扮入时、婀娜多姿的少女，笑脸迎人；个个热情似火，令人感觉仿佛又回到了那蒸笼般的酒店房间里头去了，所不同的是眼前景致，确实美不胜收。我以潜意识的中国人礼仪，一路笑脸点头回应，偶尔也有一两个美女挨身贴耳软语招徕，让人手脚无措，好不容易地捱过那似乎永无尽头的长廊。此情此景，绝非我1966年第一次莫斯科之行所敢想象的。

1966年也看到莫斯科大街小巷都有类此的“寻租”行为，但对比1995年，背景与方式迥异其趣。当年徘徊于酒店门口的都是男人，老少兼而有之；一见不速之客，即刻趋前索买外汇。出价之高，往往以官定汇率的倍数计。同行的柏林自由大学（即“自大”）学生，对此早有所闻，个个是识途老马，抵步后的一两天内，只见他们吃喝玩乐，挥霍潇洒自如；出手之大方，一洗德国人勤俭节约，花钱谨慎，甚至一毛不拔的作风。我心想，自己从东柏林也累积了丰富的黑市外汇交易经验，而今竟不敢越雷池一步，放胆染指卢布，甚为不值。最终还是不甘落后，效法浮士德，臣服于强有力的梅菲斯陀（Mephistopheles）的诱惑，参与举手之劳赚快钱的勾当了，不亦乐乎。

事后与那十几个自大的男女同伙交换心得，他们对我的黑市议价本领无不称道。我明知这是简单的“后来居上”道理，即在当年苏式经济外汇供应极度短缺的压力下，也在官方默许，甚或鼓励之下，市民浑身解数，搜购美元外汇，滴水不遗。眼前这些“混混”，显然深知对我的团友同学而言，他们经已竭泽而渔，而看我自己却一直无动于衷，而今忽然松动起来，必然是待价而沽也。一方“奇货可居”，一方“志在必得”，所以“一拍即合”，价钱偏高，不在话下。当然，面对同来的自大同学，我患不着多说，仅幽默了他们几句：当今中苏两国，有关意识形态问题的争辩炙热，如日中天；中方的“反修九论”，雄辩滔滔，震撼世界各国，苏联老大哥也得退避三舍，看来这些街头混混，知道我是中国人，并非德国人，所以也得礼让三分也。

同时，从这些自大同学口中，我也得知原来他们一伙都从西柏林随身携带了不少“日用珍品”，如当年东欧各国年轻男女视为时尚的“的确凉”（dacron）衬衫和尼龙丝袜，更不用说法国香水、唇膏诸类的奇货了；而且也听说一早便被那些街边混混抢购一空了。我这才恍然大悟，为何抵达莫斯科不久后，团队中的女同学们脸面日渐憔悴，嘴唇也由红变黑，黯然失色了。启程回西柏林时，天气乍寒，但见好几个男同学上火车时，几乎两手空空，他们也坦言，连御寒大褛也都变卖了，结果在料峭春寒中，不断瑟瑟发抖。我心想，幸好女同学们还保留护身棉裤回家，不致于变成赤裸裸的浮士德理想主义者。

让我再回头比对1995年秋天在莫斯科遭遇到的另类更为极端的寻租方式。那是光天化日之下，黑衣向我乞讨不成，进而强抢的怵目惊心事故。这发生在我应邀出席远东所所长设家宴款待出席会议的几个特邀学者的那一天。因为路程较远，而且为了省点车资，兼顾安全问题，我不“打的”（即叫计程车），而选乘一直以深邃而豪华著称的莫斯科地铁赴会，也可一睹这个号称“地下皇宫”的莫斯科地铁的壮观风采。为了尊重宴会主人，我特意身着黑色西装领带，外披十年前在伦敦亚非学院进修研究时购买的名牌“八百里”（Burberry）乳白色大衣，以御秋寒。全身包裹的扎扎实实，倍感温暖之余，心里头也有个底，劫匪或扒手难以下手也。

万想不到的是，甫出酒店大堂，转入就在红色广场边上的地铁入口拾级而下时，迎面撞出了三五个十来岁小童，双手小心翼翼地扶托着半版废旧报纸，推向我胸膛，满脸可怜地哀求施舍。这是个孰悉镜头，我在巴黎和罗马都领教过；不屑理睬，只顾保护好胸前大衣纽扣，继续拾级下奔。然而，就在我刚刚落脚，踩到上下两段石阶之间的间歇平台时，小童忽然大力拉扯我两边衣袖，而说时迟那时快，四五个大人乘机从旁边冲过来，直击我胸口。我本能地施展几十年来以“反手击球”见称于几位羽毛球坛友辈高手的功夫，使劲扫击，并大声嘶喊，以求外援，但正准备同时发挥“跃飞杀球”本事时，眼看那八九个大人小童，施施然地退下阵来。我随即跃奔到火车月台上，赶上火车，安然无恙。我事后心想，这一群混混也许以为他们自己不幸，遇到个李小龙或成龙，知难而退了。

最令人懊恼的是，当时接近下班时间，出入地铁的乘客人头涌涌，而当我在奋战群雄时，人人视若无睹，闻若无声，没人喝止，或助以一臂之力。看来对熙熙攘攘过客而言，此乃司空见惯矣，不禁心寒。总之，好不容易捱到晚宴场所后，我向主人公提到路上如何惊心动魄。他的回应很简单，这都是吉普赛人干的勾当！千夫所指，都是吉普赛人，巴黎如此，罗马也如此，看来似乎斯宾格勒心目中“西方的没落”，都是吉普赛人肇事的，压根儿就是没人想起雨果的《钟楼驼客》中的那个可怜的吉普赛女孩。

我在巴黎第一次失手于吉普赛人，实属厄运，让我顺便一笔带过：那是1985年9月中，我从伦敦完成进修研究后，返港复职，途经巴黎停留三天，请当年一道在新亚书院过念书的老同学，白月桂，代为安排住进她家附近、位于十三区的一间小酒店。那是周恩来在1920年代留学法国期间也住过的公寓式宾馆，至今门口外墙上仍然钳挂着一块纪念铜碑。我与白同学一道用完早餐后，自己一个人乘坐地铁前往观赏凯旋门的灿烂辉煌，遛达遛达。这是我每次到巴黎时，不可或缺的观光节目。没料到的是，甫出凯旋门下位于香榭丽舍大道右侧的地铁出口，就见两个吉普赛小孩，撑着报纸往我胸口推过来，壮甚可怜。我掏掏裤袋，可惜没有零钱施舍。刹那间，那两个小兄弟不约而同地给个“歉意”的微笑，以及谢意的“飞吻”。我为之一愣，知道上当了，一个箭步冲前，但眼巴巴看着他们飞奔而去，遁入左侧的后街小巷，无影无踪。这次最难受的损失是，西装左边“上插”（口袋）内的钱包，连同信用卡，以及保留了整整二十一年，永远有效（既不必申请续期）的德国驾照，也都丢了。幸好“右插”内的护照还在，否则可就归期遥遥了。当时小萍和我们的三圆都不在身边，因为小萍三个星期前，先陪同小孩们赶回香港上学去了。

自此以后，我每次遇到“假卖报”的小孩，都十分警惕，以防他们以报纸遮盖，入手探览内插口袋。比如1994年7月初，在罗马斗兽圆场外的行人大道上，我和小萍以及皓圆三人，也遇上同样的扒手，这一次，我即刻站稳脚步，摆好架势，警告那吉普赛人，不可贴近身边，并叫小萍与皓圆母子靠边站，准备随时出手挥击。1995年秋在莫斯科险遭不测，纯属大意。当时自以为有“八百里”大衣密封，铜墙铁壁，没事。殊不知“八百里”英国名牌，容易招徕俄人（或曰吉普赛人）眼羡，竟然强行下手。还好当时仅仅弄脏皮毛而已，不碍我往后多年，再行“八百里”，上千里，数万里，足迹遍天下。话虽如此，反思莫斯科红场广场边上那一役，似乎还是之前三十年的苏维埃社会主义较为宜人，尤其是大幅贬值的黑市卢布，唾手可得。一笑！

诚然，1966年春的莫斯科之行，我后来不但效法其他同行的自大同学，染指黑市卢布，还先后高价变卖了两件已经穿用多年的“的确凉”衬衫。那厚重的棉大褛则不敢出手，因为还得至少寒夜外出一次，观赏那闻名世界的波而帅剧院（Bolshoi Theatre）的古典芭蕾舞演出。这可不是1995年已经高度商业化的表演所可媲美的。变卖的确凉衬衫的额外卢布进账，则主要用于购买顶级伏特加（Vodka）酒，以犒赏那位看来十分持重，而颇为熟悉苏联政治和经经济问题的莫斯科导游。我多日来感觉他所知不少，但开口时，见他似乎“话到口边留半句”，而且语带玄机。我心想，或许三杯两盏，有助他打开话匣。因此，我与自大同学合伙，于最后两个夜晚，宴请这位四十来岁的导游。他果然开怀畅饮，在尖锐问题刺激下，豪无忌惮，口若悬河。

我本来想要提问的问题，主要是针对李伯曼的经济改革建议，以及关乎我的博士论文的问题，尤其是集中于苏联大中型国营企业如何操纵“投入和产出”计划指标等较为专业性的问题（可参考拙作《不可忘记毛泽东》附录第一章）。但没想到那几个自大的德国人，喧宾夺主，连珠炮弹地诘问他对苏联政治发展与改革前景等高度敏感问题的看法。记得那个导游最发人深省的一个回应是，他大胆肯定二十年后苏联会全面民主化。此语叮铛入耳，仿若昨日，至今忘不了。

现在回顾戈尔巴乔夫短暂掌权期间（1985–1991年），他那冒进式的政经体制改革和开放性战略，以及1987年他那大胆的、打破苏联传统的所谓“民主化”（Demokratizatsiya）改革措施，我们那位1966年春莫斯科之行的导游的预测，真可说是“虽不中不远矣”。当然，那位导游当年肯定不能想象，叶利钦的大崩战略如何导致1990年代期间，俄罗斯的GDP毁掉近半，失业率急速攀升，三分之一人口陷入贫困水平以下，卖淫嫖娼酗酒猖獗，全国人均男人寿命预期减少了六岁，人口死亡率上升百分之五十。在全盘私有化之下，主要工业与自然资源转入寡头垄断手中，共有估价2000亿美元的国有财产以70亿美元的贱价化为私人所有，不一而足。这一切的一切，显然比梁启超《欧游心影录》所见一战后欧洲大陆的满目疮痍，更可怕千倍万倍也。

姑不论普京总统能否另创辉煌，或至少在军事上重振雄风，与美国霸权争一日长短，但戈尔巴乔夫和叶利钦所开启的“民主化和自由化”进程，却不由人不想起施特劳斯心目中的美国式的“温和虚无主义”。戈尔巴乔夫和叶叶利钦两人，一唱一和，在试图摆脱史达林式的“极端虚无主义”之余，既然没有美国式的财富家底，却似乎想一步到位，让俄罗斯朝向某种“没有价值导向、漫无目标、专注‘人人机会均等’的享乐主义”的社会方向转悠。可不知，社会学者所说的“现代性”中，“自由化”和“民主化”与试图摆脱任何伦理道德束缚的“极端个人主义”的想法或倾向，实际上形影相随，在在体现了斯宾格勒《西方的没落》的悲情，可悲孰不可悲！

由苏维埃联邦的遽然解体，环顾俄罗斯近一两百年的兴衰，以及当代中国的和平崛起，也不禁让我想起梁启超的“欧游心影”，反复思索祖国神州近百年来的大是大非，以及炎黄子孙的未来取向的问题。心想，梁任公在欧游之前、西风披靡之下，也如同许多知名中国知识分子一般，愿为科学万能与民主真谛而效法浮士德精神，不惜向梅菲斯陀出卖自己的灵魂。然而欧游之后，他终也返璞归真，不但回归儒释道民族真髓，而且视之为“可医西方而自医之药”也，善哉。

莫斯科西山日落，习近平与普京两皆强雄；而高低各异其趣，一目了然。重新谱写中俄春秋，则一以贯之。其不善哉！（新华网图片，Source: http://news.xinhuanet.com）

诚然，今日世界各国上下，纷纷热议“中国模式”能否或可否成为新世纪之星，我心想，梁启超在上天看见这个重大的风水轮流转的话，势必显灵，笑逐颜开，焉知天下殊乎；尽管今日中国特色社会主义现代化造成的天翻地覆变化，肯定也是他当年欧游后，所不能想象的。

第19章 别矣马尔堡呀 蓝水淌淌

紧接着1966年春的莫斯科之行，我还得回去西柏林完成自由大学的夏季学期课程，然后才能赶回我那亲爱的、念念不忘的马尔堡古城，对博士论文进行最后的冲刺。

还在柏林期间，初夏时分，发生了一椿趣事，值得让我插上几句谈一谈。背景是德国北部波罗的海海边的小城吕贝克（Lübeck）。我以德国学术交换总署（DAAD）奖学金学生的身份，应邀前往参加一个款待来自世界各大洲的获奖留学生的晚宴。历史上吕贝克这座小城曾经是汉萨同盟（Hansa League）的首都。十三至十五世纪期间，汉萨同盟的商业和航海势力，雄霸一方，举世闻名，至今德国的国家航空公司取名汉萨航空，即由此而来。我2008年游览波罗的海东端的爱沙尼亚首都塔林（Tallinn）时，便看到汉萨时代遗留下来的许多历史建筑，靓丽夺目。我到访吕贝克整整二十一年后，即1987年，这个德国人甚引为荣的汉萨同盟古城吕贝克才被联合国教科文组织列为世界文化遗产。这是欧洲北部第一个享此殊荣的中古世纪小城，但列入联合国遗产名单时，人口已经超过两百万有余，恐怕已经不是我1966年所看到的吕贝克那般古雅可爱了。

当晚大家都盛装赴宴，虽然晚宴主人不要求燕尾服，但个个黑色西装笔挺，肤色有白的和黑的，黄皮肤的不算太多。齐聚一堂，大家彬彬有礼，一派绅士风度，被安排分别坐在三四张长方形桌上用餐，每桌可坐约24人，分两边面对面而坐。我坐在第一台的角落位置，依上菜秩序，应该算是主客。我旁边坐的是一个来自印度的同学，可能主人见中国和印度是近邻而特意安排的，我不得而知，但何乐不为，因为在古晋念中学时，也结识了几个印度友好，而我高中三年级时，在比姗（香蕉）路住家对面的房子便住着一个漂亮的印度小女孩，整天眉来眼去的。

晚宴采用半自助餐方式，由服务员端着个大盘子，任由客人轮流选取大盘中摆放的牛扒猪扒羊扒鱼虾蔬菜等，不一而足。第一位先轮到我，我出于中国人的传统，也可说是无知吧，客客气气地礼让给我身旁的那个印度仁兄，请他“先下手”。哪知他壮似饕餮，即时“一次过”，猛往自己盘子堆砌，旁若无人。等到服务员回头再转到我面前时，那偌大配餸盘子几乎空空如也。还好，这位印度小兄弟到底也属几千年文明古国的后裔，他顿觉失礼，倍感腼腆，慌忙将他盘中“既得”，转拨归我，因出手过急，致自个儿所剩无几。这时，我也就不客气地，自以主客身份，站起身来，大声地向大家祝酒“开斋”了，“Guten Appetit!”（即祝大家“开胃”大吃的意思。）

尽管如此，用餐时我还是与这位印度兄弟谈笑自若，但谈到那三年多之前（即1962年底）的中印边境战争时，我则不客气地说，想不到尔等印度军队竟然如此不堪一击，看来在英国一百年的殖民统治中，印度人如风度翩翩的尼赫鲁总理者也，只学会欣赏佳肴美酒，没办法学到一点强军的皮毛知识，难矣哉！我也说，中国到底是礼仪之邦，虽大胜印军而单方面宣布光荣撤军，此“王者之师”，史无前例也。

无巧不成话，今年春节期间（2015年2月下旬），羊年吉祥，我终于“斗起胆子”，与小萍一道前往印度游览，以了却长久以来很想一睹这个古老文明国度风采的心愿。没想到刚抵埗新德里，翌日一早即见报载，印度总理莫迪到访印称阿伦纳差（Arunachal）的东北部省分，也就是中国的藏南地区，引起北京激烈抗议。这也就是当年中印边境激战的主战场之一。我古晋中学的地理老师傅永安先生曾经在班上告诉我们说，这个英国人画出来的所谓麦马洪线（McMahon Line）以南的印控地区（也就是当年解放军挥军直入而光荣撤退的藏南地区），其面积足足相等于砂拉越州的三分之二，或整个马来半岛有余；令人念念不忘。我心想，莫非莫迪总理见印度经济近年难得有所起色，又有奥巴马总统撑腰，居然想蠢蠢欲动乎。

一提起印度，又联想翩翩，就让我再岔出几句吧。我说斗起胆子游览印度，主要是多年来一直不敢踏足彼邦，事缘自从香港无线电视台东家富商、总经理余某于三十几年前在新德里感染阿米巴（Amoeba）回港后药石无济身亡，香港游客每触及印度饮食安全问题，人人谈虎色变也。我自信出生砂拉越的荒山野林恶水，免疫力够强，但小萍一直放心不了，也就勉为其难，迟迟不能成行。我一直心想，印度人口十亿，不可能个个铜墙铁壁，细菌病毒不入，而当前论人口每年增长速度，印度是1.55%，远高于中国的0.66%，预计十年后还将赶超祖国大陆的14亿人呢；因此旅游印度，染病机率不应高估。我们夫妇终于今春（2015年）下定决心，单独成团，踏上征程，一睹印度“金三角”的名胜古迹。本来还想涉足唐玄奘取经的地方，但碍于时间限制，也只能来日再说了。

然而，为策万全，我们全程入住五星级酒店，白天沿途也都留在车上，午饭仅以自备瓶装开水送面包饼干果腹，晚上则在酒店内自泡开水煮即食面充饥，不亦乐乎。那两个星期里头，仅得两晚敢于在酒店内泳池边上的露天餐桌试馋现烤肥牛，其他煎炒煮，概不染指。另得最后一站，在乌代派尔（Udaipur），也即是我们俩的全陪导游的老家所在，宴谢他全程照顾有加。我们特地恳请这位识途老马的导游，选择一间最为干净可靠的豪华餐馆，我要的是所有印度教教徒敬畏的圣牛，也是简单烧烤的，小萍则点了特色印度咖哩鸡饭。饭后即行起飞，经新德里，转乘国泰航班返回香港。翌日一早到家后，小萍即感肠胃不适。我们反复思索，猜想，闹事的非那餐咖哩鸡饭或国泰商务头等舱的餐点莫属，难矣哉。

我们从香港起飞，抵达新德里机场是大历年初二半夜，隔日一早，导游便带我们参拜圣雄甘地的陵寝。世界众望所归，游客熙熙攘攘，百目睽睽，不离陵园正中那块偌大的平面方形黑石。我则盯着黑石侧边那缕永恒火焰，气若游丝，随风摇晃着。心想，在场是否有人反思甘地圣雄的"不抵抗非暴力"政治哲学呢；圣雄是否碍于资金短缺，买不起军火，故弄虚玄，赢得美名？总之，这显然与毛泽东的枪杆子里出政权的斗争理念，迥异其趣。子孙有灵，当知大陆解放前夕，也即是甘地遇刺身亡（1948年1月）之际，印度如同中国，论人口数量、寿命预期、国民所得、工业生产实力，与中国不相上下；而且在英国殖民政府治下，印度当年的铁路交通运输里数还比大陆略长呢。上世纪60年代以还，美国也锐意培植代表资本主义发展模式的印度，以与代表社会主义发展模式的中国，争一日长短。俱往矣，论经济科技国防军事实力，抑或人民福利水平高低，庆幸今日祖国繁荣昌盛，已为印度望尘莫及，而非百步与五十步之别矣。

德里往南不到三百公里，举世叹为观止的泰姬陵是我们梦寐之中的重中之重。我们特意安排对这座盖世奇迹，观赏了两次。一次是夕阳西斜，穹苍中的泰姬，显得几分凄凉，恨不得有个像夫君蒙兀儿皇帝那么痴情的唐明皇李隆基，或与泰姬自己年龄相若的明朝书生才俊柳梦梅，亲临拜谒，聊慰亡灵。第二次观赏是翌日凌晨，曙光冉暖人心，睡眼朦胧中仿佛看到蒙兀儿的杜丽娘起身返魂，飞舞牡丹，笑容可掬。诚然，两次参拜泰姬陵，景致各有千秋，令人神魂颠倒。

辞别泰姬陵寝前夕，导游带我们观赏阿格拉（Agra）市剧院以泰姬陵为素材的歌舞表演。剧院布景堂皇，但为了迎好一众美国游客的现代性口味，几十个脱胎泰姬的美女佳人，舞姿粗糙突兀。那个演蒙兀儿皇帝才子的，则显得霸气不足，婆妈有余。舞台所见，泰姬溘然而逝时，他呼天抢地，不可终日。怪不得他自己卧病不起时，两个太子已经兄弟阋墙，帝国自此衰落。长达两小时的演出，与我们2013年10月在西安舞台上所看到的《唐明皇与杨贵妃》的壮丽璀璨与哀怨缠绵，完全不可同日而语矣。

提起杜丽娘和柳梦梅，也让我想起"临川四梦"的汤显祖。几年前我陪小萍探访她祖家江西宜黄县时，由南昌南下，路经临川，顺便停车观赏路边上的牡丹亭纪念公园。我笑问守门检票的小姑娘，可知汤显祖何许人也。她充满自信地说，是"东方的莎士比亚"。我摇头笑曰，"应该反过来说，莎公是西天的汤翁吧！"至少《牡丹亭》的创作不见得晚于《罗密欧斯与茱丽叶》，而元代的《西厢记》面世时，还不知莎翁在天何方，但肯定不是汤翁的先祖也。

我们飞抵印度的三周前，美国总统奥巴马应邀参与莫迪总统在新德里举行的"共和国日"纪念盛典。听说他原定参观泰姬陵，后来匆匆取消行程。我心想，奥巴马来的话，也必然会跪倒泰姬陵前，但不知他是否也将感觉到，与泰姬陵所代表的世界文明对比起来，美国火星航天工程体现的天之骄子的高科技，相对而言，那可是可笑的文明反差呢，更不谈奥巴马在新德里街头巷尾所可能看到的难堪破旧。

谈起奥巴马，还得穿插一两句有关泰姬陵前所见一众游客，如何喧喧扰扰，令人不胜烦躁，无比厌恶。事缘泰姬陵南大门内的湖边，设有一台远眺泰姬陵全景的长方形石砌坐凳，昵称"戴安娜之椅"。这就是当年那个短命英国皇妃的特选镜头，那可不得了呀！我与小萍趋前，未及坐下，但见三几十个操美国口音男女老少，从旁簇拥而上，三五成群，紧挨着轮番抢坐上去，水泄不通，不让其他游客有个隙缝挤进去。而抢到位子的，有的坐着，也有的站在石凳上，不论少女徐娘，个个摆姿弄态，自比戴安娜，东施效颦，丑态百露，不堪入眼。在旁观看的，又喋喋不休，评头说尾，声浪震耳欲聋。我不禁感叹，温柔优雅体贴的泰姬看在眼里，必然啼笑皆非，莫非这就是上世纪五六十年代那《丑陋的美国人》（*The Ugly Americans*）在泰国和缅甸所展示的庸俗文化乎。

我也在想，泰姬陵与万里长城同属世界七大奇迹之列，假如泰姬陵外围诸多大小不同、色彩格调各异其趣的建筑群，一概夷为平地，扩大周遭绿色草坪空间，然后将纯白色的泰姬陵大理石结构放大几倍，几十倍，甚或几百倍，那可能就像祖国的万里长城一样，也可从天上的人造卫星一览全貌无遗；让人从上天广寒，反窥地上宫阙温暖，更觉其恢宏壮观。那时，气势磅礴的万里飞龙，可真不能媲美印度的大白象了。然而，返归现实，目前所见，万里长城代表两千多年前，或曰秦汉神州的辉煌，泰姬陵虽属旷世奇观瑰宝，充其量却仅得三百余年历史，或曰相等于明清时期遗迹。两者相比，这也反映了某种程度上的文明反差也。

我们金三角游的另一个掎角名胜景点是斋浦尔市（Jaipur），那是广袤的印度国土内、号称拉贾（或曰"拉惹"）斯坦（Rajasthan）邦的首府。这个首府也号称"粉红城市"，因为当年邦主为了迎接英国爱德华公子驾临，竟将所有街道建筑粉刷一新而成。听说至今首府法规还强制保持这一规划特色，怪不得许多印度人认为自已比起英国人还更英国化呢。英国殖民政府的奴化教育可真伟大，成功！就如回归祖国就将二十年了，香港至今还有不少市民乐于高举膜拜红白蓝色米字旗游行示威，十足奴才相！

斋浦尔市内旅游景点比比皆是，大的如市区东北高山上的琥珀堡，我们也好奇地骑着大象，颠颠簸簸上去了。这个碉堡原属当年权倾一世的斯坦邦主，即拉惹（或曰土霸王）的行宫，后来也是油上粉红色的。仰望碉堡周围，城墙绵延，倒有点像祖国的万里长城；但充其量也仅比得上北京居庸关或慕田峪的那一小段而已，而且看起来，破旧不堪，让人不忍卒睹。

斋浦尔市的另一个热门景点是市内的皇宫，当今依然属拉惹住所，还有对开的皇家天文台，倒让我们流连了好一阵子。我可看不懂场内所展示的各种观天设备，以及测量时段日历的仪器工具；但知这个天文台首创于18世纪初期，也是模仿中亚、波斯，以及中国的传统经验。果如此，则元朝的郭守敬，甚或东汉的张衡也很可能尽在其中呢。

我自己最感兴趣的，倒是市内皇宫中博物馆所陈列的历代拉惹画像和遗物。这让我想起我自己就是在砂拉越邦的白人拉惹（White

Rajah）布鲁克（Brooke）家族统治下出生和长大的，但我身上点点滴滴血液可都属炎黄子孙，绝不像许多印度人不认自己的印裔血统。

最后这句话，我可不敢用以亵渎任何印裔友好，但还是其来有自的。据实言之，我与小萍先在新德里的香格里拉酒店住了两天，第二天一早下楼吃早餐时，在电梯内遇见一对文质彬彬的印度夫妇，温文尔雅。夫人问我是否来自日本，我断然说，不是，我来自香港，是中国人。我接着反问，尔等何许人也，家住印度何方。回应的是丈夫，说他们来自美国，久居宾州费城附近的兰开夏。这对夫妇明摆就是印度人，就是避提原籍何方。第三天我们入住阿格拉市的拉迪生普鲁（Radisson Blu）酒店，也属五星级的，就在泰姬陵附近。真凑巧，也是下楼吃早餐时，但这次是在电梯门口，遇见的也是一对彬彬有礼的中年印裔夫妻，看来就如同香格里拉酒店的那一对夫妻，同属高人一等的“谱拉铭”（Brahmin）族群。问的是一模一样的问题与语调，我同一方式回答，但这次对方说的是，他们夫妇俩来自英国伦敦。双方谈起来，似曾相识，因为我在伦大进修研究那年，即1977／1978年，我们全家也曾住过他们熟悉的伦敦瑞士村庄（Swiss Cottage）城区也。我又说，英国到底不是我自己的国家，最后还是决定迁回香港定居，可不管别人如何个想法。说起这事，不知怎的，我特别喜欢无线电视台那位新闻采访女郎、印度裔的利君雅小姐，漂亮之余，讲的一口靓丽动听的粤语。但愿更多的印裔子女，像利君雅一样，也被香港的中国人同化起来吧。

从德国人称之为北海的波罗的海海边的汉萨古城吕贝克、巧遇那位印度留学生说起，连想翩翩，聊到了今日印度的金三角名胜景点，天花乱坠，几乎迷途忘返，可我心中倒不曾忘怀那温柔可爱的马尔堡古城。现在就让我回头再谈谈我在马尔堡小城的最后几个月的日子吧。

归去来兮，可我最后所见到的马尔堡，似乎倒不像那陶渊明眼中的田园之美。回想起来，那留德的最后日子，为了奋战博士论文，心影中的马尔堡恰似天翻地覆，让那宁静古雅的小城变成沙尘滚滚的疆场。我日以继夜、难以入眠，也仿佛不时听到那静静的蓝河风起浪涌，波澜壮阔。那段日子里，我后来也想不起来了，究竟是如何捱过去的。只知道从马尔堡转读西柏林自由大学时，退了浮尔士德贺夫宿堂的房间，回来后租住一栋两层高的私人大楼的底层的一个大房间。大楼位于罗登堡街（Rottenberg Straße）的街口，与亨思尔教授家所在的斯贝尔街（Sybelstraße）以及他创办的比较经济制度研究所所在的赤脚街口（Barfüßertor）三街汇接，正好形成掎角之势。这对我而言，实在是一个完美的作战物流（war logistics）设计，一则教授家近在咫尺，请示方便，二则研究所也是篇步之遥，可随时翻阅论文资料。

除了早餐外，不分昼夜，我基本上都置身于研究所里。老骥伏枥，虽不敢说志在千里，但想到成邦江小镇的荒山野林恶水边上，老父老母望穿秋水盼儿归，我泪竭之余，激昂奋发，反而思绪流畅，落笔也如行云流水，天助我也。以前寄宿浮尔士德贺夫学生宿舍时，因为吃不惯马铃薯猪牛扒和生蔬菜，不时在宿舍厨房里头自己动手，现在则午餐常常忘记了，或午晚两餐合并，就在赤脚街上的小食快餐店充饥，一般都是在那个维也纳森林（Wienerwald）烧鸡摊位站着吃，或四分一，或半小只，不亦乐乎。记得那个时期，赤脚街上，或整个马尔堡小城还不见有个肯得鸡或麦当劳呢。几个月下来，启程回来香港前夕，反而觉得自己添增了分量。这不是因为完成博士论文，心广体胖，而是因为少吃蔬菜，也尽力不沾啤酒，慎防乱神也。

亨思尔教授知道我日夜无休，用心良苦，恻隐之心，溢于言表，偶尔也请夫人碧姬德师母邀约我到他府上吃晚餐，可又担心我误解他催问我博士论文进展速度，彼此诚然有点为难。但可我忘怀不了他们家酒窖里头的琼瑶浆，那可是我往日佛莱堡的“一线牵”啊。

另一位知道我“不见天日”的，是新居罗登堡街大楼的一位年轻女住客，记得她是在马尔堡大学攻读企业经济学的，我去柏林之前并不认识她。我每天早出晚归，也从来不在楼里头开伙，看似不吃人间烟火。在她眼中，我似乎就是那个雨果笔下的《巴黎圣母院（诺德丹）》的钟楼驼客。经她三番两次殷勤地邀请，我终于盛情难却，上楼探访她的馨香闺房。几次都是她亲自下厨，手艺不能与碧姬德师母媲美，也没有琼瑶美酒陪餸，可是彼此谈的很投契。三杯两盏之后，起舞弄清影，不似在人间。她最欣赏的背景音乐，跟我一样，也是斯特劳斯的《蓝色多瑙河圆舞曲》，可惜那娇小闺房，显然并非华尔兹的用武之地。

日渐熟稔以后，我们无所不谈，让我非常惊讶的是，这位脸型娟好、眉清目秀，而体型也修长，且兼有一双典型马尔堡美腿的日耳曼少女，可不是诺德丹钟楼驼客所遇到的那个多情多义而纯朴的吉普赛小女孩。据她所说，她与当年西德政界叱咤风云的社会民主党（SPD）党魁威里·布兰德（Willy Brandt）熟识。我记不起细节，似乎就在布兰德党魁1965年参与西德联邦竞选期间，她参与辅选工作，而与他同住在波罗的海海边的某一个大酒店时，互相认识的。熟悉这一段西德历史的人都知道，那场大选，社会民主党还是敌不过有德国经济奇迹之父的艾尔哈德（Ludwig Erhard）领导的基督教民主联盟党（CDU），而布兰德自己也要等到1969年再次大选时，才成功成为西德总理。最重要的是，布兰德被选为总理后，也随即于1971年因为推行突破冷战思维的“东进政策”（Ostpolitik），企图与东德、苏联和其他东欧国家修好，而获得诺贝尔和平奖。这些变化，都是我后来从美国哈佛大学进修研究后回来香港时，看到媒体大事报道，才知道的。

在马尔堡苦战博士论文期间，还来了一位意想不到的稀客。那就是俊华老弟。不知怎的，他突然从柏林飞法兰克福，转乘北上火车，遥遥千里来看我。对我而言，这真是风雨遇故人，万分喜悦，不在话下。我虽然感觉俊华老弟忽然来访，事有蹊跷，也不想开口问他。我俩难兄难弟，而我家“无兼味”，“只旧醅”，当晚一同到市政局大楼前市集广场侧边那个他也熟悉的阳光餐馆（Die Sonne）饱食豪饮。“阳光”底下，他也讳莫如深，只听他一如既往，讲鬼故事，滔滔不绝。

俊华从他老家、即古晋市二十几英里外的石隆门小镇开始，讲起一百多年前（即1857年）小镇金矿的客属华侨子弟矿工，如何因砂拉越首任白人拉惹（土霸王）詹姆士·布鲁克（James Brooke）苛捐杂税，起义反抗，直捣古晋的砂拉越河对岸的阿斯塔纳（Astana）王宫，逼使詹姆士拉惹爬窗逃难，游过对岸，寻求马来村庄的首长庇护，接着大举反攻，杀戮矿工民勇，并烧死遁入荒山野洞的无辜老少妇孺共四百余人，暴尸遍野，遗臭熏天。石隆门小镇马来话“暴污”（Bau），其意为臭不可挡，即由此得名也。

石隆门小镇也因此“阴魂不散”，鬼话连篇。俊华说，他家亲戚，便曾见夜半三更，睡梦方酣之际，忽地里，整个大木床，无端端地由墙边往窗口移动，随即升吊半空不坠，看来还在警惕詹姆士拉惹跃窗逃遁，铸成滔天大祸。

我们铁哥俩在阳光餐馆酩酊大醉后，已入深夜，不见“阳光”。两人拖着沈重身躯，脑海中尽是詹姆士的刀光血影，晃晃荡荡，好不容易回到罗登堡街大楼住所。五更天，天未明，不见曙光，迷迷蒙蒙中，乍见一个巨大黑影，扑向前来。我在梦中大声嘶喊，把蔡老弟也吓醒了。惊魂甫定，我笑说，你老弟的鬼故事可真灵验！几十年来，我一直知道俊华特别喜好弗洛伊德（Sigmund Freud）的《解梦》（*Die Traumdeutung*）。他正要开口，我抢先截止，说，明早睡醒再谈吧。

隔天一早，俊华果然喋喋不休，说我凌晨做的可说是个浮士德型的博士恶梦，即梅菲斯陀（Mephistopheles）又再引诱我以灵魂交换真理云尔。我说，你又见鬼了，我归心似箭，赶写论文，以报春晖。论文思维清晰，就快写结论，呈交给亨思尔教授老头了；又说，教授满头斑白，早就对我信心十足，我也不担心过不了关。但实际上，我自己内心也正在自我解梦，迷蒙中心想，俊华老弟这么突然来访，让我不好意思、也没有机会约见楼上香闺中的那个可怜的吉普赛少女，心思思焉，惹得那个钟楼驼客隐身的巴黎圣母院的主教妒火焚身，从钟楼飞跃而下，猛冲着向我扑身而来，要我死了条心，放弃与他争宠也。

在整理论文，最后定稿之际，给予我最强的一臂之力的是我之前提到的曼忽烈·纽曼同学，也就是小曼老弟。他当年刚好完成博士论文考试，在亨思尔教授的比较经济研究所任助理研究员，时间较为从容，加以德文到底是他的母语，也乐于帮忙我对论文的行文与表达方式，不断加以润饰。他给予的细致功夫，感恩之余，也让我这一辈子，每逢撰写论文，不论是德文、英文，或中文的，都一定要请人轮番反复评阅，细心修辞，以期臻善臻美。

曼忽烈兄弟也是师从亨思尔教授的，但他论文的研究对象是有关苏式经济普遍存在的进出口价差平衡（Preisausgleich），或曰盈亏平衡的问题。这是一个苏式经济外贸理论与政策实践问题，主要缘起于典型的官定价格扭曲问题，一直困扰着许多西方的研究学者，许多人并简单地视之为“以进口价格补贴出口亏损”的不公平外贸政策操作办法。迟至1990年代初期，美国政府的世贸组织（WTO）代表还不时以此为藉口，阻挠中国大陆恢复世贸成员国资格。我也曾经就此问题发表过看法。在我看来，美国政府的论据，内涵玄机，醉翁之意不在酒，主要想藉以逼使北京早日将官定价格体制全面自由化，让市场经济制度主导一切也。

总之，曼忽烈兄弟的博士论文，与我自己的大异其趣。我偏重于苏式经济计划平衡、国营企业经济行为方式以及体制改革效率方面的问题。尽管如此，他还是倾全力帮助我改善论文修辞，甚或行文结构各方面的工作。其恩其情，是远非“宋江及时雨”所可比拟的。

我于1966年12月22日考获博士学位，论文与口试俱被审评为“优等”（Magna cum Laude）后，便随即于12月30日、即阳历除夕前一天从法兰克福机场起飞返回香港。从马尔堡开车送我去机场的也就是小曼老弟一个人，也就是他，在机场热情地拥抱着我惜别时，说了那句难以入耳的、祝福我起飞后“打断脖子、打烂大腿”的曼忽烈兄弟。

曼忽烈自己平平安安回去马尔堡后，第二年便到德国联邦银行法兰克福总部的国民经济与统计司任职。两年后，应聘前往康士坦兹（Konstanz）大学任教，并参与由布鲁纳尔（Karl Brunner）教授举办的货币理论与货币政策研究计划，自此改弦易辙，声名日渐远扬，1973–1981年应聘为柏林自由大学讲座教授，1981年起，转往当年仍属西德首都的波昂大学迄今。波昂政府的背景，以及他的专长，让他多次造访美国联邦储备局华盛顿总行及圣路易斯分行。他也是设于欧盟总部布鲁塞尔的欧洲政策研究中心的经济政策组成员，也曾到过东京日本银行交流。更为难得是1998年他应允光临香港给个公开演讲，会展中心那个大讲堂座无虚席，我与有荣焉。

没想到欧盟近日（2015年初）又因希腊债务危机问题，闹得鸡犬不宁。这又让我想起曼忽烈兄弟有份参与筹划欧罗（Euro）出台的事。记得欧元肇始不久，我们一道应邀于1994年，在德国的杜伊斯堡（Duisburg）大学参与一个国际学术会议。当年谈起欧元问题时，他私下跟我说，欧盟的问题绝不是简单的货币如何统一化，或曰欧罗的问题。各成员国历史文化分殊，民族性格各异，伦理道德理念不尽相同，纪律规则操守的解读不一，加以政治动机方面，各怀鬼胎。单就遵守欧盟各国所共同拟定的财政政策守则而言，某些国家善于寅吃卯粮，那已经是难矣哉，欧罗（Euro）迟早是必然会闹事无疑的。

听了曼忽烈老友一席话，我暗自庆幸，我伟大祖国，自秦皇汉武，唐宗宋祖，明太康乾，以至于今日，一脉相承。书同文，车同轨，万民归宗。疆土之广袤，数倍于欧盟有余，就如国学大师钱穆教授亲自所写的新亚书院校歌所唱的，“山岩岩，海深深，地博厚，天高明，人之尊，心之灵，广大出胸襟，悠久见生成……十万里上下四方，俯仰锦绣；五千载今来古往，一片光明。十万万神明子孙，东海西海南海北海有圣人。”而今海内外炎黄子孙，人心所向，振兴中华，中国梦成，指日可待也。外交上，和而不流，强哉矫！中立而不倚，强哉矫！心想，参天古老大树，绝非三几个国无道的蕞尔之邦、跳梁小丑、蜉蝣自诩，就可以触损其皮毛或摇晃其枝叶的。

因为大家都属亨思尔教授门下，所以曼忽烈兄弟也认识寄居于教授夫妇家中、那个我之前也提起过的萨比尼师妹。我回香港后，他们俩的感情加速发展，后来结为夫妇，育有一女一男。我从香港中文大学前往哈佛大学进修研究后、取道欧陆回来时，特地前去探访他们夫妇。那时，他们还在康士坦兹（Konstanz）大学，小女儿燕妮（Jenny）刚出生不久，小萍则怀胎八月有余，我指着腹中女儿，要小燕妮叫妹妹。晃眼间，曼忽烈和弟媳萨比尼也有个男孙子，比我们的还要大呢。

我们两家后来也一直保持联络，我在1970年代，前后至少两次，记得是1975年和1977年，远赴意大利的阿碧思山南麓的南帝洛（South Tyrol）滑雪胜地一个名叫拉达恩（Radein）的度假小镇，参与由亨思尔教授始创的拉达恩研讨会（Radein Seminar）。这个年会每年都定于2月中旬、正值漫天飞雪季节召开，与会的学人主要都是亨思尔教授的子弟，也有来自东欧各国的同行专家学者。记得第二次与会时，适值报载水城威尼斯可能会慢慢陆沉，我顺道往访，并借道威尼斯飞往柏林探访曼忽烈一家。他还特地邀请我观赏柏林歌剧院正在演出、由举世知名的奥地利籍演奏家卡拉扬（Herbert von Karajan）指挥的贝多芬《田园交响乐》呢。

谈到拉达恩年会，我这几十年来，至今每年都收到他们的学术集刊。以前主要是关于苏联和东欧经济改革，其后是苏式经济体制转型问题，而今更遍及欧盟经济整合诸多题材，当然包括财政与货币政策协调等等棘手问题。然而，我对拉达恩小镇的最深刻印象，倒是那漫天飞雪、峰峦起伏、极目皑皑的景象。心想，这就是毛泽东《沁园春·咏雪》中“北国风光，千里冰封，万里雪飘……江山如此多娇……数风流人物……还看今朝”的盖世气魄吧。

翌年，即1978年春，曼忽烈老弟知道我在伦敦亚非学院进修研究，特从柏林来信，邀请我参加他准备与布鲁纳尔（Karl Brunner）教授联合举办的学术会议，地点就在著名的瑞士度假胜地少女峰（Jungfrau）之下的双湖之间（Interlaken）小镇。可惜开会时间确定于暑假期间的7月，那已经接近我休假尾声，忙于准备返港了，不能分身赴会，惆怅不已。当时也正值《光明日报》发表那篇惊动四方的〈实践是检验真理的唯一标准〉鸿文，藉以"解放思想"和"突破框框"。我虽然不能躬身参与双湖之间的盛会，但心想，自己专注研究中国经济问题，《光明日报》石破天惊的这篇论文，必然让人自此大有用武之地，不一定要改弦易辙，跟随曼忽烈老弟研究货币理论与货币政策问题。此之谓人各有志也。

接着可要等到二十年后，即1998年香港经济学会的那次盛会，才有机会亲迎曼忽烈老弟临港。更为欣慰的是，再接着的三年后，即2001年，我们相互约好参加国际大西洋经济学会定于10月11–14日在美国宾州费城举行的大会，我也写了一篇题为《中国加入世界贸易组织后银行业如何相应调整》的论文，准备与会，并希望借机向他深入请教。万想不到的是，"911"那天，美国资本主义的宏伟坐标，即世界贸易中心双子塔，不堪一击，轰然倒下。全世界风声鹤唳之际，而布什总统亦决意于10月9日对阿富汗开战，势必直捣黄龙，生擒"911"罪魁祸首，否则决不罢休。费城大会日期距离"911"仅是一个月以后的事，当时仍然人心惶惶，许多已经报了名准备参与会议的专家学者都决定放弃行程。经家人再三劝止，我也决定退回机票，并电邮征询曼忽烈老弟意见。他竟然回言说，恐袭刚过去，短期内再发生的概率微乎其微，所以依约前往，因为他到底必须为大会做一个主题发言也。可钦可配之余，我心想，这位老弟到底不愧为日耳曼游牧民族的基因，骁勇好斗，不怕死，一派小布什作风。然而，我也心想，比诸缘起于三五千年华夏文化底蕴的中华民族，安土重迁，运筹帷幄，稳扎稳打的策略，也可谓各有千秋，难分上下高低也。听说毛泽东自己，一辈子就不曾开过枪，没发过一颗子弹。

曼忽烈走了，小曼死了；晴天霹雳，何其突然。噩耗是我们同一届的同学逖睦美（Jörg Thieme）教授于2016年的7月中以电邮传过来的。他也顺便在电邮中邀请我参与明年2月中在南帝洛举行的、由他自己主持的拉达恩年会。小曼是在7月9日永远离开大家的，我当即给萨比尼师妹弟媳发个唁电，深切地哀悼，由衷地慰问全家大小。我也即刻向逖睦美询问小曼的死因，据说是脊髓梗死导致截瘫（半身不遂，Querschnittslähmung，英文是paraplegia），躺在床上动弹不得已经将近两年了。

悲痛之余，也不禁让我想起来，那也只不过是几年前的事，我应另一个老同学，卡塞尔（Dieter Cassel）教授的邀请，前往杜伊斯堡–埃森（Duisburg-Essen）大学演讲有关中国与东盟国家的经济整合以及前景的问题时，我们三对夫妇还特意驱车南下，前往小曼在波恩的家中探访他们一家大小呢。而且前年（2014年）12月27日我还收到他们寄给我们的新年贺信，内附他们夫妇与小男孙子拉斐尔（即燕妮的小孩）的照片呢。我当时也即刻电邮祝福他们2015年阖府安康快乐。现在回想起来，很可能也就是在那之后不久，小曼便病倒了。

逖睦美老弟的回信中提到小曼的死因时，也说是可能由于德国医生的误诊所致。我想斯人已矣，也不必追问如何个误诊法。但我与小曼私交甚笃，很欣赏他为人光明磊落，求知求真的精神绝不让给歌德眼中的浮士德博士。我心想，对梅菲斯陀而言，小曼老弟灵魂的价值，肯定是我自己的百倍千倍甚或万倍矣。

纽曼教授与郭教授父子在1998年8月中，于当年尚属西德首都的波恩的贝多芬纪念馆前合影，音容宛在，仿若昨日。乐圣的《欢乐颂》余音绕梁，不绝于耳。

嘉年华会欢乐会

（续书首彩照第3页）

小曼老弟气势恢宏，也足智多谋，他参与1992年“欧罗”的拟定与出台，几近完成了希特拉以武力统一欧洲的壮举。唯当年纽曼教授对郭教授蒙娟丽淑女陪伴，似乎不肖一顾，恐非因忌外族竞争，而是当心“准博士”因此“不务正业”，功败垂成也。”

第四篇

归去来兮

香港不解之缘

第20章 扎寨孤岛香江　应战八方

我是于1966年的阳历除夕飞抵香港的，依据聘约，从那天开始，已经在香港中文大学的新亚书院正式上任了。先后历任经济系讲师和高级讲师（职称改名后为副教授），至1990年底辞任，总共在新亚书院安营扎寨的日子，足二十四年有余。期间多次前往美英和澳洲各国进修研究，或应聘访问讲学，也不下六七年之久。应战八方，不亦乐乎。

抵港之前，早已经知道香港各间大学，皆属留英留美海归的天地，我这个留德“异类”，恐怕不易一展身手，所以预作两手准备。这还得让我从离开柏林自由大学前夕说起。首先是我想取得博士学位后，干脆留在柏林，经营一间中国餐馆。其实，这已经有了先例，我听说早前已有两位来自台湾的留德经济学博士，分别在科伦（Köln）和慕尼黑（München）两大城市开设中餐馆，如果我在柏林如法泡制的话，可成三角鼎力，河水不犯井水。因此，我找了那间我不时光顾的、位于柏林康德街的餐馆老板洽谈入股经营的事。因为那间餐馆就座落在我住宿的康德宿堂附近，我不时光顾，所以与老板稔孰。而这间餐馆距离不远处，便是西柏林著名地标，即那座柏林人谐称为“空牙齿”，在二次大战时被盟军炸到破烂不堪的威廉皇帝纪念教堂，游客熙熙攘攘，餐馆不时高朋满座。我与老板谈参股合营事，一拍即合，因为我见他生意兴隆，而他自己酷爱旅游，每逢暑假必因此而关门停业两个月，只因为找不到合伙人帮忙照顾业务也。而我自己则自莫斯科回来以后，深感欧洲还有许许多多历史古迹文化景点，等我去寻幽探胜。如果合营成事的话，也可让我与餐厅老板轮流放假周游列国。而且我也相信，业余也有足够时间，从心所欲，追寻自己的文学与哲学爱好，甚或效法丕介吾师，翻译德文某些浪漫主义文学小说呢。

当时，刚好有一位朋友的德籍太太，在西柏林某家肉类批发商兼职，为了部署投资那间餐馆，我请她帮忙收集猪牛羊肉交易的统计数据，以了解各有关餐厅的营业额，以免贸贸然入股。我也开始征询移民局有关厨师入境条件，准备让成邦江老家一位善于烹调的表弟前来相助。

除了计划参股经营餐馆外，我也同时想到前不久在汉堡成立的亚洲研究所（Institut für Asienkunde, Hamburg），或可参与其对中国问题的研究计划。其时也，也刚好有朋友希望介绍我认识台湾驻当地的官方代表，尤其是他那年华二八的女儿。因此，从西柏林回去马尔堡大学时，我特意独自取道汉堡，再行南下马尔堡。往汉堡方向也是经高速公路贯穿东德境内的，用的还是我那辆大众甲壳虫小车。幸好一路平安地回到那静静的蓝河边上。

在汉堡只停留两三天，现在已经记不得是如何与那间亚洲研究所负责人会晤的，印象最深的反而是在那位台湾代表家中做客的午餐时辰。主人原籍上海，声言只请吃便饭，仅以夫人拿手的上海辣面招待。辣面端上桌面时，热乎乎的，我面对他们那肌肤润白似玉、脸蛋美好如月圆的小姑娘，真不知如何招架才好，才不致有失面子。一则面条特长，难以筷子卷紧送进口中，而不致“索索”发声。二则面条其辣无以复加，以热茶陪餸人口，热上加辣，情何以堪。姑娘父亲知道我为难，客客气气地说，“我们上海人，吃面条必然索索有声，不用介意。”我问，可给瓶特冷啤酒解渴？他说，他们家从来不喝酒，随即再添热茶。呜呼哀哉！心想，这位官方大人诚不敢领教也，看在女儿脸上，怎可如此这般折腾或考验她心目中的准博士郎君女婿呢。诚然，那碗“媒介”辣面，吃得我狼狈不堪，只觉浑身发热，满脸通红。聊可告慰的是，主人家可能不知我究竟是被辣到发热发红，抑或是因尴尬难堪而脸红吧。

说起来可真话奇，无巧不成话。前几年住在我家楼下的郑先生夫妇，也是新加坡华侨，是一对美食专家，约我与小萍一道游览华东各大名城，先到上海，接着便是苏州，请他们的好朋友一同吃个晚饭。席间一位主客听说我是那个年代留学德国的，居然问我可认得当年那位台湾的领事。我大感惊讶，但心头暖乎乎的，聊了几句，并知道那个上海人领事夫妇后来也是回归祖国大陆定居的。我没有开口，但心中还是祝福他们那个美丽的女儿，后来也找到一位不怕热也不怕辣的如意夫婿。

无论如何，安抵马尔堡后，我加倍努力发功，终于完成博士论文。其实在那之前三年，亨思尔教授对我在德国学制之下的硕士论文，赞赏有加，早已加强我的信心。这次呈交博士论文后不久，再见他时，我诚恳地说，经此一役，殚精竭智，深深领会自己能力有限，虚心反省，今后不敢再染指学术研究了。我也同时写信给丕介师说，有意改弦易辙，放弃学术与教学设想。那知介师迅速回应说，新亚书院教职，一早已经预留给我，要切勿胡思乱想。亨思尔教授随之亦说，看过我论文后，再次确认，我的学术潜能远远高于许多德国同学同仁，肯定将来大有作为。两位长者恩师，尽管语气夸张过奖，令我汗颜，但其意至诚，其情殷切，毫无疑问。我也就如此这般地滥竽充数，踏上了这条教学与学术研究的不归路了。

丕介师对我恩重如山，第9章已略及一二，不赘。作为一位典型的山东人，他傲骨嶙峋，刚毅正直，人尽皆知。受他的人格感召，他知道我也绝非阿谀逢迎，或为五斗米折腰之辈。我虽然深谙他一早便希望我学成返港，与他一起献身新亚书院教学使命，但获颁博士学位之前，我不但未曾主动向他开口，以觅一职，而且还暗中另谋后路，因此有筹谋柏林餐馆之举，以及汉堡之行，一直到丕介师要我不异想天开，我才毅然打道回府，踏上香江的征程。

任教新亚书院期间，校内同仁，尤其是香港中文大学经济学系同事几乎无人不知，我从1966年除夕，以经济系讲师身份上任开始，历时十八载有余，一直等到1985年才获晋升为高级讲师（职称后来改为副教授，级别不变）。记得升级前后，某日，联合书院政治与公共行政学系某教授忽然跟我说，经济系系主任林聪标教授（记得当时也身兼中文大学社会科学院院长）对他说过，“我（即林教授）自己与郭益耀一同留学德国，也是好朋友；中大教师之中，不少人不时向我提出各样请求，尤其要求晋升，唯独郭益耀一人从来不曾向我做出任何请求。”我听了颇感愕然，回应这位好心的传话朋友说，林教授果然是高人也，办事有规有矩，我不学无才，拿不出什么见得了人的著作，惭愧矣。其实，这位好朋友心中很清楚，我郭益耀绝非为五斗米折腰之人也。其实当时也有另一位资历更为崇高的“政政”系教授（姑匿其名）眼看我为人低调，默默无闻，说了一句感人肺腑的话；他说，“于今之日，总要设法做点市场功夫吧。”他的意思很清楚，要自己做点广告，自我推销也。我听了，也就一笑置之。

先谈谈在新亚书院那二十几年是如何“捱”过去的。在丕介师“羽翼”之下，至少在教书方面，“战战兢兢”，虽不至“惶惶恐恐”，但备课力度，往往有过之而无不及，深知这是介师重托，绝不敢“误人子弟”也，加以丕介师自己出生于山东老家的武训义校，是来之不易的，教书绝对认真负责。说起先师丕介教授，又不禁魂牵梦绕，缅怀他高超的讲课风格与风采，难以自抑。丕介师本身就是一位天赋极高的教师，这几十年来，我就是想不起来，在我所遇到的教授和讲师之中，有哪位教授大师能出其右者。我相信很多上过丕介师课的同学，闻我此语，都会感同身受。

丕介师博闻强记，在讲课时，从来不备讲义。他擅长提纲挈领，深入浅出，而又言之有物，对问题的分析，条理清晰，头头是道。他更特别着重启迪和培养学生的思考与判断能力，因此，他从来不照本宣科，像有些老师一样，一离开手上讲义，便开不了口，不知如何是好。也特别值得一提的是，尽管丕介师留学德国多年，但他倒是一点都不像一般的德国教授，在上所谓“大课”（Vorlesung）时，逐句逐字，只字不遗地“宣读手稿”，不让学生有发问的机会。当然，话说回头，德国教授所宣读的手稿，一般都是出自自己的长期研究结果与心得，可说是“别出心裁”，并保留“知识产权”的。这并不像时下香港许多大学教授一样，讲义都是由不同的标准教科书段落拼凑，甚或抄袭而成的，可公开分发给学生阅读，有的免费，有的甚或收取影印费用呢。

德国的大学，教授除了在上大课时宣读手稿之外，当然也设有初级和高阶讨论班（Pro/Hauptseminar）。但所讨论的专题，都是在教授指导和穿针引线之下，紧接着和围绕着大课内涵的特选专题，让同学针锋相对，层层辩解，有时闹得面红耳赤，也在所不惜。这肯定不像香港专上院校一般，许多讨论班都变成重新温习课堂上的内容，或沦为同学们各自的“读书报告”，你讲你的，我听我的，照办如仪，难以激发思辨激情。

我一心一意想效法丕介师授课方式，但唯恐东施效颦，出丑，所以务必加倍熟读和消化有关教材，然后择其要点，夹述夹议，并鼓励同学们发问，自己更着重提出问题，尤其是让同学们回避不了的、其答案“似是而非”的尖锐问题。我相信上过我课的中大、浸会、岭南、城大以及珠海学院的同学，都领略过我这个特别“调皮”的发问办法。至少他们都知道，我从来不编制印发讲义，照读不误。据不少同学传闻，以前中大某些同事上课时，一离开案头讲义稿本，或翻错页面，当即手足无措，下文不对上言，慌慌然，又下不了台，难矣哉。

我与丕介师授课的另一个共同点是，我们绝少坐在讲台旁的椅子上，而是站着发挥。丕介师开口滔滔，顺理成章，无人不知，他也是一位天才演说家。也尽人皆知，介师仪态，一向端庄严肃，是一位德高望重的师长，令人敬仰敬畏。而我自己则当年未及“不惑”之年，喜欢走下讲台，穿梭课室前后左右之间，指手画脚，激励大家发言讨论，有时更特意指定沉默寡言者开口。我道一以贯之，相信许多同学，必能一一追忆无疑。

在丕介师指导下，我初期在新亚书院开设的课，除了“经济学导论”，也负责“比较经济制度”那门看家本领，并自我请缨，开设当年仍属较新颖的“发展经济学”。自此，这两门课程便成为我从制度经济学研究中国大陆经济发展与工业化的理论基础。记得饶美蛟和俞肇熊这两位丕介师的高足，也即是我的师弟，在新亚念书的最后一个学期，也就是我开始教书的第一个学期，都选修过我的课。饶俞两位教授的学术与事业成就，远远地超乎我自己，所谓青出于蓝而胜于蓝，确属为师的莫大荣誉焉。肇熊至今仍然津津乐道，我也清楚记得，第一天在九龙土瓜湾的新亚书院上早课时，我找不到位于天光道教学大楼的课室，在楼梯口徘徊问路之际，是肇熊亲自带我上楼，陪我走进课室的。肇熊留学美国，获博士学位，在彼邦任教多年后回归香港，先后任中大和城大的教授，退休后接任珠海学院商学院院长兼副校长。美蛟也留学美加名校，获博士学位，先任中大教授，后获聘为岭南大学副校长。我时任岭大社会科学院院长，美蛟或恐当上我的上司，难免有所顾虑，或觉尴尬，应聘前特地打来电话征询我看法，我直言“与有荣焉，万分欣慰”，并说我已逾耳顺望古稀之年，无他求，愿忝献余热，于心足矣。

话说回头，1967年初甫一踏足新亚履新，我刻不容缓，即刻着手办理手续，让老父老母双亲从成邦江老家赶来香港定居。庆幸不出旬月，他们已安然抵埗。历经万劫，余生团圆，不禁悲从中来，热泪盈眶，而又羞怕人知，情何以堪！心想，不知天下谁人能感同身受，以笔墨点触我心深处，而不致让人潸然泪下矣！双亲抵港翌日，傍晚时分一下了课，我即偕同他们两个老人家登门拜谒丕介师，并请介师与师母就近到我们家做客。家父并亲自下厨，烹调拿手佳肴，以叩谢丕介师似海恩请。记得当晚介师喝了父亲以洋参炖熬的鸡肉清汤后，赞赏不已，甫一入口即说，这是他有生以来所喝到的最清香爽美的清汤也。

丕介师一早已经知道，我自留学德国以还，家中兄妹悲变端端，同情关怀之余，也不无担心我过度牵挂父母亲白头送黑头的悲痛。他体谅我为了加倍抚慰父母亲，报答养育之恩，但也很担心我深陷拳拳亲情，不能自拔。丕介师为了让我舒缓情绪，转移注意力，落力鼓励我及早将博士论文摘要发表。我也遵嘱，并在当年，即1967年5月中反英抗暴风起云涌之际，顺利完成中文译稿，送交给丕介师主编的《新亚书院学术年刊》审批，1968年9月正式出版。四十二年后，即2010年，这篇论文也作为附录刊印于我的《不可忘记毛泽东》一书中。仅此附志，以存照寸心也。与此同时，我当年也一直念念不忘我的"英美梦"，并着手申请哈佛大学燕京学社专为新亚书院年轻讲师所提供的访问学人奖学金，赴美深造研究。我1968年秋申请，1969年8月便飞往波士顿，一去便是两年。容后另及。

香港发生反英抗暴之际，也正值祖国大陆爆发文化大革命，如火如荼，接着批刘批邓之声也不绝于耳。某日，香港大学由经济学系夏泠漪（已故）教授负责的中国研究中心，忽然有人打来电话，邀请我参加一个由英国勒伍豪姆基金会（Leverhulme Foundation）赞助举办的学术研讨会，讨论当年让人眼花缭乱、困扰许多中外学者专家的中国经济问题。尽管当时香港人心惶惶，有说解放军随时入城，我在忙于备课之余，一口应允提供题为《毛泽东与刘少奇之间的经济政策争议》（以下简称《毛刘经济政策争议》）的论文与会。这是我第一篇以英文写成的论文，在香港大学于1967年11月中举行的那次学术会议上，也以英语正式宣读"示众"。

记忆所及，主持港大那次学术会议的是港人所熟悉的、后来在卫亦信总督时代担任过港英中央政策组首席顾问的顾士德（Leo F. Goodstadt）先生。我论文的评论员是英国某间知名报业集团派驻香港的一位资深女记者。她的姓名我倒是一时记不起来了，只记得与会的还有当年也刚在港大入道、教书不久的黄朝翰（John C.H. Wong）博士。黄博士出身于伦敦大学的大学学院（University College），也是专注研究中国经济的学者。他后来从港大转往新加坡国立大学，出任东亚研究所所长，著作等身，驰名海内外。黄教授在会上聆听我宣读《毛刘经济政策争议》那篇论文后，诙谐地说我的德语口音很重，如德国人讲学一般。我心想，他是伦敦大学博士，在英国念书时，可能也接触过不少德国人之故也。我也就幽默地回应了他一句，说，乡音不改，鬓毛未衰，英雄本色也。

开完会后，那篇《毛刘经济政策争议》论文也就束诸高阁了。万想不到的是，约一两年后，就在我准备前往哈佛大学参与进修研究之前，忽然接到卡普（Karl William Kapp）教授电话，说他在香港大学会议资料库看到拙作，很想约我见面谈谈。我一早就知道这位在纽约市的哥伦比亚大学任教的卡普教授，以《私人企业的社会成本》（*The Social Costs of Private Enterprise*，哈佛大学出版社，1950年）一书著称于世，当然乐意请教。哪知见面时他直截了当地说，拟将拙作送交给他刚从纽约返回瑞士任教的巴塞尔（Basel）大学所主办的*Kyklos*（希腊文“回圈”意）季刊（当年似仍为月刊），考虑发表。受宠若惊之余，我也很坦率地婉谢说，希望先进一步做些统计分析，以验证论文中的某些主要论点。因为倾盖如故，我随后也才知道他被誉为二十世纪制度经济学的领军学者，也是生态经济学（Ecological economics）的创始人之一。就像许多知名德裔美籍教授，卡普教授也是上世纪三十年代移居美国，晚年回流故国的。他是在途经香港时打电话给我的。

1971年8月中，我在哈佛结束进修研究后，偕小萍取道欧陆返港时，先到康士坦兹（Konstanz）大学探访老同学曼忽烈夫妇。巴塞尔在瑞士境内，就在德瑞边界上，近在咫尺，曼忽烈应允并亲自驱车送我们前往拜访卡普教授。我们抵埗后，他即夤夜兼程赶回康士坦兹，照顾家中妻女。当晚，卡普教授夫妇热情招待我和小萍在他们家吃晚餐，畅叙过夜，倾盖如故，以文会友，其乐融融。讵料回到香港后不久，我即接到卡普教授来信，内附拙作，仅对原稿某些用词稍作调整，并再次征询我是否同意送给*Kyklos*评审。我还是以同样理由，诚恳婉谢了。后来回想起来，怎可不识抬举至此矣。小萍当时也愤愤然说，何以如此不近人情呢；并说，任何人著书立说，总不能非等着说最后一句话不可。他指责我不切实际，无可救药。

记得我与卡普教授最后一次见面，应该是在1975年秋天。他应邀与著名日本经济学大师都留重人（Shigeto Tsuru）在日本参与学术会议，在回程（或前往日本）途经香港时，邀请我和小萍在当年尚未拆除的旧浅水湾酒店吃晚餐。当晚我俩就坐在酒店长廊一个小长方形桌子上，面对着这位和蔼可亲的老人家；白色的桌布衬托烛光荡漾，他特地要了一瓶葡萄牙的蜜桃红酒（Mateus Rose）陪餸。这顿时又让我想起了恩师亨思尔教授家里的琼瑶美酒，情牵万里，难以自抑。而卡普教授也就于翌年春天，在地中海滨那个十分雅致的杜布罗夫尼克（Dubrovnik）度假小城参加一个会议时，心脏病发猝死，仅比亨思尔教授晚一年作古。两人都未及古稀之年，依今日标准，可谓英年早逝，天不假年也。

既然提到杜布罗夫尼克，就让我再穿插一两句吧。这个遐迩闻名的中古世纪小城，在前南斯拉夫联邦于1991年解体后，划归另立门户的克罗地亚（Croatia）。我对小城慕名已久，心向往之，但一直要等到2009年4月中旬，新亚书院校友会诸君要我组团游览东欧各国时，才有机会一睹这座巧峭绚丽的海滨古城。当时也正值春意盎然，不禁让人思念起卡普教授的“知遇之恩”与温情。

我们随后也前往原属于前南斯拉夫的萨拉热窝（Sarajevo）游览。这座以第一次世界大战发祥地而举世知名的多事古城，当时已经成为波思尼亚（Bosnia）的首都。事无不巧，这本来不在我们的东欧游行程之内，但就在出发前的圣诞节，我获知萨拉热窝刚刚开始接受游客签证。机会千载难逢，我即刻调整旅游计划，当时还有不少团友担心人身安全问题呢。诚然，自从南斯拉夫分崩离析，历史上本来就是兵家必争、多事之秋的巴尔干半岛，战火连绵。长达将近四年（1992–1996年）的萨拉热窝围城之战，比二战期间德军围困列宁格勒和史大林格勒的日子还长呢。

我们抵埗萨拉热窝之日，已经是围城战争后的12年。听导游细说当年的悲惨与壮烈，可真是惊天地泣鬼神，并不为过也。我更特意要求导游陪同大家参观那条宿命大街、也就是那个热血的塞尔维亚（Serbia）青年于1914年6月28日射杀奥匈帝国的费迪南王储，而导致第一次世界大战以及欧陆三大帝国（奥匈、沙皇，以及普鲁士首相俾斯麦（Otto von Bismarck）以铁血创建的德国威廉皇朝）相继灰飞烟灭的大街。

团友散队后，我要小萍陪同我在那条宿命大街街上来回徘徊良久。心想，是否那个开世界第一次大战第一枪的塞尔维亚热血青年，也曾听说过，就在那之前的三年（1911年），神州大地也爆发了辛亥革命，推翻帝制，建立共和。再者，当我听到那导游形声绘影地说，萨拉热窝围城奋战的日子里，飞机大炮机枪如何交加煎熬不息，我似乎也感觉到四处弹痕累累，今日仍然依稀可见，令人不寒而栗。这让我又想起了斯宾格勒的《西方的没落》，以及梁启超《欧游心影录》中的满目疮痍，仍然历历眼前，让人惆怅不已，感慨万千。

话说回头，还是让我先从我的“英美梦”谈起。上头提到1968年秋申请哈佛燕京学社访问学人奖学金一事。我当时也在申请书中附上我那篇《毛刘经济政策争议》的文稿，拟以请教当年开始崭露头角的柏金斯（Dwight Heald Perkins）教授。如我所料，柏金斯教授认为拙作较为偏重理论化表述（记得他用“Theorizing”一字），意即，也如我自己之前对卡普教授所说的，或须进一步集中数据分析，以验证文中某些论点。我当然深谙其意，因为之前已经熟读他1966年出版的成名著作《共产中国的市场控制与计划》（*Market Control and Planning in Communist China*），也很清楚他并不假手已经成为时尚的经济计量模型（econometric modelling）以分析中国经济问题。其实，柏金斯教授后来著作等身，成为研究中国经济的泰斗，他自己压根儿就不曾应用过任何计量分析法，所谓人各有志也。

除了卡普教授和柏金斯教授外，最早看到《毛刘经济政策争议》一文的还有蒋中一（Alpha Chung-i Chiang）教授。我请教于他的原因有二，一则蒋先生是我的老师，他1960年在新亚书院访问讲学的那一年曾经教过我微观和宏观经济学，之后几十年来我们书信往来，不曾间断，中国人所谓一日为师，终身为父是也。蒋先生为人敦厚，温文尔雅，见过他的人，莫不敬仰他风度翩翩，为人师表。全世界各大学念经济学的，也几乎没有人不曾读过他那本《数理经济学的基本方法》（*Fundamental Methods of Mathematical Economics*）。遵循早期新亚书院传统，我一直尊称他为蒋先生。二则我那篇《毛刘经济政策争议》，其实是完全受到蒋中一与费景汉（John Ching-Han Fei）两位教授合著、发表于1966年的一篇名为《极端节俭下的极速发展》（*Maximun-speed Development through Austerity*）的论文所启发而写成的。

这是一篇纯数理模式推论的论文，收录入Irma Adelman与Erik Thorbecke合编的《经济发展的理论与设计》（*The Theory and Design of Economic Development*. The Johns Hopkins University Press, 1966）一书中，不牵连到任何统计实证研究。作者的基本论点是：为了达到极速的经济发展，不宜实行过度压抑消费、或曰极度节俭的政策（maximum austerity），而是应该提供适度的消费诱因、或曰改用适度节俭的方法（optimum austerity），以便激励生产；如此，则反而可借用消费诱因加速经济增长，导致国民所得中的储蓄能量不但不会因消费增加而下降，反而可能会因为所得的增长超越额外消费量的增加速度，致令国民生产总值因储蓄总量与投资总量相应提升而加速增长。

我个人不敢苟同这个蒋费模式的理念，因此在《毛刘经济政策争议》初稿完成时，即首先请示蒋先生。我的看法是，要改极度节俭为适度节俭的办法，前提是必须放松高度集权式的经济管控办法，以容忍一定程度的消费自由。但在放权格局下，由于低所得水平消费弹性偏高，又难以确保因以增加的产量，不会因此被消费殆尽，或曰被吃个清光，以导致储蓄率与投资率下降，经济增长放缓。由此观之，毛泽东抓革命促生产的政策理念，强调加强政治意识形态工作，或曰诉诸道德游说，以取代刘少奇派别的所谓物质刺激或曰金钱挂帅的办法，可能有其一定的道理。孰是孰非，难以断言。

蒋先生对我的回应是，我以“一个假定”代替“另一个假定”。从纯形式逻辑的角度看问题，蒋先生的回应，诚然一语中的。这显然牵连到经济行为动机与行为方式的假设问题。就如我自己对卡普教授所说的，须进一步采用经验数据验证孰是孰非，理念上难以断论。然而，谈何容易，大家都知道，中国大陆自1960年开始，全面封闭数据信息，文化大革命期间，问题尤为敏感。大自国民生产总值、投资、消费、工农业生产，小至农民收入、工人工资、家庭收支组成、物价，以及储蓄与消费倾向等等数据，一概阙如，何以入手实证研究分析呢?

这儿，还必须让我一提看过我的《毛刘经济政策争议》文稿的另一位专家。那是加州柏克莱大学（UC Berkeley）的瓦德（Benjamin N. Ward）教授。他在“加大”常年教比较经济学、哲学，以及方法论等课程，并以研究社会主义经济学理论著称于世。很巧合，瓦德教授于1974／1975年应聘出任香港中文大学的加州大学（交换）研究中心（University of California Study Center）主任，近水楼台，机不可失，我当然向他请教。哪知他看过拙作后，直言《毛刘经济政策争议》一文是他读过的所有类似论文中，对“文化大革命经济学”的解读，最为独到和中肯的佳作也。他也鼓励我将文稿送给有关学术期刊发表，而且他根本就不提出任何统计验证的问题。所以拙作对不同教授专家而言，见仁见智，各异其趣，难矣哉。

我最为感激的是瓦德教授还亲笔签署、将他那本方法论名著《经济学错在哪儿？》（*What's Wrong with Economics?*）赠送给我，以资鼓励。我对他书中印象最为深刻的是他那句掷地有声的名言，即，"……美国成为世界的（经验）研究中心（center of empirical research），但恐怕不是（如欧洲般的）理念中心（center of ideas）也。"他在书中也连篇累牍地说明，当代的美国，不但是科学家和哲学家，而且许许多多声名显赫的经济学家和社会科学大师，都一一出身于欧洲，尤其是德国；姓名不胜枚举。

尽管如此，我还是期望假以时日，能够或多或少掌握一定的统计数据以充实《毛刘经济政策争议》一文中的某些论点，虽然我不认为应用计量模式对研究中国经济问题会有太大的助益。实际上，瓦德教授在其书中也对应用大型复杂经济计量模型研究美国经济，明显地坚持保留的态度，甚至多予以诟病。

话说回头，其实瓦德教授在中大时，我也已经深深地陷入研究中国农业水旱灾害历史（即《中国农业的不稳定性（1931–1991）》的准备工作）的泥沼中，不能自拔。有关这一点，容后另及（见第23章）。接着是1978年改革开放后，研究资料与统计数据源源而来，国家统计局恢复1960年前的制度，定时出版各类统计年鉴，包括经济、外经贸，以及农业和工业年鉴等等，不一而足。各式期刊也先后面世，不断提供所需信息。我也就难免赶时尚，专注研究各类热门课题。《毛刘经济政策争议》一文，也就暂时束诸高阁，以待来日了。亡羊补牢，急起直追，几年间，不觉发表了十来篇有关中国经济改革、外贸调整、农业新政，以及人口与粮食平衡等等问题的论文，似乎惊动一方。某日，早前已经认识多年的黄佩华（Christine Wong）博士（她也是瓦德教授的高足，专注中国经济问题研究，现任澳洲墨尔本大学教授），不无感慨地对我说，默默无闻多年，讵料接二连三，喜见我论文连珠炮弹而来，令人侧目。我心想，自己就如秋播小麦越冬，静候春雷第一声也。

其实，打从1980年代初开始，一则蒙邓小平别开生面，让国家统计局恢复旧制，统计数据源源而来，不难找米下锅，皆大欢喜。二则与国内不同大学与研究机构进行学术交流的机会，也日渐增多，相互砥砺。自此以后，我的论文创作，或可说雷声连连，几乎不绝于耳。到了我从几十年的教学生涯引退时，才懵然发现之前二十年间，每年竟然也有三两篇以英文撰写的论文，发表于不同国际学术期刊或收录入不同专辑之中；依香港学界惯例，以中文撰写的论文概不算数，故不计入。我所出版的英文专书专辑也共有十余部之多，大部分由牛津大学出版社的科拉连登（Clarendon）总部出版发行，其他出版社包括香港大学、香港中文大学，以及伦敦和纽约的麦米伦–圣马丁（Macmillan-St. Martin's），还有罗特列智库尔松（Routledge Curzon）等热门出版商。

最让人宽慰的当然是当我从岭南大学正式引退时，二十几位不同国籍（英美澳以及中港台）学界友人、前后同事，以及受业子弟们，特为我撰写了一大本厚逾四百页的专辑，由岭南大学何泺生（Lok-sang Ho）教授与伦敦大学亚非研究学院的艾什（Robert F. Ash）教授联手主编，以资“庆贺”。这两位教授就以我常年开设的一门课程，将该书命名为《中国、香港，以及世界经济》（*China, Hong Kong and the World Economy*），副标题为《全球化研究》（*Studies on Globalization*），并注明《（向）郭益耀教授敬志庆贺专辑》（*Festschrift in Honour of Professor Y. Y. Kueh*）。其中的Festschrift一字原为德文，但也为美国和英国学界惯用，或可直译为英文的Festival Script，一般是为学术成就卓越、桃李满天下的教授，假其退休时机，或年届七十或八十华诞之际，而编著的专辑，以资敬贺也。益耀不学无才，又何功何德，忝膺殊荣。聊可告慰的是，我这个出身荒山野林恶水的草莽书生，也多少可参与舞文弄墨，自念尚不完全愧对父母寸寸春晖，于心足矣。

更感欣慰的是我的中学同学，也是新亚书院时代的同窗，时任教于澳洲昆士兰大学（University of Queensland）的蔡俊华教授，以及早期（1973年）在我手下毕业的经济系同学，时任汇丰银行亚太区主席

（也是首位华人担任此高职）的郑海泉（Vincent Hoi-Chuen Cheng）博士，分别为该专辑亲笔题写前言。我相信丕介师在天之灵看了，一定格外开怀无疑，因为俊华属我的师弟，而海泉入读一年级期间，丕介师才不幸因病逝世的。

另外值得一提的是，这本专辑的第一章是诺贝尔经济学奖得主斯蒂格利兹（Joseph Eugene Stiglitz）教授所写、题为〈中国与世界经济：挑战、机遇与责任〉（China and the Global Economy: Challenges, Opportunities, Reponsibilities）的赏脸佳作。这篇切中全书主题的论文，原出自斯蒂格利兹教授应香港中文大学邀请，于2005年3月16日所作公开演讲的讲稿。应两位专辑编者请求，这位时任美国哥伦比亚大学经济学教授、世界银行前任首席经济师的学者大师，根据会场录音讲词，将论文整理修正而成，而中大主办当局，经我以前的同事宋恩荣教授引荐，亦同意让该文收录入专辑之中。

对我而言，这本志贺专辑显然代表莫大的荣誉，并给予我极大的激励。荣誉者，据个人所知，香港学界，除了香港大学前任校长王赓武教授外，似乎还不见任何第三者荣膺类似殊荣。激励者，就如往后接任香港中大学校董会主席至今（2015年）的海泉同学在这本志贺专辑的〈前言〉中所诚挚期望的，我退休后也先后出版了至少四本专书。其中除了2013年出版的《中国农业的不稳定性（1931–1991）：气候、技术、制度》一书是由1995年的英文原著翻译成中文外，有两本主要是从经济学的角度评论毛泽东的历史功过，另外一本名《*Pax Sinica*》的书，则是借近年举世瞩目、中国经济与政治实力的强势崛起，展望国家取代美国霸权成为统领和保护全球升平盛世的核心力量。有关这四本新著的出版资料，读者可参见附录于这本书后的访谈稿。

最后，也让我借此机会，重提我那第一篇于1967年以英文撰写的《毛刘经济政策争议》的论文。束诸高阁四十年，这篇论文也终于2008年重见天日，作为“药引子”以第一章〈解读文化大革命经济学〉的标题，只字不遗地收录入2010年牛津大学出版社出版的《不可忘记毛泽东》（中文版）一书中；这也可说是“有始有终”吧。我说是个药引子，因为这篇论文实际上为该书其余十几篇文章提供了所需的理念框架和分析基础。我个人的其他创作中，许多有关制度经济学与经济发展学的篇章，基本上也都是离不开这个原创性的理念和分析框架的，尤其是《不可忘记毛泽东》一书更是如此。心想，这也可说是回报了当初卡普教授的知遇之恩。尽管晚了整整四十年，但我相信这位德裔学问家在天之灵，告慰之余，也会谅解我不急功近利，一意坚持传统的德国治学方法与著作风格的苦衷也。

第21章 美国学术殿堂　冷战霸气

哈佛燕京学社的“访问学人”，主要来自南韩、日本、台湾，以及香港。记得当年（1969–1970年）成功被选为学人的，共有七八个人，都是具有一定的所谓学术潜质的年轻、或较为年轻的大学教员。我1969年8月底向燕京学社报到时是最后一个抵埗的。其他的学人都在等我参与燕京学社为大家开设的英语补习班，记得为期一个月。我作为留学德国多年的学人，理应尊循德国人分秒不爽的传统，准时到校才对，而居然迟到了，倍感尴尬。迟到的原因完全是为了先在香港找个住所，让父母亲在我离港期间，好好地安顿下来。我原计划将老父老母，连同一直陪同他们身边的、年仅八岁的小侄儿翼贤（即我堂兄益荣的第二个男孩）先送回成邦江老家，让他们与我伯父母和姑妈，以及他们的儿女们暂时居住一两年，等我在哈佛结束深造进修后，才接他们回来香港定居。但人算不如天算，讵料1969年5月13日马来西亚首都吉隆坡突然发生严重暴力排华事件，被杀戮的华人高达130多人。我担心腥风血雨，会波及砂拉越州，所以当机立断，在香港九龙购买一套小洋房让他们住下来，并安排在浸会书院念书的表妹郑丽影，和新亚书院经济系一位会讲潮州话的高年班同学陈路加与他们住在一起，帮忙照顾。

匆匆忙忙购置一套小洋房显然并不是个简单的事。我四处物色适当的物业之外，当时的心情就如兵荒马乱逃难之际被逼“抛弃了爹娘”，格外沮丧。最后决定在香港皇后大道中与雪厂街交界的荷兰行

（现为大道中九号的知名办公大厦）楼上，向某地产发展商缴付买楼定金。恍恍惚惚之间，回到九龙寓所后，晚间临睡前突然发现按金收据给丢失了，怎生了得。苦苦思索，差错何由，然后翻山越海回港岛去，直奔大道中荷兰行路口，果然发现是自己将收据错当废纸扔进了悬挂在转角街边电灯柱上的小垃圾箱内。记得这是一个镂空的金属小废物箱，今日香港已经再也看不到了。

那是个还没入伙的小单位，购置所需家具烹调器皿后，还来不及订制安装窗帘，我也就起飞经东京直奔新大陆了。心想父母亲在南洋早睡早起，不曾用过窗帘遮光，不在乎吧。结果他们后来在九龙亚皆老街自己找了个小窗帘店的老板龙先生帮忙。我返港后，前后搬迁了几十次家，见这个小夫妻店的龙先生诚实可靠，老少不欺，每次搬家订制窗帘，都交给他处理，也绝不讨价还价。他的生意越做越大，后来大陆改革开放，他也随大流，搞“三来一补”，接的都是学校和政府部门各机构的大订单，不做家庭小额生意，唯独我家打个电话，他夫妻有求必应也。我们看着他们家小孩长大上课留学，我也从龙先生身上了解了不少有关香港深圳两地交流、搞出口加工的具体操作方式，包括如何确定“补偿工资”，以及汇率变动对原料成本和出口价格的影响等等问题。

话说回头，在哈佛燕京学社的英语补习班上，女老师对日本人发音不分“L”和“R”也就算了，但有一位韩国来的访问学人不堪被她再三矫正对“I”在单字（如“IS”字）中的念法，最终放弃了，并笑说韩国人的口腔结构，天生就与美国人大不相同，不论如何费劲，肯定改不了；弄的哄堂大笑。我自己吗，基本上似乎还应付得了，尽管从小学开始，就不曾读过任何英语学校。然而，事后某日，来自澳洲墨尔本的居文老弟（国民党党国元老居正的嫡孙，居浩然的儿子，他姐姐居密当时在哈佛攻读博士，姐夫维恩斯（Thomas Wiens）是研究中国经济的同行），要我驱车送他前去波士顿机场迎接客人，当我们两人贯穿那条长长的、通往机场的卡拉汉隧道（Callahan Tunnel）时，我问居文，这条长长的“图尼尔”叫什么名字。他大声笑我说，什么“图尼尔”，这是德文的念法，英文应该念“塔奈尔”。这才让我恍然大悟，自己与那位韩国同窗学人的英语，是百步与五十步之别也。

居文老弟这个“发音”提示，也不由我不心想起来，不知1930年代初刚从欧洲去哈佛大学履新的熊彼特（Joseph Alois Schumpeter）教授，是否也曾出过类似洋相。联想翩翩，也不禁想起其他德（奥）裔经济学大师，如哈柏勒（Gottfried von Haberler）、马赫鹿普（Fritz Machlup），以及在德国时跟随我的祖师爷倭伊铿（Walter Eucken）教授多年，后来应聘成为普林斯顿大学教授的鲁特兹（Friedrich August Lutz），是否也是改不了他们的德语乡音。当然，我也更忘不了大名鼎鼎、出身于奥地利维也纳的海耶克（Friedrich August von Hayek）教授；不过这位自由主义大师是先在伦敦政经学院任教多年后才转往芝加哥大学的，听起来他的德语乡音似乎已经不再是那么浓厚，但他的伦敦式的英语口音却肯定远比美国人的白话，优雅好听的多了。不少这类高山仰止的大师，如海耶克教授和鲁特兹教授，后来也都落叶归根，回欧陆故里退休终老了，就如卡普教授一样，只可惜卡普教授享寿不及他们罢了。

作为哈佛燕京学社访问学人，循例只给予旁听，不正式注册修读大学课程。柏金斯教授的“中国经济发展”年度课程，我从头到尾都听了。1971年秋回香港中文大学复职时，我也就东施效颦，开设了“中国自1949年以来的经济发展”这门课。这在香港各大学是首创的，分两个学期授课，第一学期讲经济制度，偏重中央计划体系及官定价格的优劣点，第二学期讲经济发展方面的问题。这门课程与“比较经济制度”一科，也就成为我的教学常规，几十年不变。记得香港大学与浸会书院要迟至1980年代初期、即改革开放后，才有人教类似科目。我讲中国的经济制度时，尤其在文革期间，当然也难免旁及马列政治经济学。我深信这对解读当年大陆的政治经济动态以及国内报刊有关报道的思维方式，是很有必要的。当然，对许多人来说，这难免是一大忌讳；尽管我一以贯之，从西方的比较经济学视角，评析马列论点。所幸当年并没听说过，有人将我标签为左派或极左学者。至于教中国经济发展那部分，我的入手方式也不尽与柏金斯教授的完全相同。他似乎比较偏重历史的表述，我则较喜欢透过主要横切面问题，分析制度变迁对经济发展的影响。

在此还得让我岔出一两句有关讲解马列经济学所牵连到的意外风险。在当年的学界氛围下，这对很多人——尤其是出身台湾的学系领导当局而言，讲解马列问题本来就是一个大禁忌，尽管大家都心照不宣，无声胜有声。想不到的是，有些同学参照我介绍的大陆报刊资料后，竟然照抄"中国没有通货膨胀、既无内债也无外债"等官方陈词。这可不得了，身居美国的华裔校外考试委员审阅考卷后，直斥这等同不懂经济学，并责问大陆司空见惯的老百姓排长龙购买消费品现象不就是"压抑性"的通胀吗？看了评语后，我顿悟这一回可真闯大祸了，永无翻身之日也。但随即心想，这位留美校外考委显然也不知苏式经济制度为何物，更不谙中国大陆在计划经济之下如何彻底执行"价格官定"、"实物配给（含消费品和资本财）"、"强制储蓄"、"加速投资"，以追赶西方高度工业化列强的极度苛刻的经济政策措施。诚然，在严格的价格官定与配给办法之下，何来通货膨胀呢？这个简单的经济学道理，至今还有很多人，包括搞经济学的，无意或故意地不想了解呢。当年修读我那门课的不少同学，当然也喜欢因乘利便，照抄课外读物，哪管得上我课堂上那些分析性内涵，以致让我无端苦吃黄莲，啼笑皆非，只得个自己"心中有数，一笑置之"。就说这是个"阿Q精神"吧。

话说回头，我从柏金斯教授获益最多的，是在第二个学期时参与他主持的高阶讨论班。这个讨论班主要为研究院学生和博士生而设，当时班上还有研究中国经济的老前辈埃克斯坦（Alexander Eckstein）教授。他刚好从密歇根（安阿宝）（Ann Arbor, Michigan）大学休假，前来哈佛大学进修。班上所讨论的主要是博士生论文的研究专题，较具挑战性。我在课外也不时向埃克斯坦教授请教，因为事前已经看了不少他出版的书以及发表的期刊论文。我也让他看了我那篇《毛刘经济政策争议》文稿，后来在他1977年出版的《中国的经济革命》（*China's Economic Revolution*）一书中，看到某些论点似曾相识，不亦乐乎。

除柏金斯教授之外，我也借逗留哈佛的机会，旁听了好几位声名远扬的教授的课，包括后来的诺贝尔奖得主（1971年）库兹涅茨（Simon Kuznets）的"经济发展"、莱本斯坦（Harvey Leibenstein）的"人口经济学"，尽管我主要是因为读了他的"X–效率"（X-efficiency）理念才慕名而来的。我也特意上了加尔布雷思（John Kenneth Galbraith）的"经济学导论"，想了解这位大师是如何"深入浅出"地启发刚跨进大学门槛的年轻学子的。我没有上列昂惕夫（Wassily Leontief）的课，尽管他是出身于德国柏林大学、跟宋巴特（Werner Sombart）写博士论文的，而后来也获颁诺贝尔经济学奖（1973年）。不选修列昂惕夫的课，主要理由显然是他首创的"投入产出分析法"，并不适合任何只有旁听兴趣的学生。这几位教授中讲课最难引发学生兴趣的是库兹涅茨。他只顾坐在讲台旁边的椅子上，拿着充满统计数据表格的手稿，低声下气地解读；逼得我每堂课都得抢坐在第一行，才能集中注意力听讲。

让我受益最多而跟足他两个学期课程的，是柏金斯教授之外的另一位世界知名的经济学家——柏格森（Abram Bergson）教授。他是现代福利经济学的一位先驱，但也教"比较经济制度"那门课，而且还是闻名遐迩的苏联经济专家。当年在其他美国大学开设有关苏联经济问题课程的教授，几乎全都是柏格森教授的门徒。我自己也多次引用过他的某些理论观点（参见《不可忘记毛泽东》）。

哈佛大学作为全世界最知名的学术殿堂，当然还有许多其他学科的权威大师。与中国研究关系密切的有社会学系的傅高义（Ezra Feivel Vogel）、历史与政治学方面的史瓦兹（Benjamin Isadore Schwartz），以及闻名东亚的汉学泰斗费正清（John King Fairbank）等知名教授。前两位教授的课我也都断断续续地旁听过了。其实我在哈佛时，除了费正清教授或属老牌的中国通之外，前两位教授可说刚入道、或曰成道不久的专家，比如傅高义的《共产主义之下的广州》（*Canton under Communism*）刚刚出版。史瓦兹虽或夺人先声，在1951年已经出版了《中国共产主义以及毛的兴起》（*Chinese Communism and The Rise of Mao*），但他的《中国共产主义的意识形态在变化中》（*Communism in China: Ideology in Flux*）也是在我抵达哈佛的前一年才出炉的。

提起傅高义教授，我也想借此机会多说几句话。这位中国研究的大专家，最近又因为有人将他写的有关邓小平的巨著的英文版（将近一千页）翻译成中文出版，再度声名大噪。我对此书则不屑一顾，一则因为自己关注中国问题几十年如一日，对邓小平的伟大功绩也了如指掌，网上也看到英文书评视之如“圣徒言行录”（hagiography）。二则因为一早拜读了他的《共产主义之下的广州》（英文原版也有约五百页），印象不是太好，感觉得是个“流水账”的写法。我1978年在伦敦进修研究时，也曾经“故作无知”地特意请教过一位很熟悉中国事务的教授友好对此书的看法，哪知他直截了当地说“perfunctionary”；此字中文涵义似为肤浅、马虎、敷衍，或曰不切入问题，欠缺深度分析的意思。

记得傅高义的《邓小平时代》中文版正式面世前夕，香港中大还特别邀请傅教授临港简介，当日高朋满座，我也凑热闹去了，并如往常参加这一类会议一般，在最后快结束时才压后提出了个问题，即当年红卫兵资料引用毛泽东自己的话说，他1959年退居二线后，邓小平就不曾再过去看他了，不知傅教授对此事如何个看法？我记得傅教授绕了个大圈子说毛邓的关系，但似乎没听说过“邓避不见毛”这么一回事。

我也早已听说，傅高义教授1970年代写的那本《日本第一》（*Japan as Number One: Lessons for America*）出版后洛阳纸贵，日本人更是为之雀跃，版费收入让他富贵四方，羡煞世间多少笔墨秀才。看来在傅教授眼中，今日中国读者的购买力或比当年的日本人有过之而无不及。一笑。

在我看来，傅高义教授也的确是个好人，听说他当年那本《共产主义之下的广州》在香港做研究准备时，主要得力于一个从广州流亡来港、颇了解内情的陈姓中国书生；或出于感恩，傅教授后来也带同此人到哈佛大学去，继续帮他做研究助理，难得也。

话说回头，我在哈佛燕京学社时，费正清教授当年尚未退休，只记得他每个月一次、将他在剑桥城中心的大宅开放给大家茶叙。我造访了三两次，不敢附庸风雅，只是想借机会认识多几个中国通。我记得，也就是在费正清家中茶叙时，首次认识了当年还在跟费正清教授写有关蔡元培的博士论文的史伯明（Douglas G. Spelman）。我回来香港几年后，史伯明博士也被选派为雅礼协会驻新亚书院的代表；老朋友重逢，格外开心也。

提起史伯明这位老朋友，还得让我穿插一两句。他的普通话讲的很了得。当年（1972年）中美双方启动历史性的兵乓外交便还有他的份儿呢。美国球员应邀访问北京比赛时，是他负责翻译的。但不知是哪位不谙粤语的美籍华裔国学大师将他的姓氏汉译为史伯明，让他来新亚书院履新时，大家都称他为“死不明”（粤语谐音），难以入耳。这个趣话，也让我想起前港督卫亦信（David Wilson）莅港履新前，也不知是哪位汉学专家替他取名为魏（Wilson）德巍（David），后来发现粤语发音为“伪得危”，这才急忙改了姓名。我心想，如果史伯明和卫亦信的父亲知道这么一个汉译方法，必然啼笑皆非，莫非中国人都不让儿子有个自己的名字，只翻译姓氏，不译名字，致令父子不分，长幼无序，如此不敬不孝乎。

回首在哈佛燕京学社的那段游学经历，最令我挥之不去的心影，首先是报到的当天，我即拜访了香港熟人介绍认识的燕京学社图书馆馆长吴文津（Eugene Wen-chin Wu）先生。当我给吴先生递上自己的中英文名片时，他惊讶地问我是否也是个四川同乡，因为“郭”字的潮州音拼法“Kueh”读起来很像四川话。我还问他，“郭沫若”四川话该怎么个读法。他读给我听，果然就像潮州话的“郭”字音。寒暄几句后，他陪我到附近的一间餐馆吃午饭；是哪一间餐馆我完全记不起来了，因为甫出燕京学社门口，就在走下那几级台阶时，他忽然感慨地说，我们中国人在美国这儿让人冷眼相待，受尽歧视，犹太人也更惨，不过犹太人比我们团结，别人不敢怎么欺负他们。听了这话，我登时呆住了；心想，吴先生性情中人也，就像丕介我师！

哈佛燕京学社门口，与幼儿皓圆留影，又不禁然地想起当年的图书馆馆长吴文津老先生。当年吴老乍看郭教授名片上的英文Kueh字姓，还误以为同属四川老乡，巴蜀风骨，袍哥义气，溢于言表。

燕京图书馆阅览厅就在吴先生办公室门外走廊左转尽头处。在哈佛的那两年，我花的时间最多的地方就是那儿的中文藏书，汉学和当代中国的，应有尽有，因此也不时就近向吴先生请教。我最后一次看到吴先生，记得是1980年代中期，在香港。那时他陪同哈佛校长博格（Derek Curtis Bok）教授东来筹款，看来是他们听说香港有不少巨商大贾都是乐意为哈佛大学这个世界顶端学术殿堂慷慨解囊的，就如香港合和实业的胡应湘先生之于普林斯顿大学，一诺以亿美元计。我最后一次在报纸上看到吴文津先生的大名，是台湾的马英九就任总统时，特意邀请吴先生远道前来观礼。据说这是因为马英九在竞选期间，对手民进党候选人方面空穴来风，说马英九在哈佛攻读法律博士学位时，马夫人周美青女士在燕京图书馆偷盗馆藏报纸云尔，吴文津先生闻讯即仗义而起，矢口否认此说。

诚然，我多年来一直念念不忘吴文津先生的豪爽与气概。1996年夏，小儿皓圆获选代表香港、并得香港万泰集团主席田北俊先生赠送来回机票，参与当年在美国休士顿市举行的世界青年大会（World Youth Congress）；我与小萍借机在世青大会后飞往美国，陪同皓圆在东岸几个大城市逛了一圈，当然也少不了去一趟波士顿，并过河到剑桥小镇去参观哈佛大学和燕京学社所在，旧地重游。一则想提醒皓圆，乃父也曾经在哈佛大学呆了两年，二则特意要皓圆陪我在燕京学社门口那几级石阶上留影纪念，并提点他当年我从吴先生身上所听到的那些无比诚挚的真心话，让他心理上有所准备也。

听了吴文津先生那番有关犹太人比中国人团结的话后，我后来也不时听人说，世界上的犹太籍教授学者每逢著书立说，势必优先集中引用族人的观点与字句等等。我看这个说法未必客观公平，因为值得引用的名家经典，就如诺贝尔奖金得主的著作，比比皆是，很多都是出自于犹太人之手也。这一点连回教徒也得认同，就如巴基斯坦的安全研究中心的总干事沙冷木（Farrukh Saleem）博士（也是个知名专栏作家）所指出的，全世界犹太人只得1400万人，相对于回教徒总人数是“1比100”，而过去的105年中，犹太人获诺贝尔奖的不下180人，对比14亿回教徒，其中获奖者（不计诺贝尔和平奖）则只得三人而已。差距何其悬殊，不堪设想。

其次，作为哈佛燕京学社访问学人，我对哈佛大学另一个挥之不去的心影是，哈佛整体，至少是人文与社会科学领域方面，当年几乎还不能完全摆脱麦卡锡主义（McCarthyism）的幽灵。这让这座世界各国皆视之为瑰宝的学术殿堂蒙上了一定的阴影。大家都知道，1950年代的美国，在共和党参议员麦卡锡的激情煽动下，视共产主义如洪水猛兽，许多左倾人士，就连稍为有点自由主义倾向的知识分子，都深怕被标签为亲共分子，甚或被指为共产党的同路人；风声鹤唳，人人自危，不可终日。中国的火箭之父钱学森教授，便是如此被逼、毅然放弃在加州理工学院的研究工作而回归祖国的。麦卡锡主义这段逼害无辜的插曲，也让人不禁想起今日的美国，在奥巴马总统的亚洲再平衡战略之下，以中国为假想敌，捕风捉影，假借维护航海自由的名堂，在南海无事生非，巴结菲律宾和越南等国，意图干扰中国维护领土主权的举措。

话说回头，我当年在哈佛大学所见到的中国通，如上面提到的傅高义和史瓦兹教授，他们的著作标题，或曰书名，一般都冠以“共产中国”等含有贬义或敌意的字眼。大家不约而同地，都将共产主义的意识形态，以及毛泽东作为对立面的解读对象。记得柏金斯教授所开课程的名称，也同出一辙；而这种冷战思维实际上更为清晰地贯穿了许多对中国经济研究的经典名著，比如埃克斯坦教授在他1966年出版的那本书《共产中国的经济成长和对外贸易：对美国政策的含义》（*Communist China's Economic Growth and Foreign Trade: Implications for U.S. Policy*），其中便有一大段，指出中国大陆当年（1960年代中期）的工业实力，已经超过日本发动太平洋战争以及入侵中国时的水平，并说中国如果继续其工业化道路的话，不久的将来，其发动类似战争的潜力，将不亚于日本（上一世纪）三十年代的战争实力云尔（见该书250–251页）。

尽管我们不可纯粹因为书的标题而以辞害义，但事实上大家都知道，在美国政府的支配或操控之下，许多研究中国经济的项目，其经费来源大体上都是离不开美国国防部或其他官方或半官方的赞助机构，如世界著名的兰德（智库）公司（RAND Corporation，研究部门分设在加州、宾州，以及维吉利亚州等地）便赞助和出版了不少大部头著作，如刘大中（Ta-chung Liu）与叶孔嘉（Kung-chia Yeh）1965年合著的《中国大陆的经济：国民所得与经济发展，1933–1959》（*The Economy of the Chinese Mainland: National Income and Economic Development, 1933–1959*. California: Santa Monica, 1963）。另一部广为专家学者引用的经典是埃克斯坦、加冷森（Walter Galenson）和刘大中三大教授主编的《共产中国的经济趋势》（*Economic Trends in Communist China*. Chicago: Aldine, 1968）。

这类实证性著作大都专注研究中国的经济实力，如国民生产总值、资本形成与消费水平、农业产量、工业增长速度、产业结构转变、人力与资源供应潜能等战略性和可数量化的问题。当然，其中也牵涉到经济制度与经济运作效率的方方面面。我感觉很有意思的是，迟至中国改革开放以后，还有西方知名的制度经济学家，尤其是产权学派的学者，竟然无视改革开放前三十年，即1952–1978年，中国大陆的国民生产总值平均每年以高达6%的速度增长，而一意将整个毛泽东时代的中央计划和国有产权以及官定价格制度，说的一无是处。我在《不可忘记毛泽东》一书中，已对这一悖论的意识形态背景，详以破解，不赘。

我以燕京学社访问学人身份游学哈佛期间，还有三几件特别值得一提的"大事"，其中有一件还"事关终身"呢。首先是美苏冷战对峙期间，美国在越南打的大热战引发了如火如荼的反越战示威游行，让人不胜其烦。当年我在剑桥城中的马萨诸塞大街（Massachusetts Avenue）上便不时看到人头涌涌，纷纷扰扰。我深怕城门失火，殃及池鱼，不敢光顾那间靠近麻省理工学院、距离通往波士顿大桥不远处的陈氏餐馆（Joyce Chen）用膳。听说基辛格（Henry Alfred Kissinger）和加尔布雷思（John Kenneth Galbraith）两位大教授也属陈氏餐馆的常客，尽管我无缘，从来不曾在餐馆里头遇上过他们。其时也，配合反越战声浪，美国的关心亚洲（问题）学者委员会（Committee of Concerned Asian Scholars，简写为CCAC）如雨后春笋，遍地开花，甚嚣尘上。

可是我想，基辛格倒不是被逼离开哈佛，而是去了华盛顿，当上了好战的尼克松总统的国务卿，更上一层楼也。

反越战之余，关心亚洲（问题）学者委员会所倡导的，是要各界深入检讨对越南、中国以及其他亚洲国家的区域研究（regional studies）的立场和思维方式；尤其要求专家学者们，摒弃偏见，设身处地去想亚洲人之所想，去了解亚洲各国的制度与政策的缘起与真谛。当年，这把“关心亚洲”的政治与学术火焰，也同时烧到汉学大师费正清教授身上，彼此僵持不下，甚为难堪。记得关心亚洲（问题）委员会的创始成员中还有今日成为哈佛燕京学社社长的裴宜理（Elizabeth J. Perry）教授呢。真所谓三十年河东三十年河西，世事难言矣。

换个麦卡锡主义盛行、滥捕共产主义同情者的1950年代，裴宜理教授肯定早已经是个殉道者了。也记得今日的一个中国经济问题专家李思进（Carl Riskin）教授，即《中国的政治经济学》（*China's Political Economy: The Quest for Development Since 1949*）一书的作者，当日也属“关亚委”的热心分子。在他于1987年出版的这本书中，今日仍可看到“关心亚洲”的一些蛛丝马迹呢，尽管整个“关亚运动”早已灰飞烟灭了。看来在今日奥巴马总统伙同日本所搞的二十一世纪亚洲再平衡（Asia Rebalancing）的大战略之下，美国的中国研究，必然又会出现另一类的新气象；就让大家拭目以待吧！

当年轰动全美国的另一件大事是，1970年5月4日俄亥俄州警察开枪射杀四名州立肯特（Kent）大学学生的悲剧。这椿天大事件缘起于众多美国学生示威游行，反对尼克松总统进一步将越战延伸入柬埔寨。四名学生在校园内被射杀，引发全美国几百间大学，总共有四百多万大学生，参与大罢课。我的好朋友，即那位追随费正清教授，以蔡元培为他的博士论文研究对象的史伯明博士，因为他自己对中国的“五四”所代表的“新文化”（科学与民主）运动了如指掌，因此“肯特射杀”（Kent State shooting）事发后，他在我面前将美国学生的“上街”比诸1919年5月4日发生于北京的、以青年学生为主的爱国示威游行运动，而将这个反尼克松的肯特大学的悲剧，称之为美国的“五四新文化运动”。我记得很清楚，因为那一天正是史伯明自己的生日，因此我对他开个玩笑说，“美国的新文化”就由他诞生之日开始了。我也心想，但愿那些参与肇事的美国学生，并非植根于英国传统的功利主义哲学，深怕被尼克松总统拉上战场送死，而坚持上街游行反抗的。我又心想，当代美国，如非1930年代蒙希特拉的“恩赐”，将许多大学问家、大思想家以及大科学家都一一赶往大西洋彼岸、另起炉灶的话，哪还能搞出什么新文化呢！

这一起闹得美国各界风声鹤唳的“五四事件”让我在心影中挥之不去的另一个原因是，我当时刚从旧金山参加过亚洲研究学会（Association for Asian Studies）的年会后回到波士顿不久。而这个年会也可说是改写了我的一生。何以言之？哈佛燕京学社对每位访问学人每年都提供一次飞机票和酒店旅费，让他们参与在美国境内任何地方举行的学术会议。我当然选了距离波士顿最远的旧金山，因为这可让我顺道游览气候宜人的西海岸；而那年3月底的亚洲研究年会正好就在那儿举行。

在旧金山时，我在开会场地好奇地浏览了大会布告栏上不同大学的招聘广告，并打了个电话。接听的是一位印度裔美籍学者、代表西密歇根（Western Michigan）大学的沙尔马（Vishio Sharma）教授。我依约到他酒店房间见面，谈了好一阵子，很投契，并发现他原来是伦敦政治经济学院的经济学博士，是出身于东非洲肯尼亚首都奈罗比（Nairobi）的印度侨民。他时任西密歇根大学通识教育学院的教授，负责社会科学部的“非西方研究”（Non-Western Studies）课程。在他的酒店房间内详谈后，他当即约我一道下楼午膳。进入餐馆时，发现他预订的长型餐桌已经坐满了十几个应征的客人。主人安排我做在他身边，继续问东问西，只礼貌性地与其他客人寒暄几句，蜻蜓点水，不着边际。其实还没下楼就餐之前，我已经信心十足，沙尔马教授心目中的人选，非我莫属了，因为我的卖点是比较政治经济学视野之下的中国和印度的区域研究，与他的兴趣可说是无缝对接。

我回到波士顿不久，便接到西密歇根大学校方正式来信，邀请前去会见其他负责领导人，其后他们又多次打来电话催促。在决定是否应聘前去密歇根之前，还得让我岔出一两句有关游览西海岸的事。当时1968年新亚书院经济系毕业的刘佩琼同学（也就是后来成为港人熟悉的广东省和全国人大代表的那位刘佩琼教授），正在加州首府萨克拉门托的州立学院（1972年后改称大学，Sacramento State University）攻读硕士学位，我特地租车自驾去探访她。在老远的异乡看到自己的学生当然格外开心，更为开心的是她写的硕士论文正是有关国内经济学家孙冶方的理论。这也正是我那篇《毛刘经济政策争议》论文中的主要题材。

接着，我便前往西雅图的华盛顿大学拜访时任助理教授，但还在哈佛大学攻读中国史学博士学位的谢文孙先生。文孙兄是当时在哈佛专任傅高义教授的研究助理的陈仲文（Eddie C.M. Chan）先生介绍我认识的。我很想通过谢文孙兄认识华盛顿大学的两位大师，可惜都没缘分请教。一位是以《中国的绅士》（*The Chinese Gentry*）一书知名于世的张仲礼（Chung-li Chang）教授，但原来他早已于1958年"大跃进"那年，像他的无锡同乡"中国航天之父"钱学森教授一样，仅晚了三年，回归祖国参与国家建设去了。张教授后来出任上海社会科学院院长，有一次出访香港时，我才有机会看到他这位胸怀祖国的大学问家。另一位是大名鼎鼎的德裔美籍汉学泰斗维特佛格尔（Karl August Wittfogel）教授，他也是个传奇人物，被希特拉赶到美国去的。我本以为他当时退休不久，可能还留在西雅图生活，可惜也是缘悭一面。这两位大师的成名著作，我或多或少都拜读过了，所以很想一睹他们的庐山真面目风采也。扫兴之余，我最后经温哥华飞回波士顿。

话说回头，我正准备婉谢西密歇根大学的盛情邀请之际，忽然完全出乎意料之外地接到一个长途电话，那是马尔堡大学旧时相识的老同学、出身台湾国立大学的陈逸堂兄从北卡罗来纳州打过来的。他是个物理学家，听说从马尔堡大学移居美国后，也在哈佛大学教过几年书。逸堂兄在电话中欣喜地告知我说，“从昨日开始，凡持交换访问者（exchange visitor）签证来美国者，都获准申请转换所需签证，可留居美国。”他劝我也即刻办理申请手续，事不宜迟；并说，美国各大小城市的移民局门外已经有许多印度人排长龙申请转换签证云尔。就这样阴差阳错地，我应聘到西密歇根大学去了。正式接受聘书之前，当然还甚感左右为难，进退维谷。一则“西密大”虽不算什么大名堂，但可让我借机取得一点在美国的教学经验。二则放下父母亲留居香港，诚于心不忍矣。我忍痛办完签证、身份转换后，也很快就借西密歇根大学的身份，拿到万人引领以待的美国绿卡了，尽管这本来就不属我美国梦的构成部分。

我是于1970年的8月25日独自驾着那辆以250美元购得的旧福特“道奇”（Dodge Dart，我也把它翻译为“搭得”），从波士顿路经底特律市直达西密大所在的卡拉马主（Kalamazoo）小镇上任。抵埗时已经过了半夜，第二天的傍晚便在那位印度裔教授家中认识小萍，12月19日便结婚了。1971年8月中，我们便一道从波士顿起飞，在欧陆各国游玩了一个多月后，结束两年的进修研究休假，于9月17日回到香港中文大学销假上课，接着，很快地，我们的女儿丹圆便呱呱坠地了，皆大欢喜。

游子归来兮，最最开心的当然是我父亲和母亲。我与小萍结婚前的12月初，我已经向他们预报结婚喜讯，他们也没想到，居然这么快就抱着小孙女了，而且对潮州人来讲，最痛爱的是小女儿，尽管也非要男孩不可。果然老天显灵，我们的老二，剑圆也就于1972年秋天诞生，是个男孩。老三也是个男孩，名皓圆，但姗姗来迟，要等到1980年盛夏才面世，功德圆满！三个小孩自小都跟几十年来住在家中的爷爷奶奶讲潮州（揭阳）话，与母亲小萍和我自己则讲普通话，还好没有让我那带有强烈潮州口音的普通话给扭曲了。丹圆念的是女拔萃，剑圆和皓圆则就读小拔萃和男拔萃，英粤双语兼用，而且几度跟在我们身边，在英国和澳洲住了一段时期，英文比我流利得多，不在话下。

还得回头让我一提西密歇根大学：因为哈佛燕京学社给的访问学人奖学金是两年的，我在西密大的那一年算是请假而去的。因此，1971年4月到8月间的第三个学期是在波士顿度过的。当然，因为小萍已经怀孕了，每个周末例必飞回密歇根照顾，并且手携波士顿著名的龙虾，以滋补养，以致丹圆至今仍然是三个小孩中最强壮的一个，也特别嗜食龙虾呢。我们前去波士顿登上飞机赴巴黎之前，还先去请医生出具证书，说明小萍虽然怀胎八个月，但仍然是适合上飞机的。我也购备了一本紧急接生法的书随行，以备万一。心想，母亲当年生我时也就是只得一把剪刀和一壶热开水而已，我自己也应该可以招架得来吧。

当天一早，记得是1971年8月16日，从波士顿飞抵巴黎奥利（Orley）机场后，乘巴士在那个荣军馆（残废军人馆，Les Invalid）门前下车时，乍见路边报摊报纸头条都标明美元大贬值，因为尼克松总统终于宣布让美元与黄金脱钩也。这让外汇市场风声鹤唳，还好我们身上带了不少美元现钞，一直要等到从布达佩斯飞抵维也纳时，才发现银行不让兑现手中的美国银行本票。无奈之下，我即刻打电话向马尔堡大学的亨思尔教授恩师求救，让他电汇马克现金过来周转接济。就这样，我们在维也纳市中心一条名叫彼得格拉奔（Petersgraben）小巷子的一间小公寓多住了好几天等钱用。那几天，悠哉闲哉，除了参观那古雅而壮观的美泉皇宫（Schönbrunn Palace），以及特地造访西班牙骑术学院之外，有一晚则花在维也纳歌剧院欣赏交响乐演奏。余兴未了，隔晚又在市中心的公园里头，观赏斯特劳斯的名作演绎。撩人心弦的圆舞曲与啤酒杯齐起，飘飘然，何似人间。

亨思尔老师的钱汇到时，我们即刻报名参加维也纳森林一日游。那一天运气也特别好，因为小旅游巴士满座了，导游见小萍大腹便便，特别安排一部黑色奔驰让我俩上山进入森林。我特地要求司机在舒柏特《冬之旅》组曲中“菩提树”边的那口井水多逗留一阵子，联想翩翩，真舍不得离开。回去市中心后，也游览了维也纳中央公墓，仔细端详了所有音乐作曲家的墓碑，其中有贝多芬、布拉姆斯、斯特劳斯，当然还有舒柏特的；莫扎特也就安葬在那附近。霎时悠扬与浪漫豪放的古典交响乐声，不绝于耳，余音绕梁不去。这次欧游十几个大城市，历时逾月，朋友们听起来，无不惊讶不已。其实这倒是我有生以来最舒适的一次大旅行，因为小萍怀孕在身，一切活动只能慢条斯理，着急不了。

话说回头，我们从巴黎飞往苏黎世时，接飞机的就是曼忽烈老弟。他先请我们在瑞士境内的康士坦兹湖（德文叫博登湖）边的餐馆吃午餐后，才送我们回他家。第二天下午再送我们到巴塞尔（Basel）的卡普教授寓所。这一点我在上一章中也提到了。卡普教授的家是一栋两层楼高的豪宅，就坐落在一条叫电池径（Batterieweg）的小街上。时至今日，每当我从香港半山区的麦当劳道住所走下中环，路经汇丰银行对上的英文同名小径炮台里（Battery Path）时，我总不禁然地想起卡普教授亲和的长者形象，音容宛在，感慨不已。

我们接着从巴塞尔飞往法兰克福，转乘火车北上去马尔堡探访亨思尔教授和碧姬德夫人。这是小萍第一次，也是我最后一次看到亨思尔恩师，下一次拜谒的是马尔堡公墓中他的墓碑，那已经是1994年的夏天了；沧海桑田，人生如梦，是也。

前往马尔堡拜访亨思尔老师夫妇后，我们再从法兰克福飞往西柏林，然后转入东柏林再飞往捷克首都布拉格。记得从东柏林乘坐的是不时出事的苏制旧型的尹流申（Ilyushin）飞机，想起来犹有余悸，还好仅一小时就下降了。我对布拉格这座城市印象不深，只记得如师母碧姬德夫人所说的，整个都城都是满布金色的屋顶，很可爱。印象最深的反而是，如我在飞机上已经提醒过小萍的，在我们准备入住的酒店周围，到处将会遇到紧跟着要兑换黑市美金的混混，因为这是在东柏林熟视无睹的经验，莫斯科也是如此。然而，我对布拉格没留下深刻印象的主要原因，还是自己一心一意想赶着飞去一睹那美丽而神秘的匈牙利的首都——布达佩斯。听说这是当年铁木真，即尚未封汗的一代天骄——成吉思汗铁骑所践踏过的土地。

我们后来也陪同我们的丹剑皓三圆去布达佩斯游览了两三次，所以对这座多瑙河边的神秘古城，前后的心影也有些混淆了。记得最清楚的是从布达（Buda）山顶上远眺下边多瑙河对岸佩斯（Pest）的城区，沿岸排列着整齐的古老建筑群，风景格外雅致；那肯定可媲美伦敦泰晤士河边、大笨钟左侧的英国国会大厦和西敏寺等大型哥德式建筑的风格。布达佩斯这座古都也不禁让我想起那之前几年，即1966年春，在莫斯科钢慕（Gum）商场外遇见的那几位脸面大如锅底的蒙古姑娘如何对我展示亲和可爱的微笑。我当时已经心想，他们与匈牙利人很可能就是出自同一个祖先的。

作为一个关注东欧政经发展的学者，我当然也想起在古晋中学念书时，俊华老弟和我自己等几个华校学生，当年如何被砂拉越殖民地政府教育司召见，以聆听英籍官员讲解1956年初冬，苏联驻军如何在布达佩斯血腥镇压大学生，而引发如火如荼的反苏暴动。那位英籍官员意图借用匈牙利学生起义，劝告我等不要参与当时左倾或同情共产党的古晋中华中学的同学，去搞反英罢课游行。当然，我对布达佩斯更感兴趣的是匈牙利政府从1960年代末期开始，便如何追随东德政府搞工业企业改革，以提高经济效率。但无论如何，我当年与小萍一起单独游览布达佩斯期间，超乎一切的一切，最最重要的还是我到底必须紧盯着小萍，手挽手，步步为营，保护她不要意外绊倒，影响她肚皮里头我们俩的那个小宝贝健康发展呢。

从布达佩斯飞往维也纳住了将近一个星期后，我们便前往早已心向往之的威尼斯水城。后来我两次，即1977 / 1978年和1984 / 1985年游学伦敦时，也偕同我们的小孩旧地重游，所以对威尼斯的心影前后也混淆不清了。主要记得第一次游览威尼斯时，要乘坐快艇许久，才抵达制造各式玻璃器皿的一个外围离岛的工厂。小萍热衷此事，我只能奉陪，因为他父亲是这方面的电机工程师也。我们也买了一套色彩缤纷的玻璃酒壶酒杯，至今还完好地保留在家里的玻璃橱柜中。随后就飞往罗马，我们的小孩以后也几次陪同游览这座伟大的历史古城。那第一次最惊险的是赶上飞机时路上堵车，几乎来不及赶到机场，幸好办理登机手续的人龙中，有人看到小萍大腹鼓鼓，也就让我们插队了。听她的口音肯定是个美国人，似乎不大情愿让位，但奈何。

接着我们欧游的最后一站，就是希腊的雅典了。因为以后一直要等到2011年5月才有机会旧地重游，所以此处先略及一二有关我那个大肚婆的趣闻。雅典的旅游巴士只送我们到那世界著名的卫城（Acropolis）的半山腰下车，还得崎岖上斜坡走一段路，才能到达山顶上去凭吊那一大堆影响了往后两三千年欧洲建筑文化风格的断垣残壁遗迹。下车后，我看爬上山去，对小萍而言，委实是太危险了。我当即下令她止步，让我自个儿上去照几张相片算了。我见她脸色不悦，急忙说，这一辈子肯定会再偕她重游，也不会等到她走不动才前来的。我也同时指着她腹中的小宝贝说，这一个多月，你（妳）透过妈妈的肚脐眼，委实也观赏了大半个欧洲的名胜和历史古迹，这个代表古老希腊文化的雅典卫城，就等你（妳）长大后自己来游玩了，最好是将来带同爸妈一起来吧。

我当年不让小萍徒步爬上卫城的原因是，就在那之前一晚，我们在卫城山脚下拾级走下那深坠的露天剧院，准备观赏一出有关古希腊神话的话剧演出时，讵料还来不及坐下石阶座位，她差点儿就摔跤了，险象横生。尽管如此，言必信，信必行，四十年后，我果然兑现了承诺。我们俩2011年5月随从香港胜景游（Kuoni）的一个旅游团，游览土耳其后，单独从伊斯坦堡飞往雅典自由行，上上下下，透透彻彻地观赏了古雅典的卫城遗址。

我们两人，随后也顺道飞往南斯拉夫的贝尔格莱德（Belgrade）逛了一圈。我们包了一部轿车，在市中心走马看花之余，特意指定要去看看1999年5月美国空军是如何“误炸”中国大使馆的。在端详那个为大使馆殉难官员而立的纪念碑时，我也在心想，这是否也可算是美国政府秋后算账的结果，蓄意报复毛泽东时代的中国极力反对南斯拉夫的铁托总统带头大搞修正主义呢？抑或美国空军当年真的认为南斯拉夫的总统密洛史伟奇（Slobodan Milošević）就暗藏于大使馆中，非让他与那三个无辜的大使馆人员同归于尽不可；天晓得！

再话说回头，1971年9月中，我们最后是从雅典乘坐瑞士航空飞回香港的。在办理登机手续时，柜台的希腊职员居然要求小萍出示医生签批的适宜飞行的证书。我们整个欧游旅程中，仅此一次，险些上不了飞机，幸好有备无妨。看来，就在四十几年前，希腊似乎仍然能保持古代斯巴达人尚武和严守纪律的精神，一丝不苟。想不到今日，2015年，这个古文明国度竟然寅吃卯粮，负债累累，濒临破产；雅典已不再是尔雅古典了。今日所见，街头示威暴力，无日无之。也不知目前希腊政府的总理齐布拉斯（Alexis Tsipras）是何许人也，但即使他是个斯巴达人，看来也是束手无策的。悲哉。

第22章 日不没落帝国 夕阳余晖

当年香港中文大学规定，在任教师服务每满五年，便可带薪放假一学年。因此，我在1990年底辞职离任之前，前后有两次机会离港外出游学，而两次都去了那个号称“日不没落”的大英帝国的帝都——伦敦是也。第一次是1977年12月到1978年9月，第二次是从1984年8月至1985年9月。选择伦敦有两个主要原因。其一是在英联邦学术交流框架之下，可借中文大学的身份，取得所需游学研究的奖学金。因此我第一次赴英伦是大学校际协会（Inter-University Council）高级研究员（Senior Fellow）的身份，第二次则是以英联邦大学协会（Association of Commonwealth Universities）研究员（Fellow）的资格出访。前后两次的挂单对象，都是由我自己指定伦敦大学属下的亚非研究学院（School of Oriental and African Studies，简称SOAS），因为那儿专责研究中国经济问题的教授专家最为齐全，而且学院有关中国的藏书，在英国或整个欧洲也算是最为丰富，可媲美哈佛大学的燕京图书馆。更为难得是，1984／1985年那一年，小萍也获得英国文化协会（British Council）奖学金，在伦敦大学的卫生与热带医学院（School of Hygiene and Tropical Medicine）攻读一个额外的硕士学位，那是她在香港大学跟随黄启铎（医学院微生物学和病理学）教授取得博士学位（1978年）之后的事。而且卫生与热带医学院也位处亚非研究学院侧边，我们夫妻俩一早驱车送了小孩上学后，便可一道上班去，共进退，很方便。

选择伦敦的另一个主要理由是，我1964年时本来就曾考虑过从德国转往牛津大学攻读博士学位，期以纳入英美的学术主流，而且我对欧洲大陆历史文化风土人情，深情地向往之。在德国住了六年之久，余兴远远未了。人道祖国大地，东西南北，地底处处是考古宝藏，但欧洲则古迹文物，遍地展示眼前，生动地印证了从中学到大学，自己在课堂上所熟悉的历史进程与英雄风流人物。对比美国，到底仅谈得上两百余年历史，除新英格兰和首都华盛顿或稍有点文化气息外，其他所见，不是摩天高楼蔽日，就是旷野千里，不见炊烟。超速公路上风驰电掣，往往要飞奔几百里，路过郝沃约翰孙（Howard Johnson）旅游酒店时，才偶遇人迹。这让人感觉美洲新大陆，何以谈得上什么文化底蕴。

再不说与哈佛燕京学社挂钩时期，所见所闻，美国人反苏之余，深恐中国共产主义兴风作浪，给予团团围堵，冷战思维泛滥之外，又妄自尊大，就如今日的奥巴马政府，见我祖国遽然崛起，飞黄腾达，便试图以亚大再平衡战略强以遏制一模一样，令人厌烦心寒。这又让我想起在西密歇根大学任教那年，越战方刚，那个黄头发白脸庞的学生，指着我课堂黑板上挂着的那幅世界大地图，误将阿拉斯加州当作越南所在，而班上其他同学竟视以为真，无人哄堂大笑，让我啼笑皆非的往事。

我听说出身于台湾的余光中教授，也就是后来也成为香港中文大学同事的那位诗人文学家，也早我几年在“西密大”教过书。我不知余教授对那些黄头娃娃如何个看法，只知他那首脍炙人口、国务院前总理温家宝也很欣赏的“乡愁”新诗，是他当年回台北后，也就是我刚在西密大履新的那一年，才写成的。我心想，余教授当年面对那些即将当越战炮灰、或者是刚复员就学的黄头白脸娃娃，也肯定是赋不出什么好诗的。一笑。

当然对美国学生的资质问题，绝不可一概而论。我在波士顿的剑桥小城那两年，每天出出入入，穿越哈佛广场（Harvard Square）所看到的，无论是黄发白脸的，抑或黑发黑脸的非洲裔同学，大多数目光炯炯，就如被暗杀之前电视上看到的马丁·路德·金（Martin Luther King）一样，雄辩滔滔，不可一世，望之令人生畏。哈佛大学所在，诚可谓人杰地灵也。心想，美国后来出了个奥巴马总统，也不足为奇；尽管也有人说他数典忘祖，是个黑脸白人心也。

话说回头，还得让我先谈谈两次赴伦敦游学研究之前，在香港中文大学的岁月是如何度过的。前后两段时期，中大的生态环境各异，但我一直停留在经济系讲师身份不变。先说前一段，即1971年秋从哈佛燕京学社回中大后至1977年底去伦敦之前。期间的1972年暑假，我还应约回去西密大教了个暑期学期（summer semester），本可留下来不走，但最终还是决定放弃了许多同事梦寐以求的美国梦。1971年秋季，从哈佛重投新亚母校怀抱时，最感悲伤和失落的是我最敬爱的丕介恩师已经于1970年5月逝世了，而中大各书院学系的行政架构也日渐统一集中于全大学一级的层次了。1973年起，来自台湾中央研究院经济所的邢慕寰教授应聘成为中大经济系的系会主席；后来林聪标教授，更成为他的衣钵继承人，直至1991／1992年他从中大经济系退休返回台湾为止。

我那几年，即1971年从哈佛大学进修返港后开始，在中大所开设的高年级课程除了“比较经济制度”和“中国经济发展”外，也有“国际经济理论”以及“环境经济学”等。后两门课都是自己请缨开设的，目的是想涉猎多几个方面的新知识与新理论，增广见识，教学相长。“环境经济学”是刚从美国学回来的鼎新科目，花了我不少功夫备课，也消化了1972年美国国会刚出版的那一大本相关的《环境污染的听证报告》的材料，不亦乐乎！我也因此与当年特别关注香港环保问题的崇基学院副院长赖恩（Robert N. Rayne）博士有所往来。因为赖恩博士的关系，我也与小萍一同注册成为香港长春社的会员。小萍当时也开始在中大的海洋科学研究中心从事海水污染研究。也没想到，这也就决定了她后来跟随港大的黄启铎教授，以香港新界流浮山养殖的生蚝做为博士论文的研究对象。

但是，更有意思的是，对我而言，1970年代初期，在文革高潮，加上钓鱼台运动以及“关怀祖国，放眼世界”的学运背景下，同学们意气风发、学习投入的热心，一扫港人急功近利、阴阳怪气、十足市侩的风气。这也令人感觉曙光初现，教起书来，特别起劲。记得当年中大学生会正副主席是齐禧庆和刘振强，他们都上过我的课。其他出类拔萃的同学，如陈志新、郑海泉、彭玉荣、侯云辉、梁海国、关燕萍、罗祥国，以及冯耀辉等人，也都出身于那段时期，讲理想，有抱负；不但学有所成，而且个个都是当今香港社会栋梁人才，佼佼者也，我亦与有荣焉。

最令人难以忘怀的是郑海泉1973年夏天毕业后，申请入读中大经济系硕士学位被拒绝的那一幕，历历如在眼前。当日邢慕寰教授主持面试，问郑海泉学成后有何设想和打算，海泉他回应了三两句话，其中点及“为人民服务”几个字，讵料邢慕寰教授脸色发青，诘问“如何个服务法，你说！你说清楚！”登时在座二十来个年轻同事鸦雀无声，只得我一人试图说辞，指他学业成绩不错云尔，这当然不得要领。这事我后来当作趣闻一则，也登上香港《信报》了（2005年2月18日）。

我也记得很清楚，当郑海泉从汇丰银行调任为恒生银行董事长时，某电视台（记不起是“无线”或“丽的”，或已经改名为“亚视”的电视台）要我也上镜，说是新上任的郑董事长，指定要我讲讲他当年在中大时的学习生活点滴。我应允上镜头，但小心翼翼，深怕语焉不清，怎知事后观赏他自己的电视演出时，深深敬仰海泉同学果然不愧为大将风范，气派恢弘，说他自己当年如何热衷于马列著述，不一而足。这才让我松了一口气，反而觉得自己有点儿小家气呢。

再说第二段时期，即从1978年至1984年的中大人事生态和我的岁月。经过前段时期的折腾，中大的行政权力结构基本上已经定型，三大成员书院（新亚崇基联合）鼎立，格局不变，但个别学系都划归全大学的文学院、社会科学院、理学院以及医学院统一管理。从新亚书院的立场来看，余英时教授（1973–1975年任院长）为了配合中大校长李卓敏教授的改制规划，而不惜与新亚元老翻脸的闹剧，众人皆知，也早已成为历史了。经过短暂的全汉昇（1975年8月–1977年2月）过渡，新亚转入长治久安的金耀基（1977年3月–1985年7月）和林聪标（1985年8月–1992年7月）时代，萧规曹随。近日（2015年4月17日）有位新亚早期校友（也是香港社会名望，姑匿其名），忽然在一个香港德辅道中某餐馆饭局上，指这一段“金林”时期为影响深刻的台湾帮岁月，其意为“难以传承新亚的历史与精神”，并说，台湾帮用人唯台，实质上左右了新亚书院的长期命运云尔。此语让我颇感错愕，我反问何以言之，新亚与台湾的民国政府本来就是一脉相承的呀。

与此同时，邢慕寰教授亦迟至1982年才从中大引退回台湾去了。我心想，邢教授或觉衣钵已钦定传人，大局稳定，功德圆满也。其时也，祖国改革开放大势已成，难以逆转。时移势转，香港大学以及浸会书院等若干院校，亦步我后尘，先后开设了有关中国经济的课程，不少专注研究香港问题的专家教授，亦转而争先研究中国经济，不为人后，喜气洋洋。也有人认为这将直接挑战我的专长，我无限欢迎，何惧之有哉。

当我1984年8月中准备第二次赴英伦游学，藉以浸淫于大英帝国的夕阳余晖 时，北京与伦敦已经宣布，确定于12月中旬签署有关香港回归祖国的《中英联合声明》了。我临走前，还借用中大提供的购房津贴，购买了位于山顶柏加道的一个小洋房，以便好好安顿老父老母。这次陪他们住在一起的，除了翼贤小侄儿外，还是我那位郑丽影表妹，不过她已经结了婚，也有了家小，全家搬进来同住，让我更为放心。

购买那层楼的合约是在中环德辅道某家律师楼签署的。卖方业主姓谭，是一位西医，诊所在跑马地。当我落笔签了名，墨迹未干，他便很严肃地问我，“难道你对香港前途真有如此大的信心吗？”我直截了当说，“是的，我是专门解读大陆的经济问题和经济政策的读书人，不相信会误判。”当日与谭医生的简单对话，叮铛入耳，彷若昨日，没想到今年（2015年）初见报，知道他刚刚仙逝，颇感惆怅，但不知他后来是否在山顶另行置业。

还得岔出一两句有关购买这层小楼房的背景。我是从《星岛日报》看到某地产代理刊登售楼广告的，指房子面向维多利亚港，无敌海景，云尔。我当即偕同小萍前往视察，甚悦。当日回去中大教员宿舍后，即回去经济系办公室，找上1973年经济系毕业后，经年累月，一直担任邢慕寰教授和林聪标教授的研究助理的贺贤平同学。我说明来意后，即问他可有认识任何从事地产代理业务的毕业同学乎。贤平同学很开心地点名中原地产代理的王文彦同学。贺比王仅早一年毕业，我记忆犹新，即请文彦同学代为搞定，佣金照算，尽管那并非中原的盘口，此之谓肥水不让向外流入他人农田也。当年中原的店铺还在中环德己立街（D'Aguilar Street），如今已经成为香港超大的龙头地产代理企业了。

提起贤平同学，相信许多同学和我自己以及其他同事一样，都甚为他“不值”。他担任研究助理多年，后来难得转任讲师，但有人还是要他“提早”退休。中大对此或有先例可循，但个中原委，外人不得而知，或仅知他不具博士学位，难得见容于当今大学的招聘标准要求。尽管如此，我个人绝对赞赏贺平同学才华横溢；统计分析造诣难以匹对之余，在经济系一众留英留美同仁之中，论英文写作与修辞能力，文采飞扬，不见有出其右着也。上过他课的同学，也没有人不诚恳地爱戴他这位为人诚恳亲和，以及事事为同学们设想的好老师。据我所知，当今新亚书院的董事长，也就是1973年毕业的工商管理系同学，梁英伟先生，当年便不时与贤平同学磋商课业。梁先生至今仍然念念不忘，当年贤平同学如何煞费心机，帮忙他补习功课呢。

我甚为贺贤平同学“不值”的另一个主要原因是，在我就任澳洲悉尼市马夸里大学中国政治经济研究所创所所长前后，英国的麦米伦出版社要我写一本有关中国与香港经济互动之下，香港的对外贸易与工业化，以及经济结构转型的书，我因为自己不是研究香港方面的专家，所以大力推荐贤平同学接受专著的出版合约，结果便是他1992年由珀尔格拉夫麦米伦（Palgrave Macmillan）出版社，连同夏威夷大学出版社共同出版，Ho Yin-Ping的*Trade, Industrial Restructuring and Development in Hong Kong*。网上可见到，该书面世后，获评为五星级著作，2015年再版。

大约同一时候，英国的《太平洋评论》（*The Pacific Review*）双月刊也要我撰写一篇类似专题的论文，我也推荐贤平同学执笔，哪知定稿后，他竟然写明我是"作者"，而实际上我只是对该论文稍加润饰而已，岂可无功受禄。经我再三坚持反对，他最后才勉强同意以我排名为"第二作者"。这就是那篇署名Ho Yin-Ping和Y. Y. Kueh的Whither Hong Kong in an Open-door, Reforming Chinese Economy，刊于1993年出版的*The Pacific Review*第6卷第4期（页333–351）的论文。看来贤平同学的那本知名著作和那篇学术期刊上的专著论文，对他在中大经济系的晋升，不但徒劳无功，反而让他给勒令提早退休，黯然离开中文大学。莫非我对他留任香港中大讲师一事，竟帮了个大倒忙，呜呼哀哉。

回想两次游学日不没落帝国的大都，多少也有些不堪回首的感觉。既然日不没落，又何来夕阳余晖？但对比二十世纪美国霸权傲视全球的升平盛世（Pax Americana），十九世纪大不列颠帝国笼罩下的日不没落辉煌（Pax Britanica），似乎余晖余韵依然未了，相映成趣，我心向往之。我自启蒙之年，一直便对这个大英帝国没什么好感，虎门销烟、鸦片战争、火烧圆明园，不一而足；也如伯夷叔齐耻吃周黍，我不曾想过向港英政府谋个一官半职，尽管末任总督彭定康之前的学人港督卫亦信爵士也曾召见过，餐述了一两次，记得有一次陪同在座的还有金耀基教授等几位友好相识。当然，自己从小学至大学，念的都是中文汉语学校，英语也不怎么管用，故无任何做官念头。这姑且可说是历史使然吧，也庆幸香港回归祖国后，没被人安上个港英孤臣孽子的烙印。

提到港督卫亦信，也还得岔出几句佳话：他还在伦敦时，曾经担任过伦敦大学亚非学院主办的《中国季刊》（*The China Quarterly*）编辑多年。因此，1988年1月，当学院的资深经济学家沃尔克（Kenneth R. Walker）教授邀约了十来位英美日澳专家为季刊《中国农业经济特辑》撰稿，并在香港举办研讨交流会议时，这位学者总督刚抵步不久，便也特别在港督府邸设宴款待与会学者，那是我第一次看到总督卫亦信大人。也因为研讨会是由汇丰银行基金会资助的，使与会诸君都得以入住希尔顿酒店，我也就向沃尔克教授建议，让港督也邀请时任汇丰银行首席经济师的郑海泉同学参与款待晚宴，那也是他第一次与卫亦信见面。

这本《中国季刊》特辑的客座编辑就是沃尔克教授和我，卫亦信亦以港督身份亲自替我们的特辑写了个前言，一时传为佳话。我最开心的是，1991年卫亦信委任郑海泉为立法会议员时，在正式公布之前的那个星期六上午一早，海泉同学先行打个电话知会我，以免我隔日见报时惊喜错愕。我接听电话时，几乎从睡床上飞跃起来。

亚非学院的教授好友们，当然乐于再次借用与卫亦信的友情，因此我也有幸参与于1989年1月初在香港、也是在希尔顿酒店举行的第二次《中国季刊》研讨会议。这次特辑会议也是由沃尔克教授发起的，主题在于“如何评价中华人民共和国建国四十年的建树”。那时我已经离开中文大学，应聘为澳洲马夸里大学中国政治经济学讲座教授兼同名的研究所所长。我专程从悉尼赶回香港参与会议，也提交了一篇题为《毛泽东的遗产与中国的新工业化战略》的论文。那时香树辉同学是《资本杂志》周刊主编，他代我邀请周刊的老板郑经瀚先生出钱赞助，卫亦信总督也再次设晚宴接待各国学者，以文会友，不亦乐乎。这本特辑当年12月便出版，可惜沃尔克教授已经于会议后返回伦敦即行病倒，并于7月底逝世了，享年仅57岁，让人悲痛不已。

接着的第三次《中国季刊》特辑会议于1991年9月初举行，地点也是希尔顿酒店，沃尔克教授作古了，也不见卫亦信总督设宴款待大家，实际上他的港督任期也很快就届满了。这本专辑后改为由艾什教授和我两人负责编辑成书，像第一次专辑一样，也交由牛津大学出版社（克拉连登总部）出版，书名为《邓小平之下的中国经济》（*The Chinese Economy under Deng Xiaoping*）。提供论文的除了艾什教授（讲1978年后中国的农业发展）和我自己（谈外商投资对中国经济结构的影响）之外，还有老前辈专家叶孔嘉（讲宏观经济问题）、拉迪（Nicholas R. Lardy，谈对外贸易）以及蔡俊华教授（谈消费与人民生活水平）等学者。

接着还有第四次的《中国季刊》特辑会议，专题是“‘大中华’将会是下一个超级大国吗？”，主持人是时任季刊编辑的沈大伟（David Shambaugh）教授，时间是1993年1月初，记得当时希尔顿酒店即将拆除，故改在九龙尖沙咀的丽晶酒店开会。中英谈判期间被北京代表鲁平斥指为千古罪人的港督彭定康也是刚上任不久，还让我们在督辕搞了一次午餐工作会议。时任香港大学校长的王赓武教授也在大学官邸设晚宴款待大家。因为专题牵连到中国大陆、台湾，以及港澳地区，也涵盖政治、经济、外交、社会、文化以及历史问题，与会专家有十五人之多，其中较为知名的有美国乔治华盛顿大学的哈丁（Harry Harding）、伦敦政治经济学院的雅虎达（Michael Yahuda）、亚非学院的豪维（Christopher B. Howe），以及加州（柏克莱）大学的格尔德（Thomas Gold）等名牌教授。王赓武校长自己也提供论文，讨论大中华与海外华侨关系问题，我和艾什教授则从贸易与投资交流角度，讨论两岸三地的经济整合问题。

在我看来，前后四次《中国季刊》特辑会议的专题正好反映了改革开放以来中国发展策略的转型，以及国家如何走向世界的历史进程。我自己也在前两年（2013年）将过去三十几年来所发表的有关论文重新整理汇集成书，以书名《走向中华“帝国”的升平盛世：地缘政治经济学视角》（*Pax Sinica: Geopolitics and Economics of China's Ascendance*），交由香港大学出版社出版。让我最最欣慰的是，现任新加坡大学东亚研究所所长、世界知名历史学家王赓武教授看了拙作后，还为加拿大英属哥伦比亚大学主办的《亚洲与太平洋国际评论》季刊（*Pacific Affairs*，2014年9月）写了一篇详尽书评，逐章评介内容，荣幸之至。

提起沈大伟教授，我则不敢怎么领教也。这位旧时相识，号称专门研究中国政治问题的政治学教授，著作等身，最近（2015年3月6日）又在美国《华尔街日报》（*Wall Street Journal*）撰文，危言耸听，说中国的共产统治行将崩溃云尔。香港有人喜欢隔岸观火，《明报》3月16日便即予以转介。我特别为此检视原文，随想翩翩，欲罢不能，只能另缀数语对驳，以正视听，尽管我听说已经另有专家高度质疑他的看法。

首先，这位将洋名自译为姓沈的“假华夷”（中国人说的“假洋鬼子”的对称）说，许多大陆经济精英纷纷把子女和资产转移到海外，准备一日中共政权崩溃时，大举逃亡。这个说法，似乎与那之前的一两年克林顿夫人所说的“大批富商蚂蚁搬家”的言论不谋而合。而沈氏这番说话又见于希拉里宣布正式参选下届美国总统之前的一两周，这难免让多心的人质疑沈氏是否期望来年希拉里给他个一官半职的。

第二，沈氏说习近平上台后，“在国内加紧政治打压，反映了政府缺乏安全感和自信。”我怀疑沈氏说此话时究竟他自己的信心有多大；他自己的安全感肯定没问题，这可见证于他可自由出入中国，甚至参加北京中央党校的学术会议。但是，他在英文原著中又引用自己所指的中国人成语（Chinese proverb），说习近平“外硬内软”。这又似乎与“加紧政治打压”有所矛盾。看来他的中文（汉语）还得多下点功夫吧，一笑。

第三，沈氏说，“官方政治文宣失去效力，所见参与中共智库研讨会（的）20多名党员学者……（的）身体语言都木讷呆板，没精打采，反映连精英学者也不太相信官方政治文宣。”看来，沈氏似乎自比上帝的儿子，虽不能直接透视，却可透过言语动作管窥每个人的心灵也；信不信由你！

第四，沈氏将习近平雷厉风行的反腐反贪，视之为习（近平）与江（泽民）的权力斗争，“具有高度的政治风险”。看来沈氏也是个宫廷秘辛专家。这类秘辛，司空见惯，许多香港人讲的，肯定比沈氏精彩得多，不足称奇也。不过，沈氏也在英文原著中说，天安门事件后，某些有身份的中国通都赌注北京政权势必分崩离析，唯他独醒；这次他说时移势转，另当别论。我就赌他也必输无疑。

最后，第五，沈氏说中国经济面临“各式体制（性）陷阱，却没有容易的出路”。我自己几十年来，追踪大陆经济改革，从中央计划直至改革开放年代，对这方面的问题，可说的话肯定比沈大伟多的是。我只想从2008年全球金融海啸后，温家宝总理豪掷四万亿人民币救市说起。

众所周知，2008年全球金融海啸以来，不知多少知名经济学家，尤其是号称末日预言家、出身于哈佛大学的卢比尼（Nouriel Roubini）教授，一而再，再而三地说，大陆经济即将硬着陆，一直到去年，他才开始改变口风，似乎自认是误判了。有关这一点，我在去年（2014年）9月底于武汉大学举办的一个中德国际学术会议上，在书面评论国际货币基金组织（IMF）驻华首席代表希普克（Alfred Schipke）博士的主题发言时，也提点到了。我同时也指出，中国经济（GDP）自此将由高速转入成熟型的平稳持续发展，这也就是习近平主席在接着举行的亚太经合组织会议上所说的新常态化发展方式。

一言以蔽之，沈大伟的中国崩溃论说穿了，无非又是冷战思维作祟，唯恐天下不乱，难矣哉。还好，他不像许多美国政客一般，开口闭口，都说中国威胁论。看来，如果克林顿夫人有幸当选美国总统，给沈大伟个一官半职，也并不是坏事。

沈氏也是美国人，现任教于乔治华盛顿大学，也曾在亚非学院教了几年书，期间也担任过《中国季刊》执行编辑，但看来他似乎并没从日不没落国的夕阳余晖中，学到英国人四平八稳的治学作风矣。不知怎的，沈大伟教授的“中国（政治）崩溃论”，又似乎与卢比尼教授的“中国（经济）崩溃论”（即“硬着陆”）不谋而合，异曲同工。但两者合听起来，似乎还是不比美国政客、自奥巴马总统以下，借助“中国威胁论”，煽风点火，拉拢周边跳梁小丑、蕞尔小国，围扰祖国神州大地，毛手毛脚般地那么令人厌烦。

无论如何，看来英国人就是比较老谋深算，高明得多。这可见诸于2015年10月底习近平主席访问英国时，在首相卡美伦的策划和安排下，伊丽莎白女皇倾巢而出，白金汉宫盛大欢迎的旷古场面。电视上展示女皇亲自陪伴习近平主席乘坐马车，尽管彼此不能以语言交流，但画面所见，女皇恰似欲说还休，很想说出她一位先王（似为亨利六世）所说的一句名言，“寡人就是一个大商人也。”一笑。

回头再让我谈谈两次游学伦敦的感受。作为一个国际大都会，伦敦自有其比较优处。小萍很喜欢伦敦，犹胜于巴黎。她感觉号称世界花都的巴黎，璀璨浪漫之余，有点儿令人眼花缭乱，而伦敦古都，在她眼里，各处建筑风格，十足反映英国人四平八稳，沉默寡言，甚至有几分呆滞的风度，很符合她自己的性格。加以她自己在美国留学多年，到伦敦后，也感觉英国人的英语口音，优雅悦耳，非美国人的粗旷轻佻，所可以比拟也。在这方面，我确实也有点同感，尽管自己比较倾注伦敦所展现的历史情趣。

然而，在我看来，白金汉宫就像是一系列古朴民房并排一道。伦敦西郊的温莎宫殿也算古雅可人，容易引发思古幽情，但压根儿就是不能与巴黎市郊的凡尔赛宫的绚丽辉煌，以及它所代表的路易十四世的穷兵黩武与丰功伟绩，相提并论。泰晤士河边的伦敦白塔又总让人离不开苦牢、酷刑以及斩首溅血的意念与阴森，怎么比得上巴黎巴仕帝狱（Bastille）广场的壮怀激烈，更何言罗浮宫前、凯旋门下香榭丽舍（Champs-Élysées）大道东端的协和（Concorde）广场、也称革命广场上那高耸如云的方尖碑塔（Obelisk），叫人不断缅怀玛丽·安冬妮

（Marie Antoinette）女皇被绑上断头台的悲残结局，以及罗贝斯皮尔（Maximilien Robespierre）革命志士壮烈就义的激昂与愤慨。

同样的，伦敦国会大厦西侧的西敏寺，不说其周边的陪衬建筑显现几分残旧荒凉，单就其保守笨拙的双塔而言，也远远不能媲美一衣带水的巴黎圣母院顶端，那两座纯歌德式双峰的参天庄严，引人入胜。再者，撇开英皇加冕时的喜庆与豪气装饰景象，西敏寺里头那些冰冷的帝皇将相权贵石棺，更让人感觉凄凉无奈。石棺丛中也间插着两三个科学精英，如牛顿和达尔文，但寥寥无几；恰好折射了巴黎万圣殿的灿烂、光辉与浪漫，思想家、哲学家、文学家、艺术家以及科学家，比比皆是，不胜点名枚举。

回顾历史，公元1066年诺曼地公爵威廉征服英格兰，视之为殖民地，距今也还不到一千年光景，相等于我国的北宋时期。而英女皇维多利亚，功业远超拿破仑，缔造大不列颠成为日不没落帝国，光芒横扫亚非拉，也就是一个半世纪前的事，而于今夕阳阑珊矣。最令人愤慨的是，不论大英博物馆或巴黎罗浮宫博物馆，其镇馆瑰宝主要都是掠夺自世界四大古国文明，巴比伦、古埃及、印度与中国的赃藏，其中包括被法国大文豪雨果（Victor Hugo）指名为“英法两大强盗”火烧“世界万园之园”的圆明园时，所打劫而来的大清国宝。愿我轩辕子孙，毋忘国耻！

巴黎万圣殿内所见无比辉煌灿烂，瞻仰历代伟人名人墓碑，哲学家、思想家、科学家、艺术家、文艺家，比比皆是。庄严肃穆、恬静幽美、浪漫激情，兼而有之，充分彰显了法兰西深厚的文化底蕴。

提起“火烧圆明园”也不禁让人想起前清中国驻伦敦、位于波特兰街的大使馆，想起这也就是《国父伦敦蒙难记》的现场，而如今这已变成中华人民共和国的大使公馆了。世事沧桑，也见诸今次（2015年10月）习近平主席和彭丽媛夫人访问英国时，女皇亲自以座驾马车迎接，并护送他们夫妇入住白金汉宫内；盛世祖国，今非昔比也。

我也不禁在思索，孙中山当日是如何脱险的。对此说法不一，但我从街上仰望使馆，楼高也不过五六层，说国父从窗口抛落字条，向他在香港学医时的恩师康德黎（James Cantlie）老师求救，这似不可能，因为伦敦秋天风大，小小纸条，恐怕会飞落泰晤士河中。我想比较可能是住在隔街的福尔摩斯助于一臂之力吧；一笑。又让人称奇的是，也设于隔街的杜绍夫人（Madame Tussauds）蜡像馆中，至今不见有英国人熟知的孙逸仙其人也，也许创馆的杜绍夫人误以为孙先生“驱除鞑虏，恢复中华”的革命口号中所指的“鞑虏”就是英国人也。一笑。

无论如何，我游学英伦期间，每逢周日，不时与小萍偕同小孩从北郊住所出发，穿越樱草花山（Primrose Hill）和摄政公园（Regent's Park），南下波特兰街。就在大使馆前，我也特意提醒丹圆和剑圆说，千万勿忘孙中山这位伟大的中华儿子，因为就如他们姐弟两人一样，孙先生也是出身香港拔萃书院系统的。而孙中山他英文听讲书写能力出类拔萃之余，胸怀祖国大志，创建中华共和。1988年，丹圆参与香港校际辩论比赛荣膺冠军，并获奖游览伦敦一周，就住在邻近的马丽伯恩（Marylebone）酒店。临行前，小萍与我还提醒她，务必旧地重游，况且她那一年在伦敦时所就读的南汉谱诗德女子中学（South Hampstead High School），也就座落在中国大使馆附近，箭步之遥也。

我是在1977年12月26日偕同小萍和两个小孩丹圆（刚满六岁）和剑圆（五岁）抵达伦敦的。抵步后，很快就拜会了亚非学院的沃尔克教授和豪维教授。当时仍任讲师，后来才晋升为蒋经国基金讲座教授的艾什，接着也认识了。艾什是沃尔克教授的博士生，写的论文是有关江苏省的农业发展。他们三人都是研究中国经济的，沃尔克教授专注农业与粮食问题，豪维教授关心工业与城市经济，也兼及日本贸易和经济史。我当时已经在中大教了十一年，仍属讲师身份，除了那篇不想发表的《毛刘经济政策争议》的文稿外，其他就如新亚书院校歌中所说的，“手空空，无一物”也。

赴伦敦游学前的经验，唯一值得一提的是从哈佛燕京学社返港后，时任新亚书院校长的梅贻宝教授——也就是那位大陆解放前，长期出任清华大学校长的梅贻琦教授的亲弟弟，也许见我英文还写得讲得，要我负责他亲手与美国宾州一间名为碧佛学院（Beaver College）成立的学生交换计划，帮忙接待美方派来新亚的交换生。没想到从1973年开始，我搞了不足三年，透过碧佛中介，从几百间大小不一的美国大学和学院选派来港的美国交换生，人数急速增加，记得其中也有几个是来自美国名牌大学，如哈佛、耶鲁和史丹福的。

香港中文大学校长李卓敏见“生意兴隆”，遂有意将之扩大为涵盖整个中大的国际亚洲（研究）课程（International Asian Studies Program）计划。这就是后来中大里头，自1975年以后，大家朗朗上口的“IASP”。李校长聘请资深的政府与公共行政学系系主任薛寿生教授（后来转任澳门大学校长）为IASP掌舵人，我忝任副主任。当然，实际操作IASP的任务，都落在我身上，这是大家都知晓的。比如除了草拟整套IASP规划文件外，我商得国泰航空公司同意，每年至少提供八张来回汉城、东京、台北、马尼拉、雅加达、吉隆坡，以及新德里等八个国家／地区首都的双程飞机票，鼓励亚洲学生参与IASP，以便平衡来自美加和欧洲各国的学生人数。我前两三年还听说国泰对IASP的慷慨赠与仍然延续不断呢。

还另外值得一提的是，IASP始创时，李卓敏校长也想将已经成立多年的中大加州大学（交换）研究中心（University of California Study Center）纳入IASP框架之下，以一体化之。这引起加大系统的高度不满，与中大关系闹得颇为紧张。我也就是那段时期在中大认识瓦德教授的。他当时是加大研究（交换）中心的副主任。对他来讲，那仅仅是挂个名而已。瓦德教授的学术成就，大名鼎鼎。他来香港的主要目的是想借此机会研究中国版本的苏式社会主义经济，因此与我很谈得来。加大研究（交换）中心的主任另有其人，姓名我倒记不起来了。

IASP的成立，打击最大的莫非碧佛书院，这等于一大笔投资被李卓敏的中大给没收了。当时梅贻宝校长已经离任，我也无能为力。尽管如此，我这几十年来，依然与当年碧佛的负责人格雷（David Gray）博士关系良好。1978年在伦敦时，格雷博士前去视察他们在英伦的办公处和学生，也特地邀约我和小萍吃晚餐叙旧。他后来与印第安那州的巴特勒大学合办一个名为全球教育联盟（Alliance for Global Education）的机构，每年选派到世界各大洲的美国交换生，总人数在任何时候都高达七千人左右。前几年，他们想将派送美国学生的规划延伸到中国大陆去，还请我帮忙。何乐不为，我陪同格雷博士和联盟的其他主要负责教授，走访了上海和北京各地大学，包括复旦大学、上海财经大学、北京外语大学等，一一签订了合作条约，运作良好。听说他们后来也将交换学生计划的规模延伸至西安的大学。所以在促进中美文化交流方面，我也算是略有贡献。

这类旨在促进文化学习交流的活动，显然必须假以时日，才能磨合奏效，而期间也难免会发生各类误解，甚至冲突。我在新亚负责期间，便经历了几次意外和笑话，可资参考。有一次，碧佛送来了一位越战退伍大兵，态度傲慢，口口声声，说美国如果要动真的，南北越早已被夷为平地，越共片甲不留，云尔。这种话听了也就算了，最不可忍受的是，此君不时旷课，屡劝不改，我只好下逐客令，要他一周内飞返美国，期间严禁踏入我办公室一步。幸好碧佛的格雷博士早已赋予我尚方宝剑，可先斩后奏，绝不留情。

又有一次，半夜过后，学生宿舍舍监佘先生打电话到我第三苑居所，要我赶往处理碧佛男生闯入本地女生宿房一事。当时宿舍大堂喧喧扰扰，大伙儿个个指责男生行为不检，我平心静气地说，犯规的首先应该是女生。她如不同意，男生何以潜入她的房间呢？前几个月，在新亚的一次集会上，遇见1975年毕业的、现已成为新亚校董的林荣德先生，谈起此事，他记忆犹新，因为当晚他就在知行楼宿舍现场。

2005年7月中，我打电话到美国驻上海总领事官邸，想邀请老朋友史伯明博士与格雷博士和全球教育联盟几位负责人一道晚餐，让他知道联盟计划派遣学生到上海一事。没想到接听电话的倒是刚刚履新的贾立特（Kenneth Jarrett）先生。他告知我史伯明刚刚于两周前任满回国，并问我何人何事。经我自报姓名后，贾立特极为惊喜地说，他自己是我的学生，是三十年前参与碧佛交换计划入读中大的。这也是我绝对预想不到的。看来这个世界，果真很小，小的可怜也。

为了碧佛和IASP，我不时邀请当年在九龙的大学服务中心从事研究的美国年轻学者，让他们前来中大讲解有关中国的各式问题。也没想到转眼间，如今不少人已经成为颇负盛名的教授，如哈佛的怀特（Martin White）、芝加哥的佩厄里斯（William Parish），以及约翰赫普金斯大学的兰普顿（David M. Lampton）等等。为了提高学习兴趣，我也邀请当年红极一时的电影《龙门客栈》的执导胡金铨，到新亚书院现身说法。同学们对此反应热烈，当然远胜于任何学术分析。

然而，最大的一次意外，倒是世界知名人类学家许烺光（Francis L. K. Hsu）教授，应我代表IASP的邀请，在中文大学的中国文化研究所的大讲堂所做的那次演讲。许教授根据他那本经典名著、也就是尼克松总统1972年2月访问中国时随身带上飞机的《美国人与中国人》（*Americans and Chinese*），用了六对不同的文化概念，阐析中西方的差异所在。他点到“包容性”（inclusiveness）与“排他性”（exclusiveness）时，引用统计数据，说明美国每年所生产的宠物饲料总值，远高于诸如婴儿奶粉等的价值总和，藉以印证美国人感觉对猫狗可控制一辈子，而小孩长大后，不听话，难以驾驭也。许教授接着又说，尽管如此，美国各州政府，每年不知浪费多少警力，以捕杀街上被主人放弃的流浪狗只，仅因为狗只年老后多病，失去宠玩价值之余，又需花钱找兽医帮忙，所费不少。记得许教授语音未落，出人意表，已经有不少美籍IASP同学，纷纷愤然离座，以示抗议。

看来许烺光教授在美国教了几十年书，也荣膺过美国人类学会会长宝座，但似乎还是对美国人老虎屁股摸不得、一触即发的霸气作风，不甚了了。一笑。我也心想，也可能因为许教授移居美国太久，以致讲话如此露骨，失去了中国文化的包容性焉。

也记得，就在我1977年底离港赴伦敦前夕，IASP也邀请了王赓武教授在中国文化研究所中的同一个大讲堂演讲。我印象最深刻的是，王教授谈到中国未来走势时所说的那句话：毛泽东时代的意识形态和道德诱因办法已经一去不复返了，中国将从此，就如其他许多发展中国家一样，会转而讲究物质诱因与经济发展了。王教授不愧为世界级的史学大师，中国改革开放以来的经济政策与发展，完全印证了他那句掷地有声的预言。拉扯得太远了，现在就让我谈谈在伦敦的游学研究日子吧。

第23章 伦敦晚霞魅力　余热寸心

我第一次游学伦敦，是携同家下于1977年除夕前几天抵埗的，一家四口就住在距离亚非学院以北，第六个叫贝尔塞斯公园（Belsize Park）地铁站附近的樱草花园（Primrose Gardens）的一个小楼房里头。丹圆和剑圆的小学兼幼稚园也是近在咫尺。从最接近亚非学院的古德吉街（Goodge Street）地铁站往南走两个站，便是中国城。尽管中餐厅比比皆是，但我最常光顾的是街角的那个小书店。香港《大公报》便是从那个书店订阅的，这几乎成为我与香港和中国大陆发展信息的一线牵，稍后还有《人民日报》和《经济导报》也都看了。小萍除了偶尔与她在伦敦的博士论文校外考试委员见面外，主要负责接送小孩上学。这是一个高效率的物流程序，使我毫无后顾之忧。

亚非学院图书馆的收藏除中国、印度、东南亚和中东各国外，当然也遍及非洲。这充分反映了这个老牌殖民帝国的系统化手法，丝毫不亚于德国人的治学态度与方式。我在伦敦那将近两年（1977／1978年和1984／1985年）的日子里，除周末外，几乎每天都藏身于亚非学院图书馆中，不见天日。第一年本来只计划在伦敦停留三几个月，便销假回香港中文大学，但见学院以及附近的大英博物馆藏书浩繁，深恐有所遗珠。幸好李卓敏校长体谅，准我请辞管理国际亚洲（研究）课程（IASP）这个业余差事，以便追求学术研究正道。

我在亚非学院研究的主要课题是中国农业经济。这压根儿就是与我的学术兴趣风马牛不相及。何以至此，说来话长。我赴哈佛燕京学社前后，正值文革高潮，《毛刘经济政策争议》的一个热点问题是，1958–1960年的“大跃进”导致神州旷古大饥荒，究竟主要是缘起于“天灾”抑或“人祸”，一直有“三七开”对“七三开”之争。我自己就不相信毛泽东真有如此通天地泣鬼神的大本事，促使神州大地饿殍遍野。后来据报全国死了三几千万人，我祖父祖母，以及大伯父，便是于1959／1960年间先后走的。那时我正在香港新亚书院念书，当时一想起小时在成邦江老家，听父亲说祖母特别疼他，大至他十一二岁时，仍然被背驼上街游玩，不禁潸然泪下。

在哈佛大学时，周边的人也都一口咬定大饥荒纯粹是毛泽东一手闯出来的弥天大祸，把文革高潮期间官方“七分天灾三分人祸”的退一步说法也当成笑话。我把这个罗生门问题从哈佛带回香港中大，其中一个重要激素是，某著名华裔美籍经济学家（姑匿其名）在他1965年出版的有关共产主义中国农业发展的经典名著中说，1958年“大跃进”大搞水利建设，工程粗制滥造，蓄水不足，防洪无能，接着1959–1961年全国“洪水成灾，尤其华北平原，处处水患”，云尔。信不信由你，当年祖国报载，那三年，尤其是1960年，全国大范围苦旱，而正是华北平原，更是苦中之苦。果如此，则赤地千里万里，哪来处处泛滥，灭顶之灾焉。

诚然，《人民日报》1960年年底，即12月29日，头版头条，总结该年的大旱，清楚核实华北苦旱，是重中之重，涵盖河北、河南、山西，以及山东四省有余。白底黑字，只字无遗，似乎就是没人信其真，或视若无睹。然而，在我看来，上引这位美国威斯康辛（Wisconsin），或曰“伪似堪信”大学的教授专家（他也是个红（楼梦）学专家，当年也应聘成为台湾行政院建制成立的中华经济研究所，负责专门研究中国大陆地区经济的第一所首任所长的旅美学人），却可说是十足睁开眼睛说瞎话，指鹿为马。

为了破解这个千古谜团，以正视听，我费了九牛二虎之力，穷二十年傻劲，始竣其工，出版了那本我在第6章〈白云故乡怀里〉中提到的拙作——《中国农业的不稳定性（1931–1991）：气候、技术、制度》（英文原著1995出版，2002再版，中文译本由香港中大出版社于2013年出版）。正如诗圣杜甫所说的，“文章千古事，得失寸心知。”就让我以这本书为契机，谈谈我前后两年，在伦敦的游学岁月吧。

首先，我1971年秋把这个天灾抑或人祸的罗生门谜团，从哈佛大学带回香港中大后，在IASP百忙之中，仍不时落脚那个位于九龙、被不少好事之徒指为美国情报收集机构的大学服务中心（英文简写USC），翻查库存资料，其中也有不少是来自以前的香港友联研究所的剪报。我在那儿默默耕耘了几年（1972–1977年），鲜为人知，也不想张扬，因为所研究的课题牵连到毛泽东，容易引来左派恶名。而不时出入USC，又恐给人谍疑印象，深恐两面不是人。唯一知晓我这股傻劲的，除了经济系一两位同事外，仅有老友关信基，也即是后来成为香港公民党创党主席的那位关教授。老关是我早已于柏林的自由大学、由蔡俊华老弟介绍认识的。蔡与关两位老同学都是虔诚天主教徒，我让老关知晓，并非视他为神父，向他忏悔求赦，而是因为当年他在中大负责小额研究资助拨款，向他要点钱，以缓解往返USC的车马费也。1995年拙作杀青后，老关是我亲笔签赠的第一位大名贯耳的学界名人，此中国人所谓滴水之恩，涌泉相报也。

我这本“大作”，诚够大够厚也，英文版本近四百页，中文翻译版本也近五百页。与其它之前十多年来，都同是由牛津大学等中英文出版社出版的拙作，连同各种各类的学术期刊论文，一起堆积起来；尽管未及等同身高，也不堪“计量铸模成型”，唯竣工过程，如人饮水，冷暖酸甜自知。书中也不采用所谓时尚的经济计量模式方法。一笑。

这本“大作”之成书，我还得先借此特别机会，敬谢先父先慈，并列祖列宗，要更儆子孙效尤，将来不可蹉跎岁月，搞这类《儒林外史》中所说，没什么“做不得”的“万古千年不朽的勾当”。尽管对我而言，这确实是“事倍功半的自我苦役”也。仅先此略缀数言，庆幸功德圆满，聊慰老怀。

拙作英文原著1995年刚一面世，即获美国一位资深大学专家学者——即专注研究经济发展中技术与农业的关系，以及世界粮食问题，其专著兼及亚非拉三大洲的问题，身兼美国国际开发署高级顾问的德格李戈立（Thomas R. deGregori）教授，称许为“丰碑式”（monumental）和“定论性”（definitive）的“辉煌”（magnificent）学术巨著。又有另一资深教授直指书中研究1959–1961年大饥荒的部分最为精彩，也极为重要，云尔。我与这两位评论家素未谋面，心想他们可能年老眼花，对拙作看走了眼吧。一笑（详见书后附录的访谈稿）。

类似的好评还真不少。当然也有些别的看法与我书中某些观点相左。比如某位出身于芝加哥大学的博士、自称“南宋文天祥”后人的华裔学者，便在芝加哥大学编发的《经济发展与文化变迁》（*Economic Development and Cultural Change*）的知名学术季刊上，写了一篇偌长书评，将当年的大饥荒完全归咎于1958年的人民公社食堂制度，让农民将当年国家库存的粮食都给食光了，以致接着连寅吃卯粮的机会都没有了。类此的不同看法，或曰学术挑战，我向来无任欢迎，也都尽可能一一回应。

然而，更为离谱的看法，当然要数另外两本极端耸人视听的获奖巨著：一本是香港大学历史系的荷兰籍狄哥德尔（Frank Dikötter，自译名为“冯客”）教授的《毛泽东的大饥荒：1958–1962年的中国浩劫史》（2003年出版）。另一本是中国新华社前资深记者杨继绳写的《墓碑——中国六十年代大饥荒纪实》（2008年出版）。这两部“巨著”，委实洋洋大观，前者英文原著，篇幅约450页；后者原版中文，更远超500页。但对我而言，都几乎不屑一顾，尽管为了好奇，我还是摘要给予翻了一番，掠过了，想看看这两个声名大噪的作者，一洋一中，究竟如何形声绘影，刻画出多少当年中国大地所发生的悲剧掌故，奇闻轶事，或趣话怪谈，不一而足。

冯、杨两人可说是不谋而合，浑身解数之余，就是只口不谈，甚或根本就否定当年气象超常变异这个大变数所发生的作用。对我而言，这无异只手遮天，瞒天过海也。

当然，我这本《游学江湖心影录》的书，肯定不是讨论学术问题的场合。但还得让我顺便一提我去年（2014年）7月5–7日在武汉华中科技大学举办的一个有关“中国土地制度演变”国际会议上碰到类似的、再次借机会清算毛泽东的所谓学术论述。长话短说，我应邀评论美国哥伦比亚大学柏恩斯坦（Thomas P. Bernstein）教授提交的一篇关于毛泽东与大饥荒的关系的论文时，也顺便深入质疑那位芝加哥大学的文贯中博士所说，当年人民公社遽然出台让中国农民“放开肚皮，吃光粮食”的观点。

会议主办人之一的美国波士顿大学的曹天予（Tian Yu Cao）教授，除了邀请我之外，也闻名而要冯客同来开会，可惜他不知何故不便亮相。但根据曹教授的《武汉会议印象（纪要）》显示，有位专注研究饥荒问题的澳大利亚籍专家惠克罗夫特（Stephen G. Wheatcroft）教授，便认为冯客的那本书“不值得认真对待，因为该书作者对所处理的复杂现象其实基本不懂，且错误百出”。该《会议纪要》也说，这位澳洲专家“与全盘否定毛和毛时代的冯客不同，（他自己）并不赞成史达林或毛泽东故意制造饥荒的说法”。看来还有别的人，与我持类似的观点呢。

杨继绳也应邀，而且亲自前去武汉赴会了。但针对杨继绳说死了3600万无辜的统计数字，另一位与会的数学家和人口学家孙经先教授却坚持大饥荒的那几年，充其量大陆仅死了316万人左右。这两个数字差距如此巨大，信谁的好？会上还有一位来自香港大学的美籍教授名胡德（英文原名Daniel Vukovich），他引用印度尼赫鲁大学一位教授（也应邀但不能来）说，中国灾情最严重的1960年，印度的死亡率也仅比中国低0.8%。胡德还引用哈佛大学的印度裔诺贝尔经济学奖得主阿玛蒂亚·森（Amartya Sen）教授说，1958–1961年间，印度实际上每年要比中国多死400万人。

这些专家之中，看来仅我一人试图应用气象数据，系统化地测算天灾与人祸因素对当年粮食大规模歉收的相对影响力度。我的测算结果是“六四开”。这个结论，曹天予教授在他的《武汉会议印象（纪要）》中也一并提到了；听说汇集各篇与会论文的专辑很快也将由华中科技大学正式出版。

话说回头，我的“六四开”说法，比传统毛派所说的“七分天灾三分人祸”的解读法显然还更为守旧一些，尽管在我个人看来，那“四分人祸”对今日中国经济的傲然崛起而言，也可说是代表那轰轰烈烈的“大跃进”历史性实验，所不可或缺的学费支出也。这一点我在《不可忘记毛泽东》一书中也说了。

所指的武汉华中科大会议让人以文会友，不亦乐乎！最让人受不了的是，有人恃才傲物，目空一切。比如，某代表芝加哥自由主义学派的知名香港海归教授便在网上声称，凡是对其著作有所评论的人，他概不回应；其意似为不屑一顾也。对他而言，“共产主义是全世界人类有史以来最坏的制度。”这种一棍子打死人的话绝对不属我的治学态度。

回头再让我谈谈1977–1978年在伦敦亚非学院的研究和学术交流。一踏入学院图书馆大门，我便开始钻入那个天灾抑或人祸因素的罗生门，而且很快地，即强烈感觉欲罢不能。我日以继夜地翻阅有关书籍期刊报刊杂志资料，以及探讨不同的研究分析方法论等等问题，一发不可收拾也。首先，要想办法界定天灾，即水旱虫害霜冻等各类自然灾害，如何导致大饥荒或曰粮食大规模歉收，并据以确定其所造成的歉收幅度，问题本身已经是千丝万缕。至于人祸问题，即政策失误或农耕制度安排差错所发挥的负面作用，那也就更为棘手了，难度几近不可想象的境界。这里头牵涉到的问题，尤其是如何确定或曰具体量化，即计算歉收的数字幅度，我已经在拙作中细致地说明了，不另累赘。此处只想从概念的层面，简单谈谈我在亚非学院前后两年是如何打发时间的。

一进入亚非学院图书馆，即发现馆藏资料远比香港的大学服务中心（USC）丰富得多，不仅涵盖共产中国时代，更兼及二战前的珍藏。而且近在咫尺的大英博物馆的图书馆、也就是那个因为马克思在里头埋首写《资本论》而成名的图书馆，也有许许多多鲜为人知的，有关中国旧时代的历史、农业、气象以及降水数据的藏书。这对我的研究很重要，因为我发现到最后，不可只看“大跃进大饥荒”那三几年的事。换句话说，要看大饥荒中的人祸因素，难免使人联想到战前的1930年代——在当年的私有产权制度，以及自耕农和佃农混合经营的制度之下，如果遭遇类似1959–1961年规模的大旱或曰大水之年，粮食产量是否会因应制度结构的差异而有所不同。比如有人会问，是否在1930年代国民政府统治之下，没有农业集体的抗灾动员，粮食产量或会更高或更低呢？

诸如此类的问题，促使我对上世纪国民党手下政治社会经济环境相对较为稳定的1931–1937年时期，做出较为深入的比较分析。同理，我也认为有必要，对“大跃进”之前的1952–1957年，即农业向集体化过渡的阶段，以及“大跃进”之后的非人民公社化的调整阶段，穷追不舍。对这种分阶段的比较研究方法，以及农业制度变迁又如何影响农业生产力的短期和长期效应的问题，我也都在拙作中作了必要的方法论方面的解释。

以上所提到的研究问题和相关资料及数据的搜集，显然需时。尽管主要都集中在亚非学院和大英博物馆的图书馆，但从1977年底到1978年初秋，仅仅八九个月的时间也不见得够用。幸好，1978年小萍的时间较为宽裕，她主要只需负责接送小孩上学，可帮我影印资料、编制统计图表，甚至演算初步数据。我则乐于上超市买肉买菜，亲自下厨；因嫌她烹调不合口味，又因自认手脚较快。我也于饭后兼洗碗洗碟，夫妻俩可谓天作之合也。实际上我白天在图书馆里，分秒必争，脑筋紧绷，傍晚回家后，炒一两道心仪菜餸，洗洗碗碟，也算是劳逸相结合。这样一个天仙配方式，后来也成为我们休假出外游学研究时的家庭常规。1984–1985年第二次驻足伦敦亚非学院时如此，1988年至1990年转战澳洲悉尼市马夸里大学时，也是如此这般因循照办。

伦敦的第二次游学，情况有所改变。小萍获英国文化协会奖学金，专注攻读伦敦大学的热带医学，时间较紧。幸好女儿丹圆已经十三岁，在亚非学院北边摄政公园（Regent's Park）偏西北的南汉谱诗德女子中学念书，我们住在较为偏北的戈尔德思阁琳（Golders Green）城区，每天一早送她上学后，我顺路前往亚非学院，小萍的热带医学院也就在亚非学院隔邻，交通上还算方便。剑圆在伦敦西边三几十英里外的皇家马场所在地——鄂思戈德（Ascot）的史拓斌顿（Stubbington House）小学住宿，周末才回来，让他自己搞定。最小的皓圆才四岁大，由我们从香港偕同跟来的"宾妹"沈雅（Senia）接送，上附近的雅希思（Essex）幼稚园。

必须特别一提这个来自菲律宾的家佣沈雅（潮州口音听起来就像生来就美丽的意思），自从皓圆呱呱坠地刚一满月即跟在我们身边，至今凡35年。她看着皓圆长大、小学中学入读香港拔萃、大学本科普林斯顿、研究院博士哈佛大学以及博士后加州理工学院，而今（2015年5月）皓圆的研究，仍然走火入魔，没完没了的，尽管他在世界知名的美国《科学》期刊，已经发表了三几篇研究报告，羡煞了多少同僚。

提到第二次游学伦敦，还得深情感谢我们的老朋友史伯明的太太南施（Nancy Spelman）夫人。就在我们离开香港前夕，她提醒我们要携带个电脑去伦敦，说这远远比打字机方便的多，可随时修改编辑手稿，不必逐页重新再打字，云尔。这是我第一次听说有这么一回事，当即购买了一部"大肚腩"的苹果随同上飞机。没想到对这部电脑最为开心的是女儿丹圆。她本来已经熟悉打字，也热爱钢琴，打起电脑来，就如弹琴般，利落自如，神彩飞扬。我的研究，当时已经接近尾声，整本书的手稿，边写边打字，就完全靠女儿帮忙了，而且这并不影响她自己的功课，所以拙作出版时，我在〈序言〉中特别向丹圆致谢。最为关键的是，我回港之前，沃尔克教授已经看了初稿，接着豪维教授也有机会过目，可说明我在伦敦并非虚度岁月、沽名钓誉也。

回头再说举家第一次在伦敦时，我大力搜集资料之余，也不断构思如何落笔写论文。所以回到香港之后，很快地便可向不同学术期刊投稿。我略为算了一下，1983年刊出两篇，1984年七篇，含参与学术会议论文，但不含中文报刊文章或访谈之类。我对报刊访谈，向来没太大兴趣，因为大陆改革开放初期，有一次，记得是1978年底甫从伦敦返港后，我接受香港某一大型畅销日报的一位苏姓女记者专访，谈谈中美贸易发展前景之后，印象不是很好。我本来就担心见报时，报纸编辑会胡乱加油添醋，放心不下，特地亲自写了个短稿给她，以策万全。讵料日报主编，尽管全文照登，只字不误，但却另安上文章标题和几个分段的副标题。见报时，几位熟人给看了，问我何以标题与内容如此风马牛不相及，让人啼笑皆非。我自此几乎每次都谢绝采访也。

诚然，第一次游学伦敦返港后所发表的那八、九篇论文之中，也有三几篇直接与我的研究主题有关，即气候、技术，以及制度变迁对中国农业的影响。我先抛出这些论文，目的无他，主要只想初试抛砖引玉的可能反应。最让我开心的是，其中一篇送给英国的《粮食政策》期刊后，没料到本来应匿名的一位日本专家审稿人，居然只字不动，向期刊的主编大力推荐发表，而且还主动要主编公开他的姓名给我知道。这让我顿时又想起了卡普教授的知遇之恩。这位日本专家就是专注研究亚洲经济发展和中国经济问题的权威学者——遐迩知名的东京一桥大学的石川滋（Shigeru Ishikawa）教授。我后来还特意去东京拜会他，敬表谢意。

还有另一篇是刊于美国的《比较经济学》季刊。“匿名”审稿者是一位哈佛大学柏金斯教授的经济学博士毕业学生，时任加拿大某大学的教授。拙作发表后，她即主动给我报喜，并说稿子是她审批的。我的其它几篇期刊论文的发表，也都有类似的背景与故事，但勉为其难，也就不说了，否则恐怕有人会说我尽给自己脸上贴金。一笑。

我对石川滋教授的赞赏深感兴奋之余，当然又想起了那位美国华裔的“伪似堪信”教授的冷战思维方式，不寒而栗，也想起了德文谚语所说“诚实是最能持久永恒的（Ehrlich währt am längsten）”那句话，继而战战兢兢，深感必要务实，求精求准，绝不苟且。因此，在第二度游学伦敦行时，几乎睁瞎了眼睛，暗无天日地翻阅了亚非学院库存的大量中国分省省报的微缩照片（microfiche），每一个省每一日，从1958年1月1日至1961年12月31日，无日或遗。我的目的很单纯，就是为了搜集全国各县市水旱受灾或成灾（即粮食损失超过30%的农田）的歉收面积，以验证真伪。这方面的苦活，知我至深者莫过于亚非学院那两位我日夜请教的资深专家——沃尔克教授和豪维教授。当然还有小萍，她也感同身受，因为前后两次伦敦之行，都累坏了她。

那些报载有关灾害面积大小的数据当然不可尽信其真。比如有人说，地方干部倾向于夸大其辞，故意高报灾害幅度，但另一方面负责赈灾的民政部钱财有限，也肯定会设法压缩灾情报告，难以定论。诸如此类问题，无比繁复，但很有意思的是，各地零星数据汇总起来，与改革开放后国家统计局的全国综合数字基本上吻合。更为重要的是，我后来特地到香港天文台翻查库存的中国各地的降水量数据，也证实那几年基本上是大旱而非大水。这些降水数据都是由分布全国各地的一百多个气象台，以电报方式每日即时发给香港皇家天文台的。这如何造假得来呢？这种搜集资料的傻劲，诚不堪设想，但总比被人嗤之以鼻，“伪似堪信”，贻笑大方为佳。

我对中国农业（经济发展）的不稳定性的研究，并不因为两次在伦敦进修结束而画上句号。最后一年在伦敦时，祖国发生了两件有关农业的历史性大事。其一是1984年将集体经营改为包干到户的土地承包制，其二是1985年以市场收购取代实行了五十多年的粮棉统购统销制度。返回中文大学后，还来不及消化开始浮现的改革效应，一则忙于准备《中国季刊》特辑的会议，二则很快地就必须准备转战游学澳洲悉尼市，加以1991年的江淮大水排山倒海而来，使我理所当然地要将整个研究的历史时段顺延至1991年，藉以涵盖1931–1991年整整一个甲子。因此，我这本长命书，一直要等到1993年我从澳洲再度返港后，才能正式定稿，以便纳入1984年以后发生的那几件大事。1995年付印出版时，弹指一算，二十几年过去了，不禁感慨冯唐易老、李广难封矣。

在伦敦与学界交流期间，还听到两则学术趣话，值得一志。一则是1978年初抵埗伦敦不久后，豪维教授约了几位资深教授在他的办公室交流，除沃尔克教授在场，记得世界著名的研究毛泽东的专家施拉姆教授（Stuart Reynolds Schram）也参与讨论。另一位于二战期间以及战后长期在英国外交部当经济顾问、专门研究苏联的农业与粮食产量、后来兼及亚洲发展问题的卡拉特（Werner Klatt）教授也光临。记得卡拉特教授当年在牛津大学客串研究，特地南来伦敦参与坐谈。在交流会上卡拉特教授提醒大家说，任何人，假定不知中国为何许国度，而第一次阅读美国国会参众两院特设，联席中国经济委员会的听证会所结集出版的那两本报告书——其中一本为1972年出版的《中国经济的评审》，另一本是1974年的《中国经济的重新评审》——那个人读完加以比较后，很可能会误以为那两本报告专辑所写的是关乎两个完全不同国家的经济情况。卡拉特的趣话有些夸张，但也不无道理。他的意思很清楚，前一本写于尼克松总统访问中国的“破冰之旅”之前，后一本写于“破冰”之后。对这位德裔英国教授而言，美国国会邀请众多

豪维教授躬临郭教授在悉尼市的讲座教授就职演讲——《中国往何处去？》（1989年8月28日）；他弹指一算，说如此机遇，概率不出百万分之一也。英国教授的幽默，让人倾倒。

学者专家所作的听证报告，虽涉及中国经济的各个不同层面与问题，但都因应总统对中国的政治取态以及政治气候的变迁而调整，冷热无常，何以言持平客观焉。

另一则趣话是第二次在亚非学院游学时，在一次由沃尔克教授主持的一个小型交流会上听到的。交流的课题是比较中国和苏联的经济体制改革，与会的除豪维教授外，还有以研究苏联经济闻名世界的苏格兰大学诺夫（Alexander Nove）教授，以及伦敦大学政治经济学院的维尔斯（Peter Wiles）教授。后者说，西方（主要含美国）许多专家，时不时预测苏联经济即将崩溃，但没有一次是对的，难矣哉。维尔斯教授这句话，我在悉尼市马夸里大学的就职演讲（1989年8月28日）上也引用了（译文收录入《不可忘记毛泽东》一书中）；可说是笑话，不是趣话，就如近二三十年来许许多多美国专家一而再地，从中国威胁论说到中国经济崩溃论，甚或中国政治崩溃论，而今中国傲然崛起，弄到奥巴马总统不惜工本地大搞其亚洲再平衡战略，加以遏制。

事无不巧，我当日在马夸里大学做就职演讲时，豪维教授也来听讲了，因为那几天他刚好参与香港政府的大学与理工资助委员会（简称UPGC）代表团，在澳洲进行考察访问。他事后对我幽默了一句说，他自己“略算了一下，参加这种演讲盛会的概率约为一百万分之一”。我即刻回应说，“那委实是太给面子了，我自己与别人合写论文的机率，也可说是绝无仅有，最高不超过万分之一，就如我们两人那篇于1984年12月联合署名发表于《中国季刊》的论文一样。”

豪维教授当年确属香港UPGC最资深的委员，任期超过三十年。香港各大学不少同事以及某些高层领导，都感觉很惊讶，不时问我究竟是如何高攀豪维这位要人的。这些人的来意显然尽在不言中，想借我点滴剩余价值，与豪维教授攀上一点儿关系也。我对此一概笑而不答，但每次顿觉难堪之余，也不禁回想起当年联合书院那位政治与公共行政学系的老教授，引用我的老板，即林聪标教授对他所说的那句话，即香港中大和新亚书院的许多同事，都曾上门恳求他林聪标教授，要这个要那个的，让其提拔升级的事，唯独郭某不曾对他开口或露过面也。我自己还是那句老话，凭真材实料，何须为五斗米折腰，屈尊俯就，假手任何中介，代为说项呢。

回头说说伦敦生活的点滴趣事。从香港来的人住久以后，总会感觉到英国人慢条斯理的生活情调和妙语如珠的幽默雅趣。我们第一次在伦敦没购置汽车，交通全靠北方线（Northern Line）的地铁。每天一早送小孩上学后，小萍便陪我到亚非学院上班去也。从古德吉街（Goodge Street）站下车后，必须沿着漫长的高沃尔街（Gower Street）往前左拐后，再前行一小段路，才是亚非学院所在。就在拐弯前不远处，咖啡飘香，扑鼻而来，日日如此，这显然是出自伦大热带医学院的实验室，只是分辨不出来那是来自非洲或亚洲热带的哪一个大英帝国的前殖民地的咖啡。我心想，兴许热带医学院里头的研究生挑灯夜战后，大清早必须冲灌咖啡提提神吧。

亚非学院的教授们一般则要九点或十点钟后才到位。图书馆要九时正才开门，我那时已经在自己二楼办公室内呆了个把钟头，整理日昨影印或抄写的资料。记得很清楚，有一日，图书馆前台的一位年轻职员，看似有点儿愤世嫉俗的神态，他见我索要藏书或借用影印机时声调节奏总有一点儿紧促，不像他所看到的其他教授般地闲情逸致、步履优雅大方的绅士派作风，让他似乎感触良深，不禁顺口而出说，“阁下不见乎，这儿不知有多少人，日日磨入磨出，直至（完全）磨停为止呢。”此话叮铛入耳，仿若昨日。小萍与我至今仍然忘不了他说的那句英文口语，“…… grinding day in and day out, grinding to a halt altogether!”

我听了笑笑然，点点头，表示会意。因为那之前一日深夜，我们一家四口，连同丹圆和剑圆两个小孩，才从英格兰西边的布理斯头（Bristol）游玩回来，我听了图书管理员的那番话后，也故意装作镇定，慢条斯理地向他幽默了一句说，“阁下有所不知，我拿的是德国驾照，昨日驱车游览巨石阵（Stonehenge）后，回程还进去南安普敦（Southampton）海港，逗留了一阵子。一日来回，风驰电掣，那才是真正的超速度、高效率呢。”我见他感觉有点儿惊讶，似乎他也知道，在德国的自动车道开车是不限车速的，任由你飞车；我因此接着说，“我们本来还要再往西走，去游览那个著名的普利茅斯（Plymouth）海港，缅怀当年那艘五月花号（The Mayflower）启航赴美洲新大陆的壮举呢。”实际上我们当晚还是急着想赶回伦敦住所，挑灯夜战，整理图书资料。我心想着的是，今日的“日不没落”帝国早已“夕阳阑珊”，看了任何“五月花”的遗迹，徒为尔等大不列颠子民，感叹辉煌不再，何必！

亚非学院四楼的大客厅，每日上午十一时供应茶点，不收费，但桌面摆着一个小碟子，来者随意，铜钱纸币多少不拘。这看来也属英国人的绅士作风，尽管不少教授感觉多此一举，一毛（便士）不拔；也有的离开时摸摸裤袋，似乎假装没零钱施舍，然后扬尘而去。我几乎每天必来关顾，但心不在茶点或咖啡，主要想借机与三几位同行朋友聊聊，交换见解和心得，这比造访他们的办公室，敲门请教，效果好得多也。况且，“亚非”并非全属“热带”，那客厅里头的咖啡压根儿就是比不上那一大清早路过那热带医学院时所嗅觉到的扑鼻芬香。

1985年2月上旬某晚，气温遽降，天寒地冻，小萍和我担心在史拓斌顿小学寄宿的剑圆经不起严寒，这可不是趣事。我们俩即刻打电话给宿监，要驱车带同棉被前去应急，哪知对方严词拒绝接受，说校规早已标明，不准家长插手校务。这倒让我惊叹，英国人也居然能做到事无大小，冷热兼顾也。入夏之后，有一日，附近的小学举行校际足球比赛，我们前往观赛，到赛场时，惊见剑圆没了大门牙左侧的一个大牙，追问之下，校方负责人解释说，那已经是前两周的事了，是剑圆参与板球比赛时被人不小心用板球木棍给打脱了，当时血流如注，即刻送医治理，现在复原如故，请我们放心。我想这种意外如果发生在美国，那还得了，我必然会找律师追究到底。

我心想，这间史拓斌顿小学，号称“英国海军的摇篮”（The Cradle of the Navy），培养了许多海军将领，果然名不虚传。小学的纪律，就已如此严明，怪不得希特拉的手下闯不过英伦海峡，也炸不平伦敦。我也心想，希特拉当年的命数也确实尽矣。如果老天爷肯假以时日，让他在波罗的海海边的瓦尔尼河口（Warnemünde）进一步改善V2火箭的装配，一如今日这般水平的话，那夷平英伦三岛，也应属小事一桩也；就如今日祖国神州，如要立志铲除地理上也颇为类似大不列颠的东海倭寇巢穴，也必然易如反掌。不为，非不能也，尚望安倍晋三其人也应识时务，好自为之吧。

1984年8月中，我们一家大小六口，连沈雅宾妹在内，飞抵伦敦盖特威克（Gatwick）机场时，沃尔克教授亲自驱车前来接机，并让我们暂时入住他家几天，以便另觅固定居所。当日午后，因为时差问题困扰，疲惫不堪，但适逢阿根廷对西德足球大赛，大家兴奋不已，尽管今日已经记不清楚，那是现场电视直播，抑或录影重播，只记得沃尔克教授要与我对赌输赢。我说阿根廷国脚麻辣当娜（Diego Maradona）身脚灵活，体裁圆滑，擅长冲刺，必胜无疑。沃尔克教授却看好德国队，说德国人组织严密，团队严守纪律，布防面面周到，就如一部“机器”（他用德语Die Maschine语音说的），铜墙铁臂，难以攻破德方龙门。我暗自同意他的看法，但不想扫兴。还好，这一场赛事到底比不上1966年7月我在西柏林和俊华老弟夫妻一起观看电视上那场英格兰队对西德队的殊死战，气氛那么紧绷。然而，上半场还未结束，小萍和我们的“三圆”，已觉日夜颠倒，按香港时辰，已入深夜，先引退了。留下我与沃尔克教授陪战到底，混混沌沌中，现在也记不起谁输谁赢了，只知道沃尔克教授对足球牛气十足，丝毫不亚于我接着的那八九个月的时间内，对亚非学院图书馆内的馆藏数据资料，穷追不舍，饱食不厌的牛胃口呢。

我们两次在伦敦休假，小孩都同行。第一次两个，一女一男。第二次三个，一女两男。据知许多中大同事休假时，都不携带小孩，因为恐怕小孩不适应来回转学，功课跟不上。我们则认为，小孩适应力强，不成问题，而且还可借机会让他们见识世面，因此特意安排四处旅游，前后两次都观赏了不少景点，主要都是历史文物方面的。尤其是第二次，丹圆和剑圆已经开始懂事了，更感有此需要。第一次除了伦敦西边一百公里外的巨石阵之外，我也特意要去看看我那可怜的益里大哥当年到过的那两个海滨小城，布莱登（Brighten）和伯恩茅斯（Bournemouth）；想到大哥他当年还从这两个老远的天涯海角，给我寄了彩色的明信片邮简，不禁潸然泪下。

当然，我们也特意造访了建筑古雅的剑桥和牛津大学，让小孩学会领略那股书香韵味。牛津之前，我们也不忘陪同小孩，让他们游玩贝根思格（Bekonscot）模型乡村和模型火车铁路。牛津之后，又直上雅芳河边的史特拉富德（Stratford-upon-Avon）古城，观赏英国的文学瑰宝、莎士比亚的故居。心想，丹剑两圆很快就会从中学书本上接触到这位"日不没落"大文豪的大名，以及他所写的戏剧。我当时也暗自祈望，小孩将来除了能阅读《罗密欧斯与茱丽叶》（*Romeo and Juliet*）这类脍炙人口的剧作外，也会更为喜爱《牡丹亭》等"临川四梦"的剧本。接着继续偏东北方向走，便到了那十分壮观的沃利克古堡（Warwick Castle）。我们在周围绕了一圈后，并在就近的孔雀园开了罐头，吃完了午餐后，便兼程前往风景秀丽的英格兰湖区（The Lake District）。

记得很清楚，就在进入湖区度假小镇文德米尔（Windermere）之前，车上听到电台广播，说就在那个时刻，英伦上空，晴天万里，不见片只云朵，并说那是历史上旷古未见的天文记录。我也因此记得很清楚，那天应该是1978年6月18日。对了，我们是从伦敦租了一部小轿车一路开上来的，车开进文德米尔后，才发现所有酒店爆满，只能入住仅存的一间准总统套房，而且还必须承诺住足两晚，才准予开门入内，卸下行装呢。印象最深的是酒店提供的早餐，含传统的苏格兰烟熏腌魚（smoked scotch kipper），味道奇美，无语形容。事后心想，这也可能是因为酒店租金太贵，自我陶醉也。

接着就北上，直奔苏格兰，仅在边界上的克莱尔（Carlisle）小镇稍息片刻，喝杯咖啡，提提神。期间丹圆和剑圆两个小孩则在店里头，四处观赏货架上陈列的各类玩具，挑选最为称心的玩意儿。就在柜台结账时，丹圆又忽然冲入里头的货架，换了另一个玩意儿。我看在眼里，不禁感叹小女追求完美，心切至此，一如乃父，但愿她将来也不致于过度自找麻烦焉。

到达格拉斯哥（Glasgow）时，我只求一睹那间久负盛名的大学的标志建筑，尤其是西方经济学的始祖阿当·斯密（Adam Smith）的铜像。随着便继续向西北方向前行，走走停停，到处欣赏苏格兰的古堡和别有风格的山地景色，最后到了那个很幽静的、高山上的奥班（Oban）小乡镇，以便造访小萍以前在香港理工学院的一位教书同事夫妇，并在他们家中下榻过夜。

隔日一早起身后，睡眼朦胧，主人兴高采烈地指着西边远方蓝天碧海，很自豪地对我们说，看吧，景致如此优美，世界无双。我清楚记得，他用的是英语的“superb”一字，我误听为“supper”，皱起眉头说，“有没搞错，刚一起身，就要吃晚餐！”丹圆会意，即刻说，他指的景致漂亮，无以复加。我无言以对，心想，此人住在香港理工学院教员宿舍时，周围高楼大厦挡住视野，也恐怕不曾乘坐缆车，上去过香港太平山顶，眺望维多利亚港的全海景色，壮观绚丽，此之谓夜郎自大也。然而，这个高山小镇，芳草碧连天，倒让我想起在古晋中华中学私下朗诵华兹华斯（William Wordsworth）的《孤独的高原姑娘》时心中的那个美妙的意境，悠然涌上心头。一想起来，往事缕缕如烟，愁上眉梢。

奥班之后，不知怎地，我们再往西走，到了英国人所说的“天的尽头”。那就是整个大不列颠陆地的最最西端的阿纳慕瀚（Ardnamurchan）所在地。这里可真是宛若仙境，炊烟渺茫。我们一家两大两小，当晚就在车边架设营帐过夜，岂效阮籍穷途之哭。现在回顾起来，我还是不敢想象，当年那股披星戴月、餐风宿雨的精神与勇气，如何而来。又想起，当年丹圆还不满七岁，剑圆也未及六龄，为人父者，岂可如此不顾安危，不虞野狼出没，携同小孩奔波冒险，真是的，太不负责任了。小萍为人，一向乐天知命，夫唱妇随，没想的那么多，无忧无虑，那也是个好事。

隔天一大早，我们便马不停蹄地往东走，直奔爱丁堡古城，在那古碉堡山颠上傲视四方，也算壮观，但类似古堡，在欧陆比比皆是，也早已看腻了。小萍与我只带小孩上去看看那古堡里头、炮台边上的一个所谓神秘望远镜（Camera Obscura），让他们“管窥”全城风貌罢了。从山颠下来后，我们还特地去拜访1975年在香港中文大学时早已认识的那位知名的传奇性英国汉学家——秦讷理（John Chinnery）教授一家人。这位饱学之士，中文造诣与涵养质素高超，看来人也温文尔雅可嘉。

礼尚往来，秦讷理教授不久后也去伦敦回访我们，并在我们家里头住了两天。这时，我们才发现他就像个闯关外的山东老乡，彪悍耿直，几近无情，真看走了眼了。事缘我们家的伦敦住所，楼下单位住着一位单身英国老妇，有时不堪我们两个小孩吵吵闹闹，上楼找上门来。正好那一天，她撞正秦讷理教授了，讵料教授破口大声斥责，小孩耍乐无辜，何罪之有，岂可小题大做，胡闹。这弄得那个可怜的半老徐娘悻悻然，垂头丧气地滚回楼下去了，让人恻隐之心油然而起。我一早听说中国的东北人，胆大凶狠，一般关内人不到东北，不知自己胆小不堪也。看来爱丁堡也地处大不列颠东北，与关外的沈阳遥遥相望，莫非真的是“一方水土养一方人”乎。秦讷理教授的豪迈泼辣，一点都不亚于那部电视影剧《少帅》中所见到的老帅张作霖的形象呢。

我们随而南下纽卡素（Newcastle），人道沿途仍然可看到古罗马城墙遗址，逶迤山腰，唯我望穿天边，只见白云飘飘，“罗马帝国”渺渺。列宁说，条条大路通罗马。今日罗马，我们前后也慕名游览了几次，唯让人在凭吊那璀璨的古罗马废墟时，却仿佛仍然可看到帝国时代的辉煌光芒。

纽卡素之后，返回伦敦时，途经沃尔克教授老家所在的约克郡。我们依照他事前的大力推荐，跑进约克大教堂浏览了一阵子，所见基本上不脱欧陆哥德式神殿的老套，也可算是个欧洲中古世纪黑暗时代的一座遗物。我们也馋了著名的“约克布甸”，小萍和小孩吃得津津有味，我则感觉难以入口也，就像是酸奶和“芝士”，都不是什么新鲜的东西。

1977／1978年和1984／1985年，前后各一次，每次约三个星期有余，我们全家从伦敦出发，渡过英伦海峡，远赴欧洲大陆各国游览。所走的路线，基本上都是我留学德国期间所熟悉的。第一次我也特意安排父亲远道从香港前来参与同行，这是我一早的心愿。我们向住在伦敦的一个马来西亚侨生租用了一部七人座“大众”，车顶天花底下左右两边内置活动床位，车内石油气炉炊具俱全。浩浩荡荡，于8月中旬出发，经多福（Dover）轮渡过海到法国卡莱（Calais）上岸后直奔巴黎，就住在第十三区新亚老同学白月桂的家里头，住了好几天。丹圆和剑圆最开心的是白阿姨家里有个比他们只大两三岁的段旭旺小哥哥陪伴游玩。

巴黎之后是路经史特拉斯堡（Strasburg）和佛莱堡（Freiburg），前往瑞士的佛立堡（Fribourg）小城。特地停留佛莱堡，只为了拜见恩师亨思尔教授的夫人碧姬德师母；教授逝世后，她迁居佛莱堡的老家隐居。在瑞士的佛立堡则蒙留学当地、早期毕业于新亚书院经济系的陈健人师兄推介，入住一间天主教宿堂，并以此为基地，几乎玩遍了我早前留学德国时已经熟悉的所有雪山湖水；然后才从偏东的苏黎世（Zürich）和琉森市（Luzern），沿四林湖（Vierwaldstaettersee）左岸，掠过鲜为人知的威廉·退尔（William Tell）纪念碑——即纪念那个不畏强权，敢于抗暴，被逼“箭射儿子头上苹果”的中古世纪农民英雄的雕塑，然后翻爬圣哥哈达山口（St. Gotthard Pass）前往阿尔卑斯山南麓，在意大利境内的科莫（Como）湖边上，租用帐篷，露营过夜。一算起来，我们仅仅花了短短的两三个小时，便从白雪皑皑的圣哥哈达山口飞天而降，直插那绿茵与参天古松相与环抱的科莫湖边；只觉碧水温暖如春，微风漂荡，涟漪无边，何似人间。

对这一段也可称为惊险的旅程，最感兴奋的莫过于父亲和他的两个小孙子。一则在圣哥哈达山口上，遍地积雪，父亲生平第一次接触，肯定别有一番滋味。我本来一早给他准备了一双皮绒手套御寒，他坚持给丹圆和剑圆套上，让他们姐弟俩抛玩雪球用。他老人家看了，自然心中暖乎乎的，其乐无穷也。二则在科莫湖边，我们此行第一次在途中取用炉具，正要打开石油气罐时，父亲手忙脚乱，急于展示他在成邦江老家那套适用于荒山野林恶水中独有的看家炊事身手，哪知时易境迁，父亲屡试不爽。而丹剑两圆则站在那火炉旁边，端着纸盘子，眼巴巴盯着那血淋淋的牛扒，垂涎欲滴。几经折腾后，终于靠小萍的一点科普手艺，把那火焰给点升起来了。

那时，夕阳也就要坠入湖水中，我双臂环抱胸前，倚靠车边，见渡头落日，墟里孤烟，不禁然地大声对小萍打趣说，妳看，多浪漫

瑞士的圣哥哈德山口八月飞雪，绝非出身潮州揭阳祖家、在南洋赤道上住了几十年的老父所可想象的，但看他与小孙儿玩起雪球来，心坎儿显然是无比温软。

一会儿一家大小便飞天而下，直奔山下科莫湖边露营烧烤去了，野火暮色、西天残霞，相映成趣，伴随赵元任和刘半农的美妙韵律，真是“教我如何不想她”！

呀，随即哼唱起来，“野火在暮色中烧，啊……啊……西天还有些儿残霞，教我如何不想他！”丹圆听起来，也感觉老爹音调硫朗悠扬悦耳，问我曲子何来，我说，你们将来长大了，总会听到赵元任和刘半农这两位现代中国大才子的名字的。其实我当时自己也想起了赵元任的女儿赵如兰，她也是个音乐家，是一个音乐学的博士，而且还是哈佛大学第一位华裔女教授。我在哈佛大学进修的那两年，她也不时参与燕京学社的酒会和茶叙，我也因此有幸认得她呢。

提起刘半农，我看着那石油气罐的熊熊火焰，也跟小萍幽默了一句，看来刘半农当年游学伦敦时，也就是他写《教我如何不想她》那首扣人心悬的情诗的日子里，也很喜欢在伦敦郊区，日落时分，陪着他爱人烧烤牛扒的，尽管伦敦不像我老家成邦江，野外生火，也有助于驱赶那可怕的热带雨林的蚊子呢。一笑。

隔天一早，我们一家再从科莫小镇往南走，进入意大利境内。我故意避开近在咫尺的米兰（Milan）这座工商业大城市，连那著名的米兰大教堂也不想一睹风采了，更何言米兰市也以女人时装展览闻名于世，幸好小萍也不在乎。我们一口气冲往那绿波荡漾的威尼斯水城，并在这个马可波罗的故乡住了整整三天。但见处处水上人家，父亲很兴奋地说，这比电影上看到的深入逼真得多了。坐上“公朵拉”（Gondola）摇摇摆摆，穿梭于水街之间，父亲更感觉就像在成邦江老家的鲁巴江上泛舟游水、洗脚洗手那么情真，而且眼前水城处处人家，看来鳄鱼恐怕也不敢亮相浮游水面焉。至于丹圆吗，我看她坐在“公朵拉”上的那副自在和悠然的神情，则恰似在沉湎于当年，即1971年的8月中在妈妈胎怀里头，朦朦胧胧，那撩人的威尼斯水影，栩栩如生。

从威尼斯回头，北上德国，路经阿碧思山南麓，抵达仍属于意大利的南帝洛（South Tyrol）区域的宝琛（Bozen，意大利文为Bolzano）小城时，我还给父亲和丹圆剑圆两姐弟讲故事，让他们知道，也就是不过三年半之前，即1975年2月中旬，大雪纷飞之际，我还在上头那高耸入云的山上，住了一周，应邀与马尔堡大学的老同学和老师朋友们一道开会呢。在山上的拉达恩（Radein，意文为Redagno）小镇开完会后，是一个年轻的德国教授，沿着极为陡峭险峻的山路送我下来的。他快车俯冲下山时，还自比二战时日本的神风敢死队（Kamakazi）呢。我说我听了，心想自己持有的德国驾照，也是从马尔堡山城考获的，希望择日与他一决高低。哪知父亲听了，神色紧张，忙说万万不可，就像他1964年给我信中的那句话，开车仅以代步足矣。

随后，我们便攀越那条意奥两国交界、壮丽如飞龙的布伦纳山口（Brenner Pass）高架桥，直达因举办奥运冬运会而闻名遐迩的印斯布鲁克（Innsbruck）小城。 我本来准备打个电话给当时在当地同名大学任教的德国同届同学考夫尔（Erich Kaufer）教授，约请他见个面叙旧，但途中因为怕父亲过度担心而减低车速，结果抵埗时已经比预期晚了半个多小时了。因而只能在小城市中心晃荡了一阵子后，便直奔慕尼黑了。

我们在这个当年英国首相张伯伦（Neville Chamberlain）对希特拉低声下气，签署了"绥靖政策"合约的著名都会，也住上了两天。对我而言，这也是旧地重游，当然也就不必雇佣任何导游了。我指着那座作为古城地标的"妇女"（原意圣母）教堂（Frauenkirche），对小孩说，这属晚期哥德式建筑，充其量也仅相等于明朝中叶的一个地方古庙，其外表和内部装潢相对朴实，就像妈妈生了两个小孩后，不必打扮的像早期哥德式那般娟秀亮丽和富贵堂皇也。这话引来丹圆和剑圆哈哈大笑，不亦乐乎。既然是自己驾车，当然也免不了前去慕尼黑城郊观赏那座华丽的宁芬堡宫（Schloss Nymphenburg）。可惜歌剧院夏天都关门大吉，否则还得多住上个两三天呢。

慕尼黑之后，又上了德国的自动车道（Autobahn），绕过史独伽特（Stuttgart），直奔卢森堡南端与德国交界的雷米希（Remich）小城。当晚我们的车就停在莫塞尔（Mosel）河边营地过夜。接着又是识途老马地贯穿了卢森堡（首都）、比利时的布鲁塞尔、作为世界钻石中心的安特卫普（Antwerp），以及荷兰的帝都安姆斯特丹，还有国际法庭所在地的海牙。停停走走，恰似逐水草而居，几乎无所不及也。在海牙时，仅让小萍陪同父亲和小孩在那条长长的入海长堤的尾端的室内游乐园嬉戏游玩，也就花了大半天。对我而言，连日奔驰不息，这也算是个难得的浮生半日闲也。

最后还得从海牙调回头，折返比利时，乘东端（地名，Ostende意译）轮渡回伦敦。因为海程比从法国的卡莱（Calais）码头出发多出一倍有余，记得还得在轮渡上过夜。傍晚上船之前，也还花了大半天游览附近的布吕格（Brügge）小镇。小镇古色古香，人见人爱，父亲也格外喜欢它，并问我何以名之。我一时无以对，心想用德文或比利时文发音，他也未必听得清楚，而这座古城也是二十二年后才被列为“世界遗产”的。我姑且用我们的潮州话对父亲说，就叫“古城”吧。女儿丹圆听了，笑眯眯的，领会我意。此后，每到任何古雅小城，她就抢先开玩笑说，这一个也是叫做“古城”的！

第二次全家遨游欧洲大陆，那是1985年8月中的事，也是从伦敦出发的，也花了长达三个星期的时间。这次父亲不来，但加上刚满五岁的幼儿皓圆和沈雅宾妹，共一家六口同行。我们是开着自己于一年前刚落脚伦敦时，沃尔克教授大力推荐购买的一部二手沃尔沃（Volvo，香港翻译为“富豪”），从多福（Dover）港口跨越英伦海峡的。严格来说，轿车可说是超载的，但庆幸一路多福，安全回来。

我尽量避免重复上次1978年的行程。出发当日，曙光初现，准五时半，我们便从伦敦起行，在法国卡莱上岸后，绕过巴黎，迳往广袤绚丽的枫丹白鹭宫（Fontainebleau）参观游览。小萍和“三圆”，以及随行的沈雅宾妹，大家都为宫内宫外的富丽堂皇神魂倾倒，舍不得离开。我则心想，为何当年拿破仑选在巴黎圣母院，而不在这个气势恢弘的皇宫“自我”加冕，颇为费解。我也特意要参观那豪华水榭边的中国馆，因为里头许多珍藏，众所周知，都是从颐和园抢劫过来的赃物。

当晚抵达日内瓦时已经将近九时。苍穹茫茫，日内瓦湖中，残阳荡漾。翌日，想乘早登上欧陆最高的白朗峰，可惜赶到缆车站所在的夏莫妮（Chamonix）时已经人头涌涌。我生平最怕排队等候，只能割爱，兼程直奔意大利的波咯纳（Bologna），即世界最古老大学所在地。波咯纳也委实古的可爱。唯中古世纪以来，尤其是神圣罗马帝国遗留下来的天主教修道院等古老建筑，让人感觉神秘之余，也是古庙阴森逼人，难以将息。据说作为意大利文艺复兴早期启蒙大师的但丁（Alighieri Dante），也是波咯纳大学的知名学生或代表人物，但不知他那部第一次摆脱拉丁文霸权，以意大利方言谱写的《神曲》，是否也缘起于他对代表这座阴沉沉古城的罗马神权的反思与挑战呢？

一离开波咯纳古城，我们便上了通往罗马的大路。最感意外的是沈雅宾妹，当梵蒂冈展现眼前时，她恍然大悟说，绝没想到她这一辈子竟然有这么个机会，身临他们天主教徒至高无上的圣地，因为她多年来对教皇在圣彼得大殿堂露台上宣教的电视画面是很熟悉的。我则感慨教廷影响力无远弗及，当年葡萄牙航海家麦哲伦（Ferdinand Magellan）刚一登陆菲律宾，似乎就有神父随身上岸。

记不起来了，这算是自己第几次游览罗马的。但我最感兴趣的，还是君士坦丁大帝归顺耶稣基督之前的古罗马遗址和废墟。心想，他后来屈就神权，可能因为连年南征北战，攻城略地，杀戮无穷后，一念之差，放下屠刀，想“立地成佛”焉。记得，许多教会中人却说，君士坦丁大帝当年某日出征前，忽见上天神光启示：信“我”者也，有战必胜！因此改信基督上帝。这反而让我想到，十九世纪以环，许多帝国殖民主义者，不就是假借上帝之名，垄断神权，直接或间接地君服，或曰荼毒无数亚非人民，几乎无一幸免吗？

我们在罗马停留整整一周，几乎所有名胜古迹都看了，无一不留。最令人遗憾的是我自初中以还，不时从画册上看到的梵蒂冈大殿内的西斯廷小堂中，欧洲文艺复兴时期的大师米开朗基罗所手绘的那幅大型《创世纪》穹顶画，这一次又错过了。这不是因为我不愿意排长龙轮候入内，而是这次又适逢假日，小教堂例不开放，不让人入内观赏也。好在接着到了翡冷翠（Florence）时，这次终于看到了他的大理石大卫塑像，而且是馆内那座真品，不是广场上那座大幅粗糙的复制物。我一贯管叫佛罗伦斯为“翡冷翠”，记得这名称是梁启超的入门弟子徐志摩翻译的，我喜欢这个诗情画意的译名，尽管它不能完全体现这座气势恢弘的文艺复兴重镇的建筑艺术风格。

从翡冷翠往西走，近在咫尺便是比萨（Pisa）斜塔所在。这当然更让我们丹剑皓三圆兴奋不已，我给他们远距离拍了许多幅双手猛托住斜塔以防倒塌的儿趣相片后，自己便拾级走上斜塔。在接近顶端回头往下看时，我猛地里想起马尔堡大学那位教我企业经济学的吉尔斯（Kirsch）教授的不幸遭遇。这位和蔼可亲的老教授当年对我们说，他爬到斜塔中层时，眼巴巴看到自己停在侧边路上的“奔驰”，被三几个意大利混混用拖车给拖走了。他飞跃下来报警时，反让警察给浇了把冷水，说，“忘了吧，肯定一两个小时内，该车会被翻油新漆，面目全非，不可能找得回来的。”回头心想，我们开的是破旧的“富豪”，不怎么值钱，也就放心了。

意大利偷车盗贼手脚之灵活，也让我想起自己在罗马开车时，横冲直转，既能坚守德国人驾驶纪律；论速度与技巧，眼明手快，也绝不亚于当地的“撞撞儿”，不守规则，目无法纪。心想，小时候在成邦江老家门前的鲁巴江上敢与鳄鱼竞游，哪怕罗马大街小巷的小老虎。当然，我也自觉，自己开的车是瑞典“富豪”，沃尔克教授之所以大力推荐购买，主要是该款车型出厂时，周身已经特意框上个铁笼，坚固如钢，专为撞车安全而设。沃尔克教授一早知道我们准备遨游意大利，更感有此需要。感念他这位老教授，用心良苦，诚挚地为小弟老友全家安全设想，情意绵绵。

我们随后便从斜塔所在的比萨，沿意大利西海岸北上，绕过热那亚（Genoa）时，也不禁想起哥伦布就在此呱呱坠地，长大后竟然敢于冒险航海，穿越大西洋，发现美洲新大陆。尽管他比郑和下西洋，晚了将近一百年。过了热那亚，我们接着很快便向西转入法国的地中海海岸线，在蒙迪卡罗赌场门口停了车，稍留片刻，让沈雅宾妹在车上盯着三个小孩，小萍和我两个成人则进入赌场窥探内里乾坤。

我赌“开快车”还行，但从来不赌钱。在香港时，偶尔也造访澳门，但主要是为了葡国佳肴，至今未曾踏足当地任何赌馆，就连豪华盖世的威尼斯酒店，也仅在外头闲逛了一会儿，当然就更无缘一睹那间听说前香港特首曾荫权先生也入住过的“怕拉着”（Palazzo）富贵套房。曾荫权这个特为醒目的特首，做事一向小心翼翼，步步为营，没想到越怕越被拉着，近日（2015年10月）终被落案起诉“公职人员行为失当”罪。我敢肯定这属小罪一椿，因为曾荫权绝对不是个汪洋大盗也。

从蒙迪卡罗再西行片刻，便到了那以蔚蓝海天著称的法国地中海丽维辣（Riviera）海滨——尼斯（Nice）小城。尼斯果然名不虚传，背靠翠绿丘林，面向苍茫海水，似乎终年风和日丽。我连日驰骋，一停下车来，委实有点儿倦意，午餐过后，更觉疲惫不堪，睡眼迷蒙。就在这时，小孩却闹着要下水嬉戏，那也只能贴身紧跟，以确保万无一失。讵料刚一涉足沙滩，刹那间，海阔天高，即见三几个情窦初开美人儿，横躺在前头一片白茫茫玻璃沙上，一丝不挂。那洁白而柔软的海砂，点滴身躯，彷若霓裳羽衣，若隐若现，又恰似“五岭逶迤腾细浪”，万水千山只等闲。我正要打开照相机活门，耍两手“拍拍猎奇”（paparazzi，香港翻译为“狗仔队”）本事，以窃取三几帧或可名之为法兰西反文明浪漫主义的良辰美景。怎知说时迟那时快，其中一个金发美人儿，斜眼射过来，似笑非笑的，娇媚而不失之狐骚，太可爱了；魂飘飘地，仿佛《老残游记》中的“王小二看到我了”。但霎时又念起，人在异乡，不宜自作多情，怕冷不防地冲出一两个法国式的流氓帅哥，闹出个“情杀”大案，怎生了得。无奈之下，还是笑笑然，媚媚眼，听任我那个照相机内空白的菲林胶片，为我婉惜，不值。

摆脱了这个“反文明浪漫主义”遭遇后，很快地，就到了让我们丹剑皓三圆燕飞雀跃的阿维尼翁（Avignon）小城。在小萍不断熏陶下，连最小的皓圆，都对那首旋律轻快悦耳的《断桥小调》（*Sur le Pont d'Avignon*）耳熟能详。小孩欢歌，我则仍然感觉困倦，睁开不了眼睛，只因尼斯海滩上那幅香艳景色，短短一闪，不足以润眼也。

本来还想南下马赛港，因恐时间不够支配，只能北上里昂，再经巴黎回伦敦。我们特地在里昂过夜，只为了参观中法大学遗址，以及领略当年与中法大学和勤工俭学团有直接或间接关系的周恩来、邓小平、陈毅以及蔡和森等热血青年的风流倜傥与情怀。到了巴黎后，又看到了白月桂的宝贝小男孩段旭旺。我们早前已经听说过，“小段”可能就是早期（1924年）中华民国临时政府执政（国家元首）的段祺瑞的后人，那也就是说，小段与毛泽东、周恩来和邓小平等人想革他命的那个北洋大军阀有一定的血脉关系。果如此，那小旭旺和我们那三个小圆孩，也可说是度尽劫波的小兄妹小兄弟了，因为1978年8月暑假时，至少是丹圆和剑圆，已经与旭旺小哥哥玩的稔熟了。

丹圆姐弟俩与白月桂的小男儿段旭旺（右）在巴黎近郊凡尔赛宫中的“万镜宫”里。小段仅比丹剑圆大一两岁，但触景生情，还是让我想起他祖父、即当年（1919年）作为国务总理的段祺瑞所指派的外交总长陆征祥，如何因为《和约》中要将战败国德国所占有的山东半岛权益悉数拨归给小日本，而坚决拒绝在那个丧权辱国的《和约》上签字的历史大事。

进入巴黎后，我们再次游览了气势磅礴的凡尔赛宫。小萍陪同小旭旺和我们的丹剑两圆在那个苍翠无垠、当年皇妃耍乐的浪漫后院中，无猜无忌地泛舟游弋于那宁静邃远的湖水中。我则几分懒散，管让自己躺在湖边上那座大理石女神雕像侧边的长板凳上，想入非非，仿佛置身于塞纳河中孤岛上的圣母院，静观蓝天之下，冲入云霄的爱佛儿（巴黎“Eiffel”铁塔名音译）欲与蒙马特（殉道山，Montmartre音译）山颠上的圣心圣殿（Sacré-Cœur，教堂名意译）比翼齐飞。

这是郭教授造访巴黎，不时下榻的小公寓外墙上的周恩来纪念碑，看来周总理当年奔走革命，也是来去匆匆的，或许因为他励志救国，正要赶去巴黎以南三百多公里外的里昂，以选修勤工俭学团在中法大学的课程。

第24章 异哉澳洲算盘 如何打法

1985年8月底从巴黎回到伦敦后，小萍和沈雅宾妹很快便带同丹剑皓三圆赶回香港上学。我则要等到9月中才能打道回府，记得是为了符合英联邦研究奖学金的某些条款要求的。回程途经巴黎，住了两三天，第一天从凯旋门地铁站一爬出来，我那张一卡傍身，傍了整整二十一年有余的德国驾照，就让两个十来岁的混混连扒带抢地给偷走了，事后听说这是吉普赛小孩干的。十年后，即1995年10月中，在莫斯科红色广场地铁入口处遭遇类似的突击，接待我的俄罗斯科学院远东研究所的主人，也说是吉普赛人干的。看来这世界，只有雨果笔下《钟楼驼客》的那个可怜的吉普赛小女孩，才可算是好人吧。

回到香港后，行装甫卸，除备课外，我即急起直追，为了赶写论文发表，消化了大量源源而来的中国统计资料；也花了不少功夫，准备参与预约好了的《中国季刊》的专辑研讨会。1987年10月，又专程飞往澳洲悉尼市，应马夸里大学邀请，参与“中国政治经济学讲座”教席的“面试”。这个“教席”兼同名的研究所创所所长是通过全球刊登广告招聘的，我事前一无所知，是伦敦的朋友向马夸里大学当局大力推荐我应征的。我后来也听说，背后还有某大学的校长，是一名国际知名大学者（姑匿其名），特意“疏通”和推荐我的。飞往悉尼面试时，小萍同行，因为她感觉有“如此高人”照顾，“必成无疑”，很想先领略澳大利亚这个人称“世间净土”的国度的风采与人情，以便心理上有所准备。

我记得最清楚的是，飞抵悉尼市当天晚上，我即打个电话回香港给我父母亲报平安。接听电话的是丹圆女儿，她一开口即说当日恒生指数遽跌了420点，又说电视上所见所听到的，尽是人心惶惶，不可终日。那便是1987年10月19日（星期一）香港“股灾”之日。也记得很清楚，飞悉尼之前一天中午，在新亚书院的云起轩吃牛肉面时，我新亚同届毕业的中文系老同学梁沛锦博士，也是中大的同事，问我对香港股市的看法。当日（星期五）似乎“颓势”已成，我不假思索地说，下周一股票市场一开市，即刻抛售为要。哪知几日后回港再次见面时，梁兄说我不愧为经济学家，洞悉天机也。我愧对嘉言，只说，“不幸言中矣，见笑。”

其实行内人都清楚，搞经济学的，就如《红楼梦》中的王熙凤，天机算尽，偶或染指股票，每每铩羽而归。圈内人都说，反而是中文系或历史系的，一般不谙统计分析，也不讲经济基调如何，然而潇洒利落，低买高卖，该出手就出手。看来梁兄出手阔绰，他从新亚退休后，即开始慷慨解囊，为内地穷困乡镇捐建小型医院，必然其来有自也。他后来又伙同香港松峰慈善基金，再接再厉，至今已将近实现他在国内各地兴建一百间类似小型医院的宏伟抱负。梁兄胸怀祖国，诚不愧对我新亚书院爱我中华的崇高传统也，让人敬佩不已。

话说回头，香港股灾过后不久，风平浪静，马夸里大学给我的聘书也很快速递送到，聘约五年，可续任。中大经济系讲座教授兼时任新亚院长的林聪标教授听了，说悉尼风景漂亮，日日秋高气爽，是澳洲唯一值得住下来的城市。我即微笑回应说，准备向中大请假两年，前去试试路，再做最后定夺呢。

1988年7月底，记得是27日那天，我依约赴澳履新，1990年8月便向马夸里大学请假半年返港，一则要回中大销假，二则想借用那半年时间，完成我那部《中国农业的不稳定性》的长命论著。抵港翌日，我向中大递纸销假之余，也同时正式辞去中大的教职。林聪标和廖伯伟两位教授，随即联袂在沙田的丽豪酒店请吃午饭，以表惜别。12月6日，小萍陪同我父母亲和三个小孩回港度假，飞机票是买好双程的，订妥于1991年1月6日回悉尼。讵料人算不如天算，12月底某日，天未亮，约五时三十分，母亲从就近的沙田寓所打来电话，说父亲告急不遂，痛苦不堪，我即刻飞车接应，送他到离家最近的浸信会医院就诊。手术通尿切片化验后，诊断为第四期前列腺癌，存活概率仅为五年。我闻讯寸肠断矣，也当机立断，自己留在香港照顾他老人家，因为父亲不谙英语，回悉尼的话，小孩要上学，我和小萍都要上班，肯定难以应付；而留在香港，兼有众多亲友探访病房，老人家也会感觉较为宽慰。

然而，中大方面，我一早已经递上辞呈，尽管"及时雨"关信基老友体谅我苦衷，我也不想另行向大学改口收回辞呈；为五斗米而折腰，不为也。山穷水尽疑无路之际，霎然想起浸会学院（1994年正名大学）商学院院长范耀鈞教授。他见老友困境，感同身受，即与校方沟通，而隔日一早，他便先以口头告知，欢迎以访问教授身份参与教学。随后，耀鈞兄也即代我办理转正手续。接着，岭南学院（1999年正名大学）也刚好为其社会科学院院长一职招聘补遗。就如此，阴差阳错，我也于1992年9月成功应聘，兼任经济学讲座授教，历十年有余，至2003年引退为止。

就任岭南时，学院尚未正名为大学，时任校长陈佐舜博士，也是旧时相识。我在新亚书院申请哈佛燕京学社访问学人奖学金时，他适在吴俊升校长任内任书院秘书长，细心帮我改进和润饰英文申请书。后来他在中大李卓敏校长任期内升任中大教务长，我负责规划和草拟IASP（国际亚洲（研究）课程规划）文件，更有机会与他紧密合作。不久后，岭南学院校长黄启铎教授（原任香港大学副校长）退休离任，陈佐舜博士接任校长一职，随即邀请我参观位于香港司徒拔道的校舍，并于合和中心顶楼旋转餐厅一道午膳，分享他对岭南学院的发展愿景与政策规划。

记得是1988年底或1989年初，我转战悉尼后不久，陈佐舜校长便传真长信一封去马夸里大学给我，是用中文手写的并特地加注，说不用英文写信，是为了避免洋人同事看到误事。因为他信中明确说明，岭南学院刚获香港政府的大学与理工资助委员会批准，列入资助行列，与港大、中大等大学平等待遇，包括教职员薪金等方面，希望我返港与他共谋岭南百年发展大计，云尔。其情至深，其意亦切，念知遇之恩，潸然泪下。小萍也看了陈佐舜校长的来函，念性情中人，不禁黯然神伤，愿放弃高薪厚禄，与我比翼齐飞，返回香港；尽管她当时刚获聘为悉尼市水务局（Sydney Water Board）的首席科学家（Principal Scientist），待遇比我还优厚多呢。谈何容易，我也刚到马夸里大学履新不久，哪能说走就走；到头来，徒叹人在江湖，身不由己也。我诚挚地向亦师亦友的陈校长婉谢邀请，但愿来日另择良机，全心全力效犬马之劳。

话说回头，父亲在香港接受手术后，我即获马夸里大学应允，让我额外休假两年。这让我能在浸会学院客串了一年有余，但最后我还是选择于1992年夏天向悉尼方面提出辞呈，正式参与陈佐舜校长主政的岭南团队，开展了教研生涯的另一个新篇章。这个新篇章是如何谱写的，容后另及。此处先让我谈谈转战澳洲这个天涯海角净土的经历与感受吧。

我和小萍于1988年7月底去悉尼市走马上任之前，先携同丹剑皓三圆去大陆游览了两个星期。我们是坐飞机去的，足迹遍及广州、桂林、上海、杭州、北京和西安。最后由西安飞回广州，乘火车回来香港。这是一个特意安排的“国民教育”自由行，让小孩在出国前，对祖国大好河山和历史文物有个具体的印象和感觉。我们的行程重点放在北京和西安，不参加旅游团，因为怕被赶鸭子般地团团转。最后一站，在西安上飞机时，办好登机手续，又被遣送回酒店暂住，前后两天共如此来回七次，旅客怨声载道。这是我第一次听说CAAC（中国民航公司缩写）是英文“中国民航（China Airlines）永必取消（Always Cancelled）”的戏言。眼见窗外晴空万里，但又听说广州方面气候不佳，不让飞机准时起飞，云尔。

最后三几次“抢闸”出口，准备登机时，人流混乱，有一对五十来岁夫妇大声疾呼，要周遭抢闸登机的乘客让路，说他们是台湾同胞，持有台胞证，要别人礼遇的意思，但没见人理睬。也有几个讲“国语”的台裔美籍旅客，口口声声说“我们美国绝对不会发生这种混乱的场面”云尔。登时我身旁一位看似本地的老土，怒目相视，欲言还止，似乎在说，你们卖什么洋奴关子，滚回去！我侧身一看，此人似曾相识，应该就是前几天参观兵马俑时站在我身边的那位横眉壮汉。我心想，难得的好汉，有种，不愧为中华儿女也。事后，我也对丹剑两圆说（皓圆则免了，因为他还小呢），我们老祖先黄帝的陵墓就在这北边一百多公里外，这次来不及参观，下次一定让大家前去上香拜谒。这一百多年来，国家民族饱经劫难，目前百废待兴，千万别看不起自己家国人民，总以为月亮是外国的圆，假以时日，中国人肯定是会站起来，傲首世界的。

去悉尼市上任之前，我也不时反思，对自己应该如何“定位”的问题，以便知所适从。首先，马夸里大学中国政治经济研究所（含同名的讲座教授职位）是澳洲政府外交和通商部全资赞助成立的。当初外交通商部公布成立该项规划与拨款资助预算时，邀请全澳洲所有四十几间大学入标参与竞投，最终马夸里大学胜出，获选。这个背景，顾名思义，自然让人想起其目的主要在于促进中澳之间的贸易与投资，或说白了，要开拓澳洲对中国的出口市场。对我而言，这个突出的背景，或曰内涵要求，当然不成问题，愿以一个专家或学者的所长，促进澳中双方相互了解，带动外交经贸关系，何况澳洲政府这一举措实际上也代表了澳洲政府由以前的“白澳”（白种澳洲人优先或优越）到“认亚（认同澳洲属于亚洲）脱欧（脱离欧洲）”的政策转变。这个导向性的转变显然是形势使然，即随着中国的崛起，世界经济重心的逐渐东移，澳洲政府也必须相应调整策略与心态的结果。这对黄脸皮黑头发的龙的传人而言，的确发挥了一定的鼓舞作用。

尽管如此，在澳洲住过的人，大家都知道，“白澳”至今仍然忽隐忽现，有时气焰之嚣张，就连许多白种澳洲人自己都觉得反感。如澳洲国民党的反移民立场与排外口号，实际上并不亚于法国和德国的极端右派团体和政党，尽管电视画面所见可能还不及美国白人警察追打非洲裔黑人那么穷凶极恶。澳洲社会上，甚至大专教育界，也隐约让人感觉存在不少“伪君子”。

举个实例，我们刚到悉尼不久，女儿丹圆插班入读高中最后一年，与澳洲保守党前总理霍华德女儿同班。某日放学时，我开车接她回家，上车那一刻，见丹圆面露喜悦之情，不禁想问个究竟。她说她班上的英文考试当日刚放榜，她居然全班排名第一。我为之开怀庆幸，不在话下。翌日回校上班，适值研究所里有些要事请示，我前往晋见某高层领导商谈对策。这位领导先是客套几番，问长问短，问我全家大小，是否已经适应澳洲的环境和生活方式，云尔。我看他颇表关切家小，一时口快，“老天真”毕露，提到女儿英文位居榜首事，只见他乍时面无笑容，支吾不到半句，连恭喜两个字都说不出来。

这个“意外”也不禁让我想起在香港负责中文大学IASP时，某日，某位老美（国）搭档对我说，IASP主任薛寿生教授对他说，薛女儿在某英文学校念书，英文比所有洋小孩强得多。这位“老美”友人接着对我说，他认为薛教授自诩女儿聪明，夸大其词如此，殊不难堪；并说英语非母语的小孩，英文能力怎么有可能比英美小孩高强。我当时听了，笑笑然，一语不发。这也同时让我想起，我自己特别喜好拜读王赓武教授的论文。他写的英文，利落潇洒，

女儿丹圆也大学毕业了，姐弟情深，剑圆特前往祝贺。我与小萍则已经返回香江另起炉灶了，不在身边。丹圆于1989年1月，在全家于1988年8月移居悉尼后不到半年内，便在新南威尔斯州全州高考中，以接近满分的成绩入读悉尼大学法律系和语音学双学位。剑圆随后也以同样的高分入读新南威尔斯医科。有一位新亚的老校友调侃说，我家像个犹太家庭，儿女不是医生便是律师。我说，不能为力矣，或愚或鲁命数早已天定，管它到不到公卿。

修辞雅丽脱俗，令人五体投地。实际上我所认识的许多英国教授朋友，也都对王教授的英文文采赞赏不已，自叹不如也。

面对种种白澳的“红眼”（妒忌）或“白眼”（歧视排斥），我当然不会乱了阵脚，或为之起舞，只顾恪守专业道德，发挥自己专长，战战兢兢，有过之而无不及。当然，换成今日，这又另当别论。在今日奥巴马总统的“亚太再平衡”的战略之下，澳洲政府看来也自愿充当美国的马前卒，与日本和菲律宾沆瀣一气，试图藉所谓东海和南海问题围堵和遏制中国；但见中国经济实力突飞猛进、进口市场广大、商机无穷，又想染指渔利，因此不惜效法某些无赖国家，搞其“政冷经热”战略，即想透过地缘政治方面的对抗，藉以勒索中国加大其出口份额或给予某些特惠商贸甜头。这对任何略具知识良心的炎黄子孙而言，要负责像澳洲政府外交通商部设于马夸里大学这样的中国政治经济研究所的差事，从主观心理层面来说，那肯定是难以承受，不好自我定位；尽管代表泱泱大国的北京政府自有其应对诸如此类雕虫小技的策略，冷冷热热，连横合纵，灵活周旋自如。

回头说说我在马夸里大学两年任内的主要任务与工作重点：首先是筹募经费，以扩大活动规模。这方面的一个重头戏是，我的中国政治经济研究所开张后不久，1989年3月中某一日，我便参与澳洲总督于官邸宴请工商金融各界翘楚的晚会。当时参与盛宴的还有研究所的董事长、时任澳洲统一报业集团（Consolidated Press Holdings Ltd）总裁的肯乃迪（Trevor Kennedy）先生，以及其他一众董事会成员。之前，李鹏总理于1988年11月中到访澳洲时，我也先后应邀参与澳洲总理霍克（Bob Hawke）在坎陪拉国会大厦举行的欢迎国宴，以及新南威尔斯州州长格莱讷（Nick Greiner）在悉尼歌剧院举行的盛宴。国宴和州宴的场面，既庄严又恢弘，尤其是奏起《义勇军进行曲》时，更让我这个打这份洋工的游子，格外兴奋，感慨万千。接着为了提升研究所的名声，我四出做公开演讲，或参与各地学术会议，除悉尼市内主要大学以及华侨社团外，足迹遍及澳州首都坎陪拉、昆士兰州的黄金海岸以及西澳的柏思（Perth）等大小城市。

最为棘手的一次是1989年8月28日的"就职演讲"。我的讲题本来一早已经确定下来，为《中国对外经贸政策展望》，顾名思义，这显然属我所主持的中国政治经济研究所的"配套"工程，天经地义。讵料"六四"风暴迅雷不及掩耳，董事会主席肯乃迪先生亲口要我更换讲题，直接面对这起惊天动地的世界大事，并说，无论如何，我必须"将自己的'脖子'伸出去（准备被'砍头'的意思）"。我不由思索，即口答应，并毅然给了《中国往何处去？》这道题目，真的准备好"掉脑袋子"的。大家都记得，当时国际舆论风声鹤唳，澳洲上下亦都配合英美各界齐声声讨，并一口咬定中国即将变天，共产政权必将解体，人天共愤，邓小平非下台不可，云尔。大家也都还记得无疑，当日澳洲各大电视台轮番重播，只见澳洲总理霍克为了"六四屠城"慰问中国留学生时，抱着那个来自中国大陆的女学生，愤慨泪下、感人肺腑的那个画面。

我当日开讲时，果然不出所料，"高朋满座"。讲词全文，也随即刊登于《澳洲季刊》（*Australia Quarterly*），后来也改用〈天安门事件的邓小平经济学〉为标题，收录入拙作《毛主席果真是多余的吗？——论中国的新工业化战略》（英文版），并只字不遗地翻译成中文，纳入《不可忘记毛泽东》一书中。让我仅在此，列出讲词的几个主要结论存照：

第一，风暴过后，雨过天晴，北京政权很快就会恢复稳定，运作如常。

第二，拨乱反正，经济改革必将持续，期于集中与放权之间，取得适度平衡。

第三，中国的开放大门，不但不会关闭，而势必益发敞开，外商投资商机无穷。

这些言论，当时肯定无人信以为真，或许还有人，认为我为了中国政治经济研究所的生存，试图安抚人心，免得澳洲商家失去对中国的信心。但我相信，有机会看过我讲词全文的人，必将同意，我言出有据，顺理成章，所有论点，皆出自自己的专长分析与判断；而且今日回头看来，各个论点也一一中肯无误。

顺便带出一句：我这一辈子，写文章，最怕言之无物，更厌恶浮言取巧之流。我既不为五斗米折腰，当然更看不惯奴颜婢膝取宠之辈。对某些海派人物的八面玲珑（耍杂敷衍）、瞒天过海（只手遮天）、假话真说（以假乱真）而振振有词（煞有介事）的做作，也许有人认为这是当领导的必备条件、或曰先天素质，但我郭氏祖家的遗箴是，绝不可阿谀奉承、丢人现眼，也不宜拆穿人家的“西洋镜”，而应于情开一面，免得狗急跳墙或反扑狂咬作殊死战。当我感觉真的无言以对时，我一般都是横眉冷眼，心中有数，罢了。也许正因为如此心态，所以在香港中文大学多年，人人看我一筹莫展，我也乐得个默默耕耘。此之谓宁为真我，而不做好人是也，愿祖宗明鉴，也希望儿孙们皆以此为座右铭，是幸。

就职演讲后，翌日，即1989年的8月29日，我便在悉尼市中心环型码头（Circular Quay）对开的那个著名景点，即大岩石（The Rocks）之下的一间豪华宴会厅内，为澳洲的工商界高层主管，举办了一个午餐演讲会，主讲《北京天安门悲剧后中国何去何从》。主持这次会议的是澳洲、也是当今世界最大的一个英国和澳洲合资的跨国矿业公司（涵盖采矿、金属和石油），即必和必拓（BHP Billiton）的行政总裁芬莫尔（Russell Fynmore）先生。他当时也是澳（洲）中（国）商务合作委员会主席。

我接着便马不停蹄地四出讲演与“六四”有关的应景题目，如《中国经济改革何错之有？》（留澳中国经济学生协会论坛）、《西方世界为何及如何错读中国的经济改革？》（澳洲的亚洲学会年会）、《中国经济改革中的权力与政治（斗争）》（悉尼大学经济学院），以及为银行金融界分享人民币贬值（1989年12月16日）的可能效应和对华投资风险的评估，等等。1990年7月底返回中文大学销假和请辞时，我也顺道赶赴加拿大温哥华市，参与美国农业经济学会的年会，提交一篇题为《毛泽东后影响中国农业贸易的因素》的论文。

我参与的另一次更远的境外学术会议是“六四”前的2月15–25日，在意大利南帝洛区域的宝琛（Bozen/Bolzano）高山上举行的一个讨论“苏式经济解体”的国际会议。那是我的母校马尔堡大学的比较经济制度研究所举办的，旧时相识的师友们都到齐了。我遥遥万里赴会，从悉尼出发，经东京、阿拉斯加，飞到德国的杜塞道尔夫，转飞慕尼黑，再乘火车抵达漫天飞雪的开会地点。我提供的论文题目是《中国经济改革的方法、愿景及其制约条件》。这篇论文后来也在德国和澳洲发表了。这一次参与盛会真可谓不胜其烦，竟然飞越三大洲，个中原委，现在也记不起来了；似乎原本也是应该停留东京三几天，参与另一个聚会的，后来临时取消了计划。

紧接“六四风暴”，我又于6月14–16日在号称德国“钢铁之都”的杜伊斯堡（Duisburg）参与另一个国际学术会议，主题是“从经济发展战略的视角，解读和评价中国的体制改革”。我针对当时西方世界开始关注的“中央计划逆流”问题，结合“市场导向改革趋势”，探讨所称“逆流”对中国经济发展的可能影响。这篇论文在“六四”之前已经写好了，我只在报告时略及当时的热点问题。论文后来也正式发表了。会议主办者是我的德国老同学卡塞尔（Dieter Cassel）教授，由德国的大众汽车基金会全资赞助。这个基金会本来也计划赞助卡塞尔教授，让他与当时也挂职国务院发展研究中心的周小川（现任中国人民银行行长）合作，搞一项有关中国钢铁工业的大型研究计划，并要我充当研究顾问，可惜这项大型研究，随着“六四风暴”，也告吹了。

这一次德国钢都之行，我是经香港，先飞往伦敦，才转飞到杜伊斯堡附近的杜塞尔道夫（Düsseldorf）机场。特意在伦敦停留了三天，是因为老同行老朋友沃尔克教授病重垂危。我登门拜见探访他后还不到两个月，他便走了。我是于6月12日或13日从伦敦飞抵杜伊斯堡。记得很清楚，会议东道主卡塞尔教授于13日傍晚特设家宴，款待六七位他较为熟悉的与会嘉宾。餐前对饮啤酒时，气氛特别紧张，因为东道主很担心北京前来参加会议的十来位教授与专家本预定当晚约七时半抵步，但音讯渺然，而隔日会议便要正式开始也。他担心的是因为“六四”事件，北京不肯放人出来。我心想，果如此，则几天前早已应有结论通报，不至于起飞前，在北京机场才被截留下来，何况名单上有不少知名教授。我也如此劝慰我的老同学，这才让他安心等待。结果当晚稍后，果然所有北京来客都住进酒店了，皆大欢喜。

这次参与会议的国际学者，不少都是我熟悉的，如哈佛大学的柏金斯教授，他听我说起老相识沃尔克教授身患胰脏癌垂危，也非常忧虑难受，难以置信。另一位知名中国经济问题专家、即美国加州大学（圣地亚哥校区）的诺登（Barry J. Naughton）教授也来了。更欢喜看到的是董辅礽教授和赵人伟教授也在场，他们一前一后出任中国社会科学院经济研究所所长，我在香港中大时早已认识，还与他们签订了一个《中国大中型国有企业改革如何影响宏观经济的稳定性》交流合作研究协议；而今他乡遇故知，倍感亲切。

提起这项合作研究计划，还得让我岔出一两句话：我们这项大型研究同时也蒙中国国家统计局应允，代为向全国六大城市三百间大中型规模国营企业发出一整套的调查问卷，以作为研究的数据基础。作为研究的统筹，我也邀请了多位社科院经济所资深研究员参与研究，并获京港学术交流中心赠予旅费来港进行交流，尽管主要的研究经费是来自当年的香港大学与理工学院资助局（UPGC）属下的研究拨款委员会（香港研究资助局（Research Grants Council）的前身）1987/1988年度的预算拨款，而且我记得我们这个研究计划还是该年度香港各大专院校所提交的，属于社会科学各系和工商管理研究范围内所有资助申请中，获得最高拨款额度的那个项目呢。

讵料人算不如天算，1988年初研究资助局公布筛选结果后，我旋即向中文大学告假前往澳洲履新，并请饶美蛟教授负责代理；更不巧的是“六四风暴”接踵而来，国家统计局也被逼暂停发出问卷。就这样，整个研究工作也停顿下来，一直要等到我回港后，才能迈步从头越，并要等到我在岭南大学另起炉灶后才能成书，交由牛津大学的克拉连登总部于1999年正式出版，书名为*Industrial Reform and Macroeconomic Instability in China*，由我自己与蔡俊华教授和经济所的樊纲教授三人署名为主编，全书作者共十六人，篇幅325页。与我那部《中国农业的不稳定性》相比起来，这部《中国工业经济改革与宏观经济的稳定性》也可说是一部“长征性”的工程，由1987/1988年立项开始，翻山跨海，从香港，经北京、澳洲，再回到香港，波涛起伏，几乎功败垂成，所幸有志者事竟成，如“阿Q”般，聊可自我告慰。

说老实话，这部垂暮创作到底也是比较切入我自己的研究志趣的。当初立项原意是针对中国前十年风起云涌的经济改革，与我较为熟悉的东德1960年代初始的改革经验对比，研究国营企业的行为方式及其经济效率含义。但紧随着“六四风暴”，邓小平斩钉截铁、拨乱反正，1992年春南巡讲话、扩大对外开放门户、以市场交换西方技术，1992年深秋十四大决议建立中国特色社会主义市场经济体制、朱镕基的“铁血十六条”，以及随后于驾驭通货膨胀中，继续对国企逐步放权和放开价格管制等一系列的自由化措施，都可让我参照以前东欧苏式经济改革的经验，将我们对中国市场化改革的研究与分析，由原先的1980年代延伸入1990年代中期以后。

一言以蔽之，我这部垂暮的功力之作——《中国工业经济改革与宏观经济的稳定性》，聚焦中国经济与制度的转型，与之前（1995年）竣工的《中国农业的不稳定性（1931–1991）》相提并论，也可说是“双子”之作，就如黄河与长江这对双子河一般，源远流长。但也要说句老实话，这类创作面世后，始料所及，一般都得束之高阁，以待来者；但聊以自慰之余，也还得让我加注一句：我当初创作的动机与目的，绝非如坊间所见某知名留美海归，天天上报，沽名钓誉，要祖国神州大地一夜变天，全盘私有化和自由化，要人搞“革命经济学”，不要搞“转型经济学”的细致分析。但愿子孙们宽谅我愚钝。

北京大学厉以宁教授在香港太平山顶合影。时值香港某原教旨自由主义海归高呼要中国经济全面自由化，郭教授请教说，撤销外汇管制必导致储备一夜清光，国家建设资金何来？厉教授会心微笑。

又拉扯得太远了，话说回头，当时参与杜伊斯堡大学会议的中国客人除董赵两位教授外，还有华中科技大学的张培刚，中国社科院亚太研究所的张蕴岭，国务院发展研究中心的张磐等教授，也有其他代表武汉大学、外经贸大学和上海国际研究所等多名学者，齐聚一堂。会议开了三天，记得第二天结束时，有一位较为年轻的大陆学者接受电台或电视访问有关“六四”问题，第三天便不见他的踪影，听说是遁逃了。

在马夸里大学的两年任内，我出国公干次数最多的是造访中国大陆。第一次是1988年11月中，借用去深圳参加国务院发展研究中心（记得原名是“经济技术社会发展研究中心”）主办的有关“经济改革十年的回顾与展望”的会议，顺便途经香港，将我父母亲接到悉尼市与儿孙们团聚定居。接着便平均不出两个月一次，经香港直飞北京，先后造访了对外经贸部、外汇管理局、国家计委经济研究所、社科院经济所、工业经济所、农村研究所、国家教委，以及北大清华等大学，藉以了解国内最新发展动态，以及讨论合作交流事宜。每次飞北京，都是来去匆匆；在北京时，更是马不停蹄，从机场到酒店，再到有关机构，然后回酒店，赶飞机回澳洲。现在也想不起来，那时干劲冲天，不知精力何来也。

最失望的一次是，我见澳洲总督于1989年3月中为我的中国政治经济研究所设宴筹募发展经费时，各界反应热烈，随即与大学校长和董事会主席协同筹办一个访问北京代表团，计划于6月中起行，入住钓鱼台国宾馆。讵料"天安门风暴"一来，校方由于各方面的舆论压力，只能叫停。我自己凭良知判断，在8月28日的"就职演讲"后，便决定于9月下旬，"十一"国庆节日之前，单独访问北京。接见和宴请我的，是国家计划委员会秘书长桂世镛。跟他谈了许久，高度印证了自己对祖国未来政治经济发展的信心。当时国庆庆典即将来临，天安门广场所见，游客却步，相对冷清。千夫所指，各国政要嘉宾，以致教授专家，望北京而兴叹，敬而远之，甚或避之若浼。记得国庆前的那个月内，敢于昂首踏入这个中华民族的灵魂古都的，似乎只得华裔美籍的邹至庄教授。我不知当时邹教授的想法如何，但对我的澳洲观众而言，我自己还是准备，就如我的研究所董事会主席肯乃迪先生所说的，"把脖子伸出去（任由人斩头）"的。

在澳洲那两年，也同时忙于接见络绎而来的中国访客，主要是由北京来的，但也有不同省市的代表团，如现任国务院发展研究中心宏观经济研究室主任张立群，便是在悉尼认识的。社科院经济所时任所长赵人伟教授也来过。印象较深的是当年全国政协副主席王任重应澳洲外交部的安排，率领一个七人代表团前来，访问我的中国政治经济研究所，并带来了国务院主管经济的第一副总理姚依林的手书，祝贺研究所的成立。王任重是著名书法家，我也请他现场挥笔题词赠言，以为纪念。只见他所写"麦夸里大学中国政治经济研究所，为发展中澳两国之间友好合作关系而努力"那几个字，潇洒灿丽，润厚而强劲有力，果然是名震遐迩的大书法家，我至今还保留墨宝副本在家。

所写日期是1989年3月3日。王任重的到访，也让我想起1958年“大跃进”时，全国第一个“亩产万斤高产卫星田”便是出自湖北省的麻城，也就是他当年作为湖北省委书记亲手放上天的。我很想借此机会，请教他当年是怎么想的，但碍于“外交”礼仪，还是勉为其难，不方便开口。

另一次到访的嘉宾，也是澳洲外交部要我接待的，是国务院发展研究中心总干事、知名经济学家高尚全教授，以及一位听说是国务院秘书长罗干的高级副手。后者的姓名，我倒是一时记不起来了。这一次的接待，竟然发生了一起惊心动魄的“意外”，不可思议。事缘小萍与我两人，陪同他们两个客人去市中心的环型码头（Circular Quay）准备上船游览美丽的悉尼海港时，刹那间，就在码头内等候上船之际，那位高官忽然失去知觉，砰然一声，扑倒地面，满脸血流如注。我们急忙招唤救护车送他到附近医院。我的研究所的董事会主席肯乃迪的办公大楼，就坐落在附近海德公园侧边，我本来想请他派人前来帮忙照顾，但医生说并无大碍，也就免了。就如此，我和高教授在医院内等候抢救检查复原，足足等了两个多小时。

据高教授说，此人特别怕血，甚至不能听到有关流血故事。并说当天一早，他们俩前去参观著名的瓦特苏海湾（Watsons Bay）景点时，就站在那个惊险万分、让人脚软的悬崖峭壁顶端。当地的导游，形声绘影地说，每年不知有多少“想不开”的游客，飞越而下，想插入汪洋大海，却坠入崖底，粉身碎骨，血溅乱石之中。高教授说，与他同行的那位高官听了，当天一直神情沮丧，若有所失。我心想，此人高头大马，一副水浒英雄好汉形象，并非弱不禁风之辈，何以至此，不解，但我敢肯定，他绝对是不够资格应征入伍解放军行列的，只能舞文弄墨，运筹帷幄。

回顾那两年游学澳洲的经历，我打着中国政治经济研究所的招牌，为了促进澳中之间的经贸与外交关系，频繁参与境内境外学术活动；顺理成章，很快便被视为对澳洲有特殊贡献的人，获颁澳洲国籍，羡煞人也。然而，我从香港中文大学转战澳洲是1987年做的决定，1988年成行，并非如1989年的“六四”事件让许多惊弓之鸟的香港同胞纷纷赶上逃亡潮而移民澳洲的。因此，我也不必像许多人一样，要在那个“人间乐土”苦蹲至少两年以上的“移民监牢”，才足够资格申请入籍。澳洲移民局说我“对澳洲有所贡献”，天晓得啊，我内心倒认为，自己“对神州祖国走向世界，发扬光大”，可能贡献更大，姑不论我一介书生，不能助于扭转这个人口还不及两千万的蕞尔小国，充当美国霸权的马前卒。环顾今日，在东海和南海诸多岛屿主权归属的问题上，澳洲政府，如同日本和菲律宾，仍然唯奥巴马马首是瞻，其不令人愤慨乎。

两年的彼邦专业生涯，尽功职守，分秒必争，肯定比在香港中大时，终日埋首几案，无所事事的日子，充实百倍千倍；尽管我在日理万机的巨大压力之下，不得不暂时搁置我那两项有关“农业不稳定性”和“宏观经济不稳定性”的“长命”研究计划。然而，最让我悲痛悲伤，至今痛心疾首，不可或抑的是自己在悉尼时，终日忙忙碌碌，酬酢不断，又不时出差外游，竟然于不知不觉之间，忘了老父老母在家，独守空房，未及贴身照顾，致让老父亲于无声无息之间，罹患了不治之病。

一直要等到1990年12月底，全家返回香港度假时，我紧急送父亲到浸信会医院通尿检验后，才听母亲说“父亲在悉尼市的家里头，排尿困难痛楚，已经将近两年之久矣”。我这才恍然大悟，父亲向来为人低调，加以爱子心切，体谅我大学公务繁忙，更不想让我为他而分心。对我而言，父亲致病，以致最后不治逝世，一言以蔽之，无它，中国政治经济研究所之过矣。当然，我也还得诚挚感谢马夸里大学校长姚百丽（Dianne Yerbury）教授，是她，在得知我父亲病重之际，慨然应允，让我继续请假，留居香港，延期回校服务，以便尽孝。一延再延，从半年延伸至两年有余，最后让我主动请辞，转任香港岭南大学，以致她给我的首分五年聘任合约，我仅仅履行了短短两年，万分歉疚。真所谓人在江湖，身不由己也。

第25章 亚太风起云涌 胡不归兮

父亲卧病后，我找了几位名医复诊，结论与浸信会医院报告一致，都说癌细胞已经渗入骨骼，日渐扩散，存活概率五年。我每天下午从岭南司徒拔道校园回家后，例必用轮椅推着他老人家外出“散步”。某日，巧遇住在香港半山地利根德道的一位女同事，她说应该据实奉告父亲罹患何病，来日几多，云尔。我说于心不忍，开不了口，父亲生我养我，几十年如一日，亲情绵绵，难弃难舍矣。那位女同事是个天主教度，想法不同，显然感受也不尽相似，奈何。父亲终于1995年3月12日驾鹤仙游了，那天也就是孙中山忌辰。记得在老家成邦江中华公学念小学时，每逢那一天，全校同学齐集学校礼堂，唱国歌《三民主义》，向国父遗像三鞠躬，念国父遗嘱；终小学六年，无一次或缺。每念及此，不禁怅然。

父亲举殡当日，岭南学院同事和其他许多旧时相识友好，前来辞灵，齐聚一堂，其中不乏博士教授，以及社会贤达。心想，个人不才，父亲也只念过几年书，何以膺此哀荣。旋即反思，尽管他老人家这一辈子质朴谦恭，目睹此情此景，也必然为之动容，在天之灵备感宽慰无疑，又何其不可矣。当我胸前环抱父亲遗像，缓步陪送陵寝走出北角香港殡仪馆大堂时，热泪盈眶，朦胧中忽见陈佐舜校长上前轻轻拍我肩膀抚慰，正触到伤心处，登时泪流如注，不能自抑，深切领悟佐舜兄感同身受，知我寸心碎断矣。师友情深，莫过于此也。这是弱冠以来第二次下泪，第一次是1964年1月传来大哥噩耗，当即嚎啕大哭，彻夜泪干，哭坏了双眼。

吾师蒋中一教授的“蒋费模式”理论也是郭教授研究中国经济问题的思维主轴。蒋老师才艺双全，他与中国研究大师刘大中教授（已故）都是纽约华裔社团著名票友。老师应邀光临香港岭南大学讲学，姿态雍容尔雅，恰似京剧身段，至今仍为旧时同寅所乐道。

无巧不成事，父亲走后还不到一周，我敬爱的蒋中一教授的高龄慈母也在香港病逝。当时蒋中一老师适好应我邀请，在岭南访问讲学一个学期。他的双亲长驻香港，我也熟悉，因为1970年代初，我与小萍刚从哈佛燕京学社返港不久，应蒋老师嘱咐，曾经有三几个年头的夏日，每年都陪他们两老人家从香港搭乘环球航空（TWA）直飞关岛（Guam），向当地的美国移民局“报到”，以符合“绿卡”持有人的规定。蒋老师的母亲大人归天时，我问他可否也让我帮忙处理后事，哪知他说准备将陵寝运往纽约市北郊住处附近墓地安葬。蒋老师并幽默地说，当地公墓，葬身周围的都是洋人，没有华人，可让他母亲耳根清静些。我听了无以对，但心中了然，蒋先生至情至孝，母亲安葬身边，至少一年春（清明）秋（重阳）两祭，不必远渡重洋来港；何况他早前自己也说了，岁月催人老，以后出国旅游机会，自必愈发减少。我也同时心想，蒋老夫人挥袂而去，也可能终因看不惯香港同胞，事无大小，电台电视报纸上，天天吵吵闹闹不已也。

父亲逝世时，我在岭南学院才服务了两年多。受陈佐舜校长重托，战战兢兢，首要任务是，作为经济学讲座教授兼社会科学院院长，履新之初，即倾全力为岭南部署如何尽快让学院取得香港政府学术评审局的“自我（独立）评审资格（academic self-accreditation）”，以期正名为岭南大学。我费尽心思，助于拟定社科院各个学系和整个学院的长期发展规划。这其中最为关键的，当然是要设法向香港其他大学看齐，急起直追，延聘具有名校博士资格的高水平教师，以提升教学与研究著作质素。显然，以当年岭南“积压难返”的环境，遇到不少内部阻力是不难想象的。陈校长是一位虔诚的天主教徒、罕见的正人君子，讲原则、守立场，从头到尾坚强支持与护卫我，让我秉公办事，无畏无惧，周旋于校内各方顽强守旧、不顾一切地保护既得利益的势力之间。

记得走马上任还不到一周，即有岭南学院两位讲师级的“老臣”敲门上访。语焉不详，而其意了然，指前任社科院院长张某人就因为“不买账”而被彼等闹下台，以致辞职远去台湾另谋高就云尔。我听了，也只横眉冷眼，敷衍一两句了事。心想，我新官上任，还没来得及放第一把火，尔等居然先来个下马威，那未免太那个了，恐怕尔等这次真找错了门吧。我旋又念及彼等此辈，虽然言行迹近市井无赖，但到底是为了保口饭吃，连起码的读书人自尊心都丢了，也怪可怜的。

我又记得清清楚楚，第一个学期行将结束时，其中一位“老臣”讲师又上门来了，三言两语，自称他自己如何受学生欢迎，以及同事中最获学生好评者非他莫属云尔。这顿时又让我想起当年在香港中文大学时，林聪标教授对政政系某教授褒奖我的那番话，即，“……唯独郭某人不曾向他林聪标要这个要那个的。”我心想，为五斗米折腰的，果然大有人在，岭南也如此也，其不令人感叹，知识分子良知与尊严何在乎，心寒不已。

再说这第二个“老臣”讲师，学期结束时，我特意细心检阅了他班上学生所填写的教学效率评价问卷，以防他再次上门邀功求赏时，自己心理上有所准备；但最终不见他前来。我心想，这位仁兄自己也应该心知肚明，问卷上白纸黑字，同学们对他的教学评语毫不突出。这位仁兄竟然无自知之明至此，尚何言哉。

岭南学院当年聘任教授或讲师均采合约制度，一般两年一任。为了腾出空位，选贤与能，进入任内第二年，我不得不忍痛开刀。果然不出所料，那三两位自比岭南“老臣”的讲师／职员，行迹如同“工会”头头，蛊惑人心，四面反击。不少学界友好看到报载，纷纷为我深感愤愤不平。以前中大经济系毕业的一位同学，时已转任律师，是某知名律师楼合伙人，奋勇为我引荐他熟悉的、也是香港家喻户晓的某大状，准备兴讼诽谤；而事无不巧，这位大状师也恰好就是陈佐舜校长早期任教于天主教华仁中学时的一位高足，佼佼者也。

兹事体大，我特别让内子小萍陪同，备具文件，前往这位大状位于金钟地区的办公大楼，请教如何部署。这位大状为人恳切，回应我细致征询时，坦言届时控辩双方传召证人出庭诘问，势必牵涉校长、校董，以及校内不同部门负责同事多人。我说我必坦然应对，据实作答，无虞无虑。大状说，这不是问题，不在话下。他主要担心我肩负岭南重任，应接不暇也。他接着又说，人家饭碗被打破，当然吵闹，司空见惯，小事一椿也。这话让我茅塞顿开，也为之汗颜，何必与小人纠缠，就由他们去吧。

事隔正好二十年，去年（2014年）10月24日，我应邀在香港会议展览中心主持一个大型午餐演讲会，由马来西亚前首相马哈迪医生主讲《东盟在中国与美国的地缘政治抗衡中的角色问题》时，主办机构恰好安排我与岭南大学新任校长郑国汉教授同坐“头桌”，而不知郑校长既是我早期在中文大学教书时的学生，也是研究中国经济问题的同行，青出于蓝。谈起我在岭南大学的那段经验，蜻蜓点水般地点到那几位还健在的老臣，郑校长与我彼此心照不宣，心中了然，一笑置之。那之前，我也早已经听别人说过，那两位岭南遗老，论学术成就，至今仍然一片空白，或曰灰白不堪。看来在香港教育界，如同其他界别，纠众寻衅滋事、制造舆论、翻云覆雨，以求保住个饭碗，并非难事，就像某些民选政客，为了保住个议事席位，煽风点火，无所不用其极，以争取普罗大众的选票。美其名言之，这也可说是“人各有志”嘛。

话说回头，我当年的岭南岁月，工作之繁重丝毫不亚于悉尼市马夸里大学任内那两年。除了不必要那么频繁飞往北京外，倾全力应付学术评审，审议文件亲自亲为，开会磋商也无日或无。除了社科院院长以及经济学讲座教授名堂外，又兼任亚太研究所主任，兼顾整个学院的研究项目和教职员发展规划，及后又受命出任学院人文与社会科学研究所所长，不一而足。此外，又三度获选，连任四年香港经济学会会长。心想，这一切都直接或间接有助提升岭南学院的学术品质与声誉。在此，或让我略及一两个重点，以示如何竭尽所能，以报答陈佐舜校长知遇之恩。

首先，履新之初，就任第一学年结束后，我即于1993年暑假，专程飞往华盛顿和纽约等地，就在当地机场，约见应征岭南学院教职的几位年轻并具有博士学位的候选人。另有几位来不及面试的应征者，也只能以电话详细交谈，所谓“隔山买牛”，靠点运气。经济学方面的应征人选，其中有一两位是由广州时代岭南大学校友、后来成为闻名世界的普林斯顿大学经济学家邹至庄教授直接或间接推荐的，当然放心聘用。接着的一两年也求贤若渴，从英美澳洲各大学延聘极具潜能的年轻学人助阵。

期间，我也恭请了早年熟识的香港中文大学的何泺生教授屈就加盟。何教授博学多才，为人正直憨厚，专注研究香港公共政策问题，建言献策，是港人家喻户晓的专家学者。最让人倾倒的是，何教授也乐于钻研经书。他亲手翻译《道德经》为英文外，更兼及佛门的《金刚经》和《华严经》。我个人对此五体投地之余，有时看他如此深陷“超经验”的领域，也难免担心他“悲衷”私隐，尽管他也以研究“快乐的经济学”和编制香港人的“快乐指数”，广为世人所知也。一笑。

最让我深感遗憾的，是当年刚获得牛津大学博士学位的余永定教授不能应约前来。余教授的博士导师正好是我研究中国经济的同行相识友好——林致仁（Cyril Lin）教授，是经林教授大力推荐而认识的。我亲自详细拜读了余永定洋洋大观的博士论文，又见面详谈后，当即恭请陈佐舜校长发于聘书，余永定博士也随即签妥奉还，但最后出乎预料，因种种私人原因，他还是婉辞了。余永定教授后来成为中国社会科学院副院长王洛林教授的得力助手，接掌社科院世界经济与政治研究所所长，也曾接任樊纲教授，成为中国人民银行货币委员会委员，对国家的贡献肯定远远大于作为岭南大学的讲座教授也。

另一件让我颇感为难，也深引为憾的，是我之前在伦敦大学亚非学院认识的经济学讲师、日本籍的今井裕之（Hiroyuki Imai）博士。他应聘在岭南学院教了几年书后，因为钓鱼台问题与岭南的另一位“老臣”讲师激烈争执，几近刀光血影地步后愤然请辞离去，在美国另起炉灶。今井裕之是美国约翰赫普金斯（Johns Hopkins）大学博士，治学态度严谨认真，在知名国际学术期刊上发表了不少论文。我也跟他谈过钓鱼台问题，见他思想敏锐，思路清晰，专业性极强。当然，钓鱼台问题到底不是私人层面上所可以解决的。在个人情绪上，我当然完全可以领略那位岭南老臣何以大动肝火，不惜血刃威胁，庆幸当日无人报警求助，否则不堪设想矣。

我在岭南学院任内的首两三年内，应聘任教的，就经济学系而言，绝大多数都是出身中国大陆、从欧美名校取得博士学位的国内精英。当年香港，流行“表叔”微词，有几位属其他大学的同行教授，见我似乎有所偏爱，担心我开风气之先，深感不安，竟然说，“如此下去，本地人才将无立锥之地。”我坦荡荡说，公开招聘，择优取材，天经地义，无可厚非也。

今日回想起来，庆幸当年还不见有市井无赖或港英余孽四出驱赶“蝗虫”的恶行。而近十年来，香港各大学不同学科，亦见国内卓越专才络绎而来，蔚然成风。单就岭南大学而言，我当年所聘请的年轻经济学家，许多都已相继晋升为讲座教授，如范承泽、魏向东、林平诸位教授，成为大学栋梁，身居要职。还有早已著作等身的马跃教授。他原属浸会大学经济系曾澍基教授的爱将，后来也是让我给礼聘过来，加盟岭南大学的。在我还未从岭大退休之前，幸蒙这几位精英相与群策群力，在岭南学院于1995年秋迁入新界屯门新校舍、也即是陈佐舜校长功成身退时，学院的学术评审基本上大局已定，随后很快便通过香港立法议会程序，于1999年正式正名为岭南大学。

更让人欣慰的是，就在我自己引退前后，根据《信报财经月刊》一项专业性调查，在香港教资会（即UGC，大学教育资助委员会）属下七大院校经济学科优势评比（2000–2004年）之中，岭南教员，就“在国际学术期刊发表之论文总量”这项指标而言，其“人均量”紧跟香港中文大学和科技大学之后，排名第三，远高于排名第四的香港大学。这实在让人“感到有点惊奇或意外”（《月刊》用语，第334期，2005年1月号）。相应的调查结果是，在“教员阵容”那一项指标中，岭南大学“来自内地人数比率”也远高于其他大学；此属大势所趋也。

回想起来，打从我由澳洲返回香港的1991年开始，中国经济改革大展宏图，亚太地缘政治态势风起云涌，激荡人心，我幸逢其时也。首先是1989年“天安门风暴”过后，已如前述，邓小平毅然拨乱反正，接着是“南巡讲话”大量引入外资与西方技术、十四大决议建立中国特色的市场经济体制、循序拆除实物型的中央计划、迈向市场导向的货币型经济改革。紧跟着更有朱镕基雷厉风行，重新部署财税、金融、投资、住房制度，以及改善企业管理与物价机制。他在重拳出击遏制“三角债”与通货膨胀之余，更试图建立现代式的银行体系，让中国人民银行（中央银行）与商业银行各司其专业化职责；又取消人民币汇率和国内物价双轨制，统一汇率，让中国商贸与西方体制并轨，加速纳入世界贸易组织（WTO）的进程。

这其中的许多问题，都牵涉到与美国霸权的争拗，也涉及与东盟和其他亚太主要国家和港台地区的经贸利益。这些问题都是与我的教学和研究有直接或间接关连的。香港回归祖国的问题也接踵而至，亚洲金融危机出人意表地排山倒海而来。作为炎黄子孙，大义所在，势必关注这些问题，面对诸多此类“大是大非”，个人不论在主观感觉上抑或处理问题的手法方面，显然与在澳洲中国政治经济研究所任内所扮演的职业性中介角色，凛然有别。

这个心系祖国的情怀，看来是中国女子排球队的主教练郎平最能感受得到的。我最近（2015年12月初）在观看中央电视台（第四台）播放对郎平的访谈时，听了这位率领中国女排英勇奋战，打败日本队，让祖国11年来重夺世界女排冠军后所说的话，深切地感同身受，无以复加，至深至切也。郎平说，她自己2008年应聘作为美国女排的主教练，帮美国女排夺得北京奥运会比赛亚军，可那是纯粹出乎职业操守需要的；与这一次恶斗日本队，全心全意投入，报效祖国，为国争光，绝不可同日而语也。

我多次访问北京，或率领香港经济学会代表团、或代表岭南大学参与各类国际学术会议、或为个人研究课题而行，足迹遍及港澳办、外经贸部、财政部、外汇管理局、人民银行、计委研究所、国家统计局，社科院的经济所、工经所、欧洲所、亚太所、农发所、社会所、数技经济所等，以及北大与清华的有关院系。这其中许多部门与机构，都是以前代表悉尼马夸里大学打过交道的，旧时相识，不亦乐乎。唯代表香港和岭南大学与他们再次重逢，大家都是炎黄子孙，倍感亲切；躬逢其盛，书生报国的心态与情趣，也油然而起，感慨万千。

中国人讲礼尚往来，我在香港也不时以不同名誉和不同身分，接待国内知名教授和专家学者来访，比如北大闻名国内外的厉以宁教授便曾多次率团莅临香江，做公开讲演，分享他对中国经济体制改革与通货膨胀的看法，以及讲解他参与制定的中国证卷法规。社科院经济所的董辅礽、赵人伟和樊纲教授，数量经济和技术经济所的李京文和刘树诚教授，美国所的王缉思、陶文钊和郑伟民教授，亚太所的张蕴岭教授，天则所的张曙光教授，北大的刘伟和林毅夫教授，清华大学的胡鞍钢和魏杰教授，以及上海复旦大学的张军教授，也都先后光临，指点迷津。

多情读者，或笑我屡数风流人物，不厌其繁，自表不凡；而我已华发斑斑，何须谦让，更何言榜上所列犹未及早年海外故交，以及任职中大时有幸相识的诸多出将入相佼佼者也，而且尽是赤诚报效祖国的轩辕后人呀。

当然，我在岭南大学时，自己也不时应邀到国内讲学或参与国际学术会议，前后造访了上海、南京、武汉、成都、广州、汕头、深圳、厦门和台北等地。期间，也曾多次出国讲学或参与学术会议。所到之处，许多都是旧地重游，如莫斯科、旧金山、费城、东京、福冈、汉城、巴黎、杜伊斯堡、墨尔本、布里斯本、曼谷、新加坡，等等。莫斯科的那一次（1995年），是应俄罗斯科学院远东研究所邀请，讲《中美贸易纠纷问题》。

东京去了几次，有一次应知名印度裔英籍辛哈（Radha Sinha）教授邀请，在日本高级国际发展研究基金会全资赞助下，为所在的苏菲亚大学演讲了两次（1996年），分别题为《中国与亚太经合组织构成一个亚洲贸易集团的潜能》，和《中美之间有关中国参与世贸组织的争议》。

另一次是受岭南新任院长陈坤耀教授委托，参与位于东京的联合国大学举办的，有关亚洲金融海啸后“东亚金融重组的经济观点问题”（1999年）。与会者还不到二十位专家，分别代表东亚各不同国家和地区，如香港与台湾。应邀与会的还有诺贝尔经济学奖得主克莱恩（Lawrence Robert Klein）教授。我讲的是《中国大陆和香港金融结构重组与经济复苏问题》。我个人的看法是金融海啸期间，香港实际上也应该效法其他国家，将港币做一定程度的贬值。与会的不少学者都说，他们是第一次听到有如此主张的香港人。有关的论文后来都收集在联合国大学的会议专辑出版了。

再一次是参与庆应大学林华生教授与香港浸会大学黄枝连教授主持，亚太21学会协同举办的有关“大中华经济协作系统”的会议。去马尼拉则是应亚洲开发银行邀请，参与第13届“亚洲经济展望”研讨会（2001年），提供了一篇《中国加入世界贸易组织后将如何应对全球化挑战》的论文。

对了，2005年底，我也去了一趟日本九州的福冈市，借名参加“大中华经济协作系统”的另一次会议，实际上主要想寻找当年郭沫若留学日本时，翻译《少年维特的烦恼》可能留下的蛛丝马迹。小萍偕行，何泺生兄也来了，我们一道乘小轮渡海去一览就在福冈市对海的马关口岸，看了1895年那台致命的会议桌子，痛恨李鸿章在伊藤博文面前被逼签署那个丧权辱国的《马关条约》，不禁怒火中烧，壮士扼腕。

在巴黎，2001年，我则参加了商业与经济协会的国际年会，以中国大陆和香港之间的区域性经济整合为实例，讲《外资与汇率制度调整的经济效应》。新加坡也去了几次，主要的一次是以世界银行顾问身份（1998年），参与一个题为“全球化面面观——对国际性和区域发展的影响”的大会，我讲的题目是《亚洲金融危机之下大中华（中港台）经济增长的“三角”关系》。时任人民银行副行长的郭树清（现任山东省省长）则讲《全球化对中国经济的影响》。我们两人的论文后来也都收录入世界银行编发的《世界发展报告1999/2000年》之中。

那之后的2001年，又再次应世界银行邀请，赴曼谷参与亚洲发展论坛第三次会议，讨论区域性和国内资本市场发展的问题。说到曼谷、新加坡，以及汉城，我则多次以发起人身份，前往参与由泰国研究基金（Thailand Research Fund）和加拿大国际发展研究中心赞助成立的亚洲发展研究论坛（Asian Development Research Forum）的不同专题会议。至于旧金山的那一次，我则是在美西经济学会的第76次年会（2001年）上提供了一篇有关中国在加入世贸组织后，题为《国家的工业企业势将如何应对西方工业技术霸权的挑战》的论文。那之前，在墨尔本（1994年），我也参加了由北京大学牵头合办的东北亚圆桌会议第五次年会，讨论经济合作的国际安全问题。

在岭南任内，我也不时以岭南大学的名誉，主办规模大小不一的学术会议。在纽约的岭南基金会（Lingnan Foundation）赞助下，便在1995年举办了一次较具规模的集会，从大中华视野探讨中美关系的政治经济学问题，与会的除了港台知名教授学者如郑国汉（原香港科技大学教授，现任岭南大学校长）和于宗先（原台北中华经济研究院院长）教授外，还有以研究中国政治经济问题著称的美国学者哈丁（Harry Harding）教授和登伯格尔（Robert F. Dernberger）教授。会议论文的英文版专辑由香港大学出版社于1997年出版。

另一次类似的国际学术会议，主题为“中国与亚太的经济整合”，也紧接着于1996年在澳洲的布里斯本市举行，由我代表岭南与澳洲昆士兰大学的蔡俊华教授联合举办，与会学者人数更多，除北京、香港和澳洲各大学外，还有来自加拿大、芬兰，以及新西兰的专家学者。会议专辑随即于1997年由美国纽约的诺瓦科学（Nova Science）出版社出版。其他，由岭南的亚太研究所举办的小型会议或研讨会，不胜枚举，从略。

回想起来，我从岭南履新伊始（1992年），即面对祖国百废待兴，经济制度与经济政策方面，节节推陈出新，又适逢《关贸总协定》（GATT）乌拉圭回合（1993年）定调，中国加速"入世"（世界贸易组织）步调。对此，美国先则藉口"六四"问题，屡次以取消"最惠国待遇"相要挟，城门失火，殃及香港；继而又在"入世"条件谈判方面，如出口补贴、关税壁垒、知识产权，以及外资的"国民待遇"等等问题，诸多刁难。因此之故，我在岭南就任后的头两年，实际上已经在不同的国际会议上提供了许多"应景"论文，不断讨论中国"入世"的短期涵义和长期性效应问题。这包括：

- 1993年8月在香港举行的第34届东方国际会议（Oriental Congress，后改称为亚洲与北非会议），论文为《从GATT的角度，探讨中国工业体制放权对国民经济结构的影响》。
- 1993年11月在深圳小梅沙由中国社会科学院美国研究所主办的会议上，分析《中国加入GATT对国家的国际收支平衡的可能影响》。
- 1994年7月在德国杜伊斯堡大学召开的一个"国际视野之下的大中华经济圈"会议上，主讲中国作为世界的一个新增长极——《参与GATT将如何引发国民经济的转型》。
- 1994年9月在澳洲黄金海岸举行的澳洲经济学会年会上，分析《GATT将会如何强制中国进行经济调整》，等等，不一而足。

结合1993年后如上所列的学术活动和发表的学术论文，直至我从岭南大学退休前两年的2001年底中国加入世贸组织为止，我有幸见证了中国经济加速增长，排除万难，纳入了世界经济体系，和平崛起。

在个人的研究方面，除了那两项浩繁的“长命工程”，即《中国农业的不稳定性（1931–1991）》（1995年出版，2002年再版）和《中国工业改革与宏观经济的不稳定性》（1999年出版）也在岭南先后顺利竣工外，我也应邀，以顾问专家的身份，参与了一个由加拿大英属哥伦比亚大学何保山（Samuel P. S. Ho）教授和江苏省社会科学院院长贾轸教授协同成立的“中国南方经济研究”的大型项目。这项研究涵盖中国南方十二个省市社科院的分项研究，由加拿大国际发展研究中心全资赞助，历时四年（1993–1996年）有余，共形成四册研究结果，由北京经济管理出版社1997年出版。出版后，也由何保山教授与我摘译其中部分主要成果成书，交由伦敦麦米伦（Macmillan）出版社于1999年出版。

与此同时，我也与伦敦亚非学院的豪维教授和艾什教授合作，分别获得香港研究资助局和英国经济与社会研究局（Economic and Social Research Council）的资助，完成了一部厚逾400页的《中国经济改革文献研究》（2003年，由伦敦罗特列智库尔松（Routledge Curzon）出版）。这本书透过筛选和翻译有关经济改革的主要文献，系统化地评介中国经济发展策略和市场导向体制的形成，以及工农业和对外经贸政策首二十几年的改革进程。

我也有幸应马跃教授邀请，参与他和香港金融管理局货币研究所合作的两个研究项目，一个是“中国银行改革的宏观效应”，另一个是“人民币汇率自由化的可能时序和效应”。参与研究的还有中国社科院经济所所长刘树诚教授，研究成果也分别刊于香港金管局的期刊（2002年）和社科院经济所的《经济研究》旗舰月刊（2003年）。

我做了一个简单总结，直至2003年夏天从岭南大学退休为止，仅在岭南任内的11年，我至少出版了11本书（含独自创作和主编的），在世界知名学术期刊上发表的、或应邀收录入专辑的论文，也不下20篇之多（不计以中文书写的）。当然，这些专书和论文，实际上不可能是完全在岭南任内凭空创作的，而是代表几十年来，从香港中文大学“不为五斗米折腰”开始，在“澹泊明志”和“宁静致远”之中，长期累积和分析研究资料的结晶。结合岭南之前的著作，论页数，堆积起来，或不及“等身”，唯那十几本专著中绝大部分都是归牛津大学（克拉连登总部）、香港大学、香港中文大学，以及其他显赫的国际出版社出版的。

因此，我深信对毕生特别尊重读书人的先严先慈而言，他们上天之灵必能感受到我的寸草春晖心；而对心系祖国盛衰、大义凛然的丕介先师，我也相信他会充分赞赏受业弟子平生如何专注钻研经世济民、振兴中华、图报师恩的赤诚情结。

多情读者，或笑我连篇累牍，屡言著述心得，自我作秀；唯我一介书生，无以为荣，又不堪满街政客反中反华、丑态百露，仅念早逾知命之年，见亚太风起云涌，庆幸祖国刚强崛起，傲视寰宇，愿参与其盛，故无妨悉数（如上）近年自己所参与的各界学术论坛以及所发表的论文标题，藉以折射改革开放后，国家工农商贸经济战略如何追赶西方先进、应对美欧经济与高超技术霸权的挑战，以期纳入世贸组织的自由经济体系，与列强争一日长短，何其不可耶；况且岭南大学前校长陈佐舜博士在天之灵，见岭南学术功业蒸蒸日上，而亦已正名大学，谅我图报知遇之恩，何乐不为乎。

在岭南的那些日子里，还有一两则儒林趣话，必须谈一谈。其一涉及刘融教授，其二是有关熊玠教授。两位都是我的长辈，可说是师友关系。在我的岭南社会科学院院长任内，他们都应邀先后前来讲学。刘融教授是著名社会学家，1989年从美国来港，应聘为浸会大学社会科学院院长，后来转任香港科技大学人文与社会科学学部教授；我在浸大“过渡”的那一年已经认识他。熊玠教授则是美国纽约大学政治学与国际法的“终身”（荣休）教授，鼎鼎大名的中国问题专家，他是于1997年香港回归祖国前夕，接替“愤然”离开岭大的刘融教授而光临岭南大学助阵的。刘教授何以愤然离开，容后另及，但他是应聘前去新加坡大学王赓武教授主持的东亚研究所另有高就的。刘熊两位教授在岭大的岁月，合共还不到三年，但令岭大光彩夺目，不在话下。我也乐于炫耀是我亲自恭请他们来岭南大学的，与有荣焉；可惜陈佐舜校长当年已经以高龄引退了。

先说刘融教授。他博学多闻、治学严谨、为人耿直、坚守原则、大义凌然而又亲和近人，一代师表，深得同事与学生敬爱；而阿谀献媚、玩世不恭之流，则必然望而生畏也。我听说他早年因反共而赴美留学，又适逢麦卡锡主义猖獗，学术自由欠奉，腥风血雨，让他深恶痛绝；所以后来一直想回来。

回归正题，岭南大学现有的亚太老年学研究中心（Asia-Pacific Institute of Ageing Studies）便是刘教授和我两人倡议成立的，可惜他因愤然离开岭大，而无缘见证该中心于1998年1月15日正式成立。话说那之前的1997年5月25–27日，是我带着刘教授的创意，前去曼谷参与第一届亚洲发展研究论坛（ADRF，即Asian Development Research Forum）而得到大会同意，创立亚太老年学研究网络，并由我以论坛创始人之一的身份，兼任该网络的统筹人（Overall Coordinator）；而ADRF论坛随后也即于1998年5月18–19日在岭南大学举行第二届会议，可惜刘教授已经在新加坡另起炉灶了。刘教授是一位学术涵养高、专业性非常强的大学者，他到新加坡后还不到一年半，便为彼邦“新大”的东亚研究所出版了《中国的老人照顾政策：论家庭是社会价值的基础》（英文原著，1999年1月出版）。很显然，这本书是刘教授在香港岭大时打好基础的。

刘教授拂袖而去，非我之罪也。我们在筹办老人学研究中心之初，即同时四出物色一位既能负责社会学和社会政策学系，又可兼顾老人学研究的杰出学者，而且也确实找到了非常适当的人选。我心想，假如陈佐舜校长还在的话，这是顺理成章的事。然而，新校长心目中另有他人，并径自安排那位不谙中文的英籍候选人来校，在师生面前“试镜”。记得看了他表演后，几位资深教师的结论是所讲内容与我们的期望落差不小，而实际上仅仅对比履历表上所列资讯，论学历与著作，已经与刘教授和我所推荐的人选完全不可同日而语矣；奈何。

这不禁让人联想翩翩，是否有人独好英籍人选，与当年香港社会上所说的港英殖民地政府的孤臣孽子有关，那就不得而知了。这件事也让人难免想起之前新华社副社长张俊生先生斥责某人“无聊”的话，事缘某人有一次（似在香港回归祖国之前几年）在访问日本东京并接受记者专访时，居然说，从香港的角度而言，邓小平早死比迟死好，云尔。我至今仍然不能解读其含义何在，莫非他当时仍然念念不忘，1982年英国首相撒切尔夫人在北京见了邓小平后，步出人民大会堂时，摔倒在台阶上的那幕窘辱的电视画面。莫非有人，就如撒切尔夫人一样，一厢情愿地希望“以治权换主权（回归）”，不得逞之余，竟然诅咒邓小平早死，祈以变天乎。天晓得。

无论如何，刘教授为了这一英籍学者获选，几乎拔刀而起，想撰文上报“揭露内情”，并要我参与其事。我还是本着“澹泊”与“宁静”的原则，不想与权势搏斗的操守，婉谢了。现在回想起来，感觉自己很不够义气，这也不时让我想起当年在哈佛时，燕京学社的吴文津馆长所说的那句话，即“中国人在美国受气”，没想到于今何时，中国人连在自己的国度里，也受洋气呢，情何以堪。

至于熊玠教授的事，认识他的人，都知道他出生台湾大学，天赋极高，早期留学美国。在纽约大学执教时，马英九是他的学生。而马英九2008年就任台湾总统时，应邀参与就职典礼的20位美国要人嘉宾之中，仅有两位华裔美籍学人，一位就是熊玠教授，另一位也就是哈佛燕京学社图书馆前馆长吴文津先生。然而，熊教授最为人乐道的是1986年邓小平在北戴河开会时，特别约见他的那回事。听说他与邓小平面谈，连晚宴时间，总共达四小时之久。据当年报载，熊教授要邓小平于香港回归祖国时，前往香港看看。邓说到时年纪大，恐怕走不动了，熊说他可用轮椅助推邓过去。听说熊教授这句话，当年在台湾，引发了极大的反响。

我认识的一位来自台湾的香港中文大学教授，即后来自称“任重而道不远”的那位知名学者，便在熊教授于1997年应邀到岭南大学讲学时，说熊对邓如此阿谀奉承，“无耻”（原话）之至。我听了，笑笑然，不语，事后也没跟熊教授提起这回事，不想搬弄是非也。只心想，中国人讲客套，对老人家而言，更应表尊重。熊教授“助推轮椅”说法，即或有所失准，也大可不必如此语重斥责也。

认识熊教授的人也无人不知，他为人开朗，诙谐幽默，尤其擅长相声及各地方言，一开金口，每每妙趣横生，令人倾倒。我自己完全可以想象得到，他当时是如何仿效邓小平的四川口音、说“非常乐意以轮椅推您老人家过去香港看看”的；脑海中熊教授的语调和神情，仿佛映入眼帘。

尽管如此，那位领袖群伦的中大教授的那句冷漠无情重话，让我错愕之余，也顿感佩服不已。我绝对预想不到，他竟然也是个“真人”也。平时只见他四平八稳、八面玲珑、守口如瓶、话留三分、高深莫测，神龙见首不见尾，而如今竟然“真情毕露”，或仅因政治立场相左，而不惜骂人“无耻”，就如刘融教授之路见不平，想拔刀而起，以伸张正义也。所不同的是，刘教授到底是个四川人，至少儿时在陪都重庆住了几年，深具巴蜀彪悍不屈的性格，不似出自苏浙地区、言行不离民国时代的海派遗风也。

话说回头，我终于2003年从岭南大学循例退休了。个人最感宽慰和荣幸的当然是，在岭南大学同事何泺生教授主导下，二十几位英美澳，以及国内和香港知名教授，特为我合著出版了那本洋洋大观（逾400页）的“庆贺专辑”。同时，我在中文大学的早期学生，在香树辉同学的“号召”下，也特别为我摆设晚宴庆贺功成身退。香树辉同学是我在新亚书院上任第一年、代表先师张丕介教授面试而招收的第一位经济系学生。他和夫人陈惠珠同学（也是当年的同学）都来了。参与晚宴的共有饶美蛟（1967年）、俞肇熊（1968年）、刘佩琼（1968年）、关越强（1970年）、香树辉（1971年）、陈惠珠（1971年）、陈志新（1972年）、罗祥国（1972年）、丘颂云（1972年）、侯运辉（1972年崇基）、郑海泉（1973年）、贺贤平（1973年）、彭玉荣（1973年）、王文彦（1974年）、关燕萍（1974年）、黄镜兴（1974年）、梁海国（1974年崇基）、冯耀辉（1975年）、龙世英（1975年）、齐禧庆（1976年）等同学。

香港中文大学经济系前受业子弟盛宴庆贺郭教授荣休后合影纪念

郭教授也从近四十年的“粉笔生涯”退休了。早期任教于香港中文大学时的历届毕业同学特设盛宴恭祝他功成身退，餐后大家留影纪念。依毕业年份排列，晚宴的主要东道计有：**饶美蛟教授**（香港岭南大学前副校长暨工商管理学教授，坐右三）和夫人**单宝珠女士**（坐左二）；**俞肇熊教授**（香港城市大学前经济金融学讲座教授，现任珠海学院副校长，坐右一）；**刘佩琼教授**（应届中国人民代表大会香港代表，历任二十年，坐右二）；**关越强先生**（香港《东方日报》前总经理，站左六）；**香树辉先生**（《星岛日报》前总经理、《华侨日报》前社长，站右六）；**陈惠珠女士**（香树辉夫人，驻香港美国总领事馆前资深中国研究员，站右五）；**陈志新博士**（香港中文大学校董、评议会主席，富邦航运有限公司创办人，站右二）；**丘颂云先生**（香港崇真中学校监，站右七）；**侯运辉律师**（香港侯刘李杨律师行创办人兼合伙人，站右三）；**郑海泉博士**（香港上海汇丰银行前亚太区主席、中文大学前校董会主席，站右八，郭教授背后）；**彭玉荣先生**（东亚银行执行董事兼前副行政总裁，站左三）；**关燕萍女士**（香港恒生银行前副行长，坐左一）；**贺贤平先生**（香港中文大学经济系前助理教授、资深香港经济研究专家，站左二）；**梁海国先生**（大律师，香港贸易发展局前研究总监，站左四）；**黄镜兴先生**（亚洲信贷监察行政总监，站左八）；**罗祥国博士**（香港立法会前议员，站右一）；**王文彦先生**（香港中原地产代理公司合伙人兼董事，站左七）；**冯耀辉先生**（PCI投资管理有限公司董事总经理、高盛（亚洲）前执行董事，站右四）；**龙世英先生**（港中跨境投资企业嘉音无线通讯科技有限公司前董事总经理）；**齐禧庆先生**（香港《经济日报》前总编辑，站左一）。

齐聚一堂，让我和内子小萍万分感动。席间大家有说有笑，谈起昔日学习生活，我说，还记得很清楚，当年“中国（大陆）经济发展”一科，郑海泉同学在学期考试答卷上的字迹模样，历历如昨日；也说了，同时清楚记得我给他的评分等级为何，云尔。旬日后，海泉同学打电话到新亚书院教务处查问记录核实，果然毫无差错，信乎！

功德圆满，从岭南引退后本以为自此悠哉闲哉，效法“老残”，云游四海。没想到，珠海学院校长张忠柟教授希望借用我在岭南大学时参与学术评审的经验，助于取得同样的“自我评审资格”，以便正名为大学。因此，我隔年即以商学院院长的名衔加盟珠海了。最初预计效劳一两年，没想到一展开工作，欲罢不能，结果花了六年有余。在正副校长和各学院院长同心协力之下，使学院所有十个课程都顺利完成评审，成为政府认可的学位课程。

我离开珠海学院后，接替我的是俞肇熊教授。肇熊是我在中大任内的早期学生，这更让我放心。在俞教授励精图治、大展宏图之下，珠海更进一步完成了学术评审局后续重要要求，学院也于2016年乔迁入屯门黄金海岸的全新校舍，预计于2017完成最后的“制度评审”后，即可正名为珠海大学。然而，最令人痛惜的是，那六七年间与我朝夕与共、为珠海学院的课程评审致令身心交瘁的副校长江佑伯教授于2014年遽然病逝，享寿未及六十，天不假年至此矣。所幸俞肇熊教授义不容辞、随即接任珠海学院副校长重任。珠海归宗，再创昔日广州珠海大学的辉煌，指日可待也。

我就任珠海学院期间，还有一件“大事”，让我永志不忘。那就是2008年5月19日，郑海泉同学，贵为汇丰银行有史以来首位华人主席，居然应允我的邀请，驾临位于荃湾的珠海校园内，对全校师生给个演讲。我是在之前的11月初，在新亚书院的体育馆内与海泉同学同桌聚餐，庆祝中大校庆晚会时，向他口头作出邀请的。开口之前，想到珠海位处偏僻的荃湾怡乐街，校舍简陋不堪，在香港各大专院校排名榜上，也敬陪末座，学生的质素当然更不能与中大和港大相提并论。我不知如何开口为宜，迟疑不决，不宜冒昧。讵料他毫不介意，干脆利落，一口应允，并以坚定口吻说，他向来乐于帮忙弱势团体。这句话倒让我汗颜，似乎自己反而低估了他特具的侠义风格也。

这位叱咤风云的“郑大班”，当日在珠海学院开讲时，偌大而僻陋的礼堂，座无虚席。当我做简介，提到他特别乐于扶持弱势如珠海学院者也时，全场掌声雷动不已，我也远远看到不少热血的学子，感动到热泪满盈。可别忘了，郑海泉说的“扶持弱势”，可不是普通官僚口中照办如议的扶贫工作，而是类似出自武林性情中人的仗义胸怀与情操，可钦可配。

既然提到郑海泉，还有另一件“趣事”或可略及，那是有关岭南大学的。我从岭大退休后不久，魏向东教授即创办一个颇具特色的国际银行与金融硕士班课程（MSc. in International Banking and Finance Programme），并建议邀请银行金融界名人为顾问委员会成员。我和何泺生教授都建议邀请郑海泉为顾委会主席，但感觉不便代为开口“高攀”，因为岭南在各大专院校中到底也不算是佼佼者也。后来出乎我意料之外，郑大班还是应允担任主席，而且连任很多届，直至由香港证券与期货交易所委员会前主席梁定邦先生接任为止。

我和何泺生教授两人，一直是这个顾委会的成员，每年至少开会一次。前几年又在会上遇见郑海泉大班，闲话家常时，我问起他那两个聪明伶俐的千金，近况可好。他说，思敏就快要结婚了。我欣喜之余，又好奇问他女婿何许人也，何处高就。他说是一个来自国内的年轻人，任职某某中资银行。我刚一开口，表示恭贺，海泉同学便赶紧补充一句，说，现在的大陆年轻人，学养优秀，办事能力强；他语音未落，我即接着说，没错，有魄力，克勤克俭，更深具专业操守观念。我当时心中想的是我在领南大学的用人经验。然而，海泉同学赶着补充的那一两句话，倒反而让我感觉他似乎视我如同一般香港同胞，对大陆来的“表叔”存有莫大的偏见。冤枉我也。

第五篇

炎黄招魂

春秋战略智慧

第26章 东方古国神州 浴火重生

我到珠海学院上任时，中国加入世界贸易组织还不到两年。纳入世界贸易与投资自由化体系后，上承改革开放的动力，国民经济更进一步加速增长，国家实力飞跃，和平崛起，与世界列强并驾齐飞。举世瞩目之余，也难免引起了美国霸权的猜忌与挑战。加以日本，就如李光耀生前所说的，深恐中国为二战期间的血腥屠杀报仇，一意巴结美国，抗衡中国，更使奥巴马总统的“亚太再平衡”战略如虎添翼。跳梁小丑，不务正业的菲律宾也借机挑起南海事端，越南也以为有机可乘，居然无视越战的血海深仇，为了抢夺南海资源，与美国狼狈为奸，促使亚太的地缘政治倾轧更为复杂化。此外，强颜但不敢欢笑的“白澳”马前卒，那就自然也乐意为美国针对神州大地的环亚太锁链的最南端补上了最后的一小环节；尽管经过多年谈判后，中澳终于2015年6月17日，紧随中韩之后，共同签署了自由贸易协定，致使这个地旷人稀的边陲小国既可逢迎美国霸权所好，又不坐失偌大的中国市场所可提供的蝇头渔利。还有印度，一则难以忘怀1962年中印边界纠纷捱了败战的宿怨，二则也不想看中国迅速崛起、独领风骚；因此也就与美国霸权一拍即合，这并不为奇。

然而，就在周边大小豺狼眈眈逐逐之际，我东方神州古国，凝聚了十四亿炎黄子孙心血，胜似浴火凤凰重生，益发亮丽光芒，借古老的“远交近攻”战略智慧，创造了“一带一路”（指“丝绸之路经济带”和“21世纪海上丝绸之路”的简称）的突破性蓝图，藉与美国霸权主义的“亚太再平衡”战略周旋。相信这是任何具有历史良知的轩辕后人都应该赞赏和支持的。

从广阔的历史视野观之，习近平主席所启动的这个突破性战略，或可视为承接邓小平改革开放和“韬光养晦”而来的第二波凤凰浴火重生；而毛泽东自力更生、艰苦奋斗，以求民族自强的巨大工业化工程，则可视之为启动了邓小平改革开放战略的第一波凤凰浴火重生。我在珠海学院履新后，因为不负责教学，主要任务是协助正副校长筹划正名为大学所需的学术评审工作，时间较为充裕。因此，也就设法将过去几十年来发表的论文汇成专辑出版，藉以反思中国大陆自解放初期——尤其是改革开放以来国民经济的发展与变迁，以致于踏入新世纪，以及中国恢复世界贸易组织会籍后，国民经济突飞猛进，毅然崛起于东方地平线上，与世界列强等同齐观的历程。前后完成了三部专辑如下，分别反映了由毛泽东至习近平的浴火重生过程：

- 《中国的新工业化战略：毛主席果真是多余的吗？》（英文，2008年），
- 《不可忘记毛泽东：一位香港经济学家的另类看法》（中文，2010年），以及，
- 《走向中华“帝国”的升平盛世：地缘政治经济学视角》（英文，2012年）。

连同《中国农业的不稳定性（1931–1991）：气候、技术、制度》（中文版，2013年），这四本书实际上展示了近现代史上，自鸦片战争以还，中国凤凰“浴火重生”的整个长波。

然而，树欲静而风不止。两年前（2013年），港英余孽和某些极端神教主义顽民，又无风兴浪，借香港浸会大学当代中国研究所一份措辞欠妥的报告，掀起如火如荼的“反国民教育”浪潮，诋毁香港特区政府推行认识祖国国情和中华民族历史的国民教育政策为“奴化教育”云尔，其目的显然是针对日渐繁荣昌盛的神州大地而发的。我为此事在新亚书院母校的《新亚生活》月刊上，写了一篇文章，题

为《“中国模式”问题概论——兼谈“国民教育”理念》（也刊于《中国评论》2012年11月号），从世界和历史的角度，阐析应该如何认识伟大祖国从这一百多年来惨受西方列强欺凌，凤凰浴火，而今达致伟大复兴的历程。现将该文摘录于此：

> 中外学术界和各种媒体对如何阐释“中国模式”一词莫衷一是。有的着重于政治制度或社会学层面，有的则认为这主要代表某种经济制度或一套经济政策措施。当然也有的兼及政治和经济问题的。对这方面做较为全面性的讨论的，首推纽约大学熊玠（James C. Hsiung）教授最近出版的《中国的第二次崛起》（该书英文原著标题为*China into Its Second Rise — Myths, Puzzles, Paradoxes, and Challenge to Theory*，由新加坡的世界科技出版公司于2012年夏出版；据知将由复旦大学翻译成中文版）。熊教授的巨著也同时追溯崛起的“中国模式”的历史与文化根源，并据以解析当今中国的对外，或曰全球性的策略，实在难能可贵。
>
> 我自己综览中外各类有关“中国模式”的著作后，感觉有两大方面的问题特别值得关注。
>
> ### “中国模式”横切面特征剖析
>
> 第一是各个层面的问题不可以只局限于所谓“多学科”（multidisciplinary）的“分别表述”方法；而是应该尽可能阐析其间的“内生”关联性，即采用所谓“科际交叉”（interdisciplinary）的研究方法。我特别强调“内生”，因为政治问题离开不了经济问题，也与社会现象紧密牵连。反之亦然。这一点是大家或多或少都可以想像到的，但是问题是如何将其“关联性”具体分析出来。这是很多学者都做不到的事。因为在当今学术高度分工的情况之下，很多学者的视野也都越来越发局限于本科的范畴。举一两个浅显例子以资说明。
>
> 首先，就中国政府自1981年以来强制实施的“一胎制”而言，外界，尤其是西方的政治学者和社会学家，显然都视之为集权控制的倒影。不时导致许多惨绝人寰的悲剧之余（如怀胎六七个月仍然必须因应政策要求，强行堕胎等等），这等同赤

裸裸地剥夺基本人权；即连生儿育女的权利与自由都没有。肯定许许多多的海内外中国人都难接受这种计划生育政策，视之为有悖孔夫子“上天好生之德”的教言。然而，试问这方面的专家，有几位曾经设想过“一胎制”的简单经济学内涵呢？事实上我也未见过有任何经济学家，曾经做过如下的测算，即三十年来如果不是如此这般地控制人口增长的话，中国能够维持GDP年均增长率高达几乎百分之十的世界纪录吗？恐怕每年所创造出来的GDP，当中绝大部分除聊足糊口之外，还得用以支付居所教育医疗等基本生活开支；哪来剩余资金，从事长期基本经济建设和国防工程呢？

其次，就广为世人所诟病、改革开放之前的人民公社制度而言，从经济学的侧面来看，其极端平均主义的分配方式，显然代表着强化资本积累，以加速经济发展的制度条件。姑不论其经济实效如何，在许多社会学家看来，这个“一大二公”的组织方式，却是实应该完全归咎于毛泽东个人的“好大喜功”，不惜破坏传统的家庭制度，以追求共产主义“一步到位”的浪漫主义意识形态。当然，政治学者则或视此为列宁美其名为“民主集中制”的极权控制方式，或直截了当的史达林恐怖主义统治；尤其是进入文化大革命阶段，更是如此，发挥得淋漓尽致。对这类学者而言，看来这种政权，似乎并非“为求达到目的不择手段”，而简直就是“为控制而控制”——即将全面制度化，无远弗及的党政控制机制（Totalism）作为终极的政策目标本身。勿庸讳言，这是以偏概全的结论。殊不知，“资本积累极大化”的政策必然会导致消费和生活水准受到高度的压抑；并由此衍生出制度化的政治控制，辅以不断的道德游说，或曰意识形态的灌输。有人或会认为我搞的是“唯经济观”，但试问当今世界，又有哪个国家的政府不是以发展或稳定经济，提高人民的生活水准为依归？只不过是因应工业化阶段高低不同，轻重缓急有所差别而已。

“模式”的动态影像扫描

第二大方面的问题主要也是有关方法论的。时下谈到“中国模式”时，很多人都仅就既定时段内，中国制度体系和政策配套的横切面，界定其特征。比如近年来便有人提出“北京共识”与“华盛顿共识”对立的理念（下详）。美国政府和欧盟在中国加入世界贸易组织（WTO）十一年以来，至今仍然不肯“赋予”中国“完全市场经济”地位。显然，这在一定程度上牵连到“判断标准”的问题，同时也难免受制于各当事国的利益前提。当然，西方不少团体对中国的“新闻自由”和“学术自由”也多有所诟病，“人权问题”那就更为突出了。中国在这方面对美国政府的指责，也不时发表“白皮书”反驳，比如指出美国白黑两大族裔所面对的双重人权标准问题。这其中所涉及的不只是客观事实举证问题，更为复杂的是当事者的价值取向。因此，各方对中国的毁誉，见仁见智，似乎永远纠缠不清。

尽管如此，我认为要对“中国模式”有一个较为全面的认识，不但必须采用“科际交叉”法，分析政治经济社会，甚至文艺政策领域各个层面的互动关联性；而且恐怕更为重要的是，必须将它视为一个“动态发展过程”，或曰“文明转型现象”；或者更为通俗地说，是中华民族的“现代化道路”。实际上，这一民族自强道路早已肇始于清末的“百日维新”，经辛亥革命、八年抗日战争，延伸入1949年大陆政权交替后的几次翻天覆地的制度与政策的历史性试探。这包括引进苏联的计划经济模式（1953年）、粮棉统购统销政策（1953年）、农业集体化和工商业国有化（1955／1956年）、“大跃进”和农村公社（1958年），以致于文化大革命的闭关自守（或曰自力更生）政策（1966–1976年）和1978年底开始的改革开放的大逆转。冷眼看历史，这些都可以说是寻求民族自强的历史突破性政策。期间的跌宕起伏，尤其是1960年代初期大规模农业歉收和经济大崩溃所导致的巨大人命损失（有人估计1960／1961年的大饥荒饿死了约三千万人）和经济崩溃（1962／1963年才开始逐渐缓慢地恢复元气），在一定意义上也属难以避免的“学费”；我们不可，也不必回避这一悲痛的历史事实。

就当下香港计划推行“国民教育”之下，各界特别关注的“中国模式”而言（下详），作为一个动态进程，也应该追溯至毛泽东在建国初期（1950年代）所提出的“到2001年要建成一个强大的社会主义工业国”的愿景。周恩来上世纪七十年代初（1974年）勾画出来的“四个（农业工业国防科技）现代化”的蓝图，以及邓小平在1978年底代表“历史转捩点”的十一届三中全会决定中所强调的“把工作重点转移到社会主义现代化建设”上来，可说是一脉相承。而我上面所说的翻天覆地的制度和政策的调整与变迁，实际上也可说是这一长期民族自强政策的体现与动态影像。

这方面可说的话很多。我在拙作《中国农业的不稳定性（1931–1991）：气候、技术、制度》（英文原著由牛津大学出版社的英国本部于1995年出版，2002年再版，中文译本由香港中文大学出版社于2013年出版）一书中的名为〈兼评布朗氏的谁来养活中国〉的中文版序言中曾指出，中国在毛泽东时代如何从1950年代初期粮食生产仅足以糊口的困局，不断透过大规模（无偿或近乎无偿，或曰奴隶式）的动员，让农民冒着隆冬严寒，牺牲农闲季节，战天斗地，开展农田排灌工程，确保旱涝保收高产增产；以至于改革开放前夕，在全国人口倍增，耕地面积不断缩小的情况下，全国人民果腹有余，粮食自足率高达百分之九十五左右。而且几十年来还能同时不断创造“农业剩余”，促进国家工业化；致令毛泽东时代正式结束时，工业部门所占GDP比重已接近一半，彻底改变了秦汉大一统以还“以农立国”的国民经济格局；并为邓小平时代开展改革开放，奠定了强而有力的政治经济基础。最后这一点我在拙作《不可忘记毛泽东：一位香港经济学家的另类看法》（由牛津大学出版社，设于香港的中国分社，于2010年出版）中也已作了较为详尽的分析，此处从略。

附带说明一句，我以《不可忘记毛泽东》为书名，似有对人“洗脑”之嫌，但也有人谑问，“不忘毛祸”耶？老实说，故意取“耸人视听”的书名，旨在“促销”，冀吸引读者审阅，以知何谓客观持平，不附“价值色彩”的历史分析也。当然，书中涉及问题繁多，不少较具争议性的议题也仅能点到为止，仍有待大家进一步做学术性探讨。

政治经济互动流程

无论如何，对比往日历史，或非洲大陆和某些南亚国家而言，今日中国大陆十三多亿人口，在共产党统治下基本上都已“温饱无虞”；仅此一点，已不愧为“旷世功德”也（谨希望读者勿单引此语，视为“洗脑”用词）。实际上，许多国内外论者都对当今中国此一成就习以为常，但却视若无睹，反而专攻政治议题，对北京政权多予以非议；并力催全面自由化、民主自由普选等一步到位。这也无可厚非，因为经济生活水准不断提升，必然引发经济学者所说的“预期升级”（rising expectations）效应。然而，任何较为客观持平的看法，都应该认同过去三十年来，虽然还不见有较为制度化和较大规模的政治改革，但国人在许多不同领域所享有的自由幅度到底远比文革时期或之前宽松得多了。我在《不可忘记毛泽东》一书中称此种互动流程为“政治社会变迁是经济发展的因变数”；这也是近一两百年来许多国家的历史经验。

此一无往而不适的发展规律，体现在中国大陆的实践中，可说是一个“经济集中和政治自由如何取得平衡和互为影响与转化”的问题。比如1989年的“六四风暴”所显示的，其实并非当年一般所说的“经济改革先行”而“政治改革滞后”的矛盾；而是任何“过激的政治自由化”势必导致“积压难返的经济集中体制遽然解体”，让各个地方政权和不同利益团体激烈竞逐资源的潜在扰局爆发，而造成巨大损失和机会成本。苏联1991年因“政治改革先行”被迫采用“休克疗法”，而导致经济大崩溃，民不聊生，正好印证了这一个内在的巨大风险。这是沒有任何政权所能容忍或接受的。因此，当年“六四”悲剧的发生，或可说是学运和民运分子“好心做了坏事”的结果，可歌可泣也。

所幸雨过天晴，屈就于客观规律等各个层面的中国经济改革措施，也很快地在1992年秋登峰造极，汇集成建立社会主义“市场经济体制”的不归路。不同领域的法制改革也相应陆续出笼；近年来，政治改革的议程也呼之欲出，认同“普遍”

或“普世”价值（自由民主人权）的呼声也冉冉而来。实际上，随着经济决策权力的不断扩大下放，基层（县乡两级）地方政权也已开始直选改组等实验。当然，这一切并不意味着中国将不可避免地“全盘西化”；相信“全盘西化”也并不一定就是许多国人所愿意见到的。

全面走向世界

1992年除了开始“全面建设市场经济体制”外，另一个也具有划时代意义的大事，可说是紧接“邓小平南巡”后，中国进一步扩大对外开放，在“以市场交换技术”的政策口号下，全面引进外资和高新技术，以加速现代化（其用心不可谓不良苦也）。这是西方各国领导、跨国企业、政府官员，以及许许多多学者专家所始料不及的；因为“六四事件”爆发后，一般都以为中国势必走回头路，闭关自守，恢复计划官僚控制制度等等。我当年8月，在全世界风声鹤唳之际，却在澳洲悉尼市的一个公开演讲中，断言中国将会继续开展改革，而且对外门户也会益发敞开。这或可说是“有幸”言中了（详见《不可忘记毛泽东》第六章〈结论〉）。实际上，中国自1986年正式申请加入WTO后，已走上了融入世界自由贸易投资体系的不归路；所以“六四”后，很快地又重新试图与世界经济并轨。其中所涉及的经济政治逻辑，我在别处多有所谈到，不赘。只是在美国政府（出于自身利益）的诸多阻扰下，要迟至2001年底才能成事。然而“入世”以还，仅仅在十年间，中国经济便迅速与亚太和全球经济整合；并先后超越德国和日本，成为仅次于美国的全球第二大经济体，俨然与世界列强并列，从而引发了多少“中华‘帝国’升平盛世”（Pax Sinica）将会取代“美帝称霸环球”（Pax Americana）的设想。这令“中国威胁论”甚嚣尘上，驱使美日菲越等国在钓魚岛和南海等不大不小的问题上，不断联手制造事端，试图遏制中国崛起。美国虽然口口声声称愿见中国富强起来，但司马昭之心路人皆知。当然，这也可说是地缘政治学上的必然，但国人又将何以处之呢？（详见由香港大学出版社2012年10月出版的拙作，Y. Y. Kueh的*Pax*

Sinica: Geopolitics and Economics of China's Ascendance，英文版，中文书名意译为《走向中华"帝国"的升平盛世：地缘政治经济学视角》，页xxii与438。）

中国与世界经济并轨，在政治与经济互动的效应下，当然也难免引发国内政治社会的调整，以及价值导向的变迁；比如温家宝总理近年来便不时提起认同自由民主人权等普世价值。然而，国外各界自2004年美国《时代周刊》一位编辑，名库巴·拉莫（Joshua Cooper Ramo）者，提出所谓"北京共识"的看法后，也同时不断热衷于讨论中国的发展模式可能如何适用于全球范围内的发展中国家，以取代世界银行、国际货币基金组织和美国财政部本身所倡导的"华盛顿共识"。简单总结拉莫氏的看法，即中国在权威式治权下坚毅奋进，不断创新，循序渐进（摸着石头过河），扶贫救穷（世界银行估计自1979年改革开放后，中国摆脱贫困人口高达三亿），以寻求"公正"（equitable）和"高品质"（high-quality）的增长；并累积"不对称"实力，以确保国家领土安全和金融自主权（句中所引绝大部分字眼都是拉莫氏自己的用词）。这显然与强调市场经济、私有产权、民主化和自由化，以及在阿根廷和印尼等十几个国家导致经济溃败的"华盛顿共识"分庭抗礼（读者可上网点击有关词条，对比各界对这两个"共识"的评介）。当然，"北京共识"到底只代表一个概括性的，有关发展策略的理念框架；很难想像大陆所实行的"中国模式"对许多落后国家也具有可行的操作性能。实际上温家宝总理便不同意"北京共识"的提法，而认为有关各国必须依据各自国情，设定自己的发展模式。我相信他是说真心话的。

结语：也谈香港对"国民教育"的争议

老实说，我对今年（2012年）初夏香港公布的《中国模式：国情专题教学手册》中所指内地现行政治体制"进步、无私与团结"，又指外国政党政治制度下"政党恶斗，人民当灾"，不甚了了，也不想一读手册求解。但是对引号中的区区数字，被广泛视为"洗脑工程"，群起而攻之，引发如此轩然大波，满城风雨，是完全可以想像得到。香港到底是个高度开放的社会，这类议题也很容易过度政治化，不在话下；以致许多知识分子（包括政治人物、学生、讲师、教授等等），借题发挥，攻其一不及其余，无限上纲；尽管这也可说是“理性化”的政治行为，就如美国的“两党恶斗”一样，为争取选票，各自施展浑身解数，兴师动众。这是西方民主政制特色，无可厚非；至于其社会经济效果如何，则应另当别论，不可简单化地以“人民当灾”四个字否定之。

其实所指这类群众运动，都属社会学家所说的滚雪球般的“群体／群众动态”（group/mass dynamics）效应，文革期间红卫兵骚扰便是如此。姑不论这类群众运动是自发的，或另有玄机（红卫兵骚扰肯定不完全是自发的），但是作为学者，相信还是应该对所谓“中国模式”作为一个客观存在的现象，剖析其横切面特征及动态流程，以便窥其全貌。这是这篇短文的目的。当然文中提到的许多观点，其本身就是颇富争议性的；但愿能收抛砖引玉之效，让有识之士参与评论，但恳勿责备求全，手下留情是幸。

在结语前还得补充一两句：像中国如此庞然大国，三十年来在改革开放政策下，不断向地方和个人放权，这令中央执政当局要在“自由化”和“集中”（或曰“维稳”）之间取得平衡，确实并非易事。因此，就像其他许多国家一样，徇私枉法，贪污滥权，以致各类冤案惨案的发生，时有所闻；节制新闻言论和学术自由也不难想像。开放自由民主如美国者，行内人也都心知肚明，其媒体和学术出版社都有一定的自我审查和节制的尺度；只是程度高低或有所不同而已。近年来国内发生的几起耸人视听的案件，如刘晓波、艾未未、陈光诚、李旺阳，或如早前的方励之，似乎都应从这一历史角度来加以评介；大可不必因应媒体“拍拍猎奇”（Paparazzi，狗仔队）式连珠炮弹的渲染，而完全否定了整个“中国模式”正面的历史效应。其他几个被判监或死刑的“大老虎”，如成克杰（全国人大常委副委员长）、陈希同（北京市长），以及陈良宇（上海市委书记），或曰近日的薄谷开来等等，也都或多或少反映北京政权具有一定的自我清洗和自我完善的内在机制，否则这个政权早已如印尼的苏哈托或菲律宾的马可斯总统一般地呜呼哀哉矣。可也别忘了，宋朝包青天所处理的也都是这类案件，而且肯定也有许许多多“漏网之魚”；所谓自古已然矣。

反观整个近现代中国追求现代化的长期进程，以求提高人民生活水准，跻身于世界列强，免于为人魚肉，其复杂性和艰苦程度，绝对不亚于从“九一八”或卢沟桥开始的十四年或八年抗日战争（包括捉拿汉奸）。这不禁令人想起国学大师，新亚书院前校长钱穆教授在其成书于抗日战争中（1940年）的《国史大纲》的扉页中所写的警句——即不论如何，国民读其书者，应该对本国以往历史略有所知，并附随一种“温情与敬意”，至少不会抱一种偏激的虚无主义，视本国以往历史为无一点有价值，亦无一处足以使彼满意，等等。诚然，作为一个国民，每个人都应该具有一定的价值取向；但作为中华儿女，相信至少应以守住民族本位为底线，不必仇外，但也不可数典忘祖，崇洋媚外，更不该卖国求荣。当今之世，纷纷扰扰，显然也不可自作多情，一厢情愿，侈谈大同世界、乌托之邦、极乐西方、美德天堂之类的遐想。这应该就是“国民教育”的真谛吧。

第27章 轩辕后人灵魂 命安在兮

确实是“树欲静而风不止”，2012年风风火火的“反国民教育”闹剧刚落下帷幕不久，香港又因中国人大常委会于2014年8月31日通过的“特区首长2017年普选方案”，被泛民主派诋毁为“假普选”操作，而掀起了惊涛骇浪的“占领中环”运动，以瘫痪香港核心金融中心为目标，逼使北京当局收回“831”成命。其实，香港的所谓“占中三子”早已于2013年初，即已开始筹谋“占中”。如果“反国教”可视为港人对北京的“意识形态”方面的抗争，“占中”则可类比“文革红卫兵”式的串联与夺权运动，尽管除了少数极端“本土主义”者（包括某些香港大学学生会的头头），明目张胆地高谈“港独”（香港独立），挥舞港英的“米字旗”外，泛民主派政客一般还不至于公然要求烧毁《香港基本法》，以及摧毁一国两制这个当年由邓小平一手确定下来的香港政权根基。

姑不论中港政权关系的是非与对错问题，最让人侧目，或曰深恶痛绝的，是那一小伙毫无国家民族意识、历史良知、数典忘祖的民族败类，仅懂得拾人牙慧，日日夜夜疯狂叫嚣“自由民主人权”的知识分子。这批人生于斯长于斯，肯定不会没听说过“鸦片战争”、“火烧圆明园”、“五卅惨案”、“省港大罢工”、“九一八”、“七七卢沟桥事变”，以及水深火热的“八年抗战”，国民政府被逼迁都重庆，几近亡国的历史悲剧。而环顾今日，安倍晋三军国主义又蠢蠢欲动，与奥巴马的“亚太再平衡”战略，势成犄角，试图遏制中国崛起。而据报载，这批香港同胞竟然与美英野心分子里应外合，想在香港夺权外，更想藉以策反祖国大陆变天。我并非国粹主义，但目睹此情此景，不禁仰天长啸，香港同胞国魂安在乎！

心想，港人或对北京政权另有看法，但至少还得赞赏或谅解在共产党统治下，今日神州大地十三多亿中国人温饱无虞，此旷世功德无量也。港人或对中国大陆的民主与学术新闻自由问题不断置喙，无限上纲，殊不知西方的先进建制是经过两三百年的发展与演变而来的；而今日看来，也有越来越多有识之士，认为其内在缺陷越来越突出呢。

“占中”期间，一众读书人上下交征利，蛊惑莘莘学子，喋喋不休，无异蜉蝣撼大树也。

我看不惯香港报纸擅于断章取义、兴风作浪、耸人视听，一向不参与任何种类的笔墨纠缠，但本着一介书生本色，在“占中”接近尾声时，还是应邀主持了香港《中国评论》月刊的思想者论坛，作了总结发言（见月刊2015年2月号）。现在就将发言附录如下，就算是凑凑热闹吧：

> 作为论坛主持人，主要责任在于提纲挈领，抛砖引玉，但诸位论坛参与者对“占中”的解读与评论，高度发人深省，激起千重浪，在心中荡漾回旋不已，因此写些个人的感受与看法。这不可视为对论坛的总结，但文中不少观点，还是受到诸位论者启发，延伸而得。
>
> ### “后占中”的可能发展情景
>
> 首先，特区“行政主导”（立法会配合）管制方式，依靠建制派“保皇”，究竟可支撑多久，难以断言。“后占中”发展，有几个可能情景，如下：
>
> (1) 乐观者认为，经此“占中”一役，建制派反得民心，预计可持续保持优势，甚或扩充选民基础。

(2) 也有论者认为，“泛民”投广大基层市民所好，现在又靠激动莘莘学子“民主”激情，“卷土重来”，怎生了的！

(3) 另一种看法是，即使“泛民”将来压倒性胜选，受现实政治经济条件钳制，也难以“翻天”，为所欲为，最后还是逃不出“如来佛”掌心的，大可放心。

(4) 激情对“激情”，有人说，未来日子，如果“泛民”再次伙同“双学”激进分子，逢时过节“叫嚣纠缠”不已，立法会内事无大小，“拉布”扯皮先行；最好应对办法是，快刀斩乱麻，釜底抽薪，推倒重来，为创造一个强势政府，重新设计崭新威权政体，一了百了。

(5) 有人担心，风风火火，重拳出击，很可能造成“六四”在特区重演，外资急流勇退，香港不再是“香喷喷”的国际金融中心，致使当年美国《财富》杂志的“香港之死”预言成真了。

(6) 有人回应说，“天安门风暴”后，紧随1992年春邓小平南巡，不出三年，大陆就如凤凰浴火重生，愈发飞黄腾达。反观今日香港，经济根基远胜当年内地，拨乱返治之举，虽必引发国际舆论纷纷，但大可不必自困于“投鼠忌器”的恶性循环，因为政治社会秩序重拾正轨，复归稳定之后，特区背靠偌大祖国市场，对外吸引力肯定百倍加强也。

(7) 最后，比较正统和保守的看法是，北京肯定会坚持“一国两制”，继续依《基本法》办事。明知“占中牵涉美英势力，拟借香港搞乱内地大陆，唯恐天下不乱”，但是泱泱神舟，在“大国关系”全球战略之下，凛冽而端庄，稳若泰山，或视“占中”为“茶杯里风波”，无畏不忌，着眼长期稳定发展。

“满城戾气”，暴露管理体制的先天缺陷

其次，香港弹丸之地，报章林立，亲中、反共、中立，以及专注花边小道、黑黄赌杀纵火，耸人听闻，唯利是图者，蔚为奇观。各份报章强弱不等，互为消长。而近年来，对“逢中

必反”（前特首董建华先生语）的报道与舆论更趋炙热，“满城戾气”（也是董先生的话）亦与有缘。先说“满城戾气”。三几年前先后偶遇几位海外应聘来港履新的“专业优才”，齐声抱怨，抵港不到半载，报章电视所见，尽属负面消息，惊见老少妇孺，公爷婆奶，在不同政客（包括建制派）引领开路、呼唤口号之下，七嘴八舌，向政府要这个要那个，不一而足；彼等优才，都说跑遍各国码头，此情此景，诚属世界罕见也。这也正值在“CEPA”（《内地与香港关于建立更紧密经贸关系的安排》）框架之下，大陆对港实质优惠政策措施源源而来，不知为何“戾气遍野”，无日或无，费解。

其时也，董特首也自诩回归以来，港人日日上街游行，充分自由，完全印证了“一国两制”，货真价实也。有人认为，市民追求福利，人之常请，不可非议；执政当局权衡轻重缓急，筹划预算拨款，难以面面俱全，也是各国各地政府，日常所见，不足为奇。但也有人将这种“得寸进尺”贪婪现象，归咎于香港人“不愿执输”和“不断寻租”，甚或“不务正业，伸手要钱”的特有心态，难矣哉。

最严重的是，有人从中管窥特区沿袭回归前的“行政主导”设计，政府徒具“主导”虚名，港英时代“实权”，付诸阙如。此一先天性缺陷，潜质上促使“立法议员”为了争取选票，浑身解数，投市民所好，竞先成为“反对派”。因此，有论者设想可否效法西方国家，由选票过半数政党组阁执政，或由志同道合的大小政党组成联合政府。但在“建制”与“泛民”水火不容，对大陆政权毫无政策性公约数之下，从何谈起。

“逢中必反”舆论危及“一国两制”何以制肘

第三，有人说，“泛民”一早便以“民主拒共”或“民主抗共”为政策根基，而不少港人恐共、反共，以至于近年的仇共、妒共，其心态错综复杂，相辅相成。两年前的“反国民教育”示威游行，可说一脉相承。这也令人想起匪夷所思的少数无奈，高举米字蓝白旗、驱赶“蝗虫（大陆游客）”、令人发指的卑劣行径。

这次旷日持久的“占中”运动，对“民主自由”和“真普选”不懈诉求，更是直接针对北京的“独裁专制”政权而发。火上加油，不少大小报章又对国内一系列不大不小的“人权案件”（如刘晓波、谭作人、陈光诚、李旺阳等等），以及薄熙来，尤其是周永康贪腐巨案的大事渲染，更令一般港人对大陆印象“乌烟瘴气”。记得“占中”期间，便有某人，借有关朝鲜新闻，指桑骂槐，在电视新闻报道中大声疾乎，说港人“如不力争真普选，今天的北韩便是明日的香港”云尔。

一言以蔽之，面对“逢中必反”的政治炒作与传媒舆论积压难返，港府与“保皇建制”，返天无术！“二十三条”立法，又久成禁忌，谈虎色变，难矣哉！

有人愤然说，港府人才济济，独缺“李光耀”也，以致“养奸遗患”矣。何不急起直追，效法新加坡政府掌控媒体手段，不屑顾全国际舆论“斐言流语”，治国稳定为要？李光耀用的不是诉诸权威的“公关”策略，而是威权的直接“封杀”，不留余地。但“一国两制”之下的香港，势必“粉刷太平”，何以如法炮制，难矣哉！

“反共情结”植根于港英“奴化教育”乎

第四，有人也将“逢中必反”和“反共情结”挂钩，归咎于港英遗留的“孤臣孽子”和长期以来的殖民地“奴化教育”，因此，不宜“操之过急”，必须“和风细雨”，慢慢“解毒”。但也有人不以为然，并提醒反观上世纪七十年代初期的“保钓鱼台”和“关怀祖国，放眼世界”学运，当年本地各大专院校学子慷慨激昂，美欧各国留学生也都踊跃上街，不为人后，何解？难道必须等到民族存亡之秋，才能认同自己的炎黄血缘吗？

有人也指出，今日香港社会各界所见，不少领袖群伦、高居要位的“佼佼者”也，不也都是出生于“保钓”和“关祖”的热血青年，而且迟至香港回归前夕，还有不屈不挠，最终壮烈牺牲，魂断钓鱼台海疆的陈毓祥。陈氏也是当年的学联领袖，就如这次“占中”的周永康和岑敖晖同学。而“保钓”期间，恰值大陆“四人帮”风华正茂，假毛泽东之名，专横独断，统驭舆论，令全国媒介毫无透气空间。何独当今香港年轻人，无视改革开放后，转眼间，祖国发生了翻天覆地变化；不说各类报刊杂志出版，如雨后春笋，至少列强不敢再将中华民族视若等闲。港人对此不引以为傲，反而对北京政权诸多诟病，何解？有人简单一句，曰，“时代变也”，但就是说不出道理，费解！

谈到“四人帮”，有论者借题发挥，说今日香港，也见某名某姓、网上广为流传的“四人帮”，或明或暗地操控政教方面的意识形态，影响深遂。又说，牵涉到根深蒂固的神教问题，这恐怕比文革期间“爹亲娘亲，不比毛主席亲”的信仰，有过之而无不及。又说，两年前的“反国民教育”意识形态便颇具“神教”底蕴，虽比不上“文革四人帮”日夜高呼“毛泽东思想万岁”，然“说教姿态”，呼之欲出也。

反观今日中国大陆，虽然还谈不上西方式的“宗教自由”，但“十字架”遍地开花，有目共睹（虽或见个别地区，也有人对此甚感不悦，甚至加以打压）；“爱国教堂”，也已不复指望牧师神父同寅祈祷时，循例“感谢上主恩典，指派毛泽东降临，造福中国人民”之类的祷词；尽管香港教会中人，无人不知“共产党员不予信教”的戒律（当然也深不以为然）。无论如何，中港两地趋同属实，或有异议，大家应谋兼容并蓄，“以和为贵”，那才是真正“造福人群”。

宗教信仰偏激　不知何以对矣

第五，谈到宗教问题，也令人不禁然想起回归后不久，在中环某高级食肆的一个饭局上，某政府高官（也是一位知名的虔诚教徒）所说的一句话，“香港经济萎靡不振，全因为董建华笃信佛教（而不改邪归正）之故，与亚洲金融危机毫无关系。”此语叮铛入耳，犹如昨日，挥之不去。所幸也有许多笃信基督教和天主教的相识知名经济专家学者友好，对董特首“信佛的经济恶果”之说，深不以为然，一笑置之也。那位高官的说法，令人咋舌之余，也深深领悟到，何以犹教与穆教尚属兄弟，而中东千百年来阋墙之乱，无日或休。有人说，此也属上天旨意也。证诸近亲教友，亦说《旧约圣经》中对此有迹可循；闻之心寒，尚何言哉。所幸“占中三子”与“双学”愤青，最后还是以大局为重，坦然偃旗息鼓，港人之福也。

“占中”取态极端 情何以堪

第六，论者认为，“含沙射影，蛊惑人心，煽风点火”，都属理性化的工具性政治行为，难以厚非。比如上引某人，形声绘影，将“明日香港”与“今日朝鲜”相提并论，为“逢中必反”加强名望，便是很好的例子。也有论者认为，如此过分夸大其辞，难令智者信服；但也有人说，在群众动态（Group Dynamics）大势之下，没人理会那么多“学术分析”问题。又有人乘习近平在澳门庆贺回归典礼上接见梁振英时，循例说了几句客套话，便指当年董建华也是在聆听了类似好话后，悄悄地下台了。有人说，其意在于鼓动士气，指“占中”仍然胜利在望，殊不知梁特首或身心疲惫，实无“腿疾”也。

又有某位分属学术界的“泛民”要人，在某个学人晚餐聚会上说，今日北京已不如以往般器重香港，因为经济发达，外资不必假道香港，可直奔上海北京等大都会而去，更为划算也。有人说，这一语“道破玄机”，似指祖国“过河拆桥”，急须“撒娇（占中）取宠”也，尽管CEPA惠港源头不绝来水。也有人不以为然，指“撒娇”之说，未免小视“双学”的万丈雄心，诋毁了年青人追求理想的“满胸热血”！

“民主自由”与“民族大义”何适何从

第七，对“非‘真普选’不可”的“占中”一族，这显然并非选题。然而，令人感慨不已的是“逢中必反”的舆论造势“只攻其一，不及其余”。2012年11月号《中国评论》拙作，针对当时“反国民教育”运动中有关“中国模式”的热门话题，试图解读近现代国人如何历尽万劫，今日不仅温饱有余，力奔小康；沿海城市，更是丰衣足食；国家欣欣向荣，国力急追列强，不再辱受霸权欺凌。凡此种种，都离不开国家政权稳定，权力相对集中，政令可行。为了“统一认识，聚焦行动”，所谓“学术自由、言论自由、新闻自由”的幅度，在大陆也就自然而然，必须打个折扣，或大或小，有所限制了。姑不论“自由民主”如美国者，学界中人，碍于诸多出版社的潜规则，今时今日，自我审查，不便畅所欲言的，大有人在。

抚今追昔，美国“麦卡锡主义”无孔不入，也就是钱学森被逼回国参加祖国科技建设的年代，也不过是六十年前的事。而今内地所见的“学术自由”程度，相对于美国而言，显然在迎头赶上。尤其在科研著作方面，与美国的差距几乎为零，社会科学、哲学领域方面的差距也在加速缩小。这都是有识之士不能否定的事实。

反观香港弹丸之地，一则在各政党互为倾轧煎熬之下，几事不分大小轻重缓急，“议而不决，决而不行”；二则受制于“逢中必反”舆论炒作，不少同胞，坐井观天，不时将“人权问题”，无限上纲，即使包拯再世，亦欲辩难言；又或终日碌碌于“民主自由”等政治理念，何能透视大局，以中华民族屹然崛起，不畏强权而自傲呢。

大陆隔邻鄙俚，振聋发聩

第八，又忆“占中”期间，大陆隔邻城乡亲戚目睹香港电视台的影像报道后，直言，“以前生活艰苦，港人何以不助以一臂之力，鞭策政府，给予改善；而今饮食起居所需，应有尽有，集会旅游各方面亦自由多了，而汝等港人却反而老喜欢针对北京‘搞搞震’呢？何况港人生活多姿多彩，比我等美好的多了。”不知“占中”一众对此作何感想乎？论者以为有三几种可能：

(1) 或曰“活该受苦，谁让汝等出生于中国大陆，也不可能知道，对港人而言，‘自由民主’比‘面包米饭’还重要！”这显然属市集无知泼妇骂街，本质上也是高举米字旗、驱赶“蝗虫”的无奈之言，可置之不理；而且属娇生惯养之辈，不曾捱饿，不知人间疾苦，无以言谈也。

(2) “大陆经济文化落后，尚无条件谈‘自由民主普选’，等着吧！”这或存在商洽空间，唯独不知港人自己也是过来人，以前靠欧美出口市场过活，改革开放后离不开大陆庇荫，始有今日，不饮水思源乎。也不谙世界历史发展常规，政治自由民主化，概属长期经济发展的“因变数”，水到渠成，不宜拔苗助长也。

(3) “尔等大陆同胞，应效法香港，力争‘自由民主真普选’，体现普世价值外，这也更有利于加速经济发展，提高全民生活水平。”这是美国人的梦；诸多国家经验，证明欲速不达，甚或祸国殃民也（上引有关“中国模式”拙作也略有所及，不赘）。

(4) 如“占中”期间台湾马英九“总统”所说，“邓小平既然可鼓励一些人先富起来，何不让香港人先行民主化？”有人说，实质上这如同“美国梦”，试图利用中港之间的落差，策动大陆变天；“两制”亦属“一国”，何不假以时日，循序渐进，待内地各方面条件成熟时，齐头并进，何况大陆迎头赶上，甚至沿海城市超越香港，指日可待也。港人何必自高自大，咄咄逼人，这有违民族大义也，姑不论全盘西方式民主自由化，是否完全符合国情港地。

“自由民主”无价，“平等博爱”何从

诚然，更有论者感慨陈词曰，源自法国大革命启蒙哲学的自由、平等、博爱（Liberté, Égalité, Fraternité）命题，如今似乎仅剩“自由”的“个人（或集体）主义”理念，而“民主（选举）”则取代“平等、博爱”的道德导向，成为个人或社团集体争权夺利之下“互为制衡”的政治机制。套句老话，“自由”与“民主”是“对立统一”的“辩证关系”，尽管正反两方难以绝对平衡。有人说，落实到“泛民”对废除立法会功能组别的诉求，结果很可能是以一个社团集体的利益取代另一个社团集体的利益，社团人数不论大小差别如何，但对社会整体的利与弊而言，显然是难以权衡的。

无论如何，中国人比较难以接受的是，当今西方各国仅谈“自由民主”意识形态，而不知不觉中净化了“平等、博爱”的人文哲学。北京近年复兴孔孟学说，世界各地纷纷成立“孔子学院”，是属消积“补遗”之举，抑欲借以全面弘扬中国传统的“中庸理念”与“和谐精神”？仅拭目以待。

“学术分析”与“知识良知”，其奈我何！

第九，有论者说，“占中”中人，仅因应高度简单化的政治理念与口号，一窝蜂而上者，肯定为数不少。而当运动蔓延，波涛汹涌时，“始作俑者”，也难以操控，或“指点迷津”。就如学联秘书长周永康同学事后自白，“占中三子”原计划是“占领3天……但及后眼见有数以万计市民留守，不再坚持退场”（见《明报》2014年12月29日）。

如此，则德高望重的大学问家“醍醐灌顶”，亦无济于事。最难入眼入耳的是不少满腹经纶，深谙“客观分析”，维持“价值中立”的专家学者，也投其所好，推波逐浪。也有冷眼静观时变的第三者，对“占中”期间，一众主事高官的绥靖安抚表态方略，深感不满，以为口口声声，“完全了解，充分赞赏年轻人的理想与热情诉求”连篇好话，无异视振臂高呼的芸芸愤青为“傻子傻妹”，以致后患连连，效果适得其反。

“占中”和平落幕　实事求是　善哉

最后，第十，幸好，12月中旬“占中”抗争，正式落幕后，不见有人自诩“诸葛亮”。如前所说，就连“占中三子”与“双学诸君”一早也对“收场”问题，意见相左。然而，确有两个外地人，一前一后，断言“占中”迟早必然“无疾而终”；所言虽不中，亦不远矣。一位是深交多年、早前任教于香港大学，已经退隐异邦二十多年的老同行。“占中”伊始，国外报道铺天盖地而来，老友关怀，在长途电话中说，“‘占中’扰乱市民生活，交通运输、儿女上学、父母上班、逛街买菜，都成问题。港人实事求是，不胜其烦，‘占中’最后不得人心，非打退堂不可。”

另一位是马来西亚前首相马哈迪医生，适于期间应邀抵港，于10月24日在香港会展中心做公开演讲。讲题《东盟在中美地缘政治（抗衡）之中》，本与“占中”无直接关系，但我有幸应邀主持讲坛，借机诙谐提醒马医生，隔邻政府总部外，万人空巷，怕不怕“城门失火”，困于港岛，赶不上飞机返回吉隆坡？其时，周融（“反占中”联盟统领）亦在场，闻马氏应对类似群众抗争具有干练经验，欲知其详；马哈迪说，同学们餐天席地，风吹雨打，疲惫不堪，迟早捱不下去，就听其自然吧。看来，港府这次借鉴当年罗马共和的“延宕战略”，困死北非“卡太激”（Carthage）王朝的汉尼拔将军，可说是奏效了。诚然，港府实事求是，“双学”又何其不然，最后鸣鼓收金，皆大欢喜。

忆“占中”接近尾声时，有论者担心激进分子转入巷战打游击，但也有人认为，香港几乎四面环海，与其变成“瓮中之物”，不如审时度势，回家孝敬父母，是为上策也。

别忘了，邓小平也是秉承毛泽东的“实事求是”精神，将祖国带上繁荣富强的康庄大道的，善哉！

香港中环的“占中”闹剧夜景，鸡犬不宁。

第28章　重返第二故乡　海上丝路

这最后一章，原本预订作为“总结”来写。即上承第26章和第27章的旨趣，反思我中华国魂安在，心系我轩辕族情，以展望“一带一路”的战略功能，将如何让我祖国，再创辉煌。然而，正要落笔时，适逢清明祭拜先人节日，思绪绵绵，又刚好赶上西历“复活节”假日，孙儿们学校放假，心情颇感复杂。最后还是做了个决定，偕同女儿丹圆，和她的两个小孩，从香港往南飞，去看看我的第二故乡，即砂拉越州的首府古晋市，以及我的老家，也就是那个“野林恶水”中的成邦江小镇也。

我和小萍最感兴奋的是，老二剑圆也偕同未婚妻从澳洲过来。他们俩都是西医，居澳多年，居然不怕丛林恶蚊叮咬，赶来相聚。老三皓圆，在上次苏门答腊岛海啸席卷东南亚时，算已经陪伴我与小萍来过了，这次因忙于加州理工学院的“博士后”研究，分不了身。

说起蚊子，只见全家无论老少大小，个个手忙脚乱，左手拍打，右手驱赶，忙得不可开交。但大家见我稳若泰山，不动声色，颇觉惊奇。我打趣说，几十年前，成邦江的野蚊子，早已馋尽了我这老头儿的“铁皮”滋味了，不但怕叮咬不动，反而会坠地死去呢。真所谓“一方水土一方人”也。

无巧不成事，剑圆的爱侣也是砂拉越的华侨，世代居住在距离成邦江不远处的一个叫嘉碧（Kapit）的小镇。这个小镇位处拉让江

（Batang Rejang）的上游，与鲁巴江上的成邦江咫尺之遥；而拉让江与鲁巴江则分别是砂拉越第一和第二大河，是一对双子河，一道往古晋方向，滔滔不息地奔流入中国南海。最有意思的是嘉碧当地盛产知名中国大陆的“忘不了”河鲜，但我们的老二剑圆，这次行色匆匆，不知可有口福飨用。

我们两老与丹圆一家四口是于2016年3月21日从香港途经新加坡飞往古晋的。这么绕道飞行，想起来感慨万千，因为三十几年前香港定期直飞古晋的国泰航班，早已不见踪影了。作为砂拉越首府的古晋市，显然是不能“与时俱进”，可悲。这是否肇因于当地不少乡彦，多年来络绎外流呢，难言也。无论如何，我们一行，要等到隔日傍晚才能乘坐新加坡航空附属的丝绸航班（Silk Air）飞抵古晋，而且在古晋，前后也只得停留个三五天，在成邦江老家更住不上两天，惭愧矣。

为了赶上一周仅得两班的丝绸航空，我们不得不于3月29日便飞回新加坡。砂拉越的许多亲朋戚友，都只能照个面，打个招呼罢了。诸多情同手足，热情洋溢的古晋中华中学老同学，也难得凑合几个，草率吃个饭，何言促膝长谈。而在成邦江老家嘛，小学的玩伴，已所剩无几，庆幸看到了一位满头白发，祖籍海南文昌的陈石同窗，让他陪我在那完全翻新的“老爷宫”前后一大段的鲁巴江岸边，漫然走了好一阵子。我内心深处，忐忑不安，诚然担心人家说我既无乡情，也不念旧，怎生了得；更何谈上次来访已经是11年前的事，正值东南亚海啸爆发，震撼寰球之际。

我们如预定行程，在新加坡呆了两天，即于4月1日愚人节，飞往向往多年的印尼爪哇岛上的日惹（Yogyakarta）古都，主要想一览号称“东方四大奇迹”（还有万里长城、吴哥窟、金字塔）之一的婆罗浮屠（Borobudur）佛教寺院，以及仅仅十公里之遥，属于印度教的普兰巴南（Prambanan）寺庙的恢弘气势。这两座宏伟的石筑工程，始建于第八和第九世纪，也就是中国的盛唐开始衰落之际；看起来似乎秉承了“贞观开元”的遗风，让人赞叹不已。今日所见遗址，尽管是从几个世纪之前火山爆发的融浆中，浴火重生，但不仅还可媲美古罗马废墟所折射出来的灿烂辉煌，更隐含了东方文明传统中的和谐与优美的韵味，难能可贵也。

我们翘首以待的另一个胜景目标地，就是日惹市朝北一百公里外，爪哇岛北滨的三宝垄（Semarang）。这也就是郑和七次下西洋中的第一次首发登岸的第一个海港——“三宝圣地”也。中国的历史地理学家也就此以这个三宝垄为界线，以划分东洋与西洋之别。我小学在成邦江老家时，早已不时慕名“三宝公”伟大无比，连市面上趋之若鹜的“榴梿”果实，也被誉为三宝公遗留下来的“香粪”呢。倒没想到的是，自己这几十年来，“好高骛远”，除了曾经在接近南极的天涯海角、澳洲蛮荒，消磨了一些岁月外，一直在奔波，或曰游学于赤道以北的欧美各国各地。这次首次踏足三宝垄后，抚今追昔，仿佛返璞归真。

我与小萍在三宝公大庙前的广场，留连良久。当日炎阳当头，晴空万里，我俩面对那座庞大，比高天公的郑和塑像，敬礼再三。随着走入大庙大堂，点燃香烛，连环叩拜祭坛上的英灵神座，情不可抑。事后又注目浏览大庙后墙那幅石雕组画，描绘郑和叱咤风云，率领一众兵勇，奋战滔天海浪，壮丽夺目，感人肺腑。这让人看了，在缅怀郑三宝的旷世功绩之余，不禁脱口高呼，我炎黄子孙，中华儿女，何其伟大，状哉！

4月4日，也就是我念小学时，尚属旧制的“儿童节”当天，我们便由三宝垄直飞新加坡。这次接我们飞机的又是出身砂拉越，久居新加坡的堂妹夫徐立祥小弟。我们夫妇这一趟，从香港飞新加坡算起，出入樟宜机场，前后不下六次，都是他亲自驱车迎送的。立祥身居要职，难以分身，竟然不辞辛劳奉陪，此之谓“亲人”也。他夫人郭慧英，就是我的益东大哥的最小女儿，也是在成邦江土生土长，活泼调皮，让我母亲给她取个乳名，叫“刺子鸡”，即达雅克人饲养的走地鸡是也。我们家里人一向都如此戏称她，她也毫不介意，并以此为乐为傲，此之谓“亲情”也。

在古晋，以及出入成邦江近二百公里路，全程日夜专车接待我们全家一行的，也就是慧英的小弟弟，现年也早已超乎“而立之年”的翼昇小侄儿。郭翼昇也是个大忙人，营商卓有成就之余，身兼全砂拉越州华校校董事会联合总会副会长，更是郭氏宗亲会的主要负责人。他仆仆风尘，经常奔波大马各地，促进乡谊，也几次率团远赴“三晋名邑”的汾阳市——即唐朝平定“安史之乱”的中兴大将权臣郭子仪的封王领地，谒祖朝宗。而且翼昇小侄每次在回程中，也必然经过揭阳祖家，探访亲人，然后才心安礼得地返回成邦江，诚所谓“赤子情深”矣。

这让我这个久居香港所谓“文明社会”的叔父，汗颜不已，遂决然于三年前（2013年）10月，在游览丝绸之路途中，适值秋祭时节，重访西安古都时，专程前往秦皇帝都咸阳城郊的古墓，上香拜祭当年功高盖主的郭子仪，以纾解内疚。

当时小萍也陪我来了，她不甚了然何以郭子仪的儿子——郭暧，连下嫁给他的皇帝的女儿，升平公主，都胆敢毫不留情地痛揍一顿，即京剧中所说的《醉打金枝》是也，但小萍她却很欣赏那个刚直不阿的驸马爷老爹，居然将爱儿捆绑起来，送到唐代宗跟前，恭请治罪。一笑！小萍当然也听说过智勇双全的郭子仪“单骑退敌”的故事，更万分钦佩他对大唐皇朝，始终忠贞不渝，赤魂凌霄汉的伟大人格。

提起那个“醉打金枝”的郭暧，我倒是敬仰不已。他后来被封到福建莆田为侯，根据族谱所载，竟然还是我们潮州郭氏的先祖呢。

话说回头，停留古晋时，我小学的恩师王义源老师的儿子，乳名“大弟”的郁章，他们夫妇也从吉隆坡赶来相聚了。王郁章以前任职蚬壳（Shell）石油公司时的前任，即位居公司的东北亚（区域）主席——陈逸嘉（我堂姑妈的孙子），也从新加坡过来见面了。他们两人都分别属于成邦江和毗邻的木中（Betong）小镇土生土长的“土包子”，事业骄人，我深以为傲。以前他们代表蚬壳（Shell）石油，常驻北京时，我已不时登门请教。

郁章贤弟当晚在古晋设宴款待时，老朋友黄玉武也光临了。他也是我们古晋中华中学毕业的高才生，而且也是个潮州人，七十年代初期在英国取得经济学博士学位后，香港中文大学给了他聘书，几乎成为我中大的同事，但他最后还是决定应国际劳工组织（ILO）征召，去了日内瓦总署。玉武后来也前后被外派到曼谷和北京，掌管整个ILO亚太区的业务。古晋中学和南洋大学的校友们都深以为荣。

类似的佼佼者，出类拔萃的老同学老朋友，不胜枚举。最让人开心的是，他们也都已经儿女成群，遍地开花，真所谓长江后浪推前浪，滔滔不息。此情此景，也让我反复思索，我们这些生于“异邦”，长于“他乡”的炎黄后人，应该如何自我“定位”的问题。这可说来话长，或者还是先让我三言两语，追忆3月23日当日旋风式地重访成邦江老家的趣事。

当晚，翼昇侄儿特别邀请了众多亲友一道吃饭叙旧，其中有小学时比我高两届的陈宗明先生。他和翼昇一样，都早已被当地政府封为“甲必丹”（宗明后来更被进一步封为“天猛公”），即“华人领袖”是也。他们两人也都是当地的政要，德高望重。我妹妹燕鸾当年遁入野林打游击，也就是由宗明兄在背后策划，由他弟弟宗荣亲自驱车送走的。谈起这件往事，大家都笑哈哈了事。当时刚好是清明节，听说宗荣也准备从新加坡前来拜祭先人，可惜他抵埗前，我们已经离开了。

说来也话奇，陈宗荣是在新加坡经营地产的，听说业务规模不凡。无疑，他也是一位由成邦江“外流”的佼佼者也。原来，他更是退休后定居在新加坡的黄玉武在古晋中学时的同班同学，两人在新加坡也时有往来。当我们从印尼再度返回新加坡，又再次看到玉武时，他得知我与宗荣的这么一层关系后，惊叹不已，并随即电话嘱咐当时还身在成邦江扫墓的宗荣，要他日后有机会造访香港时，别忘了来看望我们。

万没想到，就在我们全家打道回府，于4月5日午夜，飞抵香港后，过了几天，宗荣果然来了。当然他并非专程来访，而是香港这边，另有要事处理。无论如何，我对他的光临，无比兴奋，因为上一次看到他，那已经是1964年夏天我访问伦敦的事。过了半个世纪，这次重聚，彼此都垂垂老矣，不胜感慨。

我特地邀约了我妹妹燕鸾和几个成邦江的亲人，包括表妹郑丽影等，前来我家与宗荣聚餐叙旧。我特为感动的是，看到如今的宗荣，在长相、神态、举止各方面，都酷似他父亲当年，到底是源出同一血脉也。陈家当年是成邦江的望族，家境富裕，真没想到，宗明与宗荣兄弟俩，却竟然都变成"激进分子"，领袖群论。

当晚在我家里聚首，三杯两盏过后，我对宗荣打趣说，他当年怎地，将燕鸾送进野林后，自己便跑到英国念书去了，让我妹妹差点儿变成"刺子"弯刀下的孤魂。幸好她最后还是捡了条命回来，不像我自小看着长大的侄女，郭静英，最终在政府军"剿匪"乱枪扫射下，身上弹痕累累，暴尸荒野。我妹妹当晚听了，也不禁感叹说，人间正道可真是沧桑，往事不堪回首矣，奈何。

提起逃不了厄运的静英侄女，我们临离开古晋之前，也特地去瞻仰竖立在当地的富贵山庄（公墓）门前的浩云亭中，那个庄严凛冽的"英烈榜"。我赫然发现榜上除了郭静英外，还镌刻了我不少古晋中学同班同学的英名。这不禁让人反身自问，当年我自己特善于"明哲保身"乎，以致如今英烈榜上，小名阙如。无论如何，这个英烈榜虽然是当地同胞为了纪念那群热血的华裔愤青而竖立的，却也代表了新政府既往不咎，鼓励砂州各族裔和谐相处的标志。

我当然更忘怀不了我小学的启蒙老师——王义源先生，特地恳请他爱儿，郁章小弟，陪同我前去古晋郊区那个古色飘香的佛寺灵塔，上香叩拜恩师的灵骨。还有翼异小侄，也同我们一起去那个广袤无边的富贵山庄，瞻仰他父亲的墓园，拜祭我多年来缅怀不已的益东大哥。于今我心爱的哥哥，郭益里，也早已亡魂海外了，“东里”不再，而“荣耀”（即益荣堂哥与小弟益耀我自己）孑然幸存。世事如云，知我者，其不戚然悲歌乎。

还得一提的是上次，即2004年12月底，正值东南亚海啸之际，我刚刚落足古晋后，前去拜祭益东大哥时，便愕然发现，那位也是生于古晋，蜚声国际的前香港大学开胸心脏外科专家——王源美（GB (Guan Bee) Ong）教授，就安葬在益东大哥的墓园前侧，靠近富贵山庄入口处。尽管我知道王教授是当年的正月在香港逝世的，但可没想到，他最终还是选择魂归故土。这一次，我与小萍，又再次向这位世界级的医学泰斗，生前已获“大马”（即马来西亚）最高元首封为“丹斯理”（Tan Sri），即仅次于“敦”（Tun）的最高荣誉的“砂拉越之子”，深情地敬礼再三。感慨之余，这又再次撩起了华裔如何自我“定位”的问题，百感交集。

今年（2016年）7月底，我忝列“中国研究”专家，接受代表台湾大学政治学系的“中国学知识社群”研究计划，来自马来亚大学中国研究所的饶兆斌博士的专访（见本书附录的访谈稿）。访谈结束后，感怀身世，遂赋《念奴娇·鲁巴江潮》，借以明志，词曰，

> “烈日横空，云无缘，三两雄鹰翱翔。鲁巴江上，鳄浮沉，应是韩公余孽。初三十八，潮惊钱塘，童少志昂扬。椰林恶水，环抱多少俊杰。忆成邦江岁月，倭寇败亡日，喊打汉奸。华文启蒙，弹指间，驰骋古晋香江。游学德国，傲跨美英澳，气概万千。寻根究底，毋忘轩辕族裔。”

诚然，我自小学、初中高中，以至于大学，在一定的政策环境之下，所接受的都是中文或曰“华文”的教育。因此，我热爱祖国的历史文化，这可说是一个与生俱来的自然情结与现象，不宜因国籍何属，而以政治效忠为准绳，冒然论断其是非或对错。这牵连到伦理价值问题，难以解决也。就此而言，我可能与作为科学家的王源美教授的背景有所差别。

在这方面，我最为赞赏的倒是出身于印尼泗水，专注研究中国和华侨华人历史的王赓武教授。这位学贯中西，常年在新马香港，远及澳洲，从事教学研究，并掌管校政（1986–1995年任港大校长），足迹也遍及欧美全球，大名响当当的大学问家，在不久之前接受台大政治学系的“中国学知识社群”研究计划的专访时，也就“入籍他邦”，比如大马的“华人”问题，说了不少语重心长、发人深省的话。

他说，“你如果没有自己的文化的话，你不过是变成别人次等的语言，次等的公民，因为我们在外国都是次等公民，但次等公民还有一点自信心，那就是你自己还有你自己的文化。如果把这部分也抛弃的话，就什么都没有了。这时候你是谁呢？所处的国家不完全接受你，不懂华语也无法跟中国人来往，所以就更糟了，干脆全部放弃，不当中国人。有很多人就这么下决心不承认是中国人。”

他又说，“保有华人身份或保有自身对华人的骄傲，是有帮助的，能增强自身的自信心，以及一种比较宽广的认同感，不局限于仅对某地方的人具认同感。所谓华人的自傲，是指我不愿意仅作为你们的次公民，或次等的人；我虽然是你的国民，拿你的护照，但是我的文化还是我自己的文化。”

在我看来，王赓武教授不但是大马的华人，更是一位世界性的华人，不分国界，四海为家，随遇而安。他在台大“中国学”（即“中国学知识社群”）研究计划的访谈中，接着也说了，在“全球化”里，华语如同英语，是有用的，而语言是一种工具，无关乎爱国不爱国的问题。

我很想借王教授这番感人肺腑的话，对当今遍布全球的炎黄子孙说，在一致面对全球化的大趋势的情况之下，千万不可数典忘祖，抛弃中华文化。我特意要奉劝那些入籍异邦，如大马的轩辕后人，千万不可像许多“外黄内白”（香蕉）的美澳土生华人，即“ABC”（American/Australian born Chinese）一般，蓄意忘怀炎黄血脉。大家应该学好华文，立足大马，纳入全球化的大潮，借“中国崛起”的大好机会，光明磊落，不亢不卑地报效大马或曰砂拉越的经济发展。如“马大”中国研究所的饶兆斌教授等诸多俊彦，便是很好的样板。

也如我在附录于书后的“中国学”研究计划访谈录中所说的，我当初在德国准备撰写博士论文时，最初拟定的题目，便是如何透过政策的设计与操控，去平衡华人与土著在经济发展过程中的所得与经济利益，以促进各族群睦邻和谐，共同致富，皆大欢喜。实际上，我这次旅游，在古晋与成邦江各地所见到的诸多年轻的亲朋戚友，都在直接或间接，无意或自觉地在发挥这方面的功效，可喜可贺也。

还得让我再岔出一句。这次重返古晋，我也特地要翼昇侄儿，驱车跨越砂拉越河，去浏览市区对岸那个当年被视为禁地的阿斯塔纳（Astana）皇宫。这是以前统治砂拉越的英人布鲁克家族皇朝的“禁宫”。我在古晋中学年代，从市区岸边遥望过去，总感觉高不可攀，具有几分神秘感。自从听了老同学蔡俊华讲他老家石隆门在一百多年前，即1857年，华侨矿工不堪白人欺压，骤然起义，直捣黄龙，迫使第一任土皇帝詹姆士狼狈攀窗落河逃命的往事后，我更想渡河过去寻幽探胜。这次终于如愿以赏了。

提起1857年，回顾历史，那也就是太平天国洪秀全广西金田村首义（1851年）后六年，林则徐虎门销烟（1839年）后的十八年，也是鸦片战争（1840–1842年）大清皇朝惨败，导致近代中国自此开始衰落的后十九年。当年詹姆士挥兵大举反扑后，一众起义的客家矿工，携同妇孺老少，潜入石隆门金矿的“魔鬼洞”中躲避，被放火活活烧死。据说数人头，魔鬼洞中痛嚎窒息烧焦致死者，或不及五百人之谱，但我想，若给予“悲惨权重”的话，遇难的华侨矿工，恐怕也不少于那些因吸食英商大烟，导致身躯卷曲、抽筋等戒断症状，被长期痛楚折腾而亡的千千万万大清子民。呜呼哀哉，念我海内外轩辕后人，当年何其屈辱于洋枪洋炮洋毒至此，我中华壮勇，其不扼腕断臂，愤血杀敌，一雪不共戴天之仇乎！

从阿斯塔纳回程途中，我们全家老少也跑进闻名遐迩的砂拉越博物馆遛达了好一阵子。我们两个小孙子，贻凯和贻仁，最有兴趣的是馆中那只偌大的鳄鱼标本，以及达雅克人的弯刀。因为他们在家中都听过爷爷说，曾祖爷的马来人好友是如何葬身大鳄肚中的，我们全家又是如何避过达雅克人的弯刀，免于掉了脑袋的……因此一直心有余悸。我心里头嘀咕不已，但愿小孙子长大后，别那么没出息，不长进，你们的爷爷当年不也就与鳄鱼在鲁巴江上，比赛游泳了吗？

话说回头，表弟郑自勉（古晋中华第一中学校友会前主席）事前得知我事隔多年，又要回老家看看来了，很想像上次一样，安排我在古晋，给个公开演讲，并建议讲讲“一带一路”这个热门话题。我说此行主要在于探访亲友，另因行色匆匆，婉拒了。当晚自勉弟妹多人，设宴款待我们全家，他们的儿女子孙，以及其他众多亲朋好友都来了，齐聚一堂。我看了，不禁开个玩笑说，早知如此高朋满座，我就准备开讲了，不过今晚一览菜单，河鲜海鱼，乳猪牛羊，大珠小珠，一应俱全，也势必让我滔滔不绝，不亦乐乎。在座宾客听了，都说我口才了得；我说粉笔生涯几十年，口水不少，笑哈哈了之。这也即时让我联想到不知多少香港人，何以在议论时事或政见时，事无大小，总如他们自个儿的口头禅所说，“口水多于茶水”，让人为之心寒。

谈起“一带一路”，我多年来，梦寐以求。前三年，由乌鲁木齐东行，经吐鲁番、敦煌、张掖、武威、兰州、天水，以至于西安，走了祖国境内最精彩辉煌的那段丝绸之路。两年前（2014年）9月中，一切准备就绪，想参与新亚书院校友会组团，从香港直飞境外丝路西行起点的阿拉木图市（哈萨克斯坦的首都），游览塔什干（乌兹别克首都），以及当年成吉思汗飞鞭所及，其后成为帖木儿帝国绚丽古都的撒马尔罕。可惜碍于我负责筹划塑造的新亚书院的丕介师铜像，即将落成，举行揭幕典礼，不便随行。

因此，这次乘南游重返老家之便，即先造访三宝垄为快，参观郑和开拓的海上丝绸之路的第一个港口。实际上，这两年来，我不断预先向香港的“胜景游”查询该旅游社涵盖撒马尔罕的“中亚线”，可惜因为报名的人太少，一直不能成团出发。看来尽管国内外报章，对国家的“一带一路”战略，以及新成立的“亚洲基础设施投资银行”的报道，如火如荼，但不少香港人似乎都无动于衷，难矣哉。

何时可超越张骞班固等古人的征途，跨过罗家伦《玉门出塞》之歌所描绘的“天山融雪灌田畴，大漠飞沙旋落照”的壮丽，以进而领略当年成吉思汗的铁骑之声，观赏帖木儿大帝宫殿的豪华绚丽，魂牵梦绕。自2013年习近平“一带一路”的理念面世，2015年开始落实以来，海内外的著述评论，层出不已，我也想参与热闹，但迟迟不能落笔。现在仅另开一章，作为我这本回忆录的总结，借三言两语，以概括我如何解读习近平主席再创中华辉煌的战略理念吧。

跋：拜祭神山游击队总司令 郭益南烈士

缅怀先烈，我在审阅《游学江湖六十载》第二轮的排版清样，尤其是反复翻阅第三章时，情不可抑，不禁心血来潮，感觉有必要前往拜祭堂兄郭益南的亡灵，随即与内子小萍，并邀约住在成邦江老家的侄子郭翼昇一道飞往沙巴州的首府亚庇市。我们夫妇于2017年5月21日一早8时正从香港起飞，上午准11时抵埗。翼昇则已于当日一早7时便从砂拉越古晋市飞抵亚庇接我们的飞机，大家随即在亚庇德教会紫瑞阁陈文博前阁长和会员张如富先生的陪同下，驱车前往毗邻机场的神山游击队烈士纪念公园中的墓志铭碑前再三鞠躬致敬（见图1–6）。

图1：神山气逾霄汉

图2：庇海心牵英魂

图中央为郭益耀教授与侄子翼昇（马来西亚德教联合总会副会长暨成邦江德教会紫川阁阁长），右为陈文博先生（亚庇市德教会紫瑞阁前阁长，现任济和善社社长），左为张如富先生（亚庇市紫瑞阁会员）。

图3：神山游击队墓志铭及英烈榜（镌刻于背后）

图4：郭教授在墓志铭前敬致悼文，爱侄郭翼昇特从成邦江赶来参与拜祭郭益南烈士。

词曰：
神山怒发拔地　南兄冲冠杀倭敌　宁断头　溅血鬼域　凌云浩气惧飓风
碧海痛悲苍天　棠棣之花祭英烈　泪满襟　炎黄裔杰　何日誓血荐轩辕

图5：郭益南烈士

图6：郭益耀学士

南耀同根生　兄成仁就义　弟以文报国　殊途志同归

拜祭后我们即前去参拜德教会的紫瑞阁（图7），以及坐落于同一个紫气弥漫的山巅上的六和塔（图8）。置身其中，见峻峦拱秀，阁台耸翠，高塔重霄，烟光凝而暮山紫，美尽南邦。旋又念及天高地迥，宇宙无穷，盈虚有数，悲从中來。

图7

图8

第二天一早，壮怀激烈，直奔神山天柱，远眺北辰，南面深溟，哀难兄时运不济，关山难越，命途多舛；念天地悠悠，独怆然涕下。当日下午，又专程前往亚庇城外十几公里处、当年游击队作为抗日行动基地的“下南南－孟家达－特立博”（Inanam-Menggatal-Telipok）走廊，并参访了位于走廊前端的“下南南”城区的益南学校（图9）；见莘莘学子，后继有人，不虚此行，深感欣慰。

图9

第三天，即5月23日一早，在赶搭正午起飞返回香港的港龙班机之前，我们还应邀拜访亚庇中华工商总会会长拿督雷远生先生，以及当地几位华裔社会贤达，并获拿督雷先生（图10左三）赠送《创会世纪（1911–2015）特刊》，以及其工商总会出版的《神山游击队抗敌史》和《北婆罗州（沙巴）百年简史》，人各一册，以资纪念。

我最为感念的是亚庇市总人口不及50万，其中华裔仅9万多人（约占21%）。人口总数和族裔结构类似我的第二故乡古晋市（总人口约33万，华裔12万，约占37%）或成邦江（人口6.5万，华裔约

图10

15%）。三地族人或各异其趣，但华裔文化背景和底蕴却很相似，热情好客，宾至如归。

让我最感慨难以忘怀的是拿督雷先生和他身边的长辈如黄阿峇（图10左一）、陈加诚（右一）以及英年才俊如沈观明（右二）先生者（听说他是马来西亚爱国家爱民族的老华侨教育家沈慕羽的裔侄辈堂亲），倾盖如故，谈起郭益南如何壮列牺牲，惋惜与悲切之情，溢于言表。嗟乎，我兄上天之灵，见苍茫大地，芸芸后生，立志报国者大有人在，其不击鼓高歌乎。

拿督雷先生其后也带领大家到中华工商总会大厦楼下的郭益南大道的街口留影（图11），其情亦深，其意至切，难能可贵，天人共赏也。

图11

第29章　一带一路战略　启示录也*

“一带一路”所指的古“丝绸之路经济带”和“21世纪海上丝绸之路”，实际上除了南北美洲之外，涵盖了整个地球，构成了以一整套世界性的“双子路”，形同世界文明发祥地美索不达米亚的双子河底格里斯河（Tigris）与幼发拉底河（Euphrates），也像孕育中华炎黄文明的黄河与长江双河，源远流长。

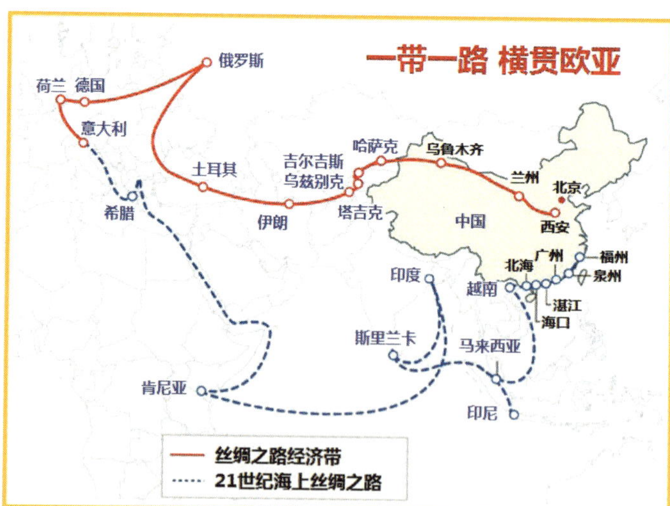

* 最后一章原标题为《一带一路大战略与“远交近攻”的春秋智慧——兼谈东盟的定位问题和特朗普总统的新亚太政策的可能影响》。原文是我提交给2017年3月25-26日在马来西亚的槟城举行的第一届“文明对话”的槟城论坛的论文。我应邀在首日的论坛上做了一个简短的主旨演讲，便是取材于这篇论文。

习近平将“一带”和“一路”相提并论，其战略构想，融汇了中国历史传统中“普天之下莫非皇土”的大陆“天下观”和郑和七下西洋航海壮举之后所形成的“海洋观”。根据王赓武教授的解读，这个大战略理念，似乎在于抗衡或追赶美国那个横跨美洲大陆的“陆地大国”，又是坐拥大西洋和太平洋，鱼与熊掌兼而得之的世界“海洋霸权”。

王教授于2015年4月初，在新加坡国立大学的东亚研究所接受当地的《今日》（*TODAY*）日报专访时，又说，美国的“亚太再平衡战略”只是将船只（战舰的意思）从大西洋搬到太平洋来，而中国的“一带一路”是真正名符其实的“再平衡”，因为这承认或曰领悟到大陆（continental）与海洋（maritime）实力相互平衡的重要性。这一点我个人完全同意，不在话下。

槟城论坛上喜相逢

右图依次是论坛赞助人拿督杜进良先生、槟州首席部长林冠英先生、论坛主办者兼炎黄国际文化协会创会会长林祥雄教授，以及郭教授夫妇。

左图是郭益耀教授、王赓武教授和香港亚太21学会会长饶美蛟教授。

“远交近攻”的春秋智慧

无论如何，中国的“一带”和“一路”，基本上都是朝西而行的，寓意深远。首先，借用“丝绸之路”这个古典的称谓，似乎既意涵了中国这个超级大国对如丝似绸般的“软实力”的应用，也体现了春秋战国时代“远交近攻”的政治与军事战略的古人智慧。在当今美国霸权裹挟日本军国主义如安倍晋三之流，盛气凌人，在东海和南海兴风作浪之际，中国显然不宜与之短兵相接，以避免这三十几年来由邓小平所感召的“韬光养晦”战略功败垂成；尽管美国庞大的航母舰队，面对中国早已部署上阵的东风–21D弹道导弹，也不见得敢于轻举妄动也。

其次，中美两国之间，从中国改革开放算起，透过横跨太平洋的经贸往来，从量和从值计算，都远超过其他各洲各国的数额。而且有英国学者加文·孟吉思（Gavin Menzies）也一直坚持，最先发现美洲大陆的是郑和，远早于哥伦布和麦哲伦两位大航海家呢。尽管如此，那“一带一路”中的“21世纪海上丝绸之路”，却往南到印尼或澳洲北岸后，便转向西走。两组丝路，南北平行，毫不涉及美洲新大陆，仅在东海和南中国海触及美国前总统奥巴马的“亚太再平衡”战略（或曰特朗普总统的翻版）的霸权利益而已。

由此，从国际政治现实的视角看问题，“一带一路”之所以朝西，其战略构想显然在于突破美国海洋霸权在西太平洋的重重围堵。这也可说是在寰球范围内，中国春秋时代的“远交近攻”，配合邓小平“韬光养晦”战略智慧的整体发挥。

梅特涅式的强权制衡模式

“韬光养晦”之余，邓小平在毛泽东长年强制工业化（forced-draft industrialization）所奠定下来的强大物质基础上，敢于放手改革开放，也创建了举世瞩目的经济奇迹，导致中国冒然崛起，傲视西方列强；以致于在2008年肇始于美国的世界金融海啸之下，力挽狂澜，致令全球政治与经济格局之中，由“中美两国集团”，即“G2”取代“G8”，以主导全球经济金融秩序的呼声，不胫而走。尽管美国也想藉此忽悠中国（明知今日中国仍然难以匹比），但中美两国的经贸以及军事实力，彼消我长，在世人眼中，不言而喻。接着的2010年，中国的GDP也首次超越日本，仅次于美国，成为世界第二大经济体，世界舆论更甚为之嚣尘。

在这个大背景之下，习近平2013年提出的“一带一路”大战略脱颖而出，涵盖沿途沿海六十几个大小不一的国家与经济实体，2015年迅速落实，中国与许多相关国家接二连三签订经济交流与合作开发等多项合约或规划意向书。中国牵头的亚洲基础设施投资银行（亚投行）也相应于2015年底成立，2016年开业运营。创始的会员除“域内”的许多国家外，也包括在美国极力反对参与之下的英国以及法国、德国和意大利等欧盟国家。亚投行俨然与美国和日本主导的亚洲开发银行以及世界银行分庭抗礼，或曰填补了亚发行和世界银行的严重短板与不足。

读者或有所不知，根据亚发行估计，“2010年至2020年的10年间，亚洲国家与地区要想维持现有经济增长水平，内部基础设施的投资至少需要8万亿美元，平均每年需投资8000亿美元。8万亿美元中，68%用于新增基础设施的投资，32%是维护或维修现有基础设施的所需资金。现有的多边机构并不能提供如此巨额的资金，亚洲开发银行的总资金约为1600亿美元，世界银行也仅有2230亿美元，目前，两家银行每年能够提供给亚洲国家与地区的资金只有约200亿美元。”由此观之，亚投行也可说是应运而生也。

因此，中国的强势崛起，以及“一带一路”大战略的出现，可说让全球的地缘政治气象焕然一新，从美国独霸天下的局面，再度恢复了冷战时代美苏对峙或美苏与中国强权实力互于制衡的梅特涅式的大格局。

“一带一路”的历史渊源与经济技术背景

有论者眼看习近平“一带一路”大战略由2013年提出创意，至2015年火速落实，仅短短三年之内，遍地开花，气势如虹，竟然视之为1958年一窝蜂上阵的“大跃进”的翻版，大有可能虎头蛇尾，或全面崩溃了事，难以善终。此语仿若天马行空，差矣。可别忘了，“一带一路”绝非空穴来风，而是对内抑或对外，都具有一定的历史背景与渊源。这可分几点说明如下：

首先，“一带一路”的创意难免让人想起上世纪民国时代，前清华大学校长罗家伦缅怀古人所赋写的、藉以明志的《玉门出塞》歌词，词曰：

> “左公（即左宗棠）柳拂玉门晓，塞上春光好。天山融雪灌田畴，大漠飞沙旋落照。沙中水草堆，好似仙人岛。过瓜田碧玉丛丛，望马群白浪滔滔。想乘槎张骞，定远班超。汉唐先烈经营早！当年是匈奴右臂，将来更是欧亚孔道。经营趁早！经营趁早！莫让碧眼儿，射西域盘雕！”

其次，“一带一路”实际上也可说是与文化大革命时期的“三线建设”、朱镕基的“开发大西北”，以及其后的青藏铁路等类似巨大工程，一脉相承。

其三，拓展至国际视野，这也不禁让人想起五十年代（1953年）周恩来总理叱咤风云，代表中国参与在印尼爪哇岛上举行的万隆亚非会议，以及文革时代（1966–1976年）毛泽东主席亲自策划，中国外交政策上划分“三个世界”中的“亚非拉”第三世界战略。更何言近期（1996年）才创立的“上海五国会晤机制”很快地（2010年）便发展成正式的“上海合作组织”，在短短的二十年间，其成员由始创的五国（中国、哈萨克斯坦、吉尔吉斯斯坦、俄罗斯以及塔吉克斯坦）扩充至今日的八国（含新加入的乌兹别克斯坦、巴基斯坦和印度），再加上四个“观察员国”（阿富汗、白俄罗斯、伊朗、蒙古），以及另外六个“对话伙伴”国（亚美尼亚、阿塞拜疆、柬埔寨、尼泊尔、斯里兰卡、土耳其），共十八个国家，可谓洋洋大观，而且实际上这些国家也都一一纳入了“一带一路”的范畴。

其四，说到非洲这个黑暗大陆，姑不提郑和当年也曾涉足东海岸的肯尼亚，中国于1970年代全力援建的坦赞铁路，也称非洲的“自由之路”，早已闻名寰宇。而中华人民共和国于七十年代初之所以能排除万难，顺利加入联合国，在很大程度上也是得力于非洲友邦群起抬轿送进去的。而这一次，配合“一带一路”大战略，习近平也于2015的12月底在南非的约翰内斯堡，宣布承诺对非洲各国提供600亿美元的巨额发展援助，以壮声势。这也可说是承先启后也。

其五，作为“一带一路”大战略的发起国或曰主办方，中国本身也确实具备了必须的经济与技术条件，以带动和促进丝路各国的经济发展与现代化进程。中国四十年来的改革开放，从“出口导向”和“引入外资”以协同出口创汇，到开放国内市场以促进“进口替代”投资，引入国外先进技术提升国力，以致一跃而成为资本与技术输出强国。这本身已经是许多劳力密集的新兴丝路国家梦寐以求的经济转型的楷模。

其六，也是最为关键性的中国楷模，或曰中国最强有力的卖点，尤其是对古丝绸之路上许多大漠飞沙的国家而言，更是中国大陆随处可见的基础设施建设——包括覆盖神州大地“八纵八横”的高铁与公路综合大通道、四通八达的道路网络、无远弗届的飞机航线、雄伟的大坝水电工程等等；当然还有与美国和俄罗斯并驾齐飞的太空航天技术以及高度现代化的电子通讯设备。这一切也都是丝路国家所艳羡和仰慕的。单就高铁一项而言，众所周知，中国已经具备了独特的铁轨设计制造装配技术标准，包含勘察设计、工程施工、装备制造、物资供应到运营管理、人才培训，以及沿线综合开发等全产业链出口的能量，而且在这方面还具有强大的国际竞争力呢。

最后，在多年来国家鼓励“走出去”的投资战略之下，中国的大型跨国企业也已经累积了不少的融资与操作经验，如今在中国牵头成立的、法定资本1000亿美元的亚投行以及中国单独注资400亿美元的丝路基金的融资框架之下，借“一带一路”的东风，显然更能施展拳脚，大展宏图无疑。

序幕战术初探与评估

“一带一路”大战略的序幕战术牵连到不少无比宏伟和浩繁的工程。可以想象，这既涉及现代高尖端科技的应用以及大型跨国企业的规管，也难免关联到合伙企业本身或主权国家的债务风险诸多问题。但千里之行，始于足下，所幸对丝路沿途许多发展中的国家而言，中国本身的成功经验显然是“他山之石，可以攻玉”也，因此也纷纷乐意与北京以及其他省市政府交流协作。

根据最新网上资料（《巨丰内参・大V观点》，2017年2月23日，12时34分）的统计，中国从“一带一路”于2013年提出以来“已经和40多个国家签订了合作协议，100多个国家达成共识……2016年（我）国企（业）在……沿线61个国家新签对外承包工程项目合同8158份，新签合同额1260.3亿美元，占同期我国对外承包工程新签合同额的51.6%，同比增长36%；完成营业额759.7亿美元，占同期总额的47.7%，同比增长9.7%。主要央企海外新签订单同比大增，其中中国化学（601117）增长88%、中国中铁（601390）50%、中国中冶（601618）40%”。

另一则较早的网上资料（《东方财富网》2016年12月16日，8时15分）则指出，截至2015年，“我国企业在‘一带一路’沿线相关60个国家新签对外承包工程项目3987份，新签合同额926亿美元，占我国对外承包工程新签合同额的44%；在对外直接投资方面，中国对“一带一路”相关49个国家的直接投资达到148.2亿美元，同比增长18.2%，占中国对外投资总额的12.6%；在贸易方面，中国同“一带一路”参与国双边贸易额接近1万亿美元，占中国外贸总额的25%，未来的发展目标是用10年左右时间使中国同沿线国家贸易额突破2.5万亿美元。

这两则网络讯息对比起来，显然验证了“一带一路”大战略在短短的三几年间发挥了量的突破。诚然，对中国而言，“一带一路”战略首先可助于消化国内近年来所面临的钢铁、煤炭、水泥、有色金属、平板玻璃、石化，甚至家电等工业的产能过剩。其次，中国本身对能源的供需缺口也较大，如2015年原油的对外依存度便超过60%。稳定的能源输入对国家意义重大，而“一带一路”沿线，尤其是中亚国家，油气蕴藏丰富，在能源勘探、建筑建材、铁路运输、电信、电网技术方面均有较强的需求，而这些方面中国也都有技术、资金优势，互通有无共赢，何乐不为。其三，“一带一路”建设对中国的油气产业链、电网设备、建筑工程、高端装备等领域出口都有较强的带动作用，而这些产业很多都是立足于中国的中西部，肯定有助于实现朱镕基当年开发大西北的宏愿。

春江水暖鸭先知，一众相关的大型国有上市企业也都在“一带一路”战略概念的带动下，股价飙升。如根据《东方财富网》同一报道，从2016年8月17日“一带一路”建设座谈会召开以来至12月中，“一带一路指数”涨幅6%，超过“上证综（合）指（数）”涨幅1.5%和“创业板指”涨幅负10%。中国铁建、中国中冶、中国交建、中国电建、中铁二局等大盘蓝筹股涨幅分别达28%、22%、25%、12%、13%。

自2014／2015年起，一带一路大战略密集落实，中国与沿线各国签订各类投资合约，不胜枚举。举起大要者如：

(1)“中巴经济走廊”，北起新疆的喀什，南抵巴基斯坦的瓜达尔港，全程3000公里，金额高达460亿美元，协议签署日期2015年4月，是至今为止中国在海外的最大单笔投资。

(2) 中国肯尼亚“蒙巴萨－内罗毕铁路”，全长2700公里，是肯尼亚百年来建设的首条新铁路，被誉为东非铁路网的咽喉，预计总造价250亿美元，协议签署日期2014年5月。

(3) 中国–老挝南乌江流域梯级电站，属“澜湄合作”国家战略重点项目，总投资27亿美元，协议签署日期2015年8月31日，是中资公司首次在老挝境内获得整条流域的开发权。

(4) 中尼（尼日利亚）铁路建设合作计划，合作协议早于2006年10月签署，合同总额83亿美元（铁路南起拉各斯、北至卡诺州），后因尼日利亚政府换届和资金短缺等因素影响，分段开工，第一段为阿布贾至卡杜纳，金额8.74亿美元，预订2016年8月建成通车。

(5) 中白（白俄罗斯）斯拉夫钾肥公司采矿选矿综合建设，总投资17亿美元（包括矿山工程、钾肥厂、自备电站、铁路运输），2016年8月正式启动实施，是中国与白俄罗斯迄今为止经贸领域中规模及金额最大的合作项目。

(6) 中国坦桑尼亚铁路修建合作计划，协议金额76亿美元，以中国进出口银行向对方提供贷款方式进行，用于修建一条新的标准轨距铁路，协议日期2016年8月，铁路可让邻国布隆迪、卢旺达和乌干达的货物运输到坦桑尼亚的港口。

当然也别忘了，中国与中亚各个“斯坦”能源大国（哈萨克、乌兹别克、吉尔吉斯、土库曼和塔吉克等国）合作投资，对油气的勘探，以及输送管道的铺设，也必然会因“一带一路”大战略的出台，而不断升温加剧，以填补中国能源需求的缺口。

地缘政治的干扰与战略性突破

从以上的简要清单可以清楚看出，“一带一路”所涵盖的绝非如某些人所想象的，都属海市蜃楼般的工程项目。实际上其中所涉及的许多项目，都是无比庞大浩繁的基建工程，而且也都离不开国与国之间合同协议的资金投入。当然，此类工程在投入执行的过程中，也不可能个个都是一航风顺的，有时难免卷入当事国内部的政治纷争或所

帖木儿大帝振臂迎新颜，幸得伏枥老骥，不负我千里丝路圆梦。郭教授在参与槟城论坛的“文明对话”后，随即取道乌鲁木齐，转飞乌兹别克斯坦首都塔什干，遨游了花剌子模古国各大历史文化名城，如被联合国教科文组织列为人类文化遗产的希瓦古城，那个被成吉思汗铁骑屠城血洗过的布哈拉故都，以及由帖木儿大帝创建，金碧辉煌、璀璨绚丽的撒马尔罕帝都。最最难得的是只比郭教授年少两岁的六十五载莫逆之交——蔡俊华教授老弟，也应邀，千里迢迢，特地从澳洲远道前来香港会合出发同行，善哉妙哉。

左图是郭教授摄于帖木儿铁骑跟前，横眉怒目，霸气不让帖木儿大帝。
右图是郭和蔡两个难兄难弟老教授在帖木儿的陵寝大宫前留影。

谓跨国投资的“主权风险”问题，甚或国际间的地缘政治干扰。除了上列第四项提到的“中尼”铁路建筑问题外，特别耸人视听的是本来对中国而言就是一波三折、造价高达51亿美元的印尼“雅加达–万隆高铁”的合约。这条“雅万高铁”，去年（2016年）一月正式开工后还不到一星期，便被印尼交通部长以“不符合交通规格”为理由，给骤然叫停了。所幸在半年以后，随着印尼总统魏多多访问北京之后不久，中方又获得了全线建设的许可证。

另一项“违约”事例显然牵连到地缘政治干系，尽管这发生在习近平提出“一带一路”战略创意之前不久。这就是中国与缅甸两国合作筹建、号称世界上第15大、造价36亿美元的伊洛瓦底江密松大坝水电站项目，在施工五六年，接近完成阶段时，缅甸总统吴登盛突然于

2011年9月30日宣布为了“尊重人民意愿”，单方面给叫“暂停”的工程。何时再启动工程，不得而知，尽管反对党首领昂山素姬已经于去年的大选中取得政权。

这两件猝不及防的大事，如何解答，众说纷纭。就雅万高铁而言，一般都归咎于参与激烈竞投合约而最终败给中国的日本，在背后“搅局”也。至于缅甸的密松大坝问题，看起来与美国前国务卿希拉里·克林顿夫人，也即是一手协助前总统奥巴马营造“亚太再平衡”战略的那个高手，不无关系。这可从她在大坝被勒令“暂停”之前一年出访一系列亚太国家于临行前，即2010年10月28日，在夏威夷所发表的那篇斗志昂扬的演说中看得出来。在那篇战斗檄文中，希拉里特意提到缅甸。她除了将昂山素姬与达赖喇嘛和刘晓波三位诺贝尔和平奖得主相提并论，藉以攻击缅甸政府违反人权外，又点到她2009年牵头创建的湄公河下游（盆地）规划（Lower Mekong Initiative），说这将如何涵盖解决教育医疗以及“环境保护”等问题。所谓“保护环境”，弦外之音，不言而喻。她接着又咄咄逼人地说缅甸的选举制度深具缺陷。不知这是否导至吴登盛总统不得不“尊重人民意愿”，那恐怕只有后来被选下台的吴登盛自己心知肚明。

以上提到的那五六项“一带一路”投资协议工程，最具地缘政治战略突破性的应该算是举世瞩目的“中巴经济走廊”。这个被誉为“一带一路”的旗舰或开局战略的庞大艰巨工程，北接贯通欧亚两大洲的古丝绸之路，南控海上丝路的印度洋要津，除了可助于承接缘起于中亚与东西欧以及非洲大陆的经济效益之外，更可让中国常年所需的、来自中东的水路供应的大量石油，透过中巴走廊管道输入内地，免于绕过马六甲海峡，取道新加坡，转入南中国海而遭遇任何中美海军舰艇对峙的不测风云也。这个地缘战略大突破的深厚意涵，显然不是任何精密的经济核算可助于权衡轻重的。

这项特大工程的建设也让我想起前年（2015年）底一场在香港某大学举办，类似本次主题的论坛上，一位出身于美国某知名大学的政治学博士教授专家的发言。这位专家一则说中国船舰沿海上丝路甫出南海，即遭遇到强大的美国舰队，何堪以卵击石；又直指中巴经济走廊根本就不符合任何经济效益原则。他说，中巴经济走廊，从新疆的喀什市直通巴基斯坦面临印度洋的瓜达尔港，点对点飞驰而过，要花上美钞460亿，无异天女散花，讨人喜欢而已。而中国竟然还想进而与俄罗斯合作，再花上2400亿美元，以铺设由北京远至莫斯科7000公里长的高铁，这更是等同天方夜谭。

我当时听了，顿感愕然，啼笑皆非，还未及反应，哪知挨着我身边而坐的香港某资深媒体猛人，拔地而起，严词斥之，说，这属美国新旧自由主义的陈腔滥调，魂牵梦绕云儿。我听了会心一笑；心想，言重矣。那位留美政治学家只恐怕压根儿就没听说过通行全中国的邓小平的那句老话，“要致富先修路”的简单道理而已。用简单的现代经济学术语，这也可说公路或铁路运输的开通，与沿线点站的开发，必然会带来“协同经济效应”罢了。

有关这一点，也即时让我联想到19世纪中期，当德国为了追赶英国工业化而大举兴建铁路时，沿路农民群起反抗，深怕火车与铁轨隆隆之声，吓坏母鸡，生不了蛋。显然，我们眼前这位留美的政治学教授“飞车而过”的高见，也难以让人苟同。我无以名之，姑且称之为“母鸡不生蛋”的地理经济学谬论吧。

说起那条全程7000公里，比中巴经济走廊（3000公里）还长一倍以上的北京至莫斯科的高铁，我也感觉那位留美博士“神龙见首不见尾”，也许他根本就没听说过，作为莫斯科至北京高铁的“先导”或“试点”工程，长达770公里，从莫斯科至喀山的那段高铁，近年来一直在密锣紧鼓地筹备中，据说有望于2017年进入施工阶段。这段俄国境内的高铁，用的都是中国设计的标准、技术以及装备。喀山到阿拉山口进入新疆，再到乌鲁木齐也就是700多公里，便接上已经建成的、4000公里长的北京至乌鲁木齐路段。看来罗家伦当年在他那首感人肺腑的《玉门出塞》歌词中要国人“经营趁早，经营趁早”的“欧亚孔道”，已经不是他臆想中的“空中楼阁”了。

特朗普新亚太战略的取态与可能影响

对“一带一路”而言，整个东南亚区域——也就是这次论坛的主要对象——作为21世纪海上丝绸之路的第一个经济大板块，显然会深受美国亚太战略的任何调整的影响。那么特朗普叱咤风云，又会如何波及东南亚或东盟呢？这或可分几个重点说明如下：

首先，特朗普果真一就任总统，便废除其前任奥巴马连同日本苦心经营的、并特意将中国排除在外的“TPP”，即大家耳熟能详的《跨太平洋伙伴关系协议》。废除TPP，城门失火，殃及池鱼，当然让东盟中的新加坡、马来西亚和越南也不能在TPP之下受惠于美国的关税减让。一般的看法是中国主导的“RCEP”，即所谓东盟（ASEAN）10+6（中日韩3，另加澳洲、纽西兰和印度3）的《区域全面经济伙伴关系协定》势将应运加速成型，进一步促进海上丝路之上的东南亚国家与中国之间的经济整合。

其次，特朗普在他的“美国优先”政策之下，既要北约国家分摊美国的防务开支，也要日本与南韩助于分摊美军在日韩用以抗衡中国和朝鲜的基地军费，甚或还要让日本掏钱发展核武器以自保。尽管这还未正式落实执行，但或多或少有助于减缓奥巴马以“亚太再平衡”战略全方位围堵中国大陆的嚣张气焰；姑不论何以特朗普一上台，即要他的新国防部长玛迪斯马不停蹄地访问韩日两国，其后美军仍然要承接奥巴马政权取动的“萨德（反导）入韩”计划。

其三，特朗普就任前后一再声称中国操控人民币汇率，导致美国巨大的贸易逆差，因此要对中国入口货物征收45%的高关税，以限制入口。姑不论这种指控是否属实，以及中国对特朗普这个“逆全球化”的政策又将会如何招架报复，但这可能造成的、国际贸易理论上所说的“贸易转移”（Trade Diversion Effect）效应，对东南亚国家而言，或可比诸上面所说的“以RCEP替代TPP”的潜在效果，不言而喻。

有关这方面的问题，可说的话很多。拙作 *Pax Sinica: Geopolitics and Economics of China's Ascendance*（中译为《走向中华“帝国”升平盛世：地缘政治经济学视角》，Hong Kong University Press，2013年）便一再指出，随着中国经济的强势崛起，在亚太的经济整合过程中，地缘经济因素必然凌驾地缘政治方面的国际角力。实际上这本书也花了不少篇幅，特别讨论在东盟10+1（贸易自由化）的框架之下，中国与东盟各国的经济互动及其与远方美国的地缘政治关系问题。记得书中引用了一个东盟的官员对美国史丹福大学的一位教授这么说，地理是地理，远方有朋友当然是好事，但现实的地缘经济关系是回避不了的。如此则不知远方的（政治）朋友眼看落花流水，情何以堪呢。

当然也别忘了，二战以还，日本在美国羽翼之下，经济迅速复兴，多年来一直是亚洲经济增长的火车头，但随着中国加速工业化，虽说或尚不足与日本并驾齐飞，但大有取而代之的势头；尤其在对东南亚国家提供较为“适宜”的工业技术（appropriate technology）方面，中国的优势，显而易见；而在高铁科技装配全套出口方面，更明显不为人后——雅万高铁项目竞标激烈，日本最终不敌中国，清楚印证了这一点。

诚然，特朗普的任何新亚太策略，不管有无日本的参与，都难以逆转或改变中国与东盟之间强大的地缘经济关系格局。有关这一点，也让人想起近年来国际间有关经济发展模式的讨论之中有所谓“华盛顿共识”和“北京共识”的争辩问题。单就东南亚而言，中国模式近水楼台，更借“一带一路”的东风，已经强有力地带动了中南半岛各国的经济发展。

有关这一点，也可借外界媒体彭博（Bloomberg）的新近报道，多说几句话：中国透过不断强化的“走出去”对外投资，正在以前所未见的速度促进柬埔寨、老挝以及缅甸等东盟国家的经济增长与结构转型。这形同作为亚洲最大的经济体的中国正在协助其发展轨道上的毗邻国家，如何适应随着特朗普“内向政策”的兴起，美国对东南亚区内的承诺逐渐消失的新时代的来临（香港《南华早报》2016年12月7日）。

彭博的同一报道也引用"IMF"（国际货币基金组织）的数字，说明在中国投资与相关贸易的拉动下，预测2016年缅甸的GDP增长将高达8.1%，仅次于世界最高的伊拉克；老挝和柬埔寨分别为7.5%和7%，也都高于中国本身的6.5%左右。高增长也导致人民个人所得以及脱贫率加速上升，如根据世界银行的资料，以每人每日1.9美元为标准，柬埔寨的脱贫人口由1994年的30%下降倒2012年的2.2%，老挝前后分别为22.9%和16.7%。

也值得一提的是，彭博也同时举例说明中国的投资与贸易如何拉动这些东盟后进国家的经济发展。比如由柬埔寨参议员李永发（Ly Yong Phat音译）牵头的LYP公司与中国民生银行在2016年12月的第一周便签订了一个合作协议，投资15亿美元，在首都金边附近一个二千公顷大的地盘上兴建一个包含会议中心、酒店、高尔夫球场，以及游乐园的大型规划建筑群，总投资金额约相等于该国GDP 159亿美元的百分之十。前年（2015年），中国通往老挝首都万象（永珍），长414公里（由中老边界算起）、耗资54亿美元的铁路也开工了。实际上中国在老挝的建筑与投资总额自2015年以来已经相等于老挝GDP的15%。此外，中国也协助缅甸在其西海岸建立经济特区、发电厂和深水港口。

说到电力供应问题，比如老挝的普及率便由1990年代中期占该国人口的15%上升至2014年将近90%的高度，而该国的电力设备基本上也都是中国负责装置的。

贸易方面，中国2015年的出口和进口便占了缅甸贸易总额的百分之四十。中国和柬埔寨的双边贸易额也从2012年倍增到2015年的48亿美元。缅甸、柬埔寨与老挝越来越纳入了中国产业的供应链，让中国的工厂提供所需中间性投入产品，并销售由大陆资金开设的工厂所生产的成衣、鞋子等轻纺产品。IMF的数据显示，过去五年

（2011–2015年），这三个东盟国家从中国的进口总额翻了一番有余。这一切看来都恰似中国本身自改革开放以来，国民经济加速发展与转型的一个倒影。东盟其他国家的经济也都或多或少经历了类似的增长与脱贫趋势。

更为关键的是，对整个东盟而言，当然还属正在展开铺设中的“泛亚铁路网”。这显然可视之为覆盖中华大地的“八纵八横”综合运输大通道，或曰“四纵四横”客运高铁专线网络的对外延伸。更为具体地说，这是最近（2016年12月28日）才全线贯通、全长2252公里、从华东的上海至西南的昆明高铁，往南出国深入境外的中南半岛、马来半岛，以直达新加坡的“一带一路”的特大工程。

这套北起中国云南省的昆明市，分东中西三线，于曼谷汇集后贯穿马来亚半岛直达新加坡的“泛亚铁路网”，以中线为标准，全长3894公里。东西两线分别贯穿越南与缅甸，中线经老挝进入泰国，连同印尼的雅万高铁，整个网络实际上除了菲律宾外，覆盖了所有东盟国家，基本上也都离不开中国资金的参与，以及经过验证的中国高铁或准高铁技术的投入。实际上雅万高铁便将全面采用中国标准、中国技术，以及中国装备，这已经代表着中国高铁第一次以全系统化、全要素、全产业链的方式走出国门，所以看来泛亚铁路网的铺设，将成为类似的第二波出口，不在话下。

不知在雅万高铁竞标败下阵来的日本对此如何给个看法，也不知大力联手倡导“亚太再平衡”战略的奥巴马和希拉里·克林顿夫人如何感叹在他们的地缘政治战略上回春乏力，但特朗普似乎对这个强力崛起的中国与东盟的地缘经济格局并没有太大的负面感观，至少他刚胜选时，他自己的国家安全顾问詹姆斯·伍尔西便在11月10日批评奥巴马政府反对组建亚投行是一个“战略错误”，并表示希望特朗普对待中国的“一带一路”倡议将“更加热情”（欢迎），或曰屈从大势所趋也。

泛亚铁路网以及其他地缘政治问题

当然，泛亚铁路网这个跨区域的合作规划与投资项目也是不可能完全一航风顺的。比如中国与泰国早已签订合资筹建由泰国东北部的廊开市往南直达曼古、全长将近900公里、耗资142亿美元的铁路，经泰国政权变幻莫测而一波三折后，要等到2015年12月才能开始动工。所幸中国承建贯穿马来亚半岛东海岸、全长620公里、耗资约100亿美元的铁路合约，则在特朗普获选美国总统（2016年11月8日）的前夕，中马政府之间在北京一拍即合，而且很快就要动工。

尽管如此，根据《美国之音》在2016年6月中一篇冠以调侃性标题〈三条线路，"一线"希望〉的报道，中南半岛上因为国际地缘政治干扰或各国国内不同利益持分者纠缠不清，泛亚铁路网的东线基本上处于停滞状态。由于中越关系变冷，越南对连接中国与东南亚的铁路网并不热心。西线方面，也由于缅甸国内对中国投资的抵触情绪，在短时间内不会有任何进展。

《美国之音》同一报道说，既使是唯一比较看好的中线，问题也不少。一则中线经老挝首都万象（永珍）至曼谷的中老路段于2015年12月初举行隆重奠基典礼后，"老挝境内丝毫没有继续施工的迹象"，因为造价高达70亿美元，而老挝的GDP也不过120亿美元；尽管中国承诺负担其中的70%，但剩下的30%（约20亿美元）老挝也拿不出钱来。加以老挝政府内也有亲中国和亲越南之分，有人想借此向中国争取更大的优惠云儿。

二则中泰合作的泰国境内路段，因泰国政权接二连三换手，从阿披实到英拉，再到巴育军政府上台后"推倒重来"，"泰方出尔反尔"，筑轨规划方案（从高速变中速，双轨变单轨）几经更改，而有关融资（利率）与投资成本分摊的条款，据说中方的优惠出价，也未尽满足泰方要求，等等。

再者，对吉隆坡至新加坡的那段造价高达150亿美元、全长350公里的高铁，日本在雅万高铁竞投败给中国后，志在必得，从首相、外相到财务大臣浑身解数，试图亲自说服大马官员，因为听说新加坡偏向采用日本新干线技术，而大马则倾向中国。2017年工程合约即将确认，到时鹿死谁手，指日可待。

《美国之音》的报道是否意味着“隔岸观火，幸灾乐祸”，不得而知。但可以肯定的是，亚太区域内的地缘经济纽带最终必然会凌驾来自地缘政治方面断断续续的干扰。

最后，既然谈到东南亚，还得一提远在天边的澳大利亚。记得去年（2016年）9月初澳洲国会新年度会期刚一开始，就有人质疑“一带一路”为抗美而设，敦促议员应持审慎态度，并说涵盖澳洲北部投资项目的“一带一路”计划，其背后有战略考虑，即是以“创建中国为首的欧亚集团对抗美国”为长远目标……“这是对现时的全球政经格局的一大挑战。”这可真一语道破“一带一路”的“远交近攻”的玄机也。

然而，澳洲也有人如工党籍的前总理，即曾经推动澳洲主导成立亚太经合组织的基廷先生，亦呼吁国人不要被卷进某种围堵中国的政策……以协助美国试图保住在亚太区域的战略领导权。基廷接着又说，澳洲理应劝说“我们的美国朋友”，承认自身在太平洋的角色，须由制定规则或捍卫者，变成平衡或调解者，并跟中国分享亚洲的战略权力云儿（见《明报》2016年9月1日第A20版）。

无论如何，澳洲这个人口仅有二千多万（约莫等于一个上海市）、与其广袤的领土面积构成极不相称的蕞尔小国，尽管从上世纪末以还，“脱欧入亚”之声不断升温，但白澳幽灵似乎仍然挥之不去，而且就如其英国老祖宗一样，擅长打如意算盘，一方面想趁中国经济强势崛起，捞得个鸡毛蒜皮利益（目前中国是澳洲的最大贸易伙伴及最大的外资来源地），另一方面又兵不厌诈，乐于紧抱美军大腿，对中国示意“侬不舍身也”，试图榨取更大的经济甜头。澳洲政府显然想左右逢源，但不知到头来会不会落得个“自讨没趣”呢？尽管中澳的经贸关系中，澳洲的铁矿铝矿资源、小麦、奶制品，以及羊毛的出口占有一定的优势。

与中国也具有类似微妙关系的，当然还有某些被纳入古丝路西段、以前归属《华沙公约》的东欧国家，如匈牙利。匈牙利如今既属欧盟，也是《北大西洋公约》（对抗俄罗斯）的成员，当然也想沾享“一带一路”的潜在经济效应。但该国有份参与的、由李克强总理于2014年底汇集匈牙利、塞尔维亚和马其顿三国总理亲自启动的“匈塞高铁”项目，最近（2017年2月底）也因涉嫌违背欧盟的“公开招标法例”而横生枝节。这是否牵连到匈牙利涉及“北约东扩”，以及与当前举足轻重的“中俄关系”重修旧好的问题，抑或纯粹是一个有关欧盟投资的法规问题，那就不得而知了。

众所周知，这条从匈牙利首都布达佩斯至塞尔维亚首都贝尔格莱德的高铁，全长虽然只不过350公里，预计投资金额也仅有28.9亿美元，但对“一带一路”大战略而言，显得特别重要，因为这代表中国透过“东中欧”16+1的框架进入欧洲大陆的高铁创举。更为关键的是，这条高铁的原创意是从前南斯拉夫首都贝尔格莱德再往南伸展至马其顿首都思科普里（Skopje），直至希腊雅典南边的地中海要津比雷埃斯（Piraeus）海港，以构成总长远超过1000公里的“中欧陆海快线”。

而这里所提到的雅典／比雷埃斯海港，其当局在前几年才与中国的中远集团（Cosco Pacific）签订协议，让“中远”投资6.2亿欧元，以对其集装箱码头进行升级改造，并建造一个新的集装箱码头。交换条件是让中远拥有期限为35年的特许使用权。换句话说，这个希腊的海港也可同时让中国可通过海上丝路进入欧洲大陆，而那条遥遥千里的中欧陆海快线也形同丝路东边的“中巴走廊”，将那两条南北平行的丝路衔接起来。

也别忘了，希腊也是《北大西洋公约》的老牌成员（从1952年开始），一早便有美军基地的存在。特朗普甫一走马上任，德国便调兵遣将进驻“北约”的波罗的海前沿国家，以增强防俄军力，而特朗普也并没像他上任之前所说的，要德国政府分摊北约军费。但不知他对希腊这个掌控地中海东端和俄罗斯黑海咽喉的比雷埃斯海港之成为“一带一路”的要冲，又有何看法。也许他同情这个债务缠身的文明古国，免收北约的保护费，不得而知。也许他也不担心那个本来就颇为左倾的齐布拉斯（Alexis Tsipras）总理被逼上梁山，投奔普京，难言也。无论如何，希腊与美国远隔重洋，特朗普至少不必顾虑会有大批希腊难民，像墨西哥穷人一样涌入美国。

结论：特朗普叱咤风云，美国还能走多远

还得回头从特朗普对中国的政策谈起。最耸人视听的当然还是他正式上任之前便大声疾呼要对中国的货物征收45%的关税。这能否行得通，说来话长，比如诺贝尔经济学奖得主斯蒂格利兹（Joseph Eugene Stiglitz）在2016年的年关之日（12月31日）便说，如果特朗普以高关税抵制中国进口的话，这很可能对美国的损害比对中国还大，因为在世贸组织框架内，美国强制任何“非法”的关税，都可导致中国采用一系列的反制措施，比如针对美国直接津贴其汽车和飞机工业，以及透过超低利率间接津贴其银行业等等不公平的竞争手法。在斯蒂格利兹教授看来，这等同英文谚语所说的“throwing stones from a glass house”，大体上近乎中国人所说的“投鼠忌器”也。

更为有意思的是特朗普的策略构想具有严重的内在矛盾。比如摩根士丹利（Morgan Stanley）投行的前亚洲总裁、也是耶鲁大学的客座教授洛奇（Stephen Samuel Roach），便清楚指出，特朗普的保护贸易主义，对常年依靠外国储蓄（反映美国巨额贸易逆差）以弥补国内储蓄严重短缺，藉以维持经济增长的美国而言，压根儿就是难以想象的。这个“一带一路”论坛当然不是处理学术问题的场所，对此只能表而不提，让大家有个想象的空间。但最重要的是特朗普叱咤风云，口口声声“美国伟大”、“美国优先”，对内既要减税振兴大企业，又要大搞基础建设措施，大兴土木，钱何处来，难免捉襟见肘，非扩大财政赤字开支不可。2017年1月底甫一上台，特朗普又

倡导边境税，以取代减缓企业利得税，这让白宫内外，更为议论纷纷，莫衷一是，连他自己的高级顾问，也不知何以适从。这一切的一切，其实恰好反映了美国经济的长期颓势，不是任何新上任的美国总统所可顿时逆转的。

说来真是事无不巧，刚落墨至此，今天便收到好朋友、即在王赓武教授的东亚研究所主管研究的黄朝翰教授传来他在星洲《海峡时报》（3月7日）发表的一篇评论性文章〈中国领导全球秩序的神话〉中说，“特朗普（的上台）标志着美国经济开始没落的拐点。”这显然与本文的观点不谋而合，妙哉。

有关这方面的问题，读者或可参照去年（2016年）刚出版的一位叫高登（Robert James Gordon）的美国西北大学的经济学家的《美国增长的兴与衰》（*The Rise and Fall of American Growth*）一书的看法。这本由普林斯顿大学出版，篇幅将近800页的巨著，洛阳纸贵，轰动一时，位列《纽约时报》畅销书版首，并获多位诺贝尔经济学奖得主的嘉许，因为作者作为一个宏观经济学家与历史学家，能够深入浅出地指出，美国长期的经济增长，就劳动力率而言，在1920年至1970年期间达到了平均每年增长2.82%以后便一直放缓下来。克鲁曼教授，也就是那位以前（记得是1990年代初）曾指亚洲四小龙是靠“血汗”与“节衣俭食”（提高资本积累率）起家的那位2008年的诺贝尔经济学奖得主，便引用高登教授的分析，说美国以前（1870–1970年）的高增长，主要是得力于第二次工业革命之下的几大发明，如电力、内燃机，以及现代化的交通方式（火车汽车代替马车牛车等），而这些因素的作用或多或少都是一次性的。

至于1970年代以后，美国经济进展之所以放缓，见仁见智，说法不一。也有人说未来数码技术的经济潜能不容忽视，但也有人说新发明趋向较为狭窄的领域，如娱乐、通讯以及讯息的收集与处理。我个人则感觉“虚拟经济”所牵连到的财务金融产业凌驾、或打乱实体经济发展秩序的问题，或更为严重，比如金融危机继续发生所造成的经济衰退。2007／2008年肇始于美国“二按”危机的国际金融海啸，便是很好的例子。

这场风暴导致美国的GDP增长率从之前几年介乎3%左右骤降至2007年的1.78%、2008年的负0.29%，以致2009年的负2.78%。尽管2010年（2.53%）开始出现正增长，但最高也只是2015年的2.6%，而且一般预计2017年也可能仅得个2.2%。特朗普雄心勃勃，或一厢情愿，要透过他的激励政策，将GDP增长率提升到3.5%或更高。这与美国商业经济协会预测未来5年每年只会增长2.5%，甚或更低的速度，大相径庭。实际上论劳动生产率，以每小时产量计算，美国2000–2016年的记录只有之前两个世纪1800–2000年的一半。

与中国对比，不说别的，只看国际金融风暴那几年的GDP记录，中／美比率是2007年14.23／1.78，2008年9.65／-0.29，2009年9.4／-2.78，2010年10.64／2.53……2015年6.91／2.6。就GDP绝对数量而言，现在一般经济学家都预计中国很快便要超过美国，两国实力彼消我长，管中窥豹，可见一斑。看来特朗普的对外政策，尤其是在商贸方面特意针对中国的“逆全球化”措施，大声指控中国是国际操控汇率的“总冠军”（让人民币贬值以争夺美国进口市场），其来有自。莫非特朗普不堪中国冒然崛起，色厉而内荏乎。

这也可以解释何以在2007／2008年的全球金融海啸之际，国际间冒出G2（美国与中国集团）的提法，以取代G7（七国集团）或G20（20国集团）主导国际财经秩序。有关这一点，上面提到的拙作*Pax Sinica*也花了一定的篇幅讨论问题，尽管书中肯定就经济、科技与军事实力对全球的影响程度而言，中国还远不配与美国相提并论，虽说美国的霸权颓势已成，难以逆转。

提到G2，事无不巧，这也让人想起最近（今年2月底）美国著名智库布鲁金斯研究所（Brookings Institution）刚发布的一份80页长的报告，书名《建造实力形势：美国的国家安全战略》（*Building "Situations of Strength" — A National Security Strategy for the United States*）。

这份报告看来是配合特朗普新政权的揭幕而写的，实际上含有对他指点迷津的意涵。书中将二次大战后的国际地缘政治格局的变化分为几大阶段，以勾画出美国实力的消长与功能的转变如下：

第一阶段1945–1989年最长，涵盖战后初期美国独领风骚、苏联崛起、美苏争霸，以致柏林围墙崩溃，冷战结束。最有意思的是第二阶段仅约20年，止于2009年，也就是随着金融海啸的爆发而导致各大国相对合作，如G20或G2格局，以及“TNT”（Transnational Treats，即对付恐怖、叛乱和犯罪网络等跨国威胁项目）的出现。接着的第三阶段，该报告认为具有四大特色趋势，即：

(1) 各大国之间的地缘政治竞争日益挑战美国在东亚和欧洲的领导地位；

(2) 具有高度传染性的中东乱局，带动区内以致区外的紊乱；

(3) 科技进步的破坏性越来越趋严重；以及，

(4) 西方对现状的不满促使欧美的“国际化主义”大伤元气。

一言以蔽之，美国独霸天下的时代不再矣。从另一个侧面来看，当今的美国，尽管还没经历过大战的洗礼，恰似印证了斯宾格勒所说的“西方的没落”。当然，斯宾格勒眼中的“没落”也还有很重要的文化层面。有关这一点，即将杀青的拙作《游学江湖六十载：心影、忆趣、反思——另类儒林外史》也都提到了，不赘。

布鲁金斯研究所智库的报告，当然也免不了对特朗普献言，应该如何应对中国的亚太战略。报告说，美国面对中国的“日渐西进”（increases its engagement to the west），尤其是透过“一带一路”的西进举措（initiatives），应该与中国“合作”（work with），但报告对“合作”一词，只表过不提，如何个“合作”法，尽付阙如，充其量只补上一句，说中国对中亚、巴基斯坦，以及中东的经济影响大体上是与一个（美国所愿见到的）稳定的（世界）秩序不相矛盾的（compatible）。老实说，布鲁金斯智库的这个看法对中国而言，倒不见得是个坏事。

我相信很多人在今日的“一带一路”上所看到的主要不是丝绸绢衣棉被布匹等等柔软商品，而是坚不可破的钢筋铁片油管所代表的硬实力，但是通过丝路上货物与人文的不断往来，我也相信，代表中国、具有高度兼容并蓄的儒释道文化，会慢慢地，于不知不觉之中与伊斯兰文化揉成一片，构成一个汉回结合的和谐世界，尽管这对心中只见世界“文明冲突”（clash of civilizations）的哈佛大学的汉廷顿（Samuel Philips Huntington）教授（2008年逝世）而言，是很难想象的。对长期独领风骚的任何美国总统而言，更肯定不希望看到一个崭新的汉回结合的板块与美俄或美欧互为对峙，构成另一个梅特涅式的地缘政治格局的出现。当然，也可肯定的是，没有什么当今在世的人能亲自经历美国未来真正没落下来的世纪岁月，就像17世纪初没人能预想西班牙的“无敌舰队”会全军覆灭；或19世纪末英国维多利亚女皇时代不少人都误以为“太阳永不没落”一样。再说，“911”之前代表美国资本主义巅峰的纽约世界贸易中心双子塔，也没有人敢想象会一夕之间便被夷为平地，尽管对当今的华盛顿或纽约市政府而言，要重新盖起来，易如反掌。

最后，也许很多人也不能想象汉回文化会如何整合的愿景，但大马的华人，就如我自己在砂拉越的许多亲戚和朋友，与马来土著通婚的也不算太少。对他们来说，少吃或完全不吃猪肉，并不是一件太难的事。而中国大陆，随着个人所得不断上升，也越来越多人吃得起牛肉和羊肉，以代替较为便宜的猪肉；致令将来也许很多剩下的猪肉，都会给卖到美国或英国去呢，一笑。

好了，就说到此为止，不然的话，恐怕有人会说我天马行空，没完没了的。

2017年3月9日

附录 五十载冷眼看中国政经大战略波涛起伏
——郭益耀教授教学研究随感

这是马来亚大学中国研究所副所长饶兆斌博士代表台湾大学政治学研究所中国大陆暨两岸关系教学研究中心主办、马来亚大学中国研究所参与的“中国学知识社群”研究计划对郭益耀教授的访谈稿。访问结束日期是2016年7月28日。

1. 这个访谈是希望能够探讨您的学术生涯。我们可以先让你自己介绍一下您的学术历史、契机和过程。

我出生于马来西亚砂拉越州第二省首府的成邦江，1957年12月在古晋中华中学高中毕业后，1958年1月拿到国际青年商会香港分会奖学金到香港的新亚书院（后来成为香港中文大学的一个成员书院）攻读经济学系。1961年秋拿到西德政府的德意志学术交流总署（Deutscher Akademischer Austauschdienst，简称DAAD）奖学金留学德国，先在佛莱堡（Freiburg）大学，后转往马尔堡（Marburg）大学，最后一年在西柏林的自由大学。1966年12月在马尔堡大学取得政治经济学博士学位。1967年1月开始在香港中文大学任教，1988年8月应聘为澳洲悉尼市马夸里大学中国政治经济学研究所创所所长暨中国政治经济学讲座教授。赴澳洲履新前，曾以香港中大告假进修的身份，获哈佛燕京学社访问学人奖学金，在哈佛大学研修将近两年（1969–1971年），期间又在美国西密歇根大学任教两个学期。1977年12月至1978年9月以大学校际协会（Inter-University Council）高级研究员（Senior Fellow）身份，在伦敦大学的东方与非洲研究学院（英文缩称SOAS，简称亚非研究学院）进行研究工作。1984-1985学年也以香港中大告假身份，获英联邦大学协会奖学金，再度在亚非学院进行研究。1986年夏天再次应亚非学院邀请赴伦敦完成研究工作。

2. 请问可以谈多一些中小学时代的事吗？包括古晋中华学校是怎样的学校，对你日后作为学者有产生什么样的影响吗？另外，是否可以谈谈家庭背景，包括父母的职业，兄弟姐妹的状况？成邦江是一个怎样的社区？

打从成邦江入读华侨公立中华公（小）学开始，我便一直接受中文（华文）教育，以至于在古晋中华中学完成初中和高中学历。我1957年毕业后，因应学生人数日益增加，古晋中华中学便开始“分解”为“一中”、“二中”、“三中”，以及“四中”等分校，但都属于华侨社团，早期称为中华校董会主办的。记得小学的老师，都是我们潮州人，几乎都是出身于汕头市的金山中学。他们的华语，当年称为“国语”，都是自学的，因此带有很浓厚的潮州口音。这使我至今鬓毛衰矣，但讲起“普通话”时，依然“乡音无改”，也可说是“本色不变”，不亦乐乎。

至于中学，那“中国色彩”，就更为鲜明了。打从初中一年级开始，我们的老师绝大多数都是来自香港，原出身于中国大陆的流亡青壮年学人，而且都是大学毕业生。他们分属不同省市，有广东的，也有浙江、江苏、北京的。我印象较深的是，高中三年的“国文”老师，都姓李，而且都是湖南人，所以我后来听了毛泽东在电视上的演讲，对他的湖南口音很熟耳。也记得一位姓朱的老师，祖籍江苏武进，当我起行赴港留学时，他送给我一本精装的日记簿，留作纪念，扉页上签名自署江东朱某某。这清楚折射“不忘江东父老”，或曰“楚虽三户，亡秦必楚”的“反共情结”。

入读香港新亚书院后，遇到的同学，不少都是“超龄”的大陆流亡学生。众所周知，新亚书院的三位创校元老——钱穆（历史）、唐君毅（哲学），以及我的恩师张丕介教授（经济学），都是流亡香港的大陆知名学者。他们都以复兴中华文化，经国济世为己任。而且我选读新亚的一个主要原因，也是新亚是以“国语”教学的，可说是与成邦江和古晋的华校传统，一脉相承。我刚到香港时，粤语连“一二三”都讲不出来。

很显然，这个中小学和大学的启蒙与教育背景，很自然地促使我这几十年来，在教学和研究方面的工作，都离不开或可说是“与生俱来”的中国历史文化情缘。这个自然的“文化情结”，归根到底，一方面还得感谢当年英国殖民地（砂拉越和香港）政府相对“自由放任”的教育政策，让“英校”与“华校”并行不悖。另一方面也因为我父亲和母亲都是第一代的华侨，与潮州揭阳祖家的乡土文化，结下了“不解之缘”。我们家里头，讲的都是潮州话，连我的三个小孩，虽然在香港出生，但自小在祖父祖母身边长大，也能对答如流。

父亲只念过小学，但对潮州揭阳老家的人情风土，世故习俗，了如指掌。在严格的庭训下，他待人接物，诚恳亲切之余，严守礼仪规格，循规蹈矩，可说是个典型的“顺民”。母亲陈氏，出身潮安，目不识丁，而性格刚强，忌恶如仇，但她也特别讲究“礼尚往来”，不负于人。与父亲一样，母亲也是个“很怕事”的人，当然就更不会“无事生非”。我印象最深的是，有时家里头有洋人博士教授来访，看到我父母亲两老，温文尔雅，彬彬有礼，仪态大方，客气有嘉，竟然不知如何应对是好，深感汗颜。我心想，洋人本来就没有什么“礼仪之邦”的概念。一笑。

父亲还未“过番”到南洋之前，一早便在揭阳家里头跟一位叔伯辈的长者学会了一套土牙医的技能。到成邦江后，便靠这套小技能谋生，二战后也兼做一点杂货小生意。成邦江是一个深山野林恶水（鳄鱼出没）边上的小埠镇。当年只得六十间店铺，商住两用，排成一条街，父亲是唯一的牙医师。因此日寇来时，父亲也就靠他的那套小功夫保了命。事缘日寇也免不了牙痛的困扰，而刚好当地一个叫铃木的宪兵头子便是父亲的常客，彼此“克恭克敬”。当然我们家人有时也难免被日寇驱赶上山，参与一些种植（番薯）劳役。我与哥哥也如此当过“童工”，两个妹妹还小，幸免征招。

3. 中共1949年建国，马来亚1957年独立，还有砂拉越 / 沙巴1963年加入马来西亚，这些事件对在青年时期的您有什么影响？

1949年大陆政权变色时，风起云涌，我刚入读小学不久，便不时听王义源老师谈起大陆内战输赢变化莫测。也记得马来亚独立前后，在某一部电影纪录片中看过东姑阿都拉曼首相与马共领袖陈平见面的画面。还记得评论员说，没想到陈平在森林中打游击战多年，居然也长得肤色白皙，身材胖胖的。

砂拉越和沙巴1963年加入马来西亚时，我已经身在德国，在一个讨论“（大）马印（尼）对抗”（Konfrontasi）的公开论坛上，我还代表马来西亚与代表大马大使馆的一位官员，为大马声辩呢。也就在那时，听说我最小的妹妹，被同情“砂共”的激进分子游说，遁入森林打游击战。这对我的父母亲而言，显然是天大的打击，我得知消息时，试图竭尽所能，通过不同管道，营救妹妹出来，但其时也，也正值我在德国开始筹划撰写博士论文之际，谈何容易。

4. 您堂兄郭益南是著名的抗日英雄。可否再谈谈您堂兄的故事对您的人生观有何影响？您是否有关注砂共（或称北婆罗洲共）的运动？

谈起我堂兄郭益南，那就更为不忍开口了。他比我父亲只小十岁，他父亲也同我父亲一样，是在揭阳祖家学会牙医手艺的。他是在1944年农历新年（1月21日）前三天，惨遭日寇百般血腥酷刑后，斩首就义的，时年才二十三岁。就义现场就是今日沙巴首府亚庇（Jesselton，现称Kota Kinabalu）市的飞机场附近的烈士纪念公园。他于1943年双十节（10月10日）前夕夜晚，率领300多人的游击队（主要是华侨子弟）发难，烧毁当地日军的宪兵总部，杀死了60个倭寇，并占领了整个亚庇市区。三天后日寇从古晋市调兵增援，逼使游击队转入郊野荒山地洞，主要凭当地俗见的“弯刀”，苦战一个多月。

据伯母（益南生母）亲自对我口述，郭益南是在1943年12月19日被一个附近小村内的小汉奸出卖而被捕的。行刑之前的酷刑是绝对不可言喻的。每天晚上在监狱里头，日寇对准他被以利刃剥开的脚腕和小腿经络，撒挤盐巴。伯母一闻爱儿惨叫，即刻昏倒过去。

行刑之日（或之前不久），日寇将十几个游击队领导的手腕刺穿，用铁线串成一团游街示众，惨痛嚎哭之声，让身临其境的街坊，无不心如刀裂。我熟读日寇侵华历史，本来已经恨之入骨，听完伯母口述益南兄如何惨烈被杀后，几乎要起而飞天，直冲东瀛三岛，踏平日寇老巢而后快也。

1960年代砂共（亦称“北加里曼丹共党”）发难时，我已经从香港转往德国留学。后来回家省亲时，才获知我高中同班不少同学，如同我妹妹，也参与游击，其中有些也牺牲了，包括一个叫杨柱中的同班同学，还有我至亲的侄孙女，叫郭静英的，也被打死了。至今在古晋一个墓园中的“英烈榜”上，还刻有他们的名字，呜呼哀哉。我印象最深的是杨柱中同学，也是个潮州人。当年只见他气宇轩昂，能言善辩，所向披靡。他伙同其他“激进分子”，闹学潮，搞罢课，让我不胜其烦，转学到我堂兄郭益光（郭益南弟弟）负责的一间教会中学，念了一个多月的英校。

5. 据知您曾经到当时还是属于社会主义的东欧国家游历过。当时是以什么身份到访？

我在西柏林的自由大学做博士论文研究时，几乎每周都要到东柏林的图书馆搜集论文资料，因为我的论文是研究当年东德的经济体制以及国营企业改革问题的。后来也参加了学生团体到过莫斯科和列宁格勒（后改称圣彼得堡）进行考察与参观。在哈佛大学完成博士后进修研究后，从美国途经欧洲大陆返回香港时，也顺道游览了捷克的布拉克和匈牙利的布达佩斯等大城市，希望借“感性”认识，强化对东欧各国苏式经济的体制改革的“理性”认识，以及对“是非对错”问题的分析与判断能力。这是很难得的机会与经验。

6. 您是香港中文大学的经济学资深学者，在香港研究中国经济，遇到过什么样的困境和挑战？您担任的教学任务包括哪一些？

研究方面：中国大陆不发表统计数据期间（1960–1978年），难以进行实证研究分析，但透过报纸和书籍，也可了解基本政策导向的调整与变动。

教学方面：主要负责“比较经济制度”（含“制度经济学”）和“经济发展”课程，也兼及“国际经济理论”，但不负责数理经济学和统计学方面的课，后者不属我的专长。

7. 当年有没有想过回来马来西亚服务的可能？和马来西亚的学术界接触广泛吗？对马来西亚的学界有何评语？

在思考博士论文题目时，曾想到研究如何透过经济制度和经济政策操作，平衡马来西亚华人和马来人之间的经济利益问题，但最后还是决定研究东德的经济改革问题。这也就决定了我后来研究中国经济改革和经济发展的长期方向。

我与大马学术界的接触不算广泛；与新加坡大学东亚研究所倒是时有往来。“新大”的东亚研究所所长王赓武教授和研究部主任黄朝翰教授，是我非常敬佩的大学者。尤其是黄教授的研究与著作范畴与我的非常接近。他不时发表的有关中国经济问题的评论性专文，每当传给我时，都必详细拜读，深受启迪。

8. 为何后来决定不研究马来西亚的经济问题而转到东德的呢？是否可以评论一下您对马来西亚“新经济政策”的看法？

我“转向”研究东德的经济问题，一则因为看到许多留英留美留德的学生，因乘利便，一般都以研究所熟悉的“本国”问题，“蒙混”过关，这多为人诟病。因此，我决定“闯硬关”，研究东德问题，与德国人“一决高低”也。二则因为研究东德问题，属比较经济学，或曰制度经济学范畴，算是我的本行，因此，也可说是“因乘利便”，心安理得也。而且说白了，我对当年的“马来西亚的新经济政策”也委实所知极少，贸贸然上阵，恐怕事倍功半，何况自己当年因为妹妹忽然遁入野林，参与砂共打游击，无影无踪，我急于完成学位，回家照顾父母亲。

9. 那时候不少海外华裔学者都多多少少和新加坡南洋大学沾上边。您呢，是否有和“南大”接触过？

好几位高中毕业的同学都入读南大，我自己因为获得国际青年商会奖学金，指定来香港升学。香港中文大学有三几位同事，曾经在南大教过书，也有的从中大转往南大的。我在香港有时也参与南大校友会的活动，但这都属一般的社交，有时也谈谈大马的时事，但较少涉及我的学术专业。

10. 除了您之外，据知也有一些来自新马一带的华裔学者到香港（比如王赓武、黄枝连、饶美蛟、郑赤琰等），您和他们有经常来往和联系吗？“新马”是否一个共同关注的对象？“马来西亚”，对这些在来自马来西亚的学者而言，还有多大的意义？

所提到的黄饶郑三位教授都是好朋友，研究中国问题的老同行。饶美蛟还在我主编的一本有关《中国工业改革与宏观经济的不稳定性》一书中写了一篇很有分量的论文。王赓武教授是我非常敬重的历史学家。中国改革开放初期，他应邀在我主持的香港中文大学国际亚洲（研究）课程（International Asian Studies Programme）做了一次公开演讲，讲中国未来的发展趋势，字字玑珠，发人深省，我至今还引用其中的名句（请见对问题17的回答）。

我自己不怎么关注“新马”问题，但一直留意“新马”时事发展。这是很自然的事。去年（2014年）10月，马来西亚前首相马哈迪医生应邀来香港作一场题为《东盟在中美地缘政治（抗衡）之中》，主办单位之一的《大马华人周刊》和郑赤琰教授，便请我主持马哈迪的发言。其时也，我的专著*Pax Sinica: Geopolitics and Economics of China's Ascendance*（中文翻译为《走向中华“帝国”的升平盛世：地缘政治经济学视角》），刚好由香港大学出版社出版不久（2012年底），因为拙作的内容，有一大部分切入马哈迪医生发言的主题，所以我也就借机签赠一本，请他指教。不亦乐乎。

11. 您认为这些来自新马一带的研究中国的学者，是否和其他香港本地的学者有不同的研究视角或关心的议题？

就我自己而言，我一直坚持以中国人的立场和角度观察和研究中国问题，但这在有别于许多西方的“中国观察家”（China watcher）之余，并不影响我研究和判断的“客观性”。这可从两方面说明背景因素。首先，我是第一代在砂拉越出生的华侨/华人，从小学、初中和高中，都是在当地中华校董会举办的华文（公学中学）学校念书。

大学更是在以国学著称的香港新亚书院度过的。所以，我一早便热爱中国历史与文化，是很“自然”的事。我专注当代中国经济问题的研究，也是离不开这个背景的，也许可说是出自“天下兴亡，匹夫有责”的传统士大夫的抱负吧。我相信与我同一代——来自新马一带，出身“华文”教育系统，研究中国的学者，也都具有类似的“情操”。这方面还得归功于当年英殖民政府在当地所执行的“自由放任”教育政策，以及华侨社团坚持不“数典忘祖”的办学热心。

其次，我在德国深造时，追随的是二战后主导西德经济复苏的自由主义经济学派——即是倭伊铿（Walter Eucken）教授所创办的秩序（鄂尔图）自由主义（ordoliberalism）学派——的大师们。我的博士论文导师亨思尔教授（Karl Paul Hensel）便是倭伊铿教授最主要的嫡系门生。他以自由主义经济学派的背景，专注研究苏联式经济制度，但是他的治学态度、分析方法和结论，并不像许多美国专家一样，一意歪曲甚或“抹黑”苏式中央计划和国有产权体制，以及其经济效率问题，或在当年冷战思维操控之下，专注研究共产主义国家发动战争的可能国民经济实力，而忽略了苏式经济制度和经济政策的长期发展潜能。

亨思尔师承倭伊铿教授的研究方法论，将苏式经济制度作为一个特定的历史“现象”，既分析其强势，也兼及其缺陷，纳入了他们这个学派所指的“经济形态学”（morphology）的研究框架。实际上，倭伊铿教授（他父亲是1908年诺贝尔文学奖得主）出身于佛莱堡大学，其治学理念与方法也深受在他之前，也在佛莱堡大学任教的现象主义哲学学派（philosophy of phenomenology）创始人胡塞尔（Edmund Gustav Albrecht Husserl）教授的影响。这或可说是导致了倭伊铿和亨思尔学派“超意识形态”的研究方法的形成。

我不想将自己“标签”为属于任何学派，但留学德国的这个背景，显然导致我对中国经济的研究，就问题的掌握方式和方法论而言，与留学美国的香港海归学者，是有很大的差别的。这也让我想起了美国加州柏克莱大学专注研究社会主义国家经济问题的瓦德（Benjamin N. Ward）教授在其名著《经济学错在哪儿？》

（*What's Wrong with Economics?*）中所说的"欧洲是（研究）理念的中心（center of ideas），而美国是经验研究中心（center of empirical research）"（大意）的那句话。

当然，我在从事理念、制度和政策分析时，也时常进行统计验证，但一般不操作"玄之又玄"的计量模式。我认为许多复杂计量模式只让人"见到树木，不见森林全貌"，尤其是对中国经济问题而言，更是如此。其实，美国许多具有创建性的"经济学理念"，都出自三十年代被希特拉逼到移民美国的德国大师。有关这一点，瓦德教授在他的书中也提到了。当然，除了德裔和犹太裔的大师外，也有自动移居美国的英国大师，如以产权理论和交易成本学说著称于世的高斯（Ronald Harry Coase）教授便是。问题是美国人一接手，便开始"钻牛角尖"，不是搞了越来越复杂的经济计量模式，便是将理念无限上纲，比如某位知名香港海归学者，便从高斯的理论演绎成"共产主义（指中央计划和国有产权）是人类有史以来最坏的制度"云尔。这一点我在拙作《不可忘记毛泽东：一位香港经济学家的另类看法》一书中也提到了。

12. 您曾经有过多少个博士生？他们至今在哪个领域工作？

记得我在香港中文大学任教时，经济系只设有硕士学位，当时其他系别也不见有什么人攻读博士学位。实际上对香港的许多本科毕业生而言，与其继续留校攻读硕士或博士学位，不如本科毕业后即找份好工作做；两三年后月入所得，一般都比对硕士或博士学位所做的投资，回报率更高，更"化算也"。

1988–1990年在澳洲马夸里大学任中国政治经济学讲座教授时，曾经指导了三几位经济学博士生，都是来自中国大陆的。但随着返回香港接任岭南学院（1999年正名为大学）社会科学院院长兼经济学讲座教授，便改由他人指导。这几位博士生中，有一位名单忠东的，回国后去了北京大学光华管理学院讲授"国际金融与财务管理"课程；另一位名为田钢（Gang Tian）的，则转由以研究中国经济知名的澳洲学者麦法伦（Bruce MacFarlane）教授指导，完成了题为《上海在中国经济发展中的功能：外贸改革与投资》的博士论文。此外，还有一位叫孙方红（Fanghong Sun）的同学，则留在马夸里大学完成了有关人民币汇率的博士论文。我对他们只给予初步的“指导”，不敢说是我的博士生。

在香港中文大学时，尽管没机会指导博士生研究，但修过我大学本科有关中国经济课程的学生中，也有不少后来成为杰出的“中国研究”学者，著作等身，如在澳洲各知名大学任教多年的谭安杰（On-kit Tam）教授，以及香港科技大学原商学院院长、现任岭南大学校长的郑国汉（Leonard Kwok Hon Cheng）教授。记得在伦敦大学亚非学院负责中国经济科目的卢狄（Dic Lo）教授也是那个时期中大经济系毕业的。他们都是后来在西方不同知名大学攻读博士学位，继续研究和发表有关中国经济的著作，致“青出于蓝，而远胜于蓝”的教授学者，我也可引以为荣焉。

13. 当时香港的中国研究氛围如何？

我1967年1月开始在香港中文大学任教时，对研究中国经济有特别兴趣的，记得只有香港大学经济系的夏冷漪（Ronald Hsia）教授，以及几年后，即1970年代初期，便移居新加坡的黄朝翰（John C.H. Wong）教授。夏冷漪教授早于1950年代便发表了不少论文或专著，涉及中国大陆的资本积累、农产品收购、工业增长、经济计划，以及价格控制等诸多方面的问题，基本上都与当年美英专家的研究“同调”。让夏教授更为著称的是他1971年出版、研究中国钢铁工业的专著，即*Steel in China: Its Output Behavior Productivity & Growth Pattern*。这本书似乎就是夏教授被收录入吴元黎（Yuan-Li Wu）教授（美国史丹福大学胡佛战争、革命与和平研究所（Hoover Institution）研究员）于1965年出版的《共产中国的钢铁工业》（*The Steel Industry in Communist China*）一书中的专文的延伸著作。

夏冷漪教授显然是资深老前辈，黄朝翰教授则是当年刚从伦敦大学的“大学院”（University College）取得博士学位不久，可说刚刚“入道”，但很快地便出版了那本影响深遂的《中国土地改革与农业制度转型》（*Land Reform in The People's Republic of China: Institutional*

Transformation in Agriculture. New York: Praeger, and London: Pall Mall, 1973）。这是我在香港中大上任后，第一次全书细读的专著，所以印象特深。我心想，黄教授今日著作等身，对中国经济研究的创作，论质论量，都绚丽夺目，如果他当年留在香港，而不转战星洲的话，是否也有如此灿烂的辉煌成就呢？

香港大学当年还有一位研究中国和东亚经济史的科尔比（E. Stuart Kirby）教授，从1950年代中至1960年代中主编了一套题为《当代中国》（*Contemporary China: Economic and Social Studies [Documents, Chronology, Bibliography]*）的文集文献系列，共有五六卷之多，由香港大学和牛津大学出版社联合出版。但我记得那几卷所收集的论文，主要是出自英美的专家，比如涵盖1958–1959年的第三卷，便有著名德裔美籍汉学家卡尔·维特佛格尔（Karl August Wittfogel）分析他因以成名的所谓〈东方专制主义（即指中国）之下的阶级结构和极权〉的论文（英文原标题为Class Structure and Total Power in Oriental Despotism）。

我1972年从哈佛大学进修后，返回香港中大时，便开始开设“中国经济发展”一科，第一学期讲中国经济制度，第二学期讲中国经济发展。前后衔接起来，讲的是中国的制度经济学及其效果。这是首创的，一直到1980年代初期，随着中国的改革开放，才有人在香港的其他大学开讲“中国经济”一科，并进行对中国经济的研究。这方面卓有成就的是我的老同学，也是来自砂拉越古晋中华中学同班的蔡俊华（Joseph Chun-Hwa Chai）教授。他在香港大学任教多年，后来转往澳洲的昆士兰大学，继续教学与研究，出版了不少名著。蔡教授的学历与研究经验与我的很相似，但他的研究功力之透彻深邃，非我所能及也。建议你们也约他访谈，以增光彩。

14. 那么说来，您和蔡教授两人都是在香港成为“中国经济研究”的开山鼻祖了。为何香港和中国大陆息息相关（就算在毛泽东时代也是如此），迟至1970年代都没有香港学者有兴趣研究中国大陆的经济呢？后来由您们两位有海外华人背景的学者来带头，您觉得是偶然还是有深一层的原因？

我不敢说蔡俊华和我两人是在香港“研究中国经济”的“开山鼻祖”，但在大学开讲“中国经济发展”，使之成为一门“常规”课程，确实由我开“风气之先”。蔡教授接着也在这方面下了很大功夫，可谓“桃李满天下”。实际上，1980年代开始，浸会学院（后来升格为大学）创设综合性的“中国研究”社会科学学位课程后，负责“中国经济”方面的同事，也是我以前香港中大的“高足”。至于研究方面，除了上面提到的1950年代和1960年代“港大”夏冷滴等教授的功力不可磨灭之外，1970年代几乎完全“付诸阙如”。究其原委，我想一则因为轰轰烈烈的“文化大革命”，使不少对中国有兴趣的学者，不知何以适从。二则众所周知，大陆自1960年中“大跃进”崩溃后，对外全面封锁经济统计信息，这使好于统计分析，或只懂得搞经济计量模型的经济学家，“巧妇不能作无米之炊”。

对比之下，1980年代中国改革开放后，情况完全改观。很多港人学者，纷纷投入研究中国经济。一则因为自中国国家统计局恢复旧制以来，各方面统计资料源源而来，不亦乐乎。二则随着“中港”和“中港台”经贸交流日益密切，出乎“切身利益”，许多政府官员和大学教授，风起云涌，参与研究中国经济，恐为人后，其中不少是来自台湾，在不同香港大专院校任教的教授。但这个新的研究浪潮，有一个特色，那就是所涉及的专题，大多倾向于两岸三地的经济互动关系，或中国经济如何纳入西方世界的自由贸易体系问题。这与研究中国经济政策和经济制度本身，或说研究中国经济发展的传统导向，显然有原则性的差别，更何言那些“即时中国问题专家”（instant China expert）的分析，以及那些幸灾乐祸“中国观察家”（China watcher）的歪曲报道。

15. 许多有海外华人背景的华裔学者在关注中国，同时也研究海外华人，但您比较不同，研究始终以“中国研究”为主，为何会如此？是否有想过研究海外华人？

我关注海外华人问题，可惜一直没有计划参与海外华人／华侨的研究。我想，研究“海外华人”，至今还是没有什么人能超越王赓武教授的成就的。

16. 您认为"华人研究"和"中国研究"的关系为何？应该如何定位？"华人研究"是否是"中国研究"的一个重要分支？还是一个完全新的领域？

我认为当今世界，"华人研究"和"中国研究"基本上是两个不同的领域。"华人研究"本质上应该纳入华人所在国家和社团范围内，研究华人作为一个独特族裔在政治经济社会文化艺术各个方面的可能贡献，以及如何与其他族裔融合的问题。当然也可研究华人对中国的态度与取向的问题。这显然牵连到不少敏感问题，但我认为不必避免，而是必须正面处理这些问题。随着祖国的崛起，当然也应该尽量避免给人于"华人沙文主义"的印象。但是在应对安倍晋三军国主义的复活和嚣张方面，海外华人／华侨仍然必须义无反顾地团结一致，强烈表示反对反抗。这方面相信许多东南亚的其他族裔，除了菲律宾的某些无耻政客外，都是能够了解的。

这也让我不禁想起在日占期间，在北婆罗洲惨烈牺牲的"亚庇神山游击队"领袖郭益南。他是我的堂兄，我自小从他母亲口中，听了不少日本人如何惨绝人寰地将他酷刑残害致死的故事。这是应该大书特书，让他，郭益南烈士，永垂青册的。谈到"华人研究"，我也想起著名德国汉学家，也是我有幸认识的傅吾康（Wolfgang Franke）教授，如何在退休后，千辛万苦造访东南亚各国各地，采集华侨墓碑铭文，藉以研究早期华侨的移民历史。这是一个很独特的研究方法，而我也相信这方面还可做很多的功夫，尤其考虑到华侨的足迹遍及新马、印尼、菲律宾、越南和其他中南半岛各国。

17. 离开中大后，您先后在"岭南"、"珠海"和"城大"任职，可以谈谈在那边的教学和研究工作吗？

先说岭南大学吧。其实我主要的著作都是在岭南任内，或从岭南退休后完成和出版的。这包括：

1. 1995年由牛津大学出版社克拉连登（Clarendon）本部出版的《中国农业的不稳定性（1931–1991）：气候、技术、制度》（2002年再版），该书英文原标题是 *Agricultural Instability in China, 1931–1991: Weather, Technology, and Institutions*；以及，

2. 1999年，也是由如上出版社出版的《中国工业改革与宏观经济的不稳定性》（*Industrial Reform and Macroeconomic Instability in China*）。该书是由我与中国社会科学院经济研究所前后三任所长（董辅礽、赵人伟，以及樊纲教授）牵头，与国家统计局合作，并获香港研究资助局资助的大型研究，也经历了十几年努力，才告完满结束的。

这两本书虽不敢说是"巨著"，但基本上，或多或少也可说是"功力"之作，比如前一本《中国农业的不稳定性》便花了我超过二十年的时间，始竣其工。我在伦敦大学亚非学院进修研究的那两年，主要时间便是在亚非学院的图书馆和就近的大英图书馆钻研有关藏书。研究的足迹也遍及罗马的粮农组织、美国农业部中国研究部、台湾中央研究院、中国社会科学院有关农业和经济的研究所、香港当年的友联研究所，以及现设于香港中文大学的大学研究服务中心等机构的藏书。当然也不时与有关机构的研究人员磋商问题。这本《中国农业的不稳定性》自始至终是我"孤军奋战"的结果。我相信杨振宁教授说过的一句话，其大意即做研究时，时常是需要"孤军作战"，才能攻坚突破创新的。

事实上，我的专长从来就不在于"农业经济"方面。之所以搭上中国农业问题，主要是当年各界对"大跃进"的崩溃，究其原因，"天灾"或"人祸"孰轻孰重，有的说"三七开"（即三分天灾七分人祸），有的说应该倒过来，是"七三开"才对，争论不休。我自己压根而就不相信毛泽东有如此大的通天本领，仅仅借用"大跃进"政策，便可眼巴巴地"饿死了"三几千万人。没想到一着手研究"大跃进大饥荒"的可能"气象变异"或"人为政策"造因，便一发不可收拾，感觉必须对1930年代的农业与天灾问题，进行比较研究，以至于设法比较分析整个毛时代，以及毛后邓小平治下不同时段的制度政策因素；相对于气候变异而言，对中国农业经济长期发展与波动趋势的影响。就这样，整个研究涵盖的时间跨度达到了一个甲子（60年）之长。这是当初意想不到的。

整个研究最棘手的部分是如何确定气候因素的影响。这是“硬因素”，不是一般学者将气候简单分类为“丰年”、“歉年”和“平常年”所可解决的。至于“制度”和“政策”因素，也不是一般人简单视毛泽东的“好大喜功”之下的“农业集体化”和“人民公社化”破坏“农民积极性”，这么三言两语就可以概括的。同样，也不能简单地说，战前农村在私有制或佃农体制之下，或曰解放后的六十年代初期的调整政策，抑或以后的“非集体化”措施，就是比较优越的。为了寻找“硬因素”，我利用了全国各地遭受水旱灾害农地面积的大小，编制了一套“量化”的“气候指数”，作为衡量灾害的影响程度；更重要的是，我从当年香港皇家天文台收集了大量涵盖中国大陆1958–1961年的雨量数据，也从大英博物馆图书馆馆藏的1930年代档案，找到同类数据，验证了水旱灾害的气象背景，这是西方学者同类研究中所见的首创方法论，据以隔离气象变异的影响，以便掌握和了解制度政策的可能作用。

最让人告慰的是，《中国农业的不稳定性》1995年面世后，即获不少权威教授专家的好评与赞赏。仅摘录两则书评如下：

> “本书是一部丰碑式（monumental）与定论性（definitive）的学术著作，势将成为探讨这段时期中国农业问题时的必读书目。书中对于中国农业的政策、效果，以及其与气候、技术和制度的关系进行了如此彻底的考察，以至于任何简单的概述都显得过于轻率……书中包含了密集的资料和深入的分析，但它并不难读。这实在是一部辉煌（magnificent）的著作。”
>
> —— Thomas R. deGregori, *Journal of Economic Issues*, Vol. 30, No. 3 (M. E. Sharpe, September 1996)

> “整理中国过去六十年农业产量的逐年变化是一项艰巨的工程，更不用说对其进行解释。挑战来自于既要将翔实的资料整理妥当，又不能陷入琐碎的细节之中。郭益耀的这本书在这两方面都处理得很好，对于中国农

业史研究贡献良多……书中研究1959–1961年大饥荒的部分最为精彩……对所有对饥荒原因感兴趣的经济和历史学家来说，这些章节中高度聚焦的讨论非常重要。”

—— Dwayne Benjamin, *Journal of Economic History*, Vol. 57, No. 1 (The Cambridge University Press, March 1997)

无论如何，这项有关近现代中国农业史的研究，实际上也可说是谱写了一部中国农民“战天斗地”（抗旱排涝），发展农业的可歌可泣的史诗。这篇史诗也不时让我想起党国元老，陈云著名的“无农不稳”的警句。诚然，这篇史诗既倾诉了当代中国农民为求“保障温饱”，“摆脱贫穷”的辛酸血泪史，也清楚阐述了他们如何为加速国家工业建设，累积和提供所需资金。这其实也是邓小平改革开放后，中国得以纳入世界经济体系，迅速和平崛起，与西方列强平起平坐的历史物质基础与背景。

我在《不可忘记毛泽东》一书中也说了，毛泽东与邓小平追赶西方现代化的经济策略其实可说是“一脉相承”的。毛时代倾全力稳定和发展农业生产，集中资金和资源，优先发展重工业，以致整个工业部门的净产值到了1978年时（即毛走后两年），已经提升到了占GDP将近一半的水平。这基本上改变了中国“以农立国”的经济结构，也为邓小平的“改革开放”奠定了巩固的物质基础。

回头说我的第二本“功力”之作，即《中国工业改革与宏观经济的不稳定性》。像第一本《中国农业的不稳定性》一样，这第二本也是从香港中文大学开始研究的，问题是刚立项不久，我便转任悉尼市的马夸里大学，而且即遇上“六四事件”，国家统计局也不能如预约时间，替我们向中国三百间大中型国营企业发出所需问卷，以作为研究的基础。结果这项大型研究也变成一个“长命工程”。也因为是与社科院经济所几位同事合作的，牵连到两方参与研究的人员必须不时往返于香港与北京之间，也难免影响进展速度。

这第二本书的研究课题可说是比较切入我的研究专业，至少很贴近我的博士论文的研究对象，那是有关1960年代初期东德的企业经济改革问题。我想借用上世纪六七十年代东德和其他东欧国家经济体制改革经验，研究中国改革开放头十年（即1980年代）的经济体制改革，尤其是企业经济效率的改进和提升的问题。这是很自然的“学以致用”问题。东欧各国当年“经济改革与通货膨胀形影想随”的经验，也当然对中国而言，很具参考价值。论篇幅，这本书我作为主编，所占份额将近一半有余，合编的还有我的老同学老同事兼老同行蔡俊华教授，以及后来成为中国国民经济改革基金会负责人的中国社科院经济所出版旗舰月刊《经济研究》的主编樊纲教授。

另一本值得一提的是我与伦敦大学亚非学院研究中国经济的元老豪维（Christopher B. Howe）教授合作的《中国经济改革文献研究》（*China's Economic Reform: A Study with Documents*，伦敦罗特列智库尔松（Routledge Curzon）出版，2003年）。这本书收集了有关中国经济改革（中央计划走向市场导向的体制改革、农业、工业、外贸、投资、价格改革，以致至于人口问题等方面）的原始文献，并分类加以评论。全书连扉页亦逾四百多页，既让读者接触改革的原始文件，亦阐述了我们自己的观点。

在岭南期间，我也应邀，以“顾问专家”身份参与了由加拿大英属哥伦比亚大学何保山（Samuel P. S. Ho）教授与江苏省社会科学院院长贾轸教授协同成立的、与中国南方十二个省市社会科学院合作，由加拿大国际发展研究中心赞助的一个“中国南方经济研究”的大型项目，历时四年（1993–1996年）有余，共形成四册研究结果，由北京经济管理出版社出版。何保山教授与我两人也将那四册中部分主要成果摘译成书，交由伦敦的麦米伦出版社出版（1999年）。此外，我也为岭南举办了几次大型国际学术会议，出版了论文专辑，涉及中美政治经济关系、中国与亚太区域经济整合等不同问题。当然，这方面所牵连到的研究与著作，都是从香港中文大学长年累积研究的结果，不可能是在岭南任内，“凭空”研究而起的。

在教学方面，我在岭南大学期间主要也是负责有关中国经济课程的。其中一门涉及中国经济制度与经济发展，如何促使中国成为世界经济“巨人”的潜能；另一门课的标题特定为“中国、香港，以及世界经济”。最让人宽慰的是我从岭南退休时，岭大的何泺生（Lok-sang Ho）教授和伦敦大学亚非研究学院的艾什（Robert F. Ash）教授两位朋友，特地联手为我主编一大本厚逾四百页的“志庆专辑”，并以我常年开设的这门课程，命名为*China, Hong Kong and the World Economy: Studies on Globalization — Festschrift in Honour of Professor Y. Y. Kueh*（珀尔格拉夫麦米伦出版社于2006出版）。其中的Festschrift一字原为德文，但也为美国和英国学界惯用，一般是为学术成就卓越，桃李满天下的教授，假其退休时机，或年届七十或八十华诞之际，而编著的专辑，以资敬贺也。我不学无才，又何功何德，忝膺殊荣，汗颜矣。

我从岭南大学退休后，即应聘为私立珠海学院商学院院长，主要任务在于协助学位课程评审工作，以便正名为“大学”。期间也在城市大学和中文大学兼任访问教授，也是讲授中国经济问题，前者属硕士班课程，后者则是为我以前在中大时所熟悉的国际亚洲课程部的外籍学生而设。因为时间较为充裕，我也就不时借以反思中国经济的发展与变革的进程，并将几十年来所发表的论文辑成几本专书（中文或英文）出版，如下：

(1) *China's New Industrialization Strategy: Was Chairman Mao Really Necessary?*（译名：《中国的新工业化战略：毛主席果真是多余的吗？》，Cheltenham, UK and Northampton, MA, USA: Edward Elgar Publishing, 2008），

(2) 《不可忘记毛泽东：一位香港经济学家的另类看法》（牛津大学出版社中国香港分部出版，2010年），

(3) *Pax Sinica: Geopolitics and Economics of China's Ascendance*（译名：《走向中华“帝国”的升平盛世：地缘政治经济学视角》，Hong Kong University Press, 2012）。此外，

(4) 《中国农业的不稳定性（1931–1991）：气候、技术、制度》一书，也由中央党校的肖宏宇教授翻译成中文，由香港中文大学出版社于2013年出版。

收录入以上三本专辑的，绝大部分是中国改革开放以来发表于不同国际学术期刊的论文，也有的是“反思性”的新作，不一而足。“反

思”必然让人联想翩翩，既牵涉的中国本身的经济和政治层面，也避开不了对外经济关系，以及地缘政治和国际关系的范畴。这方面的问题也许谈起来更有意思，容后有机会再说。

我最感荣幸的是，以上的第三本专辑*Pax Sinica*出版后，即蒙王赓武教授于加拿大英属哥伦比亚大学主办的《亚洲与太平洋国际评论》（*Pacific Affairs*）季刊（2014年9月号）写了一篇冗长书评，逐章评介，句句中肯，诚令人“五体投地”，钦佩之至！这也让我想起了我在香港中文大学负责国际亚洲课程学部期间，1977年底王赓武教授应邀到中大作了一个盛大的公开演讲，字字玑珠；其中最发人深省的一句话，至今叮铛入耳，如在昨日。他说，毛泽东现象已经一去不复返了，中国从今开始，将如同其他许许多多国家一样，走上追求改善生活，诉诸物质刺激办法的不归路。王教授说此话时，毛泽东才走了一年，掀开改革开放序幕的著名“中共十一届三中全会”几乎还未见端倪。这位世界知名历史学家的远见，显然不是任何研究中国的中外专家学者所能比拟的。

18. 除了在香港，您也在好几个国家（比如英国、澳洲等）的学术机构服务过，可以比较一下这几个不同地方的“中国研究”吗？和香港有何不同？

我在美国（波士顿，1969–1971年）、英国（伦敦，1977–1978年、1984–1985年），以及澳洲（悉尼市，1988–1990年）前后都分别停留了约两年，都是从香港中文大学告假，前去进修研究的，只有澳洲是应聘前往任教的，负责创办由澳洲政府外交与通商部全资赞助、设于马夸里大学的中国政治经济研究所。马夸里大学应聘任期为五年，但由于个人家庭原因（便于照顾病危家父），只在马夸里大学教了两年书便返回香港，几经周折后，落脚岭南学院／大学，就任社会科学院院长。

当年有关各国的“中国研究”，或多或少都因应国际地缘政治和地缘经济关系的转变而有所变异。如在波士顿期间，正值美苏（或曰西方与东方集团）争霸，“中国研究”便免不了受制于“冷战思维”以及“反共意识”，长久不衰，就连哈佛大学也是免不了的。

比如研究中国经济的美国泰斗，柏金斯（Dwight Heald Perkins）教授早年便曾出版了一本题为《共产中国与军备控制》（*Communist China and Arms Control*，与Morton H. Halperin合著）的书。另一个研究中国经济问题的泰斗，已故密歇根大学的埃克斯坦（Alexander Eckstein）教授在他1966年出版的《共产中国的经济成长和对外贸易：对美国政策的含义》（*Communist China's Economic Growth and Foreign Trade: Implications for U.S. Policy*）一书中，便有一大段，针对美国的战略考虑，指出中国大陆1960年代中期的国民经济与工业实力，已可媲美日本发动"太平洋战争"以及入侵中国时的水平；弦外之音，甚为了然，即如此下去，东南亚各国恐怕也必然一道遭殃也。类似的研究例子，不胜枚举。

当然，美国早年专注研究中国大陆经济实力（国民所得、投资、消费能力、GDP增速，等等）与潜能的学者，应该首推两位华裔经济学家——刘大中（Ta-Chung Liu）和叶孔嘉（Kung-chia Yeh）教授（可见兰德公司（RAND Corporation）为他们出版的名著）。前香港中文大学校长、原任美国加州柏克莱大学经济学教授的李卓敏（Choh-ming Li），也应该属于这类行列的学者。然而，也值得一提的是越战高潮时（也就是我以哈佛燕京学社访问学人身份在哈佛大学做博士后进修研究期间），也有一批美国的年轻学者，看不惯这种冷战思维方式，组织了一个关心亚洲（问题）学者委员会（Committee of Concerned Asian Scholars），倡议从"关心"的立场与视角，研究亚洲各国（越南和中国大陆等）的制度政策措施等方面的问题，设身处地地去了解各国人民的需要，以及其政府的应对和应变政策的理性，以扬弃从战争需要研究问题的方法。今日仍有不少知名学者是出身于这个"关亚"组织的，如哥伦比亚大学的李思进（Carl Riskin）教授和哈佛大学的裴宜理（Elizabeth J. Perry）教授。这或可说是"物极必反"的结果也。

美国对中国的研究取向"随风转舵"的最明显例子，可见于美国国会参众两院的联席中国经济听证委员会出版的《中国经济的评估》（1972年）和《中国经济的再评估》（1974年）两本报告的对比之中。记得我1977／1978年在伦敦大学亚非学院进修研究时，在一个小型的非正式座谈会上，与会的资深牛津大学的德裔中国专家卡拉特（Werner Klatt）教授便打趣说，任何一个不懂得中国问题的门外汉，如果一览这两本由众多美国专家的论文组成的美国国会听证录，肯定会误以为这两本书讲的是两个完全不同的国家！问题在于这两本权威性专辑的出版，一前一后，中间刚好隔着1972年美国总统尼克松访问北京的破冰之旅，所以两本专辑，对中国经济的处理与评价，一冷一热也。

随着1980年代中国的改革开放，美国也掀起了一股"中国研究"热潮，可惜许多年轻学者，急功近利，只顾利用各类经济计量模式，套入了统计数字，依据操算表证，解读结果，妄下结论，完全忽视制度和政策层面的问题与含义。我认识的英国老同行，戏称之为"即时专家"（instant expert）。

说到英国，研究中国的重镇应该首推伦敦大学的亚非学院。扬名国际的两位大师——豪维（Christopher B. Howe）教授和沃尔克（Kenneth R. Walker）教授，长期在亚非学院从事教学与研究。沃尔克教授已于1989年，仅以57岁英年，不幸病逝。豪维教授也于几年前获颁受英国科学院学术界的最高荣誉"院士"衔后，功成身退，但继续其有关中国能源和科技发展的研究，并出版了几本大部头著作。两位教授桃李满天下，继承衣钵留校任教的有艾什（Robert F. Ash）教授和布拉马（Chris Bramall）教授，以及在剑桥大学另起炉灶、著作等身的诺兰（Peter Nolan）教授。我在亚非学院待了两年，主要便是慕名而来，几乎每天都见到豪维教授和沃尔克教授，不时向他们请教。像美国研究中国经济的泰斗，柏金斯教授和埃克斯坦教授，以及他们的门生，如劳斯基（Thomas G. Rawski）教授、拉迪（Nicholas R. Lardy），以及思秋辣（Terry Sicular）教授一样，豪维教授和沃尔克教授的经典著作都已经成为欧美大学中选修中国经济课程学生的必读。

沃尔克教授生前专注研究中国农业经济与粮食问题，他的巨著——*Food Grain Procurement and Consumption in China*（《中国粮食的收购与消费》，剑桥大学出版社1984年出版），所含数据资料浩繁，分析精致，判断精辟；任何接触过此书的研究专家，都必为之倾倒赞叹。豪维教授除了较为偏重中国经济体制与经济改革、工业经济（尤其是工资形式与工资政策）、城市就业和经济成长，以及能源经济各类问题外，也是研究日本外贸历史的权威。他的 *The Origins of Japan Trade Supremacy: Development and Technology in Asia from 1540 to the Pacific War*（《日本贸易霸权的起源》），由芝加哥大学出版社于1999年出版，据说主编收到手稿后，不必送出评审，即只字不改付梓了。这显然是出版社当局对豪维教授学术成就与人格的绝对肯定。此外，豪维教授1978年出版的 *China's Economy: A Basic Guide*（《中国经济基础导读》）也早已成为选修中国经济课程的首选入门读物之一。

与美国专家比较起来，豪维和沃尔克两位教授的治学精神与态度，在我自己看来，颇像欧洲大陆、尤其是我所熟悉的德国学者的功力治学传统。他们的特征是专注大部头著作，而且是“孤军作战”，也不“翻炒冷饭”（修饰旧作出版），更不四出参与或甯连召开各类不同的学术会议，急于发表论文，藉以扩大履历表上的著作目录，以求晋升。一言以蔽之，他们既求博大也求精深，博大精深之余，坚守严肃的系统化创作精神。因此，上网查找履历的话，很难见到他们名下，如一般美国学者一样，展示了连篇累牍的著作目录。这或可归诸于英国人的保守主义吧。

澳洲方面，在我1988年抵步悉尼市时，“白澳”政策几乎完全消失了（虽然在郊区仍然可见不少民宅在院子里高挂澳洲国旗，看起来感觉有些不舒服），“脱欧认亚”（脱离欧洲，认同澳洲属于亚洲部分）之声，也日有所闻。这是形势使然，当年随着中国经济起飞，改革开放，“二十世纪的世界经济重心，将从大西洋转移到亚洲太平洋”的声音，也不胫而走。澳洲政府自然也就热衷于开拓中国大陆这个庞大的市场。我的那个中国政治经济研究所便是如此“应运”而生的，以便促进澳中经贸与外交关系。马夸里大学当年在欧美各国刊登招聘创所所长广告，显然反映澳洲在这方面拥有的“中国研究”人才，不能与英美和欧洲大陆媲美，尽管澳洲本身也培养了不少出色的专家，比如我在马夸里大学履新时，刚卸任澳洲驻华大使（1985–1988

年），返回母校澳洲国立大学接任经济学教授和该校的太平洋与亚洲研究学院主任的伽诺（Ross Gregory Garnaut）教授。但是，如同类似专家一样，伽诺教授主要也从整个亚太的经贸视野研究中国问题。这清楚见诸于他的代表作 *Australia and The Northeast Asian Ascendancy*（《澳洲与东北亚洲的崛起》）。伽诺教授专注中国经济问题的研究，几乎全都是与后来留学澳洲的中国大陆年轻学者合作的。

另一位值得一提，与我同一代的澳洲"中国专家"是南澳洲亚德莱特大学的瓦特生（Andrew J. Watson）教授。他的中文底子很好（毕业于伦大亚非学院），在英国外交部短暂研究当代中国发展后，即转往格拉斯哥（Glasgow）大学参与国际经济研究学系，与知名的中国历史学家艾尔文（Mark Elvin）和"左派"中国学者格勒（Jack Gray）合作，自此走上了"中国研究"的不归路。尤其是他自1974年转任亚德莱特大学负责亚洲研究中心的工作后，更是专心研究中国。瓦特生教授不是搞经济学的，但也与经济学同行（如封德莱 Christopher Findlay 教授）合作研究，涉及的问题跨越经济、财政、外贸、政治、社会改革，以及农村经济和粮食安全等等，几乎无所不包。因此瓦特生教授的知识视野比纯搞中国经济研究的较为宽广。这确实据有一定的好处。

以上简要比较美英澳的"中国研究"学者，其中可说的话很多，但只能"点到"为止，实际上还遗漏了许多卓有成就的华裔美籍专家。比如世界知名计量经济学家、普林斯顿大学的邹至庄教授。他后来也加入了"中国经济研究"行列，除独立创作《中国的经济转型》等名著外，近年他也与哈佛大学的柏金斯教授合编了一部洋洋大观的入门性《中国经济手册》。较早期的华裔专家除李卓敏教授外，还有赵刚（Kang Chao）、唐宗明（Anthony C.M. Tang）、侯继明（Chi-ming Hou）、肖亮林（Liang-lin Hsiao）及夫人黄蕙来（Katherine H. Y. Huang Hsiao）、马逢华（Feng-hwa Mah），以及吴元黎（Yuan-li Wu）等教授。他们的研究涉及中国工业与农业发展、农业生产率、劳力供应与就业，以及对外贸易；也有的专注"空间"（地域）经济、钢铁工业，以致于货币、银行与货币政策问题的，其中不乏经典性著作，但论质素，也良莠不一。有的在当年强烈的反共意识支配下，字里行间，无意或蓄意歪曲，甚或抹黑，而一般书名也都挂上并不显示“中立”的“共产中国”字眼。这方面与我所认识的、严格遵守客观批判性分析的英国学者比较起来，还是有一定的分别的。

19. 您如何评论香港的“中国研究”，包括学术上的贡献和学科上的发展？

如上所说，香港的“中国（经济）研究”基本上是从1980年代初期，也即是随着邓小平的改革开放，以及港商大规模将出口制造业迁往国内腹地后，才起步的。研究的课题也因此比较集中于“中港两地”，甚或“中港台”两岸三地的外贸与投资关系，或曰“区域性经济整合”的问题。这方面的代表作有香港中文大学宋恩荣教授的 *The China-Hong Kong Connection: The Key to China's Open Door Policy*（《中国与香港的联系：论中国开放政策的关键》，剑桥大学出版社，1991年），以及 *The Emergence of Greater China: The Economic Integration of Mainland China, Taiwan, and Hong Kong*（《大中华的兴起：论中国大陆、台湾，以及香港的经济整合》，珀尔格拉夫麦米伦出版社，2005年）。

在这一研究热潮带动下，也有不少教授进而专注研究中国本身对外经贸问题，包括吸收外资，以及近年来中国的对外投资扩张。这方面的研究，人才济济，几乎每一个专上院校都有专家参与其事，其中不少是原出身于国内著名大学、留学欧美的“海归”教授。这新一代的专家，经济理论精湛，结合对中国实际的分析，创作了许多发表于国际知名学术期刊的论文。可以说，香港中文大学与上海复旦大学于2001年协同举办的沪港发展联合研究所，便是如此应运而生的。岭南大学也于今年（2015年）初成立由银行家潘苏通赞助的沪港经济政策研究中心，由魏向东、何泺生、林平，以及范承泽等著名经济学家负责，以加强研究“中港两地经济金融发展的相关议题”。

较早前，也有香港学者专注研究“中国经济问题”，如长期任教于香港大学，后来转往澳洲的蔡俊华教授（代表作《中国市场导向的经济转型》（*China: Transition to a Market Economy*，牛津大学出版社，1997年）和香港科技大学的龚启圣（James Kai-sing Kung）教授，以及已故（2013年）的浸会大学曾澍基教授。我早期的学生，香港理工大学的刘佩琼教授（前后获选为广东省，以及全国人大代表凡三十年），熟悉中国经济制度、经济政策和经济发展，也写了基本上较为通俗、脍炙人口的好书，如《中国改革开放与珠江三角洲的经济发展》、《中国经济大趋势》（1994–1997年共四册）、《广东经济投资总览》、《当代中国解读：十二五规划》，以及《第五条小龙》（*The Fifth Dragon*），并主编了《入世后的中国经济》等著作。

提起蔡俊华教授有关“中国经济转型”的“功力”代表作，也让我想起在香港声名“甚嚣尘上”，某位出身于美国自由主义与产权学派的“海归”教授的言论。这位教授在邓小平“摸着石头过河”的渐进式改革过程中，不时呼叫北京一夜之间“将国有财产私有化”、“官定价格自由化”、“全面废除外汇管制”、“将人民币汇率自由化”，不一而足。我在《不可忘记毛泽东》一书中，说这实际上是要北京“搞革命”，而不是行之有效的“经济改革”。而且迟至俄罗斯的叶利钦总统采用美国哈佛大学萨克斯（Jeffrey David Sachs）教授的“休克疗法”（shock therapy），导致经济全面崩溃后，某人还要中国大陆放弃粮食管控，将粮食进出口也全面自由化，不必让国家“维持粮食基本上自给自足”的长期国策，并说“只要有钱，不怕从国际市场上买不到粮食”云尔。这如同大放阙词。

香港有人对拙作《不可忘记毛泽东》写了书评（《信报》网站编辑，2010年8月27日），说是全面回应了那位立论耸人视听的海归教授（听说已经移居深圳）的学术观点。我不指名道姓，但相信许多读者心中了然。我指的是有人想将香港这个被那两位诺贝尔经济学奖得主海耶克和弗里德曼教授定性为世界上最能代表自由市场经济体系的弹丸之地，作为典型，全面嫁接到疆域辽阔广袤，国情高度复杂的神州大地。这很不实际，也可说是某些原教旨自由主义者在“妄想天开”也。

那位香港《信报》的书评作者也说拙作“也加入了不少新的范畴和专题”。让我姑且借用书评作者的三几句话，说明全书的主题构想，如下：

> “邓小平的经济战略广泛地被视为是对毛泽东的一个完全否定，本书则强而有力地认为，假如沒有毛泽东留下来的物质基礎，邓小平很难推行其改革开放政策。”
>
> “郭益耀对毛和邓经济战略的研究，兼顾制度层面及统计分析；其看法和结论都颇具挑衅性，展示了一个新的中国的过渡经济学；有助关心中国经济、政治、对外贸易，以及全球化问题的学者和学术界人士，了解中国跻身于世界列强，成为新的世界经济巨人的背景和过程；也有助于学者摆脱传统左派对毛的看法，以寻求一个新的、非左派的阐析。”
>
> “本书是一部评论性著作……新书内容主要是针对几大主轴问题，提纲挈领，谈谈作者对毛时代经济战略的看法，并从改革开放后的三十年，回顾其对邓小平时代的长期影响。”

也许还可让我补上一句，这部著作，尽管书名《不可忘记毛泽东》不时让许多“有心人”误解，以为我属“毛派”或“亲毛”左派，但我肯定不像许多美国专家，或原教旨自由主义学者一样，带着有色眼镜看中国的发展与崛起。有关这一点，也许还得从我自己的治学方法与学术背景谈起，容后另及（见答题16）。

话说回头，就香港在“中国研究”的学科发展而言，简单一句，近年来，有关大学所开设的课程，也随着中国的崛起，从早前单一的“中国经济发展”一科，逐渐地多样化。比如香港科技大学，也讲授中国的“农村发展”、“经济制度”、“产权问题”，以及“量化分析方法”等类课程。也有的大学专注中国的银行金融业方面的问题。

20. *您认为哪一个人物或学派对您的学术经历有最大的影响？在香港做学术研究，您会认为您受到欧美学术圈的影响吗？您如何看待欧美国家的“中国研究”？*

我在香港新亚书院念书时，已经非常敬佩我的老师——张丕介教授。他也是留学德国的，1929–1935年在佛莱堡大学经济系追随法制学派创始人迪尔（Karl Diehl）教授，1935年获颁政治经济学博士学位，博士论文写的是关于中国在诸子继承制之下的土地碎分问题，也即是“土地碎分”有悖所谓“规模经济效益”原则问题。这显然也是一个制度经济学的研究课题。张老师因此也对当年德国的土地改革大师达马斯克（Adolf Damaschke）和倡议土地单一税制的美国亨利·乔治（Henry George）“情有独钟”。他回国后即逢抗日军兴，亲赴前线，参与救亡之余，也与同一时期留学德国的萧铮教授四出为中国的土地改革问题奔走，也与大陆解放后台湾的土地改革进程脱离不了关系。我的《中国农业的不稳定性》一书，当然或多或少与张老师的专长有关，也因此宋叙五师兄（张老师的高足）借拙作（中译版本）的出版，恭维我为张丕介教授的“关门弟子”，实在担当不起。

张老师最让我敬佩的是，他学识渊博，涵盖农业、经济、社会，以及政治学等各领域。他不但翻译了达马斯克教授有关土地改革的名著（达氏二战前获提名为诺贝尔奖候选人），也翻译（或深入介绍）了上世纪二十年代声名已经远扬欧美的几位德国经济与社会科学大师的经典名著，如宋巴特（Werner Sombart，诺贝尔经济学奖得主列昂惕夫（Wassily Leontief）在柏林大学时的博士论文导师）、韦柏尔（Max Weber），以及李斯特（Friedrich List）等。后者所著《政治经济学的国民体系》是第一次世界大战以前，仅次于马克思的《资本论》，翻译成最多外国语言的德文经济学著作。我的跨学科的知识视野，基本上也是受张老师启发的。此外，我也不讳言，张老师一片祖国赤诚心，也强化了我对中国历史与文化的热爱，以及对“中国研究”的信心。

然而，比较具体地就我研究中国经济的学术背景和分析方法而言，我还是离不开留学德国的经验，也就是师承以上（答题8）所指的倭伊铿教授和亨思尔教授的秩序（鄂尔图）自由主义（ordoliberalism）学派，尽管我在经济制度“比较研究”方面的结论，与倭伊铿教授所创办的鄂尔图学派有原则性的差异。倭伊铿教授这位自由主义大师震撼人心的总结是：苏式经济体制之下的中央计划与国有财产制度代表经济垄断实权的高度集中，与政治上的“不自由”和人民群众的“贫穷”（因经济效率低落、经济发展滞后、国民所得难以提升等因素）构成“三位一体”（参见《不可忘记毛泽东》，页7）。这个基本结论显然与诺贝尔奖得主海耶克教授的看法遥相呼应；后者的成名作——《通往奴役之路》和《自由的宪章》，仅从书名，已经不言而喻。

倭伊铿教授雷霆万钧的立论，就其“知识内涵”而言，显然与他自己所熟识的、同属出身于德语区的海耶克教授并驾齐驱，不相上下。两者的“知识含量”都远高于芝加哥学派（不计海耶克教授）或其他英美的新旧自由主义学派偏重于技术层面的“经济自由”理论强大得多多。然而，倭伊铿与海耶克两位教授都是在东西方集团对垒局面下，站在西方高度经济发达，市场经济制度已经很成熟，政治自由和议会民主也早已定型的社会基础上立论的。对我而言，他们的言论或可说是与中国的国情风马牛不相及。因此，我自始至终认为中国所需要的，正好是透过控制消费，强制扩大农业剩余，将资金与资源，优先投放于重点工业建设项目上，以便急速赶上发达西方国家的工业化和现代化水平。这个追赶式的经济大战略，其制度后果必然是制度化的强制储蓄、工商业国有化，以及倭伊铿教授所指代表高度集权或垄断式的中央计划资源与物资配给制度。在我看来，也就是这个代表毛泽东时代十分“残酷”的经济战略与“脱贫”规划与办法，为邓小平的改革开放，加速发展，奠定了必要的物质与经济基础。很清楚，毛时代的强制工业化（forced-draft industrialization）办法之下，当然也就谈不上经济自由与西方式的政治民主了；为了强调“统一认识”，聚焦经济建设，当然也难以谈得上西方式的言论自由了。即使进入了邓小平时代，“发展经济，保障人权”，以及“韬光养晦，追赶列强”，仍然属经济战略的主导思想。

一句话，我自己虽然也可说是出身于德国鄂尔图自由主义门下，但绝不学某些英美的香港“海归”，顽守教条，或曰“食古不化”，视自由主义教条为尚方宝剑、万灵丹，无限上纲，甚或蓄意抹黑中国大陆的制度与政策。

回头还得简单提到伦敦大学亚非学院的“中国研究”对我的启发。以上答题12已经提到豪维教授或沃尔克教授的治学态度与方法。坦白说，我至今仍然十分感佩他们的批判性解读方式，尤其是后者一丝不苟的资料处理方法。相信看过沃尔克教授的《中国粮食的收购和消费》的任何专家学者，无不叹为观止，为他精准深入地整理和分析浩繁的统计数据的持久功力，五体投地。建议尚于"泛泛而谈"、"言之无物"的学者专家，必先一览这部巨著，以知何为"研究"也。

21. 您曾担任*China Quarterly*的编辑，这是全世界公认的研究中国的顶级刊物。您是如何选上编辑的？担任了多少年的编辑工作？为什么会离开？作为少数的华裔编辑，是否有特定的优势或挑战？

我曾担任过《中国季刊》（*CQ*）编辑委员会（Editorial Board）的成员（编委），不是"编辑"。编辑（Editor）另有其人，这很容易令人误解，必须澄清。以前香港某位知名社会学教授便也曾担任过*CQ*的"编委"，但自称是"编辑"，让人感觉有点"混淆视听"。编辑委员会的六十几位成员中有十来位是执行委员（Executive Committee members），主要都是伦大亚非学院（*CQ*驻地，或曰出版者）的教授专家，其中也有两三位是来自英国其他大学的，如剑桥大学和伦敦大学的政治经济学院，方便他们就近在伦敦碰头开会。

提起*CQ*的"编辑"，最让人乐道的是以前的香港总督卫亦信（David Wilson）爵士，在任职英国外交部之前，也曾担任过"编辑"。也就是有过这一关系，他就任港督期间，曾经几次在香港官邸接待过*CQ*的几位资深执行编委，如沃尔克教授和豪维教授，以及作为"编委"的我，连同七八位应邀参与*CQ*专辑论文研讨会的美英日澳等国的学者，一时传为佳话。这些特辑论文，后来都在*CQ*发表了；也有的经修订补充最新资料后，交由牛津大学（克拉连登）出版社出版了。这包括我有幸参与主编的《邓小平治下的中国经济》（*The Chinese Economy under Deng Xiaoping*，1992年），以及《中国农业经济趋势：论毛后改革的冲击与影响》（*Economic Trends in Chinese Agriculture: The Impact of Post-Mao Reforms*，1988年）。

我也不知道自己是如何获选为*CQ*编委的，只记得从1988年开始，名列编委名单中超过二十年，直至编委会大行改组，换了许多新人为止。也记得王赓武教授作为编委的任期比我更久远。猜想我获选编委，可能因为我之前在亚非学院做了两年多的进修研究，他们比较熟悉我的研究范畴与专长，也深知我必须大量阅读各种各式的中文著作。实际上作为一个“编委”，最主要的责任是帮忙审核作者“匿名”送来的论文文稿，是否符合出版的质量要求水准。记得有一次，*CQ*编辑转送来美国某大名鼎鼎的教授（也名列“编委”）的论文（是与中国大陆某年轻专家合著的），内容涉及中国的财税制度改革，我一眼看穿，主要是抄袭国内出版的一个专题小册子，当即否定无疑。一般送审的文稿，虽属匿名，但有时从行文和“脚注”中，也不难确定作者谁属也，何况有人有时故意“露出马脚”，以显示“权威”身份。

22. *您认为China Quarterly的特色是什么？依您在那边的工作经验，是否有可以进步的地方呢？*

大家都知道，*CQ*是一份“多学科”（multi-disciplines）的学术期刊，其中也可见到不少涉及“科际交叉”（interdisciplinary）研究或曰“跨学科”（cross-disciplines）的论文，因为经济问题时常离不开政治和社会问题，反之亦然，所以有时很需要采用这种“跨学科”的知识视野。*CQ*强调这种知识视野之余，也特别注重论文“摆事实讲道理”，结合事实与理论分析，条理清晰，推理完整，判断精辟，不乏新颖见解，而且还要让一般读者都能看得懂读得通。因为如此，所以一般不接受诸如操作复杂计量模型，高度技术性，玄之又玄的经济学论文。尽管如此，据我了解，香港某些大学，在将不同学术期刊分类，以评审教师所发表的论文质量，作为晋升的准则时，也将*CQ*列为头等，或头三等级内的学术刊物。

我在*CQ*也发表了不少论文，这让学界圈内有些学者看了，颇感惊奇或错愕，都问我*CQ*如此“保守反动”的期刊，怎能接受我的论文发表。这一问也让我啼笑不得。很多人都知道，早期的《中国季刊》是接受美国某些“反共”基金资助的，这让不少“有心人”质疑其编辑方针和取舍论文的标准。但至少在我出任“编委”前后，我认为*CQ*基本上能保持我上面提到的采用论文的准则，客观持平。比如我1984年春季在*CQ*（第97期）发表的一篇题为〈用一个气候指数分析中国在1952–1981年间粮食单位亩产量的波动性〉（A Weather Index for Analysing Grain Yield Instability in China, 1952–81）的论文中，提到经过毛泽东时代多年的大规模“抗旱排涝”的水利建设，中国农业基本上已经进入了“高产稳产”的阶段。从以前的角度看问题，毛时代“抗旱排涝”工程所牵连到的大规模劳力动员，很可能就让人联想到海耶克教授的《通往奴役之路》，而采用诸如“奴隶（无偿）劳工”等类似的“有色”字眼。这我不得而知，因为早期没什么机会接触*CQ*。

就任“编委”期间，也有人看我似乎“神通广大”，以为我与*CQ*“关系”良好，要我帮忙推荐论文发表。我心想，找错人了，不知道“包青天”在此也。也见过声名大噪、老资格的专家学者投稿，倚老卖老，泛泛然高谈阔论，这我也不买账。大陆改革开放后，也见过不少“即时专家”投稿，乳臭未干，而目空一切，一笑置之。

离任“编委”后，不是每一期都追踪《中国季刊》的论文，感觉上似乎近年来有关中国政治经济方面的重量级论文越来越少了。

23. *您在哪一年第一次到中国大陆？是什么因缘？第一次的印象如何？之后是否常到中国？对中国的印象感官是否有变？*

也不记得是什么时候第一次到中国大陆去的。但1980年代以后，倒不时造访大陆，有时前去参观游览，有时参与学术会议，或作“官事”或“半官事”访问。就任悉尼市马夸里大学中国政治经济研究所所长暨同名的讲座教授期间，因为研究所是澳洲外交和通商部全资赞助成立的，几乎每隔一两个月，都必造访北京，与外经贸部、国家计委、财政部，或外汇管理局谈问题，请教，以促进澳中之间的外交与经贸关系。记得第一次到上海时，苏州河满是黑水，臭气冲天，游客止步，当地居民也怨声载道。我见了说，治理环境污染问题，迟早会提上议事日程，而且共产党说做就做，一做起来，立竿见影。

也记得“沙士”（大陆称“非典”）肆虐期间，香港与大陆风声鹤唳，许多港人惊恐中国大陆人口稠密，致命恶疾将会随时席卷全国，波及香港，就如以前欧洲的黑死病一样，“天下末日”不远矣。当时我听岭南大学的一位山东省籍的友好同事说，他老家有人从北京一回到山东祖家，就被乡亲们严格隔离起来，特为这个强壮（并非“疑似病例”）的汉子，在田间架起了一个帐篷，强制独居，不准进城，也不让回家，三餐由乡亲们轮流送饭。这个釜底抽薪的办法显然在事无巨细，天天闹“人权至上”、“人身自由”、“民主法治”、“新闻自由”，以及“人言可畏”的地区与社会，是很难办得到的。只有在中国大陆，政权由上至下，层层集中不爽，才行之有效。这也让我想起毛泽东时代，政权高度集中（或曰独裁），一声号令，东南西北，上下四方，一以贯之，才得以在“一穷二白”的国情下，创造了为邓小平的改革开放，加速经济发展，追赶世界先进国家，所必需的条件。

更具启发性的是，根据世界卫生组织2010年最新统计，当年“非典”的病例／死亡（人数）是：全球8422／919（死亡比率11%），中国大陆5327／349（6.6%），而经济条件与医疗保健设备都远超中国大陆和世界平均水平的香港是1755／300（17.1%）。仅就此看来，中国大陆“专政／独裁”政权所造成的“人权机会成本”是远低于以经济自由著称的香港的。尚何言哉！如果考虑到总人口基数的巨大悬殊，那病例比率的落差就更是“不可同日而语”矣。

中国改革开放初期，除苏州河水黑臭透顶之外，上海北京广州所见，处处破旧民居，满街脚踏车摇摇摆摆，拥挤的水泄不通。而到了新世纪初，即如我在与郑赤琰和饶美蛟教授主编，为庆贺爱国老人黄石华教授八十华诞的《一士谔谔》文集中的一篇文章中所说，大陆沿海各大城市，一片繁荣景象，直追台北，以致香港。两岸经济差距的快速缩小或拉平，肯定有助于推动祖国的统一大业。而且我也说了，随着祖国日渐繁荣昌盛，将来有朝一日，就连蒙古等周边小国，想以“美洲合众国”为样板，加盟神州古国，也并不为奇也。实际上，目前中亚各“斯坦”国家热衷于参与习近平主席原创的“一带一路”丝路经济圈，赶上中国经济起飞的顺风车，也蕴含着这个韵味。

当今北京、上海等各大城市所见，现代式高楼大厦，傲视纽约、芝加哥、旧金山等大都会的摩天楼。目前政府所面对主要问题反而是，除如何处理工业污染、改善环境外，如何像巴黎和伦敦一样，优先保育古典历史建筑，免遭唯利是图的地产发展商的劫难。人尽皆知，今日中国大陆，不但高速公路纵横东西南北，媲美欧美大地，高铁科技突飞猛进，也让世人瞪目结舌，让西方先进称臣。短短三几十年间，此一时彼一时，“当惊世界殊”也。

24. 您和中国经济学界的交往频繁吗？您对中国的经济学界的看法如何？主要的学术成就和挑战为何？

这二、三十年来，与中国经济学界的交往也颇为频繁，彼此往来互访，或参与学术会议，不计其数。与中国社会科学院经济研究所关系更为密切，我主编的《中国工业改革与宏观经济的不稳定性》（见以上答题17），便是与社科院经济所里的资深教授学者们长期合作研究的结果。我也与社科院的美国研究所和全国美国经济学会（通过副会长兼秘书长郑伟民教授）联合举办会议，并先后出版了 *The Political Economy of Sino-American Relations*（《中美关系的政治经济学》，香港大学出版社），以及《经济全球化与中美经济关系》（北京社会科学文献出版社）等论文集。

当然也认识各主要大学，如北大、清华、复旦，以及武汉等大学、比较专注研究中国经济的教授专家学者，不时向他们请教，讨论问题。其中“老中青”专家都有，也有不少留学英美澳多年的“海归”，还有对前苏联以及其他东欧国家经济颇为熟悉的学者。

我大学时期，早已开始接触中国大陆的报纸（如《人民日报》、《光明日报》）和重要期刊（社科院经济所出版的旗舰月刊《经济研究》，以及党刊《红旗》杂志等）。结合这二、三十年与内地学者面对面交流，不难看出经济学界发生了许多“震撼式”的变化。可简要说明一下。

难免让人侧目的是，改革开放初期，在邓小平大力“拨乱反正”推动下，大陆不少学者纷纷为新政策忙作“脚注”，不留余地的批判以前“不顾中国国情”的苏式“中央计划”制度，对“国营工业企业”的“低效率”和所造成的“无底浪费”，更加群起而攻之，批判到几近“体无完肤”。也有扬名世界的经济学家，直指中央计划的资源调配方式，即优先发展重工业的战略，违背了入门经济学的“比较优势原则”的大道理。其含义昭然若揭，中国大陆如果一早即效法以“出口导向”闻名世界的亚洲四小龙的成功经验，利用“劳力密集”的比较优势，参与自由世界的国际分工，那经济发展成效，肯定就必然好得多了。一直到后来较晚时候，某位很高调的经济学教授，才忽然调整/改变看法，认为以前（毛时代）的“追赶式”经济战略（包括经济体制与价格制度等方面）有其一定的道理。有关这一点，我在《不可忘记毛泽东》一书中也点名道姓地提到了，不赘。

诚然，这类“海归”的理论与看法，改革开放后充斥大陆市场，开口闭口“自由主义”、“市场竞争”至上。这对中国大陆经济学界影响，广泛深邃。就连1960年代初期被视为“极左”的某些大陆经济学家，今日也以鼓吹市场经济闻名，有人甚至要市场经济“一步到位”呢。某些产权学派的理论更甚嚣尘上，无限上纲。我就不了解，作为知识分子，何以在回顾历史时，就不能设身处地，将毛时代的中央计划、农业集体化和公社化、工商业的“社会主义”改造，以及严格控制口粮和工资等等办法与措施，平心静气地视之为“追赶式”的，为加速工业化的资源与劳力的大动员。实际上产权国有化，也就是一个关键性的制度化动员机制。

当然，在这种动员（或曰如同“非典”救亡）方式之下，就肯定谈不上西方所谓“人权”和“民主自由”等价值观念。因此，即使实事求是，很客观地分析毛泽东式的经济战略与制度安排，也随时会被人轻易冠上“左派”、“极左”，或“亲毛分子”等帽子，呜呼哀哉，但我也管不了那么多了。

话说回头，中国大陆也出了许多出类拔萃的大学问家，扎扎实实，一辈子“研究中国经济”，以图报国。最让人感佩的，有如声名远扬海内外的北京大学的厉以宁教授。我也到过他家做客请教，但见摆设简朴清寒，毫无“小资情调”可言。高风亮节，让人敬仰。他已经八十几岁，听说最近（2015年夏天）还亲自带队到内蒙古做“调研”工作呢。我也认得好几位，相对而言，可称为少壮派的佼佼者也，如张军、樊纲、余永定，以及刘树诚教授。他们即熟谙传统计划体制，也日日面对新奇的体制改革问题，以及世界经济变化的挑战，深入系统化地钻研国家的经济转型问题，绝对不属“危言耸听”，一棍子打死人之流。

25. 在学术这条路子上，有没有主要的合作者？和他们的合作是如何开始的？

如答题17提到，我基本上是“孤军作战”的，如同《中国农业的不稳定性》一书的研究分析以及著述背景一般。我所发表的论文，几乎也全都是单独创作的。记得多年前某位年轻的同事，进取心强，某日，他送来了一篇完整的论文，让我过目，并要我署名，联名外送发表，我以“无功受禄，不劳而获，不宜也”婉拒之。也清楚记得，中大某位知名教授（已逝，姑匿其名）的不少著作，主要靠某位得力研究助理搜集统计资料，研究分析，甚或执笔，唯只字不提该助理姓名。许多同事都听说了，心照不宣。知识分子良知何在？情何以堪！

或说回头，如果不计算我与蔡俊华教授和樊纲教授合编的《中国工业改革与宏观经济的不稳定性》，以及我自己负责主编的那几本学术会议论文集在内的话，我与其他学者合编 / 合作，主要都是因为彼此“志同道合”，或者为了促进学术机构之间交流，以开展长期的合作关系，惠及年轻同事的学术发展。

26. 您个人认为您最满意的是哪一部学术著作？

无所谓对哪一部著作满意或不满意，拿得出去出版的都感满意。论所下功力高低的话，当然有所差别。下了最大功力和时间的，当然依次还是答题17所提到的那头两本主要著作。对《中国经济改革文献研究》一书，也花了不少功夫。《不可忘记毛泽东》以及*Pax Sinica*那这两本书，则让我有机会回顾了过去三几十年所发表的论文，反思当代“中国经济起飞”的历史缘由，以及检视“中国和平崛起”的全球性经济和政治的长期意涵，我也感到特别有意思。

27. 最近在“中国研究”学界，有好几本有关“大跃进”的著作相继出现。您是最早研究“大跃进”的学者之一，对这些新出版的有关“大跃进”的著作有何看法和评价？

相信所指的相关著作，主要是狄哥德尔（Frank Dikötter，汉语他自译为冯客）的《毛泽东的大饥荒：1958–1962年的中国浩劫史》（*Mao's Great Famine: The History of China's Most Devastating Catastrophe, 1958–62*，2010年版），以及杨继绳的《墓碑：中国六十年代大饥荒纪实》（2008年）。这两本震撼遐迩的“巨著”（篇幅前者约450页，后者550页）面世后，洛阳纸贵。个别学术期刊所见，有关“大跃进大饥荒”的论文，也层出不穷，比比皆是。去年（2014年）7月初，美国波士顿大学曹天予（Tian Yu Cao）教授与华中理工大学贺雪峰教授在中国武汉市联合举办了一个国际学术会议，专注讨论“大跃进大饥荒”问题。他们也邀请了狄哥德尔和我参与讨论。狄哥德尔不知何故去不了，我答应赴会提交论文，但最后也分身不了，只能写了一篇短文，由他人代读，以讨论美国哥伦比亚大学“中国研究”专家柏恩斯坦（Thomas P. Bernstein）教授的论文《评价毛泽东在1958–1960年“大跃进大饥荒”中所扮演的角色》。杨继绳也参与了会议，听说他的《墓碑》与发言，在会上也引起了激烈讨论。

就在那之前不久，在哈佛大学香港校友会一次晚餐座谈会上，狄哥德尔应邀简介他的成名作。我因为事先知道他对《毛泽东的大饥荒》的“研究与写作方式”，不想与他“纠缠”，仅在座谈会结束时，简单问一句，“当年的坏天气有何作用？”那知他也直截了当一句，“大饥荒与气候变异毫无关系。”道不合不相为谋，深感自己“多此一问”也。

我也看了曹天予教授写的《会议纪要》，其中提到“研究饥荒的专家”、澳大利亚墨尔本大学的惠克罗夫特（Stephen G. Wheatcroft）教授，认为对狄哥德尔的《毛泽东的大饥荒》，“不值得认真对待，因为该书作者对所处理的复杂现象其实基本不懂，且错误百出。”

我自己的看法是，不管狄哥德尔，就如杨继绳一样，如何费劲地收集官方以及非正式文献，包括大量县志和其他地方层次的资料和访谈记录，连编累牍地藉以描述“大跃进大饥荒”的万劫恶果，他所举的“轶事”、“悲剧”或“惨烈”事例，不管如何生动，扣人心弦，归根到底，都属新闻记者或掌故式的报道和渲染，充其量只能让读者，如西谚所说的，“管窥树木枝叶，难见森林全貌”；尽管狄哥德尔和杨继绳的“畅销书”一出版，即分别获得了“塞缪尔·约翰逊奖”（Samuel Johnson Prize）和“海耶克图书奖”（Friedrich Hayek Book Prize），甚嚣尘上。

从事严肃学术工作，切忌“耸人视听”、“哗众取巧”、目的不择手地“争取出位”，以求“名利双收”。对“大跃进大饥荒”这个悲天悯人的浩劫，显然必须从历史的角度，“冷眼看世界”地加以分析，而这必须先确定一个客观可行的“理念与分析框架”，以作为“天灾与人祸”孰重孰轻的分析基础。我在《中国农业的不稳定性》一书中，花了冗长的篇幅，试图解答“三七开”或“七三开”的关键性问题，而就在这个“量化”的问题上，至今仍然存在一定的不确定性，尽管我认为，自己的结论“虽不中不远矣”。这一点我在上面说的武汉会议上评论柏恩斯坦教授的论文时，也都坦白点到了。

关于“大跃进”的问题，我想还得让我借用美国“研究中国经济”的老前辈埃克斯坦教授的一两句话，以解读毛泽东所发起的这个“经济大战略”。在埃克斯坦教授看来，毛泽东实际上将整个国民经济划分成两大部门：一个是“投入（input）投入（input）经济”，另一个是“投入（input）产出（output）经济”。前者代表着原则上必须优先投资发展的工业，尤其是重工业部门；这个工业经济部门实际上陷入了一个由钢铁到机械再到钢铁生产的不断循环过程，或曰“肥水不外流”的封闭式的流程。后者则为前者提供所需的投入资料（粮棉烟草等）而生产，而基本上又得不到前者提供任何生产资料（如农机、农药、化肥等）的支援。在这种情况之下，农民或可“糊口”（控制口粮最低消费）之余，承担了重大体力劳动，搞劳力密集的“抗旱排涝”，“深耕密植”，想方设法提高农业产量，又搞“土高炉炼铁炼钢”，以进一步支持重工业的建设。

这个毛泽东经济“大跃进”战略的结果，如埃克斯坦教授和其他许多人所说的，搞到农民“精疲力竭，怨声载道，严重破坏农民的生产积极性”。很多人，都因而视此为“大跃进大崩溃大饥荒”的缘由；尽管我自己也听了不少亲身参与1958年“大跃进”的人，包括早期回国参加“祖国建设”的某些“新马”同学说，当年大家确实“干劲冲天”，人的“精神面貌”焕然一新。

无论如何，埃克斯坦教授所指的背靠农业（“投入－产出”经济），立足于重工业（“投入－投入”经济）的毛泽东经济战略，显然就是一套“急速”的“追赶式”大战略。埃克斯坦自己认为，就经济逻辑而言，这个战略“无可厚非，只是操之过急”，而且在战略落实层面上，显然也发生不少技术性问题。但是，如果仅就此而如狄哥德尔所说“大饥荒与天灾丝毫无关”，那肯定是瞒天过海，耸人视听，另有居心也。

我只想补充一句，毛泽东时代的中国农民作为炎黄子孙，委实太辛苦了；为了祖国的繁荣昌盛，付出了无尽的辛酸血泪，这是不可否认的。

28. *您出版了中英文版的《为何不可忘记毛泽东》，和许多海外的“中国研究”的学者的观点不一样。迄今这本书引起了什么样的争议？香港学术界的看法如何？中国学术界对您的学术著作有何看法？评价如何？*

最让人欣慰的是，《不可忘记毛泽东》（中文本）由牛津大学出版社于2010年夏天出版后，《人民日报》2013年11月8日，即中共第十八届三中全会前夕，发表了中共中央党史研究室署名的〈正确看待改革开放前后两个历史时期——学习习近平总书记关于“两个不能否定”的重要论述〉。那之前半年，即2013年5月7日，《光明日报》也提前发表了齐彪所写、简介“两个不能否定”的文章。党史研究室的文章说，“他（指习近平）强调，对改革开放前的历史时期要正确评价，不能用改革开放后的历史时期否定改革开放前的历史时期，也不能用改革开放前的历史时期否定改革开放后的历史时期。”

习近平这“两个不能否定”，对我而言，是非常鼓舞人心的。我绝对不敢说，他亲自看过了我的书或论点，也不会像以前香港某“海归”教授一般，写文章时故弄玄虚，开口闭口说“北京有朋友……”

云尔。但我相信，看过《不可忘记毛泽东》的读者，都知道，这“两个不能否定”也正是拙作的主题思想，从头到尾，一以贯之。当然，我比较强调的是，不能否定毛泽东的经济战略，为邓小平的改革开放奠定了必要的物质与经济基础。再者，我到底也比较侧重于经济问题方面的阐述，而习近平则综合经济、政治、党史，以及国史，“高屋建瓴”式地加以概括。充其量，或可说拙作为“两个不能否定”辅以经济方面的注解。

中国大陆学界，也有不少友人看了《不可忘记毛泽东》。大家谈起来，都对我的观点与“两个不能否定”不谋而合，感觉很有意思，传为佳话。较早前，复旦大学知名经济学家张军教授看了拙作后，也说，“如何发现毛泽东与中国改革30年的成功经验之间的联系与逻辑一致性，一定很有趣。”

香港方面，有些人一看《不可忘记毛泽东》的书名，即已“毛骨悚然”，甚为反感。有一位来自台湾的（外省籍）教授开玩笑地说，“切不可忘记毛泽东这个暴君！”也有一位资深的台湾外省籍驻港女记者说，她跑遍中国大陆，所遇到的人，几乎没有一个家庭与毛泽东没有这个或那个的血泪瓜葛的。这种话，因为不牵连到学术探讨，只好一笑置之。对香港许多大专学术界的专家而言，毛泽东要不已经成为历史了，要不仍然是个“敏感”话题，不方便如我这般地加以评论。倒有两三个报界或政界的人，除了简要介绍拙作内容，如上引（答题15）的短评外，也比较客观持平地写了一些文字。如以“反共”著称的香港《苹果日报》（2010年7月24日）便刊载了一则署名“卢峰”的短文，说拙作“带出了一个鲜明的主题，那就是毛泽东主政三十年……不是一场劫难，而是中国经济和平崛起的基础、老本”。又说，“正如郭教授所言，这样的观点跟香港流行的看法有相当大的差别。”即，“如果中国……早在五十年代就搞邓小平的社会主义市场经济，中国也许早已走进强国之林。”卢峰又说，“郭教授不仅从理论、理念上为毛泽东时代的经济政策‘平反’，他还列举了大量数据说明在毛泽东主政三十年的经济成绩理想，不输于改革开放时代。”

卢峰最后说，“也许有不少人会反对及质疑郭教授看法，但中国的崛起是谁也不能否定的事实。要了解中国的崛起，要说这头睡狮苏醒的故事，需要重新检视既有的看法，需要更多不同的读书人。郭教授的新书至少让读者多添一点历史视觉，不会随便把毛泽东与邓小平对立起来！”（这一段的两条底线是原作者加上去的。）听说卢峰这段短评见报后，还被香港的所谓“泛民主派”中人闹了一番呢。

所幸也有一位似为泛民主派的评论家，署名“郭永健”（“左翼21”成员暨香港工党秘书长）的，对拙作也说了几句肯定的话，如“面对主流经济学家的看法，作者提出了有别于‘新自由主义学派’的观点”。又说，“作者批评芝加哥学派‘抽离了经济、政治和社会制度层面与历史的问题，而简单化地聚焦纯分析性的经济学问题’，‘净化了时空现实，学究式地将西方理论模式投影于中国的现实’……作者认为……全国人民大动员的经济战略，其长期的宏观经济增长效益足以对冲微观经济方面‘非效率’造成的损失有余。”

郭永健最后又说，“本人介绍此书，旨在新自由主义经济学派的霸权开始动摇之际，让人以客观、实证的态度，审视过往以及现在的经济问题，并非以教科书的教条生吞活剥地指点经济政策。同时，透过检视过往一段非市场化的历史经验来思考落后国家的经济发展以及金融危机后的经济出路。”

最震撼人心的，是来自中国大陆一个网站（作者不详）斩钉截铁的三几个字，说“海外学人郭益耀教授并沒有用马克思主义的立场观点方法，仅仅实事求是就轻易撕破了‘毛泽东时代经济崩溃’的謊言。数据翔实，逻辑强大，令人豁然开朗欲罢不能！郭老是西方经济学家，却保持了独立的学术操守，‘中国立场’。强烈推荐。”

最后，还得让我一提饶兆斌博士在采访中提问的那个英文版的《为何不可忘记毛泽东》。原著书名是*China's New Industrialization Strategy: Was Chairman Mao Really Necessary?* 该书出版后，我自己才感觉副标题应该改为Was Chairman Mao Really Not Necessary? 加上个Not字，会更为切中全书旨趣。我自己对此所给的中文翻译是《毛主席果真是多余的吗？》（见答题13）中英文版的旨趣一致，只是中文版《不可忘记毛泽东》的“反思性”更强，书中不少篇章是根据新旧论文和不同书本章节改写综合而成的，书的〈导论〉和〈总结〉也涉及较为宽广的政治经济学和意识形态问题，以及历史视野。

英文版与中文版内容不尽相同。英文版所收录的论文比较偏重于工业经济体制改革、工业发展趋势、官僚产权问题，也兼及对外经济贸易，以及中国参与世界贸易组织等问题；其中许多篇章是中文版本看不到的。而且英文版也特地收录了一篇将近50年前，刚“出道”时写的，不曾发表过的“冗长”论文，以作为全书的〈导论〉。这篇〈导论〉从“文化大革命”期间，所谓毛泽东与刘少奇“两条路线”的斗争，管窥毛刘之间对中国经济大战略的“分歧”；从中也可看出，为何我在中文版本中，说“邓小平承先启后”，“毛道”与“邓路”，“一以贯之”也。

《毛主席果真是多余的吗？》（英文版）内容说来话长，有兴趣的读者，或可参见三位英美大师（即美国哈佛大学的柏金斯教授、伦敦大学亚非学院的豪维教授，以及苏格兰格拉斯哥大学的印度裔政治经济学教授辛哈（Radha Sinha）教授）在这本书的“封背背书”中的点评。

29. 香港近几年和大陆的关系日益复杂，您对此如何看待？

“中港”关系，不但“日益复杂”，而且可说“每况愈下”也。说来话长，不说远的，先有三年前因为“中国模式问题”而导致激烈的“反国民教育”运动，接着去年（2014年）又因为“香港特首普选问题”，掀起了“占中”与“反占中”的抗争，幸好没有造成严重的流血事件。

我看不惯香港报纸善于断章取义，兴风作浪，耸人视听，所以自己一向不参与任何种类的“笔墨纠缠”。但本着一介书生本色，还是在香港中文大学校内的《新亚生活》月刊（2012年10月），写了一篇文章，题为〈“中国模式”问题概论：兼谈“国民教育”理念〉。“占中”接近尾声时，也应邀主持了香港《中国评论》月刊的思想者论坛，作了总结发言（见月刊2015年2月号）。就算是凑凑热闹吧。

我的看法很简单，总结一句，许多香港人不了解，也不想了解，或设身处地，去了解或领略祖国大陆的国情；加上三山五岳人马，各怀鬼胎，蓄意抹黑共产政权统治。这也可说是，饱食终日，无所事事，言不及义，难矣哉。

30. 现在人人都在谈中国崛起，您对中国未来的看法如何？

再说一句，我热爱祖国的历史与文化。我也绝不讳言，我热爱神州大地，热爱我的祖国，向往我父母亲世世代代，“生于斯长于斯”的祖国大地，尽管这一情结不会左右我一介书生，对“中国问题”进行客观持平的学术研究与分析。

现在人人都在谈中国崛起，我非常兴奋，也感到非常鼓舞。对我而言，祖国这几十年来，从“仅足糊口”到十几亿人“温饱无虞”，实际上已经代表中国共产党“功德无量”，无可置疑。随着“大国崛起”，昂然屹立于世界强国之列，甚至可与西方列强并驾齐驱，至少不再被人欺凌鱼肉。这对我而言，是所有炎黄子孙，绝对可引以为荣自豪的。

展望未来，倒让我想起李光耀生前所说的，日本人深怕中国报复二战的血海深仇。这显然一语“道破玄机”。我看就让“大和”遗孽的安倍晋三之流，终世寝食不安，惶惶不可终日吧。我在*Pax Sinica*（《走向中华“帝国”的升平盛世：地缘政治经济学视角》，也见答题13）一书中，也谈到了中国能否取代“美国霸权”，创造中华民族笼罩之下的“升平盛世”的潜能。这方面可说的话也很多，就让大家翘首以待吧。

31. 您这么长的学术生涯，期间取得的最大成果是什么呢？有没有感觉到遗憾的地方？

不敢谈有何“成果”，最大的“遗憾”是，“一介书生”，“默默耕耘”，“闭门造车”，没走出大学校门，对那些“数典忘祖”的香港同胞，也做一点“国民教育”工作。

人名索引

游學江湖六十載：心影 憶趣 反思

另類儒林外史

阅览八方 共享文化

八方文化创作室

作　者	郭益耀
企划编辑	潘国驹　刘敏仪
责任编辑	盛耿捷　何华
封面设计	张伶
排　版	李丽芳
出版 / 发行	八方文化创作室 （世界科技出版公司之附属机构） 5 Toh Tuck Link, Singapore 596224 www.globalpublishing.com.sg
联　络	65-6466 5775 chpub@wspc.com
印　刷	Mainland Press Pte Ltd
初　版	2017年7月
国际书号	978-981-3224-38-4 (平装) 978-981-3228-67-2 (精装)
定　价	S$34 (平装) S$58 (精装)

延伸阅读

阅览八方 共享文化

香港、台湾、马来西亚读者可以使用该地货币购书，
我们的书籍也以美元定价。请参考本公司网上书店。

《我在媒体这些年》
杜平 著
ISBN 978-981-3226-66-1

南洋人文丛书十九·华人研究(四)
《韩素音在马来亚》
章星虹 著
ISBN 978-981-4725-22-4

《学者谈李光耀》
杨振宁、余英时、王赓武等著
ISBN 978-981-4704-06-9

繁体版
《平居有所思》
黄克孙 著
ISBN 978-981-3149-67-0

推荐网站：全球华人专业人士网络
www.networkchinese.com

欢迎浏览本公司网上书店查阅其他书刊及优惠配套
www.globalpublishing.com.sg

八方文化创作室，简称八方文化，以世界科技出版公司为后盾，致力于推动新加坡的中文出版，并且放眼全球华裔的人文舞台。我们的重心在于介绍世界各地华人学者及作家的言论与著作，同时也积极推动各类艺术与文化活动。八方文化期望以出版良心作信念，以高素质为诉求，为各地中文读者多开启一扇东西文化的窗户，共同努力营造一个富有质感和充满活力的人文空间。